大爱渗流

郭尚平传

崔玉波　张延玲　康楚娟　等著

石油工业出版社

图书在版编目（CIP）数据

大爱渗流：郭尚平传 / 崔玉波等著 . —北京：石油工业出版社，2024.5

（石油院士系列丛书）

ISBN 978-7-5183-5870-0

Ⅰ.①大… Ⅱ.①崔… Ⅲ.①郭尚平—传记 Ⅳ.① K826.16

中国国家版本馆 CIP 数据核字（2023）第 021586 号

出版发行：石油工业出版社
（北京安定门外安华里 2 区 1 号楼　100011）
网　　址：www.petropub.com
编辑部：（010）64523546　图书营销中心：（010）64523633

经　　销：全国新华书店
印　　刷：北京中石油彩色印刷有限责任公司

2024 年 5 月第 1 版　2024 年 5 月第 1 次印刷
710×1000 毫米　开本：1/16　印张：40.25
字数：460 千字

定价：240.00 元
（如出现印装质量问题，我社图书营销中心负责调换）
版权所有，翻印必究

郭尚平（2012年于北京）

2021年,郭尚平在思考微观研究与宏观研究结合的技术路线问题

2021年,郭尚平在讲解微观模拟

自贡市原玉皇庙小学（现市一中），20世纪30年代郭尚平的母校

2018年，四川隆昌市各中学校长来郭尚平家拜访
（左4郭尚平母校隆昌一中校长舒平，左1校友罗南杰，
左5罗广芳，左6郭尚平）

1948年,重庆大学进步学生组织"求是社"六君子
(前排左起:张静文、郭尚平、施希安;后排左起:王卓之、程地全、江炳南。王卓之为地下党员,重庆解放初期任校团委书记,其余除郭尚平外均为地下社员;程地全于1950年7月入党,重庆解放初期为校团委书记,以后长期任校党委书记;郭尚平于1951年1月入党)

2002年,重庆大学矿冶系1947级同学及夫人们在北京中国石油勘探开发研究院聚会
[前排:左2熊昌贵,左3罗广芳(郭尚平夫人),左4向玉如(程地全夫人),左6罗先容(沈忠厚夫人),左10高大夫(查治楷夫人),左12杨世泽,左13龙俊超;后排:左1江炳南,左2郭尚平,左3查治楷,左4沈忠厚,左5曾令元,左6程地全,左7王世伦,左8苏万里,左9杨克努,左10张静文,左11唐吉旭,左12张益龙]

2004年，重庆大学75周年校庆报告会留影
（左起：鲜学福院士、郭尚平院士、罗广芳）

2009年，重庆大学80周年校庆，郭尚平代表20万校友致贺词

1953年,北京北海公园,北京俄文专修学校留苏预备部研究生
39班部分学员留影
〔前排:左1陈先愉(女),左4万百五;二排:左1李志坚(弯腰);
后排:左2谢曦,左3张宏生,左4王润,左5徐鼎铭,
左6段一士(最高处),左7郭尚平,左8杨德森〕

2002年,北京外国语大学60周年校庆特邀郭尚平、罗广芳出席
庆典(郭尚平、罗广芳及儿媳杨林都是北京外国语大学校友)
(右起:北京外国语大学副校长、北京外国语大学校长陈乃芳、
罗广芳、郭尚平、北京外国语大学教务处主任)

1955年,莫斯科红场五一国际劳动节游行
(左起:1朱启明、2郭尚平、3施长顺、4卢爱珠、5付朝元、
6邱伯堂、7张瑞年、8何柏荣)

1954年夏,莫斯科市团委组织各国学生(主要是中国学生)乘"果戈里"号游轮从莫斯科出发,沿伏尔加河旅游至里海港口阿斯特拉罕(左1郭尚平,左3"果戈里"号游轮船长,左4李连仙,左6李云霞,左7王美霞。本图原载于《中国青年报》1954年9月4日第4版)

1959年春，郭尚平、陆勇、张瑞年在莫斯科全苏油田开发研究所进行克拉玛依油田开发科技项目合作
（左2郭尚平，左3陆勇。本图原载于苏联苏中友好协会出版的《苏中友好》周刊1960年2月第7期封二）

1954年五一国际劳动节游行，莫斯科石油学院研究生红场留影
（左1郭尚平）

1961年5月,中国科学院兰州地质所渗流力学室初建时部分成员及家属合影
(左起:杨老师、夏根宏、马效武、黄延章、吕耀明、李显英、罗广芳、郭尚平、李惕平)

1981年,中国科学院兰州渗流力学研究室科技人员合影
[左起:黄延章、刘慈群、郭尚平、林平一(西南石油学院)、闫庆来]

1982年,在兰州举行的第二届全国渗流力学学术会议代表合影
(前排:左1闫庆来,左2李盈,左5刘慈群,左7郭尚平,
左8秦同洛,左10齐宇峰)

2019年,在大庆举行的第十五届全国渗流力学学术会议上,
郭尚平做大会邀请报告《天然气水合物开发渗流研究的地质物理
基础及建议》

第十七届全国渗流力学学术会议暨第一届全国渗流类课程教学工作研讨会

2023年8月18日,第十七届全国渗流力学学术会议(北京昌平)开幕式(中区前排左起:2姚军教授,3蔡建超教授,4李阳院士,5周守为院士,6中国石油大学(北京)校长吴小林,7郭尚平院士,8罗广芳副教授,9赵阳升院士,10陈掌星院士,11刘曰武教授)

1984年、1986年郭尚平等两次登上青藏高原昆仑山垭口区域（海拔4837米）进行科学考察

2017年，郭尚平在松基三井前站立良久，回忆20世纪60年代初期石油会战编制大庆第一个开发区开发方案时的会战场面，畅想大庆油田今后发展的宏伟前景

1988年3月23日，中国科学院渗流力学研究室体制改革为石油工业部和中国科学院合办的渗流流体力学研究所协议签字仪式在北京六铺炕石油工业部大楼隆重举行，郭尚平在会上做工作报告

2021年，郭尚平在观测微观渗流机理

郭尚平（前排左3）与中国科学院渗流流体力学研究所部分人员进行学术研讨，民主辩论氛围十分热烈
（前排：左2胡雅礽，左4刘先贵所长，左5熊伟副所长）

2018年，中国科学院渗流流体力学研究所研究生录取前的夏令营教育活动，郭尚平做题为《爱国与做学问》的报告，讲述钱学森和郭永怀的爱国情怀、回归祖国、科技报国的故事，进行爱国主义教育

1992年10月，中国石油天然气总公司石油勘探开发科学研究院领导班子合影
（左起：王盛基、孙希文、于炳忠、沈平平、贾金会、翟光明、郭尚平、韩大匡、傅诚德、胡见义、张家茂）

中国石油勘探开发研究院建院60周年留念
（前排：左3胡文瑞，左4贾承造，左7郭尚平，左8李德生，左9戴金星，左10王铁冠；二排：左4李阳，左7苏义脑，左8袁士义，左9顾心怿，左13邹才能，左14李宁；后排：左1刘合，左2赵文智，左3赵贤正，左4李根生，左5孙金声，左7金之钧，左8高德利）

2021年，郭尚平、罗广芳夫妇与部分在京学生
（1980—2020年获博士学位）留影
（前排左起：罗凯、刘庆杰、叶继根、刘福海、罗广芳、郭尚平、朱维耀、窦洪恩、谢海兵、吴淑红；后排左起：李宁、张延玲、王志平、刘朝霞、童敏、叶正荣、田中元、王勋杰、王正波、高建、杨超）

1996年，中国科学院数学物理学部部分院士合影
（前排左起：1沈元、2彭桓武、5朱光亚、6钱伟长、7柯召、8马大猷；二排左起：3庄逢甘、6谢家麟、7黄昆、8李大潜、9苏定强、12章综；三排左起：5周恒、6白以龙、7、叶叔华、8方守贤、10郭尚平、13王元；四排左起：4甘子钊、5周光召、7刘应明、13王梓坤、15王绶琯、16张恭庆、17魏宝文）

2016年，中国科学院数学物理学部部分院士合影
（前排右11 郭尚平）

2018年，中国科学院数学物理学部部分院士合影
（前排坐右4 郭尚平，前排右2 罗广芳）

2021年，中国科学院第20次院士大会数学物理学部部分院士合影
（前排坐右6郭尚平，前排右3罗广芳）

2024年，中国科学院第21次院士大会数学物理学部院士合影
（前排左起：邢定钰、叶朝辉、赵忠贤、邹广田、杨国桢、贺贤土、陈佳洱、郭尚平、张焕乔、张殿琳、张任和、甘子钊、李家春、严加安、汪璟秀、沈文庆；二排右一罗广芳）

2014年，中国科学院院士大会休会期间力学组部分院士欢聚
（左起：李家春、童秉纲、郭尚平、白以龙、周恒）

2009年，中国科学院院士大会力学组部分院士合影
（左起：李家春、郭尚平、周恒、崔尔杰、白以龙、张涵信）

2021年，中国科学院第20次院士大会数学物理学部力学组部分院士合影（左2陆夕云，左3李家春，左4郭尚平，左5白以龙，左6邓小刚，左7郑晓静，左8何国威）（左1罗广芳，右1李雪）

2024年，中国科学院第21次院士大会力学组院士合影（左起：段慧玲、陈十一、邓小刚、李家春、郭尚平、郑晓静、何国威、陆夕云、夏克青）

1997年，中组部组织院士专家到浙江调研考察
（后排：左7孙家栋，左8王永志，左9郭尚平，左11李志坚；
二排：左10王丹阳，左13罗广芳；前排：左2章综）

2004年福建，中国石油、中国石化两院院士（前排）合影
（前排左5郭尚平，二排左5罗广芳）

2004年，中国石油两院院士及夫人在福建合影
（前排右起：苏义脑、郭尚平、罗平亚、李庆忠、胡见义、王德民、邱中建、李鹤林、顾心怿、戴金星、时铭显、韩大匡；后排站立的女士为前排对应位置院士的夫人）

2009，国庆60周年郭尚平在天安门观礼时留影

2021年5月，两院院士在人民大会堂聆听习近平总书记重要报告后郭尚平、罗广芳留影

1986年，国家自然科学基金会力学组第一届第一次评审会
（前排：左2郭尚平，左7郑哲敏，左8黄克智，左10黄文虎；
后排：左2靳征谟，左3伍小平，左4傅德薰，左5王博一）

1986年，国务院学位委员会学科组第三次会议
（三排右8郭尚平）

1980年,《中国大百科全书·力学卷》编委会
(前排:左1林同骥,左2郑哲敏,左10杨绪灿;二排:左6周光坰,
左9丁敬;三排:左5吴承康,左8胡海昌,左10郭尚平;
后排:左5黄克智)

2000年,何梁何利奖部分获奖人
(一排右8郭尚平)

1991年,国家科技奖颁奖大会部分代表
(一排右11郭尚平)

郭尚平（1957年）　　郭尚平（2012年）　　郭尚平（2021年）

罗广芳（1952年）　　罗广芳（1959年）　　罗广芳（2021年）

1959年北京，
郭尚平罗广芳
留影

2024年北京，
郭尚平（95岁）
罗广芳（92岁）
合影

郭尚平罗广芳五口之家（1980年兰州）

郭尚平罗广芳五口之家（2007年北京）

郭尚平罗广芳五口之家与儿媳合影（2024年北京）

2012年北京，郭尚平罗广芳三代人全家福
［前排左1付笑辰，左2付笑宇；后排左1郭雪，左2杨林，左3郭小芳，左4郭漫，左5郭尚平，左6罗广芳，左7付凯军（裴达士和裴松缺席）］

2024年4月3日，郭尚平罗广芳的长孙、郭雪杨林的长子郭天霖出生（2024年4月19日留影）

图中婴儿郭天霖为郭尚平罗广芳的长孙、郭雪(左)杨林(右)的长子，2024年4月3日出生，2024年留影

2023 年，郭尚平罗广芳的长外孙、郭小芳裴达士之子裴松及儿媳张苔娜的小五口之家，郭尚平罗广芳这一大家庭已是四世同堂

1999 年北京，郭尚平 70 岁生日时好友聚会合影
（前排左起：张盛宗、胡文瑞院士、童秉纲院士、沈平平、罗广芳、郭尚平院士、郑哲敏院士、周恒院士、伍小平院士、张涵信院士、傅德薰；后排右起：刘福海、胡雅礽、张兆顺、崔尔杰院士、白以龙院士、连淇祥、张教授、刘兴汉、刘育晋、陈永敏）

2009年北京，郭尚平80岁生日时家庭聚会合影

2019年北京，郭尚平90岁生日时家庭聚会合影

2007年北京，郭尚平罗广芳金婚家庭庆祝会

2017年北京，郭尚平罗广芳钻石婚、外孙裴松和张苔娜新婚家庭联欢会

1982年,在四川资中县中国石油钻采研究院,郭尚平的兄姐弟聚会
[前排:左2郭雪;二排:左2郭漫,左3十弟妻张淑芳,左4二嫂郭士德,左5三姐郭孟元,左6四姐郭仲元,左7七姐郭兆元,左8八嫂陈谦,左9小黄(邹建妻);后排:左2七姐夫邹永言,左3郭恒,左4八哥郭兴邦,左5邹建,左6三姐夫郭让荣,左8四姐夫徐台铨,左9郭瑞,左10十弟郭冠群,左11郭尚平妻罗广芳]

郭尚平故乡四川省隆昌市云顶寨,1989年郭尚平家人返乡行
(左起:十弟妻张淑芳、罗广芳、郭尚平、八哥郭兴邦、十弟郭冠群)

郭尚平故乡四川内江隆昌市云顶寨（左起：郭尚平、罗广芳、杨林、郭雪）

郭尚平老家四川内江隆昌市云顶寨竹林屋基

2021年6月30日，郭尚平（党龄70年）、罗广芳（党龄68年）荣获中共中央颁发的"光荣在党50年"纪念章

"光荣在党50年"纪念章

2007年北京，郭尚平罗广芳金婚家庭庆祝会

2017年北京，郭尚平罗广芳钻石婚、外孙裴松和张苔娜新婚家庭联欢会

1982年，在四川资中县中国石油钻采研究院，郭尚平的兄姐弟聚会
〔前排：左2郭雪；二排：左2郭漫，左3十弟妻张淑芳，左4二嫂郭士德，左5三姐郭孟元，左6四姐郭仲元，左7七姐郭兆元，左8八嫂陈谦，左9小黄（邹建妻）；后排：左2七姐夫邹永言，左3郭恒，左4八哥郭兴邦，左5邹建，左6三姐夫郭让荣，左8四姐夫徐台铨，左9郭瑞，左10十弟郭冠群，左11郭尚平妻罗广芳〕

郭尚平故乡四川省隆昌市云顶寨，1989年郭尚平家人返乡行
（左起：十弟妻张淑芳、罗广芳、郭尚平、八哥郭兴邦、十弟郭冠群）

郭尚平故乡四川内江隆昌市云顶寨（左起：郭尚平、罗广芳、杨林、郭雪）

郭尚平老家四川内江隆昌市云顶寨竹林屋基

2021年6月30日，郭尚平（党龄70年）、罗广芳（党龄68年）荣获中共中央颁发的"光荣在党50年"纪念章

"光荣在党50年"纪念章

《石油院士系列丛书》
编委会

主　任：李国欣

副主任：窦立荣　雷　平

委　员：张国生　梁　坤　李　芬　张红超　李　中　张延玲
　　　　康楚娟　崔玉波　李伯华　李　玉

《大爱渗流·郭尚平传》
编 写 组

张延玲　崔玉波　康楚娟　张　贺等

丛书前言

石油是现代工业的血液，人类社会文明的进步和生产力的发展都离不开石油。奉献石油，保障国家能源安全，是无数石油科技工作者为之奋斗的目标。

中国石油勘探开发研究院是中国油气勘探开发领域最重要的综合性研究机构之一，一代代石油科技工作者在这里担起为国找油、科技兴油的使命，创新创造、接续奋斗，为中国石油工业发展和科技进步做出了不可磨灭的贡献。

自1958年建院以来，中国石油勘探开发研究院持续完善专业人才培养体系，造就了以20名中国科学院、中国工程院两院院士为代表的一大批知名专家，打造了一支专业、敬业、创业的科技人才队伍。他们数十年如一日坚持在科研一线，攻坚克难，百折不挠，矢志不渝地投身油气科学研究，推动油气理论技术进步，成为支撑中国石油工业持续发展的钢铁脊梁。这些石油院士创造的科技成果、树立的科学思想、成长的心路历程以及奉献能源、造福人类的科学精神，已经成为全社会宝贵的精神财富。

为弘扬石油科学家精神、传承石油院士学术思想，中国石油勘探开发研究院提出并组织开展了院士"四个一工程"，由能源战略研究所（原科技咨询中心）院士工作室具体实施，陆续为每名院士编辑出版画册、传记、文集、纪录片各一部。院士传记是"四个一工程"的重要组成部分，分别记录了各位院士求学成长的艰苦历程、献身石油的拳拳之心、治学求国的高尚品德、开拓创新的科学精神，为从事石油科技工作的青年学者提供了拓展学术视野、丰富专业知识和树立学习榜样的源泉，激励石油科技工作者踔厉奋发、勇毅前行。

这项工程得到中国石油天然气集团有限公司党组的充分肯定和大力支持，在石油工业出版社编辑和作者的共同努力下，一段段石油院士真实而感人的非凡事迹，才永远地成为了中国科学技术发展历史不可分割的一部分。

站在"两个一百年"奋斗目标的历史交汇点，以习近平同志为核心的党中央，高瞻远瞩、运筹帷幄，把石油天然气等关键核心技术的全面攻坚摆在国家急迫需要和长远需求的首要位置，提出了建设世界科技强国、实现高水平科技自立自强的总要求。这部系列传记出版的意义在于，她时刻提醒广大科技工作者要传承弘扬科学家精神，不负时代重托，砥砺深耕、笃行致远，勇于面对百年未有之大变局，在新的赶考路上为党和人民再立新功、再创佳绩。

本卷前言

历时三年有余，稿易三次之多，终于到了《大爱渗流·郭尚平传》付梓之时。心情虽略有轻松，却颇感诚惶诚恐，生怕挂一漏万，在四十余万字架构的字里行间留有不妥之处，让我愧对郭尚平院士不凡的人生。

早在 2020 年底，石油工业出版社约我为郭院士写传时，我在第一时间并没有接受，原因是虽久慕郭院士大名，但对他的科研成就和个人生平了解得并不深刻，很怕自己驾驭不了这样重大的题材。后在出版社领导再三鼓励之下，才鼓起勇气接受了这个任务。

给院士作传，就是和一个高尚的灵魂对话。在这近三年的时间里，我有幸有机会与郭院士无数次地促膝长谈，一次次地走进一个与中国石油工业共同前行的科学家的精彩人生，一点点地探知一个与共和国共同成长的爱国者的内心世界。

我试图用写下的每个字去努力诠释"大爱"二字。帮助读者透过历史的烟云，看到一位奔走在重庆街头、挥舞着拳头对旧世界发出抗议怒吼的热血青年，去会晤在莫斯科石油学院刻苦攻读地下水动力学并立下科技报国之志的石油赤子，和饱受磨难和冲击却一直不悔初心、不改信念的共产党员对话。

这种大爱是郭院士"科研创新，为国为民"的指导思想换来的。多少次，他将科技成果无偿地奉献给社会，只求尽快推广应用，为国家做出实实在在的贡献，为人民谋求看得到的福利。这种思想成为他不求个人名利，只求奉献社会、造福人民的力量之源。

这种大爱是用经年累月的科研成果一点点积累出来的。作为国内最早进行渗流力学研究的专家，郭院士在70余年的科学实践中，从狭小的实验室到辽阔的大油田，不断地在渗流科学领域创造着令业界惊喜的成就，尤其是他开创的"微观渗流""生物渗流"两个学科分支，已经成为众多学子创造奇迹的路径之一。

这种大爱是在经风沥雨的宽广胸怀中孕育的。20世纪60年代，"文化大革命"时期，郭尚平受到不公平待遇，心理、身体上都经受了折磨。但是，乱云过后，他淡然相对，不纠结、向前看，原谅过去，抬头向往着国家的未来。能够做到这一点，只是因为他坚定地相信中国共产党，深爱着伟大的祖国和人民。

这种大爱并非汹涌澎湃，而是如丝如缕地涓涓渗流，最终融入中华民族的血脉里，永不止息。在三年的执笔生涯中，我一直被这种大爱所感染、所推动，在完成这部书稿的同时，也深受教诲与鞭策。知之愈深，吐字愈切，我愈加感到自己有机会为郭院士写传是多么地荣幸。我只能用努力写好每个字作为回报。但本人才学有限，仍感觉未能完美地再现他老人家深挚而博大的情感世界。

这部书交付出版之后，我与郭院士的对话也将告一段落，同时也为更多的读者开启与这位世纪老人的对话大门。所书传记也许多少会有瑕疵，但郭院士的人生光彩夺目，足可以为在科学之路前行的学子们立下一座闪光的路标。

作为执笔者，我要感谢郭院士，用他的科学精神和思想不仅塑造了他不平凡的人生，也成就了我一生当中最重要的一部书稿；我还要感谢石油工业出版社领导、众多专家、作家以及本书责任编辑，是他们的鼓励、支持、指教和配合，才使我克服诸多困难，最终完成了此书。

崔玉波

郭尚平简介

郭尚平，流体力学家、生物力学家、油气田开发专家。1929年生于四川荣县，籍贯四川省隆昌县（今隆昌市），1951年元月加入中国共产党，1951年7月毕业于重庆大学，留校任教，1953年被国家派往莫斯科石油学院和全苏油田开发研究所留学做研究生，1957年4月获副博士学位，6月归国。长期在石油工业部（中国石油天然气集团公司）和中国科学院工作，现任中国石油科学技术研究院杰出高级专家。1983年由中共中央任命为中国科学院兰州分院院长。曾任中国石油勘探开发科学研究院副院长、中国科学院（直属）兰州渗流力学研究室主任、长庆油田研究院副院长等职。20世纪50年代及70—90年代先后担任国家科学技术委员会力学学科组及石油地质专业组成员、国务院学位委员会及国家自然科学基金会力学学科组成员、中国力学学会常务理事和流体力学专业委员会副主任、中国石油学会常务理事兼学术委员会主任，中国科学院数学力学天文学专家委员会委员，国际石油工程师协会年会学术委员会中方主席。1995年当选为中国科学院（数学物理学部）院士。

郭尚平的主要研究领域是油气田开发和渗流力学，在研究计算渗流力学和实验渗流力学的同时，从事与生产直接相关的油田开发设计。他还对生物医学工程中的生物力学开展了一系列研究。为开展生物渗流力学研究，他近 50 岁时还同医学院 2 年级学生坐在教室听人体生理学等课程。由于组织安排的工作需要，他自学过冰川、冻土、沙漠、泥石流等地理学科的入门书籍，攀登过海拔 5100 米的"七一冰川"，年 57 岁时还攀登考察青藏高原海拔 4837 米的昆仑山垭口，考察过乌兰布和、腾格里和巴丹吉林沙漠，也考察过云南东川蒋家沟——我国最大的泥石流沟。他带领文子祥、杨素冰执笔起草冰川冻土沙漠研究所第 5 个五年（1976—1980 年）计划；1977 年在北京友谊宾馆，他以地学组学术秘书身份执笔起草了全国地球学科的科学发展十年规划，并同时参加编制全国力学学科的科学发展十年规划。1962 年夏，数百位科学家齐聚北京民族饭店制定全国科学发展十年规划，钱学森、周培源、郭永怀等老前辈亲自领导力学学科组，近 20 名组员中最年轻的是兰州地质所渗流室的郭尚平和力学所的林鸿荪。郭尚平还学过冶金和采煤，下过地下巷道跑火车的现代煤矿，也曾在洞高仅 60 厘米、匍匐才能通过的土煤窑里艰难爬行。

在科技研发中郭尚平特别强调开拓创新，在以下四个方面取得了八项突出成果：

创立了渗流力学两个学科分支："微观渗流"和"生物渗流"。郭尚平及其团队突破渗流力学宏观研究的传统，提出"微观渗流"科学思想、理论、技术和仪器，开辟了渗流力学的微观研究领域。20世纪80年代发现和明确了54项微观渗流机理，例如，发现聚合物驱油不仅能提高波及系数，还能提高洗油系数。这是与传统理论不同的理论，为聚合物驱油提高采收率提供了新的理论支持。1990年出版专著《物理化学渗流 微观机理》，初步建立了微观渗流理论，加强了提高原油采收率和产量的理论基础。突破渗流力学研究岩石土壤内流动的传统，与生命学科交叉渗透，提出"生物渗流"思想和理论，开创了"生物渗流"学科分支。其理论在生理和病理方面获初步应用，例如，证实医学上关于肝小叶区带功能差异设想和肝病腹水量增加的原因等。美国国家科学院和国家工程院院士、"生物力学之父"冯元桢教授评价："郭先生的理论在世界上是突出的"，中华医学会吸收郭尚平为会员。

建立了两个计算分析新方法：非均质油田开发过程的水动力学计算方法；小层动态（含油饱和度分布及水线运动）分析方法。前者发现了前人的理论基础错误，建立了自己的新方法，因而计算结果相当接近生产实际且计算方法简便，优于当时苏联和美国的方法，科技水平国际领先，解决了大庆等油田开发设计计算中的关键难题。小层动态分析方法属世界首创，原始创新，在玉门等油田实际应用并在大庆油田展示推广。

发明了两项模拟实验新技术：一次成型大模型宏观模

拟和测试技术；多孔介质微观模拟和测试技术。

20世纪60年代初，国内只有岩心分析实验，没有油田开发实验技术和设备，该大模型宏观实验和测试技术系国内首创（也未见国际文献报道），应用X射线等技术能观测多相流体在地层内的运动规律。玉门油田应用该技术解决了有断层时的高效注水等问题，大庆油田派人学习了全套技术。该技术引领了油田开发宏观实验大模型技术的普遍应用和快速发展。

多孔介质微观模拟和测试成套技术是研究多孔介质微观渗流的技术，属世界首创，原始创新。郭尚平团队开发成功11项配套的微观模拟和测试技术。中国石油天然气总公司于1989年举办培训班，在全国石油单位和院校推广该技术，现已成为常规试验技术，使流体渗流、多孔介质物理化学、油气藏工程、提高油气采收率等研究深入到孔隙裂隙层次。该技术也适用于土壤改良、地下水污染、海水入侵和地面沉降等方面的渗流和工程技术研究。

参加了中国最先按正规设计开发的两个大油田的开发设计。郭尚平是新疆克拉玛依油田开发设计的主要设计人、大庆油田第一个开发区开发设计渗流研究计算组组长（原石油工业部松辽油田开发工作组），为我国油田开发做出重大贡献。

郭尚平曾获国家自然科学奖、何梁何利科学技术进步奖、中国科学院和中国石油天然气总公司重大成果奖和科技进步奖，以及"石油工业有突出贡献科技专家"称号等。出版著作3部，发表论文60余篇。培养博士、博士后40余人。

郭尚平淡泊名利，甘于奉献，为人低调，严于律己。作为科学家，他的指导思想是："科技创新，为国为民"。潜心科研，快出成果，出好成果，科技成果归国家属人民。他们的两项模拟技术、两个计算分析方法和生物渗流等成果，作为独立的完整成果，均未报奖。大庆油田派人到渗流室希望学习大模型模拟和测试技术，他说："全国一盘棋，共产主义风格，无保留地告诉大庆同志所有工艺技术，绝不保密。"微观模拟和测试技术，中国科学院推荐报国家科技进步一等奖，成果管理人员认为是重要发明，建议报国家发明奖。郭尚平认为最重要的是尽快实际应用以促进科研和生产，无须报奖，于是立即转请领导举办培训班公开推广。

成为院士候选人，他自己事先并不知道，也没有想过成为院士这回事。中国科学院数学物理学部常委林同骥等先生叫他写个成果材料用于院士推荐，1995年他当选院士。当时他还是一个"年轻人"，如今已是年逾95岁的老先生，但仍自己亲手制作多媒体、做学术报告。

问他一生最有意义的回忆是什么，他说，中央领导同志、我党第一代革命领袖朱德副主席（1958年在新疆克拉玛依油田）和周恩来总理（1962年在大庆油田）的亲切接见、谈话和鼓励以及王震将军（1965年在兰州）的单独召见并长时间谈话、鼓励和期望，是对我的有力鞭策和永远的记忆。

郭尚平特别强调集体主义精神和科研团队的作用。他常说："我们的成果都是科研集体共同完成的；个人的力量总是小的，集体的力量才是大的。我特别感谢刘慈群、黄延章、胡雅礽、于大森、李永善、闫庆来、孙敏荣、马效武、周娟、吕耀明、刘泽阳、马守信、刘庆杰、李希、吴万娣、陈永敏、刘先贵、熊伟、陆勇、张瑞年、陈元千、何锦兰、桓冠仁、翟云芳等老同志们的长期友好的团结合作和深厚友情。"

目录

第一章
飘萍自贡

一、"教谕"之子郭运南 … 2

二、老中医的井盐投资 … 6

三、在自贡的三次搬家 … 9

四、高山井街18号的"大锅饭" … 12

五、难忘的玉皇庙女子小学 … 16

六、小小抗战宣传员 … 19

第二章
蜀道寒窗

一、回到隆昌云顶寨 … 28

二、耕读为业的云顶寨 … 33

三、日寇军机轰炸隆昌 … 38

四、竹林屋基前的合唱 … 40

五、持家有方的母亲 … 45

六、"治富济贫"的郭运南 … 48

七、并不顺利的初中时代 … 55

八、两位难忘的同学 … 59

第三章
子夜重大

一、风雨如磐,勤学依旧 … 68

二、红色转变"求是社" … 74

三、投身"四·二一"运动 … 78

四、逃回云顶寨的日子　　　　　　　　83
　　五、慈母离世与思子吟　　　　　　　　87
　　六、护舍队长与巡逻队员　　　　　　　90

第四章
学子风华

　　一、参加青年团干部训练班　　　　　　98
　　二、团支部书记和助学金　　　　　　　102
　　三、组织的培养与召唤　　　　　　　　107
　　四、保卫重庆大学的巡逻队员　　　　　111
　　五、实习回家见到父亲　　　　　　　　113
　　六、两次参军未能如愿　　　　　　　　116
　　七、毕业留校当助教　　　　　　　　　120

第五章
留苏预备

　　一、北京"留苏预备部"　　　　　　　128
　　二、预备部里的日常生活　　　　　　　132
　　三、俄语学习很重要　　　　　　　　　135
　　四、留苏前要过"三关"　　　　　　　138
　　五、30个农户和1个留学生　　　　　　140
　　六、留学生大队副大队长　　　　　　　143

第六章
留学岁月

　　一、入学成为研究生　　　　　　　　　148
　　二、自习室里一片黑头发　　　　　　　152
　　三、学生管理与党团生活　　　　　　　155
　　四、组织委员的思想工作　　　　　　　157

五、"批判会"召开之后　　162
　　六、难忘的中苏人民友谊　　169
　　七、选择油层水力压裂为学位论文课题　　177
　　八、水电相似模拟实验研究　　183
　　九、全票通过的论文答辩　　187
　　十、归心似箭　　191

第七章
服从分配

　　一、"坚决服从祖国分配！"　　196
　　二、两部委争抢的"宠儿"　　200
　　三、石油科学研究院的成立　　206
　　四、石油部领导身后的"高参"　　210
　　五、未完成的水平井研究　　213

第八章
"五个首次"

　　一、克拉玛依的呼唤　　218
　　二、设计组面临的考验　　221
　　三、开发方案的初步设计　　225
　　四、边内切割行列注水方案　　228
　　五、初步开发设计方案的审核　　232
　　六、修正设计实现"五个首次"　　237

第九章
助力"146"

　　一、离开石油工业部　　242
　　二、筹建渗流力学研究室　　246
　　三、加入松辽油田开发设计工作组　　251

四、会师大庆攻坚"146"开发方案　　257
　　五、流体力学专家与注水方案　　261
　　六、业内瞩目的水动力学计算　　264
　　七、方案出台为国争光　　271

第十章
人工地层

　　一、钱学森关注渗流力学研究室　　276
　　二、从真地层迈向假地层　　281
　　三、坚决不去疗养院　　284
　　四、不拿射线当回事的后果　　288
　　五、"一丝一毫不保密"　　293
　　六、小层动态分析方法诞生　　298

第十一章
会战一兵

　　一、一段煎心熬血的时光　　306
　　二、恢复工作奔赴四川盆地　　308
　　三、快乐充实的守井人　　312
　　四、跟着战士跑步去陇东　　317
　　五、组建勘探开发研究所　　321

第十二章
领导岗位

　　一、冰川冻土沙漠研究所的新处长　　326
　　二、参与起草国家科技发展规划　　332
　　三、渗流力学研究室的恢复与发展　　336
　　四、担任中国科学院兰州分院院长　　339

第十三章
微观渗流

一、渗流力学研究持续深入　　350
二、"微观渗流"思想的提出与形成　　355
三、三种微观模型制作技术　　360
四、微观模拟系列技术　　366
五、光刻仿真模拟技术与高温高压模拟技术　　371
六、在实践中经受考验　　372
七、模拟和观测技术的推广　　377

第十四章
生物渗流

一、一篇科普文章的启示　　384
二、医学院里的特殊旁听生　　389
三、证明生物体内存在多孔介质　　392
四、生物渗流非达西定律的发现　　396
五、在临床医学中的初步应用　　399
六、生物渗流学科分支的诞生　　402
七、与冯元桢的交流　　405

第十五章
再续华章

一、从正院长到副院长　　410
二、世界首部微观渗流专著出版　　416
三、获得国家自然科学奖　　420
四、当选中国科学院数学物理学部院士　　423
五、喜获何梁何利奖　　428
六、渗流力学研究持续深入　　433

七、首次提出四次采油理论　　　　　　439

八、天然气水合物的渗流研究　　　　　　443

九、页岩气开发与渗流的思考　　　　　　448

十、喜迎渗流科技新发展　　　　　　　　451

十一、勤为园丁育桃李　　　　　　　　　479

第十六章
世纪之恋

一、相逢在火红的年代　　　　　　　　　486

二、"根正苗红"的罗广芳　　　　　　　494

三、依依惜别之后　　　　　　　　　　　500

四、从莫斯科到重庆　　　　　　　　　　505

五、从重庆到北京　　　　　　　　　　　510

六、从北京到兰州　　　　　　　　　　　516

七、在灰色的日子里歌唱　　　　　　　　520

八、牺牲最多的女人　　　　　　　　　　526

九、父母爱情的结晶　　　　　　　　　　534

第十七章
大爱凡心

参考文献　　　　　　　　　　　　　　　551

附录一　郭尚平年表　　　　　　　　　　558

附录二　郭尚平部分著作目录　　　　　　580

第一章

飘萍自贡

郭尚平的祖籍是四川省隆昌县（现隆昌市），祖上是明代洪武四年（1371年）开始在此地居住并创建了大名鼎鼎的云顶寨的郭孟四。历经600余年，郭氏发展成为一个具有24个祖支、99个祖系的庞大家族。但郭尚平一生下来，看到的并不是云顶寨的古色古香，而是四川荣县吕仙岩村的山野风光。他的整个童年时代，是在自贡伴随着蓬勃的抗日宣传活动、在雨打飘萍的动荡生活中度过的，年幼的郭尚平真切地感受到个人命运与国家命运息息相关，抗日救亡、爱国反帝的思想在他心中扎下了最初的根芽。

一、"教谕"之子郭运南

四川南部大巴山有一条余脉，人称云顶山，是隆昌、泸县的分界岭。云顶山气势雄伟，风景秀丽。山上建有一座古寨，距今有600多年历史，人称"云顶寨"。古寨是由郭氏家族的人历经多代修建的，寨中居住的人又大多姓郭，因此又被称为"郭家寨"。

隆昌郭氏一脉，是从湖北省麻城县（现麻城市）孝感乡而来。四川叙永县后山镇光绪十七年本《隆昌郭氏谱》记载："元末郭子兴生子郭道明，郭道明生五子：郭孟大、郭孟二、郭孟三、郭孟四、郭孟五。郭孟四于洪武二年从麻城县孝感乡入蜀，至富顺县赵阳乡火山下定居。隆庆二年设立隆昌县，故富顺县赵阳乡火山下编户分隶于隆昌县……"①。

① 此处为转引，未查原文。

"郭孟四于洪武二年从麻城县孝感乡入蜀"并非一帆风顺,元末明初时,巴蜀大地经连年战祸,人口锐减,土地荒芜,百业凋零。明代洪武二年(1369年),道明祖率六个儿子举家从湖北省麻城县孝感乡(现红安县)出发,越过荆襄大地,翻越川东群山,长途跋涉,来到原祖辈曾定居过的泸县。后来,郭孟二、郭孟四、郭孟五沿着云顶山脉向西南迁徙,当走到富顺县赵阳乡云顶山垭歇脚时,郭孟四不慎将做饭用的罗锅掉落,向山下滚去,于是就此止步,搭棚为家,插地耕种。郭孟四歇脚的山垭从此被称为"罗",这条绵延的山岭被称为"罗山脉",后来建立的云顶场也被称为"梭罗垭场",郭孟四就成了云顶郭氏入川的祖先。①

郭孟四一脉在隆昌扎下根来,繁衍生息,代代相传,香火蜿蜒繁盛。后因家族成员众多,财富不断累积,族中长老带人在山顶筑石城一座,有便利、齐全的生活设施,城墙高大,可驻寨丁以防贼拒盗。石城被称为云顶寨,寨外为云顶乡,郭氏大户人家与其富庶乡里均迁至城中居住。

传到第十九代时,郭氏家族的一支生男丁一人,取名郭祖极,字建中,号生两,自幼聪颖好学,成绩优异,科考成绩突出,曾在四川理县一带担任"教谕"②一职,年74岁而卒。

郭祖极兄弟五人,自长至幼,分别为郭祖樟、郭祖樾、郭祖桐、郭祖榔、郭祖极,晚辈尊称他们五人为五公。郭祖极娶隆昌县赵化

注释
① 引自《云顶郭氏族谱》,该族谱说道明祖生六子,而光绪十七年本《隆昌郭氏谱》则是生五子,其他内容大体相符。
② 教谕:古代教学官名。查《中国历代官称辞典》教谕词条:"宋代,于京都之小学、武学始设此学官。元明清各代于县学亦设此官,以教授所属生员,兼掌文庙祭祀。"

镇廖氏之女，生子女共计五人：长子郭成鲲，约生于1888年，字运南，号天池，又名寿光；次子郭成烺，生卒不详，后过继给四公祖榔为子；长女郭寿祥，又名忠信，生卒不详；次女郭祥埠，生下后不久夭折；三女郭祥琨，生于1899年，年轻时体弱多病，一直未婚，成年后出家为尼。

郭祖极五兄弟共生子八人。第七子生下来之后，七个经常在一起读书玩耍的堂兄弟因崇拜晋代的竹林七贤，就在云顶寨祖屋前后植竹数丛，并称此居为"竹林屋基"。时至今日，竹林屋基仍然是云顶寨的一大景观之一。

在云顶寨长大的郭运南在少年时就对中医产生了浓厚兴趣，在苦读《本草纲目》《黄帝内经》等医书之余，游历周边山水，遍访村巷名医，学得了"望、闻、问、切"诊法和砭石、针刺、汤药、艾灸、导引、布气等医术，经常为人诊治大小病痛。

郭运南性格刚直果断，常有出人预料的言行。就在钻研医术之际，忽然弃笔从戎，当兵救国，参加了国民革命军，在1915年的护国运动①中作战勇敢，被擢升为团长。本来可以在军队有一番作为的郭运南，却看透了军阀黑暗、残暴的本质，出人预料地解甲归田，回到了隆昌县云顶寨继续钻研医术。不久，娶内江县（现内江市）三多寨李氏之女为妻。李氏聪明贤惠，善于持家，郭运南赋闲时虽然没有太多收入，但在李氏精心照料下，日子过得仍然井井有条。

注释

① 护国运动（1915—1916年）是辛亥革命后发动的反对袁世凯复辟帝制的运动。护国运动起因是袁世凯在1915年12月于北京宣布接受帝制，南方将领唐继尧、蔡锷、李烈钧等在云南宣布独立，并且出兵讨伐袁世凯。袁世凯的军队受挫，南方其他各省之后亦纷纷宣布独立。袁世凯迫于内外压力宣布取消帝制，并于数月后病逝。

结婚不到一年，郭运南开始实践自己人生的又一次巨大转折，他决定举家和大公、二公等人迁居百余公里之外的四川荣县。在那个交通极不发达的年代，跨越百余公里进行半个家族式的迁移，无疑是一个重大的决定。

郭运南西迁荣县，具体原因一直是个谜。当时，他对母亲廖氏只是说："父亲不在了，随大公、二公去荣县，彼此有个照应，将来的生活会容易些。如果不行，我们这里有房子，将来还可以再回来。"《云顶郭氏族谱》或者各类史书中，也没有对清末民初的一个小小国民革命军团长兼中医医生的选择留下蛛丝马迹。

当时，荣县自流井经济十分兴隆。但郭运南到了荣县之后，并没有像族人猜测的那样在县城落脚，去参与挖掘井盐，而是选择了县城东北风景秀丽的吕仙岩村定居，继续行医。这对于一个当过兵、30多岁的人来说，颇有隐居避世的意味，令人不可思议。

历史上有很多大大小小的谜团都是无解可求的，郭家的这次迁移也一样。郭运南对此次迁移三缄其口，后人已经无从寻找答案。不过，这并不影响郭家子孙在荣县繁衍生息，在长子郭重威、次子郭孔元之后，郭家又相继增添了长女郭孟元、次女郭仲元、三女（两岁早夭）、四女郭士珍、五女郭兆元、三子郭兴邦。

1929年3月17日，李氏在四川荣县吕仙岩村又诞下一子。郭运南为第九个孩子取名郭尚平，字士均。尚平，此名含有三重含义：时值战乱频仍，盼望和平早日到来；世道艰难凄苦，唯愿人人平等；人生一世不易，唯愿众生平安。

听到孩子平安降生的消息，郭运南来到客厅的先祖挂像前焚香祈愿，说了取名的三个愿望后，又补充一句："老祖宗，我又给您添了一个二十一世孙。"

二、老中医的井盐投资

郭尚平出生不到两个月，郭运南开始寻求他人生中的又一次重大改变。他变卖了这些年来在荣县购得的田地、房屋等家产，到不远处的自贡投资井盐开采。

大约在2亿年前，自贡地区处于由海而陆的转换时期，大量的盐卤、岩盐、天然气被埋藏于地下。大约两千年前，生活在此地的先民偶然发现了地下盐卤，从而揭开了井盐开采的大幕。自从东汉章帝时期此地开凿出第一口盐井，因盐设镇、因盐设县、因盐设市，自贡便有了"千年盐都"的美誉。

辛亥革命以后，自贡井盐开采持续繁荣。1936年10月30日，国民政府军事委员会委员长行营治字第2485号训令，四川盐运使缪秋杰在提倡"设市政管理局以谋自流贡井之发展与繁荣"的建议中指出："自流贡井之发达，远在唐晋，迄今已一千四五百年，现在人口二十余万，面积百万方里，盐业贸易总额年达六千余万，固具有良好都市之基本条件，苟能加以建设，必早已成为全国有名之大都市。"[1]足见自贡井盐生产的盛况并没有因连年的战争而有所削弱。

20世纪二三十年代，自贡还没有设市，只是个工业较为发达的小镇。分属富顺县、荣县的自流井、贡井的盐商，联合起来不断推动自贡设市，虽未获批，但相继组建了众多以"自贡市"命名的同业公会、地方机构，叫响了一个并不存在的"自贡市"。

自贡是四川最大的天然气、盐水井开发地,被誉为"川省精华之地"。当时,有钱人纷纷到自贡投资开发,利用古老的钻井技术打开岩层,找到盐水层后将盐水抽取上来,架起铁锅,用副产的天然气煮沸取盐。这种方法在当时十分盛行,也是当地人发财致富的主要手段之一。

郭运南终于被蒸蒸日上的井盐开采景象所动摇,决定离开荣县去自贡。但是,一口盐井从开凿到生产,耗资巨大,仅凭郭运南一个人的力量和财力去运作十分艰难。在这种情况下,郭运南联合母亲、妻子等娘家人的力量,进行了这次商业冒险。两大家族都有多人前来投资或帮工,主要有郭运南的九舅和妻弟等人。三个家族共计 30 余人来到自流井,进行了郭运南认为可以改变家族命运的一次投资。

20 世纪 20 年代,布满井架天车的自贡市

采用家族合伙制进行井盐开采，是当时广泛采用的形式。当时，在自贡建造一眼井须"众家之力，攒百两之金，经年累月而成"[2]，因此合伙制成为最好的选择。"许多合伙关系聚拢十家乃至更多投资者的财源，包括经营了盐灶、零售或批发商号的投资股伙等。家族党对于聚集四川南部产盐地区的资本起到了重要的作用，是盐场合伙制中最积极的投资者之一。"[3]

不过，事与愿违，郭运南这次冒险失败了。当时，大小军阀为了称霸全川，战乱频仍。"军阀之间混战，一场小战役需几万元，而大战动辄上百万。"[4] 如此巨大的军费开支，没有稳固的财政来源是不行的。而当时，自贡地区盐税这块肥肉使求钱若渴的军阀们垂涎欲滴。谁占领了盐场，谁就可以插手盐政，谁就可以掠取盐税，从而购买军火，训练军队，称霸蜀地。在这样的形势下，一个寂寂无名的中医前来搞盐矿开发，所面临的盘剥是可想而知的。而他当过国民革命军团长的背景，也在城关变幻大王旗的年代成为过眼云烟。

在这样残酷的形势下，由三个家族组成的投资与开发队伍逐渐失去了精诚团结的创业精气神。作为主要投资人的郭运南，对于生产管理知之甚少，厂区全部事务都交给了舅父和妻弟，自己仍然以行医为业。最终因外部盘剥与内部管理不善，盐厂陷入资金断流、无法运行的局面。郭运南虽然饱读诗书、能文善写、精通中医，但对井盐开采极为陌生，投资失败似乎不可避免。

当时，年幼的郭尚平对这次改变家族命运的行动并没有太清晰的记忆。他只是后来听到大哥、二哥的只言片语，知道父亲与母亲娘家人、祖母娘家人等到自贡来是为了投资井盐开发。因此，在他的记忆中，父亲一直是一个医生，从来就没有过良田百顷、华屋数间的富裕生活。

三、在自贡的三次搬家

刚到自贡的前两年，郭家租住的房子在自流井的街中心。当时自贡有两大绸缎庄，一个是天福祥，另一个是永和祥。在两大绸缎庄的中间，有一条宽约 1 米的巷道，走上几米再上二楼，就是临街商铺楼上郭家租住的房子。

在这所房子里，郭尚平一家度过了一段愉快而短暂的幸福时光。虽然劳累，但他们有幻想可以解乏：第一口盐井什么时候可以出盐，第二口井什么时候可以钻成……但残酷的现实并没有让他们把这美好的梦做到底，只有两年多的时间，随着投资盐井的失败，他们不得不搬离了这套租金昂贵的住所。

自贡的盐井由贡井和自流井组成。长江上游的釜溪河从自贡中间穿过，两边高高矗立着 13000 多口盐井井架，向世人展示着这里的富足与繁荣。但富起来的永远是极少数，大多数井盐工人和市民仍然过着十分艰苦的生活。郭运南井盐投资失败后，沦为了他们中的一员。

沙湾就在釜溪河边，与繁华的市区相隔咫尺，当时是较为贫困的人居住的地方。为了节省房租，郭家搬到了这里。他们租住的房子就在釜溪河边，在郭尚平模糊的记忆中，那所房子采光极差，似乎永远被一层无边的幕布遮挡着，感觉阴森森的。

郭尚平和七姐等几个小一些的孩子住在楼上，父母和哥哥姐姐住在楼下。有时夜里醒来去楼下的洗手间，郭尚平总是能听到父亲深重的叹息，似乎有什么东西重重地堵在他的胸口，喘不上气来。

这时的郭尚平将近5岁，已经记事了。他记得那一年釜溪河发洪水，一夜之间水漫过街道，从上游漂下来好多杂物，还夹杂着很多动物和人的尸体。很多人围在河边，小心地将尸体轻轻推开，打捞那些有用的东西。在郭尚平幼小的心灵中，自贡给他的记忆蒙上了一层拨不开的阴霾。

他最难忘的是当时他家后院有一位年轻的女邻居，会弹风琴。她经常在傍晚时分在房间里弹一首曲子，后来郭尚平知道那首曲子叫《寒衣曲》，是一首在二三十年代十分流行的母亲思念远行孩子的曲子，听起来忧伤得让人心碎。由于房子隔音效果不好，每次弹奏，郭尚平一家人都能听得十分清晰：

"寒风习习，冷雨凄凄，鸟雀无声人寂寂。织成棉布，斟酌剪寒衣。母亲心里，母亲心里，想起娇儿没有归期。细寻思，小小的年纪远别离。离开父，离开母，离开兄弟姐妹们，独自行千里。难记！难记！腰围粗细？身段高低？尺寸无凭难算计。望着那剪刀空着急，望着那尺儿无凭依，望着那针儿只好叹气，望着那线儿没有主意，没有主意。记起！记起！哥哥那年有件衣，比比弟弟……"

风雨之夜，鸦雀无声。担心浪迹他乡的孩子身上衣单受寒，母亲用自己织成的棉布思量着怎样为子女做一身合身的衣服，尽是"慈母手中线，游子身上衣"的思念之情。黎锦辉创作的《寒衣曲》在二三十年代很有名气，似乎是专为那些孩子在远方求学、在战场拼杀、在异地求生存的母亲写的，打动了很多母亲的心。

每当音乐响起，郭家人大多是沉默地听一会儿，并不埋怨，也不感觉怪异，似乎习惯了有一位邻居提示着他们已经是傍晚了。有时大哥大姐不喜欢听了，也不说什么，就默默地走开。好在那个女人弹风琴的时间总是在黄昏时分，并不会影响大家晚上休息。

那边女人轻弹，这边母亲李氏有时跟着哼唱几句。郭尚平曾经问母亲，为什么这个邻居总是弹同一首曲子，是不是她不会弹别的曲子。母亲一直没有回答他。直到有一天实在拗不过，母亲才慢慢地说，这是一首母亲思念在外远行的孩子的曲子，她想她的孩子了，担心他穿的衣服太薄，会冻着。

母亲李氏自幼读书识字，略通音律，因此知道邻居弹得是什么曲子，猜到弹奏者心里在想什么。

"娘，我以后不会离开你，你就不会像她弹这样难过的曲子了。"年幼的郭尚平说。

"等你长大了，想留在娘身边也留不住你。你们兄弟姐妹九个人，读书、长大、结婚、生子，将来都会为自己的生活各奔东西。妈妈不可能永远惦记着你们，你们彼此互相惦记着是最好的了。"

母亲的伤感不知道是因为生活的困顿，还是因为邻居风琴曲的忧伤。郭尚平虽然懂事比较早，但母亲的话对于当时的他来说，还无法全部理解。时至今日，他已经忘记了女邻居的样子，但仍然记得母亲听邻居弹风琴时忧郁的面容，仍然记得《寒衣曲》的旋律，甚至还可以从头至尾哼唱出来。他初听这首曲子时是 4 岁多，而现在哼唱时已经 93 岁。

郭家在这里只住了一年多，每况愈下的生活让他们不得不再次

搬离。先搬到正街、新街、新桥外面的光大街上的双牌坊,很快又搬到自流井镇的边缘地带——高山井街 18 号。这是他们在自贡第四次租住的地方,也是他们在自贡生活时间最长的地方。

这一时期,投资失败的郭运南一直以行医为生。在自贡十字口街不远的骑坳井街边,在好友钟廷选开设的一个诊所里,郭运南成为周边病人离不开的老中医。

四、高山井街 18 号的"大锅饭"

自流井的高山井街是自贡市众多用井字命名的老街中的一条,形成于清代中晚期,传说曾是自贡四大盐商之一王朗云的产业,有着上百年的历史。郭家在自贡高山井街 18 号生活的时间最长,也在此度过了一段最艰难的日子。盐矿虽然已经破产,但是因挖井而聚集起来的三个姓氏的家族却没有散去,依然每天聚集在郭家。他们既不是商讨再做点什么事东山再起,也不是亲情深厚不离不弃,仅仅是每天聚在郭家吃饭。

这三家都是郭运南投资井盐的参股者,他们并没有承担矿井管理失败自己应负的责任,却认为是郭运南蛊惑他们投资,让他们损失了家产。他们知道郭运南拿不出钱来赔偿,作为亲戚也不能不知深浅地硬要,于是决定长年在郭家吃饭,以抵投资费用,直到他们认为吃回了本钱为止。

郭运南默认了自己应负全责的结果,对另外两家团结起来对抗自己的默契没有提出异议。郭家吃饭时,院子里摆开了三个大大的八仙桌,30 余个不同年龄的男女一同用餐,碗盘交错,叮当作响,不知底细的人会以为这是一个非常有排场的家族盛宴,殊不知却是一场拉锯式的吃饭讨债的聚餐。以吃抵债的场景在郭尚平年幼的心灵中留下了深刻的印象，多年后每次思及至此，都让他对封建家族的亲情与伦理观念产生了怀疑。

大人占据三张大桌子，大多吃的是红苕大米饭和素菜。小桌子边是郭尚平和七姐、八哥等几个小一点的孩子，外加他们的母亲。早晨和中午，孩子们和大人一样吃白米和红苕颗粒混合蒸成的红苕饭，晚上却要换成稀饭。原因很简单，郭家的经济每况愈下，能省的就要尽量节省，母亲只能让自己和孩子少吃白米，尽量减缓米缸中白米消失的速度。

郭尚平一家20世纪30年代居住的高山井街18号现状

有一次，郭尚平和七姐对妈妈说，我们吃不饱，也想和大人一样晚上吃米饭。但妈妈说小孩子又不干活，晚上不用吃那么多，吃完早点睡，睡着了就不饿了。

又过了一段时间，他们连素菜都很难吃上了，只能吃萝卜缨子和豇豆腌制的咸菜。吃咸菜可以省很多伙食钱，郭尚平自小就知道了这个道理，在日后上中学时曾经多次用此方法解决没有钱的问题。

在此期间，郭家唯一的收获就是新添了五子郭士坰。郭士坰，字冠群（1934—），他活泼好动，给这个家庭增添了一丝欢乐。

郭运南给子女所起的每个名字都饱含深意,寄托着他的梦想。身处困境之中,给小儿子取名"冠群",他似乎仍然在显示着这个家族的与众不同。

这段时间最辛苦的是母亲。每天要做三十余人的三餐饭,劳动强度之大,一个体力好的男人都吃不消,何况是一个妇女!做饭与一般小食堂所用的方法和用具近乎相同,用木甑蒸白米红苕饭,用大缸钵熬汤,好在有孩子们放学后来帮忙,母亲倒也勉强可以应付。

此时郭尚平已经上小学一年级。在他的记忆中,这些远房亲戚每天按时起床、到点吃饭,吃完就出门做自己的事,既不大吵大嚷,也不因要不到钱而焦急万分。吃得太差、住得太挤,他们并没有多少埋怨,像主人一样理所当然地生活着。

2009年,郭尚平和家人在高山井街18号院留影

有一天,郭尚平发现母亲叫人偷偷拿着一件皮衣往街上走去。郭尚平感觉事情有点蹊跷,因为那件皮衣是父亲以前穿的,很贵,

只有在出远门的时候才会穿。郭尚平偷偷地跟在后面,发现那个人进了当铺。这时他才恍然大悟,母亲将这件皮衣典当给了当铺!小小的郭尚平这时就已经知道,自己的家发生了巨大变故,已经彻底败落下来,靠典当家中物品过日子了。他的内心一阵恐慌,有一种要一辈子喝稀饭的预感。

此后,他陆续看到母亲不断将家中的财物,戒指、服装之类的送入当铺典当,换来三十几人的食物,母亲则一天三顿都吃稀饭。这时候的郭尚平还无法理解要强而勤劳的母亲是多么的无奈,一家是自己的哥哥,一家是丈夫的舅丈,她没有理由不忍辱负重。

虽然家中如此艰难,但是母亲在郭尚平的心目中却十分慷慨。有一天,来了一位中年女乞丐,带着一个小女孩来讨饭,母亲盛了一碗红苕米饭给她们吃。站在旁边的郭尚平十分不解,心说:"我都吃不上这么干的饭了,母亲为什么给别人?"他的目光流露出不解与怨艾。

在那段食不果腹的日子里,母亲总是用食物和破衣服周济乞丐。这一天郭尚平和八哥终于忍不住了,对母亲说:"你不应该这样做。你自己的孩子也吃不饱饭!"

母亲看着孩子们愤懑的表情,没有言语。等乞丐走了,母亲把他们拉到了角落里,对他们说:"我们家只是愁这一段时间没有干饭吃而已,而他们已经几天连稀饭都吃不上了。我们少吃一口饭只是饿一顿,但是他们再不吃一顿饱饭,就可能饿死了,你懂吗?"

郭尚平半懂不懂地点了点头。一个刚上一年级的孩子,还无法理解母亲为什么会有这样悲天悯人的情怀。

五、难忘的玉皇庙女子小学

1936年3月,郭尚平进入自贡市玉皇庙女子小学一年级读书。当时,自流井的孩子们主要在两个学校上学,一个是玉皇庙女子小学,另一个是井神庙男子小学。玉皇庙敬的是玉皇大帝,井神庙敬的是打井采盐人信奉的井神。玉皇庙女子小学的一至四年级可招收男学生,到了五年级后,男生必须去男子小学就读。

上了小学一年级后,郭尚平就在学校吃午饭。他和七姐、八哥一起在玉皇庙女子小学读低年级;四姐和一个姑姑读高年级。学生在学校吃什么样的午饭,全在于学生家里给多少钱。当时,被自贡人称为"洞洞钱"的铜钱贬值已经相当严重,200个小钱相当于一个铜板,称为二百钱。母亲每天只给郭尚平两个铜板(400钱),中午只能吃一碗面或粥,稀稀的吃不饱。

面值壹分的"洞洞钱"

贫穷与饥饿让一些孩子从小就表现出了恶劣的一面。他们就读的班级虽然是一年级,但上学的孩子小则七八岁,大则十几岁,身形大小、体力强弱相差极大,进而滋生了以大欺小、以强凌弱的恶习。班上有一个姓萧的男孩子,比同班同学要大上八九岁,依靠人高马大胳膊粗，每天都要逼着一些小孩子给他一些铜钱，否则就拳脚相加。

郭尚平入学后，也被这个孩子欺侮了几次。郭尚平很生气，心想这小子一定在班级抢别人的东西习惯了，得想个办法。可是自己长得小，打不过他怎么办呢？

他不敢和老师汇报，因为很多孩子这样做了，老师却不怎么管。郭尚平感觉到这里面一定有问题，他不愿意继续下去，万般无奈之下他和四姐说了这件事。此时四姐已经在玉皇庙女子小学上六年级。一听此事十分愤怒，找到姓萧的大男孩，怒斥他说："你再抢夺我弟弟的钱，我就让他的几个哥哥一起来打你！再把你交给老师打屁股！"

姓萧的男孩子知道郭家兄弟众多，一听这话也知道再惹郭尚平一定是自讨苦吃。自此，他老实了许多，不再欺负郭尚平。

事后，四姐告诉弟弟说："遇到不公平的事，事关自己的要说不，要反抗；事不关己的，你是男孩子也要管。懂吗？"

姐姐的话让郭尚平懂了一点点道理，有些人和事，只要你不怕，勇敢地去面对，其实并没有什么过不去的坎，或者说有些坎并不像想象中那么可怕和难过。

这样的考验不久又摆在了年幼的郭尚平面前。四川被誉为"天府之国"，但是在国民党统治时期，这令世人向往的人间天堂不仅天灾不断，人祸也时常横行。由于民国时期四川战祸匪患连绵，自然灾害尤为频繁，加上特有的自然因素和复杂的社会因素，导致霍乱、天花、伤寒等多种传染病暴发并泛滥成灾，给四

川人民的生活和生产造成了极大破坏,"天府之国"到处可见饥民和难民。

民国时期,四川发生的传染病中,以霍乱最为严重,染病及死亡人数也最多,并且有过几次大暴发。1925年,盐源伤寒大流行,死亡7000多人。1932年春夏,马边县伤寒、赤痢流行,3月至6月报告病例1857人,死亡698人。1937年,宜宾回归热流行,发病1190人。1939年5月,重庆地区的难民中发生霍乱,6月传至自贡,7月传至成都、德阳以及川北一带……[5]

此间,不断有难民、灾民离开瘟疫暴发地区向自贡涌来,不仅带来了疫情,也加重了自贡地区居民的生存压力。郭尚平在自贡玉皇庙女子小学上二年级时,有一天正在老师的带领下和同学们在操场上做体操,突然发生了校工和难民的打斗事件。学校的操场周边有一圈两米多高的土墙,土墙下种了一排芭蕉。常有一些饥饿难耐的难民翻墙进来挖芭蕉的根茎充饥。芭蕉根茎食用口感极差,《得配本草》上说"多服动冷气,胃弱脾弱,肿毒系阴分者禁用。"因此,生活中若不是饥饿难忍,极少有人食用。

为了保护校园芭蕉,校工加以制止本无可厚非,但出手打人就说不过去了。上体操的女老师看不过去上前制止校工,说人都饿死了,你就不要管芭蕉了。郭尚平虽然年幼,但多年家庭生活的磨砺和母亲等人的教育让他初知人间的是非冷暖,毫不犹豫地站在了饥民一边,上前和校工理论。一时间形成了一个女老师和几个学生制止本校校工打人的局面。

事情闹到了学校管理层,老校长只说了句"民生事大",算是表达了对老师和郭尚平等学生的支持。四姐知道这件事后,竖着大拇指对他说："行，弟弟有点侠义之心，希望长大以后继续发扬。"

"啥是侠义？"郭尚平天真地问。

"咋说能让你懂呢？"只有十几岁的四姐想了想，"这样说吧，爸爸天天让你念佛，是为了让咱们做好事；侠义呢，也是让人做好事。但念佛做好事是低头求人家做，侠义呢就是立场坚定地带动大家做。不一定对，你先这么理解吧。"

年幼的郭尚平望着四姐有些发蒙。侠义是什么他不知道，但他对这两个字产生了极大的兴趣。

六、小小抗战宣传员

就在郭家全家人咬紧牙关承受着家族衰败的痛苦之际，这个积重难返、积弱成贫的国家也在一步步地滑向沉重的深渊。1937年7月7日，郭尚平在玉皇庙女子小学读三年级时，日军在北平附近挑起"卢沟桥事变"，日本帝国主义发动全面侵华战争。此后，日本侵略者的屠刀高悬在中国人民的头上，南京大屠杀、武汉陷落等消息不断传到自贡。

在中国共产党领导下，1938年成立的八路军和新四军不仅在战场上与侵略者展开殊死搏斗，在全国各地，包括国统区在内，同时开展了轰轰烈烈的抗日宣传活动。作为当时抗战的大后方，自贡的救亡运动在全国抗日高潮的感染下，也蓬蓬勃勃地开展起来，组织了"抗敌后援会""星海""怒火"等抗日宣传团体，开展抗日救亡活动。

1937年10月，在中国共产党员闻化鱼[①]等人的领导下，组织两百多名爱国青年在自流井天后宫集会，成立"自贡市抗敌歌咏团"和"自贡市乡村巡回抗战话剧团"。1938年4月，两团联手成立了"自贡抗敌歌咏话剧团"，该团的宗旨是"以歌咏的力量，激发人们的抗战热情"，开展了演出教唱歌曲、演出进步话剧、举办夜校、出版发行刊物等多种形式的抗日宣传活动[6]。

"自贡抗敌歌咏话剧团"在自贡各中小学广泛招募宣传员，只有八九岁的郭尚平凭借从父兄姐姐们身上感受到的抗日热情和自小就有的一副好嗓子，也成了其中的一员。

自贡市井神庙遗址

郭尚平在五年级后转至井神庙男子小学继续学业。井神庙始建于清嘉庆年间，是古富荣西场盐商集资修建的用于祭祀井神梅泽的寺庙，同时作为井灶业主的会馆。井神庙前后两大殿堂，左右有厢房和侧院。如今井神庙早已消失，在前殿、左右厢房的基址上重建三列砖混平房。

注释

① 闻化鱼又名张子英、余化龙、徐子瑜，中共内江地下党负责人，1936年加入中国共产党。1945年5月，被调到重庆《新华日报》工作。1948年，任湖北均县县委宣传部部长。是年9月1日，原国民党均县保安团残部勾结地主武装攻打县城，包围县委，他奉命带领一支队伍阻击敌人，掩护县委机关和群众撤退，不幸被俘，壮烈牺牲。

在井神庙男子小学，有不少老师、学生在中国共产党外围组织的领导下，参与到"自贡抗敌歌咏话剧团"组织的抗日宣传之中，他们积极走上街头，以各种文艺形式吹响抗日救亡的号角。

胡昭奎所著的《我亲身经历的抗日宣传活动》一文真实地记述了当时井神庙男子小学抗日宣传活动的场景：

"各校的学生，以富二区小（即井神庙男子小学）带头，立即组织了'反日宣传队'奔赴街头、戏院、茶馆等公共场所，进行爱国宣传，地区遍于自井、贡井、大山铺、大坟包、长土等城乡各地。其他学校也随富二区小之后，组织宣传队上街宣传。"[7]

在这场抗敌宣传活动中，郭尚平、八哥郭兴邦、孔姓邻居的两个男孩以及另外几名学生组成了一个小组。演出地点主要是八店街、十字口、新街等处的茶馆、人行道和市场。

2009 年，郭尚平回到 1937 年曾经参加抗日救亡宣传的自贡市八店街

四川到处是茶馆，喝茶之处就是群众聚集的场所，是宣传抗日的首选之地。每次一到茶馆，年龄稍大一些的八哥会说："公公、

大爷，我们要做一下抗日宣传。我在这儿唱一段打倒小日本的金钱板，借你的场子用一下好吗？"

老板自然是含笑点头说："行，行，怎么不行？抗日宣传，也是我的想法嘛。你这又宣传抗日，又给我招徕客人，我谢你还来不及呢！"

此时，八哥身后就会闪出一个年龄、个头儿都要小一些的男孩，看起来眉清目秀，聪明伶俐。几个孩子一起将一名最小的男孩一托，男孩顺势灵巧地跳上了一张桌子。他手中扬起一块金钱板，板子有两片，都是一尺长、一寸宽，拿在右手，小男孩一边打金钱板一边用稚嫩的声音唱起来，这个最小的男孩就是郭尚平。

"各位同胞，请稍站，

听我唱一段，日本野蛮。

我一不唱秦朝和后汉，

二不唱鲍超打台湾；

三不唱孙二娘开黑店，

四不唱武松打虎上梁山；

我要唱一段，日本侵略，日本野蛮……"

这首金钱板历数日本侵略者在中国的侵略行径，由当时"自贡抗敌歌咏话剧团"的老师们创作完成，再传授给郭尚平这些孩子们。

当时日本人的飞机频繁轰炸，很多城市中白色的东西都成了轰炸目标。有不少城市把白色的房子涂成黑色。但是当地人的习俗是围戴一种白色布罩头，人群聚集的场所十分醒目，成为日本飞机轰炸扫射的目标。如何让大家摘掉白头巾也成为宣传抗日的内容：

"日本飞机头上转一转，

看见你地下好多白圈圈，

看见你机枪就会大扫射，

再给你丢几个大炸弹……"

除了打金钱板，还有其他宣传形式，第一种是打花鼓，三个竹竿架在地上，上置一小鼓，一人打小锣和小鼓，边打边唱。咚咚咚咚锵、咚咚咚咚锵，咚咚咚咚锵咚，锵咚锵咚锵，一阵鼓点之后，几个孩子就会一起唱：

"枪声炮排鸣，

来了日本兵；

抢占我土地，

杀我中国人……"

还有以凤阳花鼓调子为主的：

"说凤阳，道凤阳，

凤阳是个好地方。

自从来了日本兵，

抢占我土地杀我中国人，

咚咚咚咚锵、咚咚咚咚锵……"

第二种是唱歌，其中有一首《"九一八"小调》歌词是这样的：

"高粱叶子青又青，

九月十八来了日本兵！

先占火药库，

后占北大营，

杀人放火真是凶！

杀人放火真是凶！

中国的军队好几十万，

恭恭敬敬让出了沈阳城！"

这首"九一八事变"后流行于各地的民间小调，真切地控诉了日军占领中国领土，屠杀中国人民的野蛮侵略行径；也对国民党政府采取不抵抗方针，命令东北军撤到山海关内，导致东北广大地区沦陷行为进行抨击。另外，号召枪口对外的《救国军歌》和《大刀进行曲》等也是孩子们经常演唱的歌曲。

第三种是演说，这种方式主要由八哥和更大一些的学生完成，郭尚平只是跟着喊几句口号，如"有钱出钱、有力出力""团结起来、抗战到底"等。说得虽然有些稚嫩，但却十分卖力、十分真诚，大人们看后都十分动容。常有人说这样小的孩子都知道抗日,我们怎么能袖手旁观呢?

在自贡市的抗日宣传活动中,年幼的郭尚平虽然不知道中国共产党、延安和革命的真正含义,但他亲身体验到个人命运与国家命运息息相关,知道了团结起来就可以打败日本鬼子。在国破家亡之际,抗日救国、爱国反帝的思想在郭尚平的心中扎下了最初的根芽。

1938年12月的一天,正在自贡井神庙男子小学读五年级的郭尚平放学后刚要和同学们一起去茶馆参加抗日宣传活动,一个邻居突然慌慌张张地找到他说:"你娘让你快回家!你爷[①]要带你们回隆昌了。"

注释

[①] 四川土语称父亲为"爷"。

第二章

蜀道寒窗

郭尚平跟随父亲离开出生地荣县，先后到了自贡、隆昌、成都和重庆完成学业。蜀道艰难，秉烛寒窗，不管在哪个学校就读，他都是成绩优异的学生。在未来的岁月中，郭尚平能够不断地为中国石油工业贡献自己的才智，与此时打下的良好学业基础不无关系。多年以后，郭尚平分析自己当时苦学不辍的原因有两个：其一，家庭衰败，回到云顶寨之后，由于家境破败，生活拮据，郭尚平想方设法替父母分忧，减轻家人的负担，钻研学业，有一个好的出路和前途是唯一的选择；其二，国家形势使然，郭尚平的学生时代跨越抗日战争，他认识到了国家工业落后是侵略者胆敢入侵的原因之一，这促使他笃志读书，走工业救国之路。

一、回到隆昌云顶寨

郭运南决定从自贡搬回祖籍隆昌云顶寨，是他一生当中想干就干的性格迸发出来的最后一道微弱的光芒。但是，这个决定并不像往常那样出乎人们的预料，对于母亲廖氏、妻子李氏以及稍大一些的大哥、二哥等人来说，这是预料中的事。一个人在外漂泊多年，最终选择回乡，是众多游子最终选择的生活之路。

当时，郭家在自贡已经到了山穷水尽的地步，除过继给五弟的四女郭士珍外，郭运南的八个子女分别在自贡、泸州等地的学校读书，吃穿用和学习费用极高。加之郭运南的舅父一家、妻弟一家二十余人在此吃喝多年，让郭运南从经济到精神上都不堪重负。家中唯一的收入就是他在自贡行医所得。

此时，参加过国民革命军的郭运南对抗日战争局势的判断并不乐观。1938年下半年，日寇占领了武汉等地，开始对四川虎视眈眈。占据空中优势的日军每进攻一地，常常是先发动数日毁灭性空袭，然后再发起地面进攻。武汉的日军距离自贡并不算远，侦察机和轰炸机可以顺着长江河道及支流轻松飞向重庆、成都等地。

自贡不仅生产井盐供军需民食，同时也是国民政府重要的盐税来源，战略和经济地位十分重要。郭运南判断，自贡早晚是侵华日军空袭的目标，即使短期之内打不到这里，毁灭性的突袭与侵扰一定不可避免，离开这里成了很多自贡人的选择。

还有另外一个原因，此时郭运南的母亲廖氏已经年逾七旬，跟着儿子在外漂泊二十余年，一直没有机会回到隆昌云顶寨。人老了，对故土和亲人的思念日益加深，多次在郭运南面前流露出回乡的意愿。即使只是为了满足母亲的愿望，郭运南也想回到他的出生之地——隆昌云顶寨。

郭运南选择回乡，与其说是他做的最后一次改变家庭命运的选择，不如说是他面对现实逼迫不得不做出的决定。此时他已经年近五旬，不再风华正茂。对于一生笃信佛教的他来说，这一切都是宿命，必须承受的宿命。

回乡无疑是一个艰难的决定。郭运南一生在外闯荡，几乎走遍了四川大部分地区，从一个普通百姓到身经数战的军官，从一名普通中医到投资井盐失败的破落户，从孤身一人到有了九个子女的父亲，丰富的经历并没有帮助他功成名就，而是让他在耗尽了全部的热情之后，唯一能做的就是回到出发的地方，使这个家庭免于饥饿与灾祸。

对于孩子们来说，事情并没有这样复杂、纠结。他们都是在荣县和自贡出生的，对于长大的他们来说，并没有思念故土、归心似箭的心情。1938年12月的一天，郭尚平从自贡井神庙男子小学放学回来后，母亲告诉他："明天你就不用去井神庙上学了，父亲带你回原籍隆昌。你准备一下书本什么的，回去还要用。"

郭尚平并没有问为什么。隆昌云顶寨，他已经听父母和祖母无数次地说起过，它悠久的传说、曲折的历史和神秘的景观，都曾让年少的郭尚平和兄姐们充满了好奇。

第二天，郭运南带着全家人踏上了回归隆昌故居之路。从自贡到隆昌有100多公里。此时已经有了汽车来往通行，但是为了节省费用，一家人还是选择了步行回乡，在石板路上走了两天两夜，终于回到了隆昌云顶寨。在郭尚平的记忆中，这是最为艰难的一次远行，100多公里的距离，对于9岁的儿童来说，是无法翻越的峰峦叠嶂。但是在父母的鼓励下，咬牙走上了回归之路。

当郭运南带着一家人站在云顶山下时，一丝泪光在他的眼中闪现。他身无分文，只带回了八个子女。不知道在族人的心目中，会羡慕他多子多福，还是耻笑他一无所有。好在他还有郭家的祖宅竹林屋基，在最艰难的时候给家人提供了庇护之所。

竹林屋基坐落在云顶寨的东北角，距离城墙只有几十米。时至今日，屋基前还立有一个门牌介绍屋基的悠久历史：为郭人镛六子郭海珊于同治初年（1862年）所建。此庄园有三进两厢，九天井，九花厅，抱檐，为土筑瓦盖，门窗无雕饰，无漆彩，内有屋子数十间……

洒扫庭院、修缮门庭，一通忙碌之后，郭家回到了当初出发的地方。而那些以吃饭方式讨债的亲戚们，也许是认为已经吃回了当初的投资，也许是觉得郭家已经被吃得一无所有了，没必要继续吃下去了，各自回到了自己的家乡，没有跟着到云顶寨。

也就是从那时起,在郭尚平的记忆中,郭家第一次有了一家人单独在一起过日子的时光。孩子们可以和父母在一张桌子上吃饭,父母也有了时间和孩子们一起聊天,生活虽然艰难,但是多了一丝温馨。

竹林屋基内,一个宽敞的院落两侧,两排清代风格的老房子。大公和他的两个儿子住在西侧,郭运南带着母亲和子女们住在东侧。大公有两个孩子,郭尚平叫他们七叔、八叔。他们都是当年和郭运南一起效仿"竹林七贤"将这个院落命名为"竹林屋基"的成员之一。

2009年,郭尚平和妻子家人一同回到竹林屋基探视

回到云顶寨,郭运南没有了第一次解甲归田时的锐气与骄傲,在郭氏家族那些富户面前,只有一无所有的自卑。好在这些年他一直在钻研中医,治病救人的能力一直精进。因此,在家族中他不再寻求不可能给予他的发言权,开始一心一意以行医为生。他的归来对于医学并不发达的云顶寨人来说,确实是一个福音。

家族中的大户生怕他来麻烦自己，常常敬而远之，只有他的手足依然关心这个落魄的兄长。郭运南回到云顶寨不久，在家当居士的妹妹便将自己的积蓄全部拿出来给了哥哥，为他买了一小块地；郭运南的亲弟弟——过继给四公的郭成烺此时已经亡故，其妻守寡，带着孩子一直住在荣县，就将在云顶寨山下的部分田地给了郭运南。就这样，在亲人的帮助下，郭运南一家有了可以耕种的土地，总算可以衣食无忧了。

回到老宅之中，郭尚平很长一段时间处于莫名的兴奋之中。这座闻名遐迩的古寨中的寺院、城墙、马场、青石路，都让孩子们惊奇不已。但祖母的死，打断了他们的兴奋，回到隆昌不久，陪伴郭尚平度过童年时光的祖母因病离世。也许她是幸福的，在国破家败的年代，能够回到故里安然辞世，未尝不是一种幸运。

竹林屋基沙盘复原图

转过年来的清明节，郭运南带着郭尚平去给祖母和他没有见过面的祖父郭祖极扫墓。郭尚平第一次看到墓碑上书写的"郭祖极教谕"几个大字。有着传奇般经历的郭运南并没有心情讲述父亲的故事，也许只是想让郭尚平陪自己到这里来纪念一下父亲，和父亲说说话，回顾一下自己的人生。

二、耕读为业的云顶寨

隆昌位于四川东南部，是连接成都、重庆和泸州等城市的要冲。地形以丘陵山地为主，气候湿润，冬无严寒，夏无酷暑。县域内水系纷纭，是长江上游众多支流的汇聚区，北有岷江、沱江，南有赤水河及其支流，水网稠密，内河航运较发达，长江干流（川江）航轮可直溯宜宾。良好的地理条件、悠久的历史，使它从春秋战国时期开始就成为我国重要的农耕地区，也为孕育众多古镇古寨创造了自然条件，云顶寨就是其中之一。

隆昌郭氏始祖郭孟四自明代洪武四年（1371年）定居于云顶山下被称为"郭家坝"的发祥祖地，在以太公山始祖茔为中心的方圆几十里范围内，后人陆续建成了包含祠宇、牌坊、古寨、庄院和云顶场的复合式家族聚落。郭家世世代代在这里开枝散叶，繁衍生息，最终发展成为一个具有24个祖支、99个祖系的庞大家族。数代子孙倾尽家族之力，在云顶山上筑石围寨，建造了云顶古寨及寨内外数十座大小庄院，寨内建有弹药库和粮、油、煤、水等储备设施，民国时期备有一个连的寨丁护寨[8]。离古寨500米处有云顶场，从酒店茶馆、钱庄字号到山货铺、绸缎铺、药铺、米铺等一应俱全。逢初三、初六、初十赶场，十里八乡的人们天不亮就举着火把从四面八方前来交易物品,后人称为"鬼市"。到20世纪50年代,郭氏家族定居古寨已600余年,被国家文物部门誉为"千年古城堡、万担收租院、方圆百平方公里庄院的微缩景观、民俗文化的活化石"。

云顶寨古建筑沙盘模型全景

郭氏家族的兴旺发达与代代奉行"忠厚传家,耕读为业"的祖训不无关系。为了给族中子弟创造学习条件,郭氏全族几乎不遗余力。清末至民国初期,不仅动用祠产为上学族人每年发放两次助学金,还利用祠堂、祠产办学,惠及乡里贫困子弟。从十六世祖毓峦在双垣祠"办义学,以教贫不能读者"始,先后办有墨溪书院、名经耘堂、书园书院、凤池书院和自立小学堂①。辛亥革命后,又先后在宗祠创办墨溪保国民学校,在云顶寨内建立了秀毓小学、女子学堂。

注释

① 引自《云顶郭氏族谱》第2页。

1943年用兴国祠祠产，在寨外郭氏新建的男佛堂创办兴国中学。不仅郭尚平和兄弟姐妹们在秀毓小学、兴国中学就读，二哥、四姐还在高中、一年制大专毕业后回乡在两所学校任教。

郭运南一家回到云顶寨的第二天，父亲就将孩子们送入相应的学校去读书。大哥、二哥在自贡时就已经去了泸州，在姑妈的帮助下读初中，然后到成都就读一年制志诚商业专科学校。郭尚平和七姐、八哥、十弟则进入寨中的秀毓小学继续学习。

家庭迁徙并未给郭尚平的学业带来太大影响，自幼聪明勤奋的他在学校成绩一直十分优异。此时，中华大地在日寇的铁蹄下，硝烟弥漫，尸横遍野，而郭尚平还能在偏居一隅的四川隆昌有书可读，不能不说是一种幸运。

即使节衣缩食也要供子女上学，这种传统一直影响着郭尚平一家。回到云顶寨后，郭家虽然十分贫困，但是一定要让孩子们读书的理念一直没有改变。只有读书才有前途，只有读书才可以改变命运，这样的思想在父母的言传身教下，在几个孩子心中打下深深的烙印。

当时，在竹林屋基的祖宅，大公的两个孩子，也就是郭尚平的七叔和八叔两家生活条件很好，家中铺着厚实的地板，装饰着漂亮的天花板，显得较为华丽。

郭运南家却十分普通，地是土地，没有木地板，更没有天花板。在母亲的主持下，所有收入除了生活之外，全部用在八个子女的教育上。郭尚平和兄弟姐妹们能够先后步入各级学府读书，与父母的教育理念和郭氏家族传承的耕读传家、读书为本的祖训不无关系。

1982年，在四川资中县石油钻采研究院，郭尚平的兄姐弟聚会（前排：左2郭雪；二排：左2郭漫，左3十弟妻张淑芳，左4二嫂郭士德，左5三姐郭孟元，左6四姐郭仲元，左7七姐郭兆元，左8八嫂陈谦，左9邹建妻；后排：左2七姐夫邹永言，左3郭恒，左4八哥郭兴邦，左5邹建，左6三姐夫郭让荣，左8四姐夫徐台铨，左9郭瑞，左10十弟郭冠群，左11尚平妻九嫂罗广芳）

从自贡到隆昌，郭尚平在小学时的学习成绩一直出类拔萃，与哥哥姐姐等人的早教也有关。他在一篇回忆自己学习生活的文章中写道："大概4岁时，兄姐开始教我在方块纸上认读汉字，稍后又教我学加减法，打算盘、学心算。这些都有效地培养了我对学习的兴趣和比较勤奋的习惯。"因此可以说，郭尚平小时候的启蒙老师就是自己的哥哥姐姐。

在自贡时，他先是在玉皇庙女子小学读初级小学，一年级两个学期的成绩都是班上第一名。当时学校里有跳级制度，只要学习成绩优异，自己提出申请并通过考试后，就可以越级上学。郭尚平在读完一年级后，经过考试跳级到三年级的上学期读书。学了半年，学习成绩依然名列前茅，又跳级到四年级上学期。也就是说，他用两年半的时间，读完了小学一至四年级的课程。

五年级和六年级为高级小学。郭尚平已经不能在玉皇庙女子小学读书，转到井神庙男子小学。只是读了一学期，全家就迁回了隆昌县云顶寨，他则进入秀毓小学继续完成学业。

秀毓小学是民国初年郭氏家族自办的新旧学合一的小学，是郭氏家族重视教育、传承家学的象征之一。入学之初，郭尚平还以为家族自办的小学里都是郭氏子弟，其实不然，不仅有众多的外姓学生，还有外省学生。在日寇铁蹄下失去家园逃难到这里的孩子也进入秀毓小学学习。这与十六世祖毓恋在双垣祠提出的"办义学，以教贫不能读者"理念有很大关系。

这些小伙伴们失去家园的贫苦与无助给郭尚平留下了深刻的印象。郭尚平愿意和他们做朋友，也喜欢和他们一起分享母亲做的食物。郭尚平第一次亲身体验到外敌入侵后，失去家园的痛苦。此时他十分热衷于阅读《三侠五义》之类的武侠小说，十分崇拜路见不平拔刀相助的侠义之士。

学校西北角的操场上有一个沙坑。一天，几个不同年级的孩子在一起玩。其中有一个孩子十分霸道，人称"幺叔"，比郭尚平大三四岁。郭尚平看到"幺叔"正在无缘无故打骂一个穷学生。那个穷学生是从老祠堂小学转学来的，人穷志短，长年受人欺侮，这次碰到大名鼎鼎的"幺叔"更是敢怒不敢言。开始打了几下，郭尚平因不了解事情的起因，并没有想去过问。可是看到"幺叔"打得没完没了，那个穷学生被打得脸上出了血，十分可怜，还在苦苦求饶，但"幺叔"仍然没有停下自己的拳头。

郭尚平心头火起，抬腿就奔了过去，十分勇敢地上去制止"幺叔"："人家没有做错什么，你不能打他。就是有了什么错，也不至于打起来没完，君子动口不动手！"

"幺叔"没有想到在这里还有人敢制止他，只说了一句"我不是君子"，上来就打郭尚平。郭尚平早有准备，先是躲过了这一拳，然后迎上去一个直拳，重重地打在他的鼻子上，当时就血流如注。"幺叔"见自己流了血，当时就软了下来，哭着跑回家告状去了。在场的人都没有想到，平时如此霸道的"幺叔"此时就是这样一个怂包。

事后，父亲和母亲从学校的纪律讲到家族的规矩，一起来教训郭尚平。但四姐却说打得对，男子汉就要有正义感，对坏蛋就得反抗加打击。

三、日寇军机轰炸隆昌

郭家搬回隆昌，除了因为生活上的窘困外，郭运南还想躲避自贡面临的日寇军机轰炸的危险。但事实上，只要侵略者没有被赶出中国，任何地方都会受到侵扰。

隆昌位于四川盆地中南部，东毗船城荣昌，南邻江城泸州，西连盐都自贡，北界甜城内江。隆昌号称"川南门户"，古人赞誉隆昌是"北接秦陇，南通滇海，西驰叙马，东达荆襄，东北祖安岳荣城，西南往黎雅僰羌"，且能够"以弹丸之地而当六路之冲"，因此，隆昌历来都是兵家必争之地，日本侵略者更是觊觎已久。

正如郭运南在离开自贡时所预料的那样，1939年10月，日军开始对自贡进行大规模空袭。但他没有料到的是，隆昌也在日军空袭范围之内。

1938年到1943年，日本陆海军航空部队联合对重庆等地实施进攻作战，为期5年半，史称"重庆大轰炸"。在这次大轰炸中，地处重庆和成都两大城市之间的自贡、富顺、荣县、纳溪、泸县、合江、内江、隆昌等多个城市，均成为日军轰炸的目标。

自贡市因生产井盐供军需民食，在战略和经济地位上尤为重要，成为侵华日军的主要空袭目标之一。敌机多从武汉出发，顺长江河道及支流发起突袭。从1939年10月10日起，至1941年8月19日，在一年又十个月期间，日军出动了7次16批飞机，共483架次窜入自贡上空，对盐场和市区施行狂轰滥炸。投弹1544枚（其中烧夷弹465枚），炸死365人，伤残622人，炸毁房屋1101间（处），震倒房屋354间，燃烧房屋1330间（处），其中有部分井盐生产设施损失极其惨重，据当时查核测算，仅财产损失值法币达12400万元。[9]

隆昌的情况也十分惨烈。隆昌是国民党陪都重庆与成都之间的交通咽喉，自然成为日本侵略者的眼中钉。当时，隆昌以生产麻布闻名，为抗日前线提供大量的医用外科裹伤麻布和战士暑衣麻布，这些情报被日寇获悉后，开始轰炸隆昌。1940年8月2日，日机分3队从东方某机场起飞，越过重庆直赴隆昌，每队3组，一组3机，前后3队共计27架日本轰炸机呈品字形飞行，展开呈一字形、雁行状投弹轰炸，伴以机枪扫射，共计投重磅炸弹19枚、破甲弹49枚、烧夷弹6枚，共计74枚，另投射有大量手榴弹、机枪弹。[8]

日本飞机轰炸隆昌，前后持续十余分钟，隆昌县城浓烟滚滚，尘土飞扬，硝烟弥漫，到处横陈血肉模糊的尸体。隆昌县城的顺

城街，东门、北门的城墙都被炸成多段，城墙的石头垮塌下来砸死多人。驻扎的一个连队的新兵也多被炸死，文庙前一对大石狮子被炸飞，落在猪市坝，马王庙、城区署、监狱后面一带及顺城街一条街道被炸为平地，金鹅江河面锁江桥河段全是浮起的死鱼，整个县城臭气熏天。日机轰炸后，县城房屋大部分被毁，河街房屋大部分被烧，隆昌县城有弹坑170余个，居民被炸死166人，被炸伤195人，炸毁房屋637栋、6374间，破漏者无数，财产损失无从统计。[8]

在多次空袭中，云顶寨虽因远离城区而受损较小，但古寨中的人们并不感到庆幸，而是燃起了更加强烈的对日本帝国主义的仇恨，反日浪潮更加高涨。

四、竹林屋基前的合唱

在近现代，隆昌郭氏族人多有保家卫国的奉献情怀，一代代优秀人物，为民族解放、国家独立贡献自己的热血和才智。辛亥革命后，郭成燧历任护国军滇军司令部秘书长、总参议等要职，在护送蔡锷属僚返滇时不幸遇难；郭成坰在武汉中央军事政治学校第一期毕业，曾参加广州起义；郭士杰曾任中共安庆地委书记等职，三次被捕，坚贞不屈，1929年被秘密杀害于汉口，年仅24岁。抗日战争时期，投身抗日战场的郭氏族人有40余人，有的以身殉国，有的负伤回乡，有的下落不明。这些族人无惧生死的家国情怀在云顶寨口口相传，感染着子孙后代，培养着他们爱国御侮、复兴中华的信念①。

注释

① 引自《云顶郭氏族谱》4—5页。

郭尚平兄弟回到隆昌后，一直没有放弃抗日宣传。大空袭之后，饱尝躲避日机突袭之苦的云顶寨人面对国恨族仇，开始强烈地表达更为坚定的抗日决心。这时，从泸州中学毕业，在秀毓小学当教员的二哥，成了抗日宣传活动的领导者，他将兄弟姐妹和周边邻居的孩子、秀毓小学的学生们组织起来，挑选了二十几个人，组成一个合唱团，专门演唱抗战歌曲，进行爱国御侮、复兴中华的启蒙教育，表达郭氏族人抗日救亡、振兴国家的强烈愿望。

二哥郭士玗，字孔元（1920—1974 年），在自贡井神庙男子小学读书，初中时由于郭家投资失败，生活十分困难，他便和大哥一起在泸州姑妈家读初中，后又一起去成都志诚商业专科学校求学，学习统计学。《云顶郭氏族谱》曾这样记载，郭士玗"曾任合江田管处科员，荣昌捐税处会计，江安工商联干事，且川剧团琴师，辅导会计"。大哥郭重威在成都志诚商业专科学校读完一年制会计专修科后，就在四川合江田赋粮食管理处任最低级的雇员，以后又在隆昌麻业生产合作社工作，20 世纪 60 年代初病亡。

二哥郭士玗在音乐方面才华横溢，从自贡到泸州再到成都，他在优异地完成小学、中学和中等专业商业学校学业的同时，还学会了弹风琴，吹口琴、唢呐，拉二胡、川胡、京胡。在任何一个地方，他都是文艺宣传的骨干。

在秀毓小学当教师时，他主动承担起带领同学们进行抗战宣传的任务。当时，秀毓小学新编的校歌，二哥只用了几天的工夫就教会了大部分学生，带领大家发出了"爱国家、只一心""预备作杀敌的先锋""复兴我中华民族"的呐喊。他还教学生们唱《黄河大合唱》《松花江上》等歌曲，让不同年龄的孩子在音乐中体会失去家国的痛苦，燃起长大后为国杀敌、誓死战斗的火焰。

后来，抗战升级，形势危急。他又教同学们演唱《延水谣》：

"延水浊，延水清，

情郎哥哥去当兵。

当兵要当抗日军，

不是好铁不打钉。

拿起锄头好种田，

拿起枪杆上火线，救国有名声。

延水清，延水浊，

小妹子来送情郎哥。

哥哥你前方去打仗，

要和鬼子拼死活。

奴家织布又开荒，

冬有棉衣夏有粮，莫为奴难过……"

《延水谣》是继《延安颂》之后在解放区产生的又一首优秀抗战歌曲。它从延安传唱开来，在抒情柔美的陕北民歌曲调里，展示着男女主人公相互鼓励、不畏牺牲、送情郎上抗日战场的爱国主义情怀，无形中浸润着共产党人决绝的抗战精神。

二哥带领孩子们演唱歌曲的地点有很多，有时在学校里，有时在云顶场，有时在佛堂前，不过最多的地方还是郭家的竹林屋基前。那儿有一排慢坡式的台阶，同学们高低错落地站在上面，如同站在舞台上一般，参加合唱的孩子们有了表演的机会，也给这个沉闷的古寨带来了积极抗战的氛围。二哥经常站在前面，有时拿着乐器伴奏，有时双手挥舞在指挥。从二哥充满激情的身影中，郭尚平似乎看到了一个在指挥小分队与日寇作战的指挥官。

在二哥的带动下，郭尚平和三姐、四姐、七姐、八哥等人以及周边邻居的孩子都养成了唱抗日歌曲的习惯，成为合唱团成员。那个时候，寨子里很多孩子都积极参加合唱团。他们喜欢跟着二哥唱歌，从心底痛恨侵略他们国家的日本鬼子。有时，谁家吃饭了找不到孩子，当父亲的就会说，肯定在竹林屋基唱歌呢，去那儿找找吧。

除了唱歌，二哥还教几个有音乐天赋的孩子学习乐器，在他们能进行简单的伴奏后，二哥就成了专业指挥。如果二哥不在，郭尚平就成了替补指挥，继续带着大家演唱。郭尚平还学会了口琴等简单的乐器，并爱上了唱歌。此后，唱歌成了他一生的爱好，在逆境中，在痛苦时，在彷徨处，他都会放声歌唱，歌声让他重新找到了生活与奋斗的信心，找到了面对挫折与打击的乐观精神。

郭尚平跟着二哥从学校唱到了各条街巷，从竹林屋基唱到了古老的城墙上，从秀毓小学唱到了隆昌初中。郭尚平在隆昌初中还参加了一次全校歌唱比赛，获得了男声独唱的冠军。也就是从那时起，在困难的时候，放声歌唱成为郭尚平战胜困难的法宝。

一群还不能上阵杀敌的孩子，用自己的歌声表达着对侵略者的仇恨，表明了这个国家与民族正在宣示她的不可战胜。那歌声穿过古寨的天空，久久回响。很多寨中的老人看着他们的样子，听着他们的歌声，都会自信地说："我们国家到处都有这样的孩子，中国亡不了！"

郭尚平的二哥之妻是郭士德，中学毕业，长期在粮油供应部门从事财会工作，工作热情负责，备受赞扬。三姐郭孟元毕业于自贡市蜀光高级中学，四姐郭仲元毕业于抗战时期由外地迁至四川隆昌县的立达学园高中部，三姐、四姐在经济上由三姐夫帮助读完了（成都）光华大学的一年制财会专业。大专毕业后，三姐一直在四川泸州市一中任高中教师；三姐夫郭让荣毕业于（成都）金陵大学哲学心理学系，以后一直与三姐一道在泸州市一中任语文教师；他俩都是爱国敬业的优秀教师。四姐郭仲元与清华大学毕业的四姐夫徐台铨先是在隆昌圣灯山天然气矿工作，新中国成立后他俩先后转战西安石油管理局、青海柴达木油田和山东胜利油田；四姐从事油田财会工作，四姐夫从事技术工作，他俩都为石油工业的发展做出了贡献。六姐郭士珍原是解放军和志愿军护士长，长期从事医护工作。七姐郭兆元在重庆市高中一年制财会专修科毕业后，先是在隆昌圣灯山天然气矿工作，毕生献身于四川石油管理局财会事业，工作认真负责，严格敬业，是有名的"郭会计"；七姐夫邹永言毕业于西北大学，毕生献身于我国的石油钻井工程，为石油工业做出了贡献；夫妻俩均90高龄病亡。八哥郭兴邦为解放军和志愿军军官，转业后长期从事党建工作；其妻陈谦，高中毕业，生前长期在中国计量科学研究院分院工作，任职该院子弟小学教师，是一名受家长和学生欢迎的好老师。十弟郭冠群，桂林师范学院化学系毕业，任职四川轻化工大学教师，爱国敬业，迷恋专业，退休后迄今90高龄仍然每日痴迷钻研化工化学问题；其妻张淑芳退休前任职四川轻化工大学图书馆馆员，是一位既能搞好工作又能管好家庭的好干部。

五、持家有方的母亲

对于隆昌祖宅,母亲李氏和几个孩子一样感觉陌生。当年她从三多寨嫁过来,只在这里待了几个月,就随郭运南去了荣县。然后又去自贡淘金,经历了一段近乎大梦般的日子之后,才在隆昌醒了过来。在丈夫遭遇巨大挫折的那些年里,她没有埋怨,也没有哭闹,她坚强地站在孩子面前,默默地负担一切。

回到云顶寨,郭尚平的姑姑和婶婶给的一些田地和自家宅院里的菜地,让李氏成为忙碌的主妇。在她的主持和操劳下,收获足以维持家庭基本生活所需。多年以后,郭尚平回忆童年时光,总会想到如果没有母亲的勤劳操持,这个孩子众多的家庭几经风吹雨打,不知道会散落成什么样子。

母亲李氏的娘家在自贡市西北不远处大名鼎鼎的三多寨,是清代著名盐商巨贾李振亨之后,也曾是富贵人家的千金,虽然历经艰苦生活的磨砺,仍是那种举手投足不流于俗的大家闺秀。在自贡生活的时候,只有两三岁的郭尚平曾经随母亲回过一次三多寨。他模模糊糊地记得母亲家的大门槛很高,自己迈不过去,是母亲抱着他才跨过门槛。郭尚平出生前后,几乎与郭运南投资井盐失败的同时,母亲李氏的娘家也迅速没落成贫苦之家。

三多寨坐落于自贡市大安区三多寨镇牛口山。据史料记载,太平天国起义爆发后,为了在乱世中自保,自流井的大盐商李振亨联合颜昌英、王克家一起选址筑寨。经过多番考察,选中坐落于自贡市大安辖区内地势险要的牛口山。从咸丰三年(1853年)开工到咸丰九年(1859年),耗时6年建成寨墙高耸、炮台林立、枪垛密布的三多寨。三多寨建成后，自贡乡绅官宦、巨商富贾纷纷入寨置业产定居避难，进寨的人非富即贵。到了清末民初，经过多年大兴土木，修建成房舍相连、屋宇相接的中式瓦房、西式洋房，中西合璧式的建筑群。

母亲李新娴，出生于1890年左右，虽是盐商之后，但到她这一代，李家已经败落。瘦死的骆驼比马大，李家在当地也不是一个贫穷人家，因此李氏自幼读过私塾，识文断字。最可贵的是，李氏在年轻时接触了现代社会自由思想，没有裹脚。在那个年代，李氏敢于让自己的脚自由地生长，足见她对于独立与解放有着较深的认识。

回到云顶寨后不长时间，李氏就以能干、勤奋和聪慧而为族人所称道。邻里族人都带着一份敬重称她为三婶、三嫂，这份敬重是李氏用年复一年的操劳、节俭换来的。

孩子都要上学，学杂费、伙食费、交通费等加在一起，所需费用巨大，给这个并不富裕的家庭带来沉重的负担。但李氏却咬牙坚持让子女上学，一刻也没有想过让哪个孩子放弃。

必须要过节俭的日子，但李氏的节俭和别人不同。例如，穿补丁的衣裤并不算稀奇，但她给子女衣裤打补丁的方式很稀奇，圆洞也总是补得方方正正。有邻人问她为什么一个圆洞要补成方的。她回答说，这样看起来人显得方方正正，对孩子上学有好处。有没有好处暂且不论，李氏心中有着坚定的让子女做人方方正正的想法。

仅仅在穿衣上节俭是不够的。在做吃食方面，如何既让孩子吃好又省钱，充分体现了她的聪明和勤快。李氏在娘家就练就了一双巧手，在花费较少的情况下，让家人吃到了各个季节、各个节日应当吃到的美食。

过年过节的时候，李氏总会在厨房一展自己的技艺，让一众乡亲族人惊奇不已。例如，她会酿一种黄酒，每到过年时，竹林屋基就会飘出酒香，醉了左邻右舍；她还会制作腊肉，洗切腌晒之后，不多的几块腊肉挂在院子里，紧锁在肉质中的味道，提醒来做客的人们年关要到了。

母亲还会做茶叶饼、玉米粑和元宵，不过，对于郭尚平来说，他最喜欢吃的是母亲做的米花糖。她先是将糯米蒸熟晒干，再在大铁锅中炒熟。虽然自己热得满头大汗，但是糯米炒得香气四溢。炒熟后放一边，再将适量的糖放入锅中，大火烧成汁状，直到颜色微黄，再加入炒好的糯米、花生和芝麻，小火熬制成胶状，闻着味道，找准火候，感觉食料恰到好处地结合在一起，就倒在平摊的桌面上。母亲用木铲飞快地将滚烫的膏体铺平压紧，然后用刀切成薄片或小块。灵巧的手指如同燕子般在上面飞翔了一阵之后，米花糖的制作终于宣告完成。

这些工作母亲一个人无法完成，她的主要帮手是三姐和七姐。做完之后，最先来食用的一定是郭尚平和十弟、八哥。

母亲不仅干活有着超常的技艺和智慧，在管家方面，连老带少十余口，她也管得有板有眼。吃饭时，她严格区分每个人的饭碗和筷子的颜色、款式，不允许任何人拿错、用错；吃完饭要自己去洗碗，不允许别人代劳，洗完后要放在柜子里的固定位置。洗漱时，每个人的洗漱用具都挂在天井的竹竿上，不许拿错；牙刷都用一根绳子悬挂在墙壁的钉子上，用后要放回原位。作息方面，起床后被

子要叠整齐，不许乱堆乱放；要在规定时间睡觉，没有特殊事情家中人一律不准熬夜，以免影响身体健康。卫生方面，母亲规定任何人不允许往地上乱扔东西，家中地面虽然无砖和地板，只是一片泥土地，但一定要保持干净。最重要的是，她不允许往地上丢"带字的纸"，写过字的纸张就有了灵性，有了意义，胡乱丢弃是对文化的不敬。母亲这种尊重读书、敬重文字的家规，让一介寒门有了书香气韵。

母亲的规定虽然严格，但执行起来却是柔和中含有威仪，因此，郭尚平从未感觉到家中有"军事化"的拘束之感。

母亲在生活中也十分有智慧。冬季家中寒冷，一般的贫寒之家，基本上一个大灶连接着一个烟囱，生火做饭加取暖，家家如此。为了更有效地利用热量，节约煤炭，母亲让师傅在锅台与烟囱之间多开了个灶口，做成了北方才有的双灶炉，上面放置一口大汤锅，因火候较慢，平时只是用来烧水。这样，在寒冷的冬天，郭家人时刻都有热水可以洗脸、刷牙、洗脚，不必因要用热水而与做饭的主灶发生冲突。

母亲的聪慧一直让父亲郭运南大加赞许。回到隆昌后，家中大事小情全交给她一人打理，一般情况下自己不再操心，一心行医，倒落个心静。族中人有什么事情要商量，也已经习惯了不去找郭运南，而是找李氏商量。

六、"治富济贫"的郭运南

回到云顶寨，已过不惑之年的郭运南的心渐渐静了下来，不再有对生活进行大变的冲动。这并非水到渠成的人生感悟，更多的是因为在世事沧桑、起伏无定、祸福无常的经历中，对人生幻灭的无奈与妥协。从军护法的戎马倥偬，离开隆昌去荣县的决绝，自贡投资开发盐井发财梦的破灭，似乎都成了过眼云烟。对于笃信佛教的他来说，更相信轮回，相信命中注定，当然也相信善有善报和来生可期。

他已无力再为郭家去做任何出人预料的改变，一心一意做三件事，一是行医治病，二是修习书法，三是念佛唱经。书法可以助其修身养性，念佛唱经让他心有所托，而行医治病则可以让他在养家糊口的同时，助人脱离病痛之苦。

郭运南自幼练就一手漂亮的苏体字，家中的客厅、中堂悬挂着苏轼的《赤壁赋》、范仲淹的《岳阳楼记》，都是他的手笔。"先天下之忧而忧、后天下之乐而乐"是他最喜欢写，也最喜欢读的句子。信笔挥毫之时，常常高声吟诵，仿佛和他梦想中的古典诗词的境界融为了一体。

父亲写字的时候，郭尚平经常在身边铺纸研墨，十分勤快。在父亲的引导下，郭尚平也练习了一段时间书法，但是年少性浮，并没有把字练出来。时至今日，仍然感到遗憾。

每年春节前写春联，都是郭家最有人气的时候。写春联是免费的，但纸张大都是邻里自备。十分宽敞的竹林屋基院落人来人往，有一点摩肩接踵，有几分热热闹闹。郭尚平感觉到，父亲十分喜欢这种人来人往找他写字的感觉。

竹林屋基东西房之间的中部大天井

图上正前面（西面）由一排木门窗墙封隔的部分为七叔郭重光的西房；大天井的东部、封隔墙已被拆除的空地原为郭尚平父亲的东房；北面为两家共用的拜佛祭祖的堂屋；南面原为泥地下厅，下厅南面的出口处走下石梯即竹林屋基的大门

竹林屋基外景东部

（石梯大门内即泥地下厅；大门东侧第一个窗户即郭尚平和八哥的卧室；8级石梯即孩子们集体演唱抗日救亡歌曲的地方）

郭运南热衷的第三件事是念佛唱经。不管是在云顶寨，还是流散到中华大地的任何一处，郭氏族人在弘扬孔孟之道的同时，还推

崇佛教。云顶寨中建有女佛堂，云顶寨外建有男佛堂，分别供族中女子、男子修行之用。从云顶场一直走过去，在进入山寨的街道大半处有一丁字形街口，前行为进寨街道的延伸，左拐不远处的街边有寺庙一座，就是云顶寺。虽然寺庙不大，但长年香火徐生，是全乡人拜佛烧香的场所。这些佛教场所都是郭氏家族的人出资捐建的。

"云顶山上云顶寨，云顶寨中女佛堂，云顶寨外男佛堂，云顶寨边云顶场，云顶场里云顶寺"，这句话是云顶寨的真实写照。

男佛堂是郭运南经常烧香拜佛，与佛祖交流沟通的地方。他已经成为一名虔诚的佛教徒。

郭家从祖上开始一直就有信奉佛教的传统，到了郭运南这一代，他和妹妹等人也都对佛教忠信无二。他的妹妹，也就是郭尚平的姑妈，还成为在家修行的居士，一生未婚，侍奉佛祖。

云顶寨南门通永门

云顶寨外的云顶场的丁字路口

在荣县、自贡生活时，郭家人就有唱佛转经的习惯，只是忙于生计，处于时有时无的状态，并不那么频繁。回到云顶寨后，随着生活步入正轨，以及家族崇尚佛教氛围的影响，郭家崇佛的礼仪得到强化。每天吃完晚饭后，全家必须唱佛转经。郭家有一间小佛堂，供奉着释迦牟尼、观世音和阿弥陀佛的画像，堂中有桌案，上摆水果、香烛、花，再放木鱼。

除了郭运南每天在小佛堂上香礼佛之外，这里还是全家人吃完晚饭后一起唱佛转经的地方。此时唱佛的主角是郭尚平，他年龄小，聪明伶俐，嗓音清脆洪亮，父亲让他走在前面，右手持一个带有一根细细的精致的铜棍的铜磬，另一只手拿一根精致的木棍，边走边有节奏地敲击铜磬，在前面引导唱念南无阿弥陀佛。左手持一念珠计数，每晚念佛300句。当时，年幼的郭尚平也十分相信佛教。

这样的礼佛时光，一直到郭尚平上隆昌初中住校以后才算告一段落。他在学习了物理、化学、动植物学等科学知识后，初步了解了宇宙自然和人的生死真相后，就逐渐不相信佛和鬼神的存在。但他并不反对父亲信佛。

郭运南喜欢做的第一件事，也是他晚年最重要、最有意义的一件事，就是给寨内寨外的人治病除疾。

父亲的诊所就开在竹林屋基老宅的客厅里，客厅的一角安放一张八仙桌，还有茶几、椅子，沿一面墙壁是一排书架，上面全是医书。病人来了，就坐在八仙桌旁，把手放在桌子上，父亲一边把脉一边问这问那、察看脸色，望闻问切后就用他的苏体字开方子。药方上的苏体字不再奔放，而是透露着娟秀和工整。

平时找父亲看病的人虽然谈不上人来人往，但也不少。但父亲并不只在家中给人看病，有时也在茶馆、云顶场给人看病。走到哪儿看到哪儿，不管在何处，他都是医生，随时随地践行医生的职责。

父亲在行医方面很善于宣传自己。他有一个长年未变的行医广告，写在一张长80厘米、宽60厘米的红纸上。标题是《中医郭运南诊例》。下写：

"门诊一元，出诊二元，疑难杂症面议，穷苦病患者送诊送药。诊病地点：竹林屋基。"

郭运南行医的广告是自己用标准的苏体写就。张贴在家门口和云顶场街上的饭馆、酒肆、场口等处。就医者除寨中人以外，云顶乡远近的居民多有来此就医的。口口相传，名声大振，人称郭天池、郭寿光。

除了在家诊病，郭运南经常到其他乡镇出诊看病，有时也到隆昌县或者自贡、内江为人看病。郭尚平进入初中读书放寒暑假时，父亲出门看病常常带着他。于是就出现了这样的场景：父亲把脉看病，口诵药方，郭尚平提笔写方。

细心的患者有时就会对郭运南说，哎呀，你家公子的字也这样漂亮，不过比起你的苏体来，还差了些。郭尚平就会不悦地说："你要的是药方，又不是来求字！"

父亲最仗义的是广告中有这样一条："贫苦病患者送诊送药"。不收穷苦人家患者诊费，还免费开方送药，每月都有两三次这样的情况。郭尚平跟在免费给人治病的父亲旁边，十分骄傲。

当时，寨中有一女子，十分富有，患一奇病，四处求医后仍然无法治愈，后来回到寨中找到郭运南。父亲问了情况，看了女子的面色，把了脉，说道："治是可以治，但会很慢，不知可否？"

女子说："你只要医得，时间慢些也无妨。不过问先生一下，这慢有多慢？"

父亲说："短则一年，长则两年。"

女子说："可以。我等得。还有什么条件？"

父亲说："这费用要很贵。"

女子问："贵到什么程度？"

父亲说："需银圆二百余元。"

这一天，郭尚平陪着父亲出诊。站在旁边的郭尚平，觉得这是一个天大的数字。他站在旁边看着父亲，心想父亲今天怎么要起高价了。他这样想着但没有说话。

回家的路上，郭尚平把自己的疑问抛给父亲。父亲笑了笑说："一是这病我治得，别人治不得；二是这病治疗时间长，要耗费多贵重的药材，我也要花费很多心力；三是这女子是寨中富户，手中有钱。因此，这钱呢一定要收的，而且要多收，对她没有妨碍，但对别人有好处。"

"对别人有好处？你说的别人是谁呀？"

"我长年免费给穷人诊病送药，并不是因为咱们家有钱，而是我要从有钱人那里多赚些钱，补贴给穷人患者，去给穷人买药治病。你可懂了？"

郭尚平这才恍然大悟。一年后，父亲果然治好了此女之病，这件事也成为父亲"治富济贫"的经典诊例。

七、并不顺利的初中时代

日军对隆昌持续的轰炸，毁坏了众多城市设施。为躲避大轰炸，隆昌中学被迫搬迁到云顶寨山脚下的金墨湾庄园里。

云顶山西北翼下，有一条同山脉平行的小溪，因水里腐殖质丰富，水呈黑色，人们把这条河称为墨溪。墨溪由源出隆昌县南同富顺县交界处的三条小溪汇合而成，并有"墨溪流香"之称。在流经郭氏宗祠时，有一形似"墨锭"的青石立于凼中，被称为金墨凼，附近河湾被称为金墨湾。云顶郭氏扩建而成的最大的庄园——金墨湾即建于此。

在墨溪中有一巨石突兀高起，形似一砚，有六七平方米宽，这块石头就叫墨石。墨石旁边的石崖是著名的名臣岩，上面刻着万历年间翰林陶望龄为郭廉、郭元柱题写的"正直名臣"四字，字大二尺许，苍劲圆润。另有"墨石流香"四个大字于其旁。名臣岩旁边，原刻有康熙时期贡生郭卓的一篇《墨溪赋》，该赋后来被人为损毁，十分可惜。

金墨湾庄园在抗日战争时期，成为隆昌中学的避难教学地。据《隆昌一中校志》记载："民国二十八年（1939年）因避日本飞机空袭，学校奉令疏散，迁校至云顶寨下金墨湾，租用地主庄园。"金墨湾是修建于清代末期的寨主庄园，规模宏大，园林壮丽。《云顶郭氏族谱》中也曾记载："抗日战争时期，金墨湾庄园无偿提供给隆昌中学一千多名师生住读。"郭尚平上初中，正好就近入了隆昌中学。

隆昌一中原址坐落在隆昌县城大西街尾，是在"戊戌变法"的资产阶级改良主义思潮影响下,根据光绪二十九年(1903年)颁布的"癸卯学制"创建的县内最早的中学。据1995年《隆昌县志》记载,雍正五年(1727年),知县郭显荣在城东创办金鹅书院,后因云南战争改作邮舍。嘉庆六年(1801年),知县盛世绮在学官创办莲峰书院。光绪二十九年(1903年)废科举、倡新学,莲峰书院改建为隆昌高等小学堂。[8]

1912年,地方绅耆联名向县参事会提议:"本县子弟在外地就读中学者众,为广培人才,请即开办中学堂。"于是,由县参事会议,于1913年1月正式立案,在高等小学堂所在地划部分房舍创办隆昌中学堂。1913—1925年是四年制中学,后称旧制中学。在此阶段,国民政府未公布教育章程,办学宗旨未明。1925年5月奉四川省署令,隆昌县中学改名为"隆昌县立初级中学校"。当年从新招的第十一班起改为三年制,成为三年新制的初级中学。[7]

当时的隆昌中学根据国民党政府颁布的《修正中学教育规程》规定,开设的课程有公民、体育、卫生、军事训练、国文、英语、算学、生物学、化学、物理等,公民课中除塞入了大量钳制学生思想的教条以外,还设置国训课,控制学生的言行。1935年,又加开了童子军课,称童子军是"三民主义的少年兵",并有重庆大学童子军专修科毕业的专业教练前来授课。① 因此,郭尚平于1940年9月升入隆昌县立初级中学时,不仅抗日的气氛并不浓郁,大家极少谈论抗日,而且还处于国民党统治下的高压期。

注释

① 《隆昌一中校志》,2003年,7—8页。

1903 年至 1946 年，隆昌中学课程设置变动表

来源：《隆昌一中校志》，2003 年，69 页

在隆昌中学郭尚平开始住校。由于脱离了父母的管教，十几岁的郭尚平十分贪玩，不仅上课不用心听讲，下课后也极少复习功课。当时有两个男孩，是从江西九江一带逃难过来的，和郭尚平在一处上学，每天都一起玩。晚上自习时，同学们在用功，他却常常和这两个男孩在金墨湾庄园里捉迷藏。

金墨湾风景秀丽，历代文人墨客多有咏叹。咸丰十一年辛酉撰修《隆昌县志》第三十六卷记载，清代贡生郭卓曾写《墨溪赋》云："雾平两岸，念墨水春跳之奇；日照孤洲，兼石城早霞之异。花灿红崖，树含青翠。观鱼梭之织浪，悠悠意闲；玩鹜影之攒波，聊聊心醉……"在这里上学的郭尚平似乎也找到了"悠悠意闲"的

心境，常常玩得不亦乐乎。但贪玩的结果十分糟糕，学期结束后拿到成绩单一看，地理和动物两科不及格。这对于学习成绩一直优秀的郭尚平来说，是极其沉重的打击。多年来，在日寇侵略的大背景下，父亲一直向他灌输学业救国的思想，他也以此作为人生信条，没有想到一时贪玩，成绩如此之差！他一个人躲在房间里蒙头大哭，伤心不已。

得知他考试的情况后，三姐、四姐过来看望他。推门一进来，看到他这个样子，也不忍心再责备他，就对他说："别哭了，哭也解决不了问题。你已经是大孩子了，要想一想，为什么在小学时学习那么好，可以跳级去读书，到了中学就退步这么多？我看啊，主要是没有毅力，没有恒心。想要学习好，熬个好前程，得经常用功，得用功一辈子，否则结果就是一事无成。"

多年以后，郭尚平曾经回忆过这段经历，他对自己的学习有了深刻的感悟，小学时连连跳级的神童并不存在，只有勤奋是唯一的捷径。他写道："回顾我这一生，并非天资聪颖者，用现代话说，不是智商高的人，只能算一个智商中等的人。能在科技活动中做一点工作，原因是比较勤奋、踏实和有恒心。人贵有恒，在勤奋踏实这一点上也必须持之以恒；稍一懈怠虚浮，就会出败局。"

这次教训让郭尚平清醒过来，下定决心痛改前非，此后他学习上更加勤奋、努力和踏实。经过一段时间的努力，学习成绩追赶上来，成为班级的优等生。

当时日本帝国主义侵略我国，正值国家民族危亡之秋。他认为中国受人欺侮的原因是工业落后，造不出飞机和大炮，因此他立志用功读书，长大后当工程师，走"工业救国"之路。他眼见家里经济拮据，知道今后的人生须靠自己奋斗，人生才有转机。因此，国家危难和家庭破败两个原因促使他走上勤学苦读之路。

1943年夏，郭尚平在隆昌中学毕业。原本想报考自贡市蜀光中学。这所学校是南开大学创办的，在自贡地区很有名气。二哥带他去考试，但是从隆昌县到自贡，折腾了两天，他们到达时错过了报考时间，已经无法入学了。因此，郭尚平没有正常进入高中读书，而是折回云顶寨待了半年。

当时，三姐、四姐从自贡蜀光中学毕业后双双进入成都光华大学一年制专科读书。在她们二人的支持下，1944年2月，郭尚平报考了成都清华中学，最终以优异的成绩进入成都清华中学高中部读书。

八、两位难忘的同学

清华同学会原名清华学校留美同学会，1913年6月29日成立于北平清华大学。1933年执行部从美国移至国内，更名为"清华同学会总会"。抗日战争期间，清华同学会先后建立了贵阳清华中学、重庆清华中学和成都清华中学。

成都清华中学创办于1939年，地址在北门外豆腐街。1950年，成都清华中学与协进中学合并，成立清华协进联合中学，清华中学原址成立了豆腐街小学。时至今日，成都清华中学已不复存在，豆腐街也早已改名为解放北路。

成都清华中学建校只有十余年的时间，却培养了很多杰出的人才，如著名现代作家、文学评论家、文学史家李长之先生，著名历史学家、教育家齐世荣先生等。1944年2月，成都清华中学又迎来了一位学生，他就是几十年后为中国科技界开创微观渗流和生物渗流两个学科分支的科学家——郭尚平。

入学之前，父亲在竹林屋基书香弥漫的诊室和郭尚平进行了一次谈话，从个人志向到实业救国，从艰危的时局到家庭的希望，父亲谈得很多。在郭尚平的记忆中，家中兄姐们到外面求学读书时，父亲从没有过如此的叮嘱与不舍。最后父亲说，前面我说的一切你都可以忘记，但下面这一句一定要记住："在外学习，不管是为国而学，还是为个人而学，学好本事是第一位的，只有读好书，你才有前途，才能有饭吃，才能为家里分忧。记住我的话，任何时候，都不要参与政治。切记切记。"

"爷，我记住了。"郭尚平说。

父亲叮嘱再三，是因为他对当时纷纭复杂的政局判断极不乐观，同时也隐隐地透露着对儿子未来的担心。初入成都清华中学的郭尚平牢记父亲的叮嘱，时刻以学业为念，学好专业知识，不仅可以强国，还可以为自己挣得一份养家糊口之资。父亲和母亲每次来信，唯一的叮嘱就是让他好好学习，不要参与各种政治活动。因此，郭尚平进入成都清华中学初期，埋头于学业，从无他念。

一心只想读好书的郭尚平将全部精力都放在学习上。当时，他的英语基础较差。怎么办？只有一条路：勤学苦练。郭尚平采用当时条件下所能采取的自学措施：一是尽力扩充词汇量，努力牢记单词、短语和成语。为此，他的衣袋里总是揣一本很小的《英汉词典》，只要发现不知道的英语词汇，不管是书上的、黑板上的、商品说明书上的、电影里的，甚至是大街上的英语广告或商店招牌上的，他都立刻掏出袖珍词典，弄清并记住这个词汇的意思、读音和用法。

二是系统地自学语法，掌握全部的英文语法才能真正地学好英文。为此，郭尚平自学了中文版的《北新英文法》和英文版的《实验高级英文法》。三是努力实践，勤奋阅读和写作。除阅读英语短文外，还坚持读完了英文原版小说《飘》（Gone with the Wind）；他还用英文写日记、用英语做数理化习题。功夫不负有心人，经过勤学苦练，郭尚平的英语水平提高了一大截，其他科目也保持优秀，他因学业优异获得了"晋康奖学金"。

有一天，郭尚平在读报纸时，看到小报上有这样一首诗："春来不是读书天，夏日炎炎正好眠。秋有蚊虫冬又冷，收拾书箱待来年。"他觉得这首诗鼓励懒惰，无励志之情，就提笔写了一首主张勤学的打油诗："春日融融百花香，夏有微风昼日长。冬无蚊蝇秋气爽，都是读书好时光。"从这首小诗可以看出郭尚平中学时代学习态度的专心致志。

郭尚平沉浸在自己的学习世界里，但身边的政治风云并没有因为他的漠视而有所平静。1946年6月底，也就是郭尚平在成都清华中学只差半年毕业的时候，蒋介石集团全面撕毁《双十协定》，国家再次陷入全面内战之中。当时，学校每天都会升旗。这一天升旗后，走过来两名中央军校毕业的军事教官，他们拿着学生名册开始点名，逐个询问让他们参加"三青团"。

三青团，全称是三民主义青年团，是国民党于1938年7月9日在武昌组建的一个全国性反动青年团体，蒋介石亲自兼任团长。创立时规定年满18岁至38岁的男女青年均可入团。后因党团争夺青年，改为16岁至25岁的青年学生，其他职业团体及青年军官均可集体入团。初创时期有团员1034人。到1947年党团合并时，发展到 130 万人。三青团的基本任务是：扩大团的组织，组训骨干，党化教育，发动青年从军。三青团成立以后，因其内部派系斗争，互相钩心斗角，最后不得不于 1947 年 9 月实行"党团合并统一"，将三青团并入中国国民党[10]。

郭尚平在成都读中学期间，三青团"集体入团""举手入团"的现象十分猖獗，特务化倾向十分明显。每次动员，郭尚平都以自己年龄小、学习任务重为由，坚决表示不参加。教官问了一圈，他们班只有两个青年（郑士照、朱一方）表示参加。

国民党拼命拉拢成都清华中学学生，共产党的影响也与日俱增。郭尚平因为长得瘦瘦高高的，座位被安排在教室的最后一排最右边的位置。坐在郭尚平前边的学生叫魏思亲。有一天下课，大家都出去了，只留下郭尚平和魏思亲。郭尚平在背英文单词，而魏思亲正在低头写什么。魏思亲感觉到有人在看他，就回过头来。两个人对视了一瞬，郭尚平说：

"老魏，你在写诗吗？写的什么诗呀？"

魏思亲就把自己写的那张纸递给郭尚平。那是一首新诗：

"天上升起一颗星，

照耀着人们，

人们有了光明。

但是在黑暗中，

一支箭向他射去，

这颗星陨落了。

天上升起第二颗星,

又给人们带来光明。

但是在黑暗中,

又有一支箭向他射去

他又陨落了……"

郭尚平只能看懂诗歌的大概意思,其中深藏的象征含义却不大清楚,于是就问这首诗是什么意思。魏思亲说,你知道昆明西南联合大学教授李公朴①吗?郭尚平说我知道啊,《大公报》登载出来了。魏思亲又问,你知道闻一多吗?郭尚平又回答,我知道啊,报上也登载了啊。

魏思亲又说,你知道他们主张抗日,主张反内战、反独裁,却被暗杀了吗?这是多么阴险歹毒的世界!作为一个学生,连这样优秀的教授被暗杀了都不知道,不关心?一个不关心国家大事的学生,学习再好又有什么用?

魏思亲责备的口吻有些咄咄逼人,让郭尚平愣了半天,继而羞愧万分。当时,蒋介石公开发动内战,进攻解放区,在国统区内大肆迫害追杀共产党员和进步人士。魏思亲能够如此大胆地向郭尚平表露自己的民主进步思想,深深地触动了郭尚平,让他感觉到自己

注释

① 李公朴(1900—1946),中国民主同盟早期领导人,杰出的社会教育家。1946年7月11日在昆明市遭国民党特务开枪暗杀,次日凌晨因伤重、流血过多牺牲。5天后,中国著名诗人闻一多因主持召开《民主周刊》的记者招待会揭露暗杀事件的真相,和儿子闻立鹤一同步行回家途中,遭国民党特务伏击,身中十余弹遇难。

不问国事的狭隘与自私。但遗憾的是，魏思亲只是灵光一现地教育了一次郭尚平，此后，他并没有继续向郭尚平宣传自己的进步思想。中学没有毕业，他就突然离开了学校。多年以后，郭尚平才意识到，魏思亲并没有对自己继续进行政治教育，说明他并不是地下共产党员或地下社员，只是具有民主思想罢了。他突然中途离校，极有可能是为了逃避国民党三青团的政治迫害。

但不可否认的是，魏思亲确实将郭尚平盖得严严的死读书思想的盖子揭开了一条缝，在他本来就渴望和平、自由、民主的心灵里，照进一线光亮。郭尚平记忆极好，多年以后，他仍然能完整地背诵魏思亲写的那首诗。他每背一次，就批判一次自己的软弱与自私，身上就有了一种力量。

而郭尚平的另一位同学，则将这线光亮放大，并照亮了郭尚平走向光明之路，这个人就是郭尚平在清华中学的同班好友张忠永。张忠永，四川内江人，父亲开设堆站（货站），算是一个小商人，家境要比郭尚平略好一些。张忠永与一日激情相诉再无声息的魏思亲正好相反，他几乎是一直陪伴着郭尚平，潜移默化影响着他的言行，从聊天到看书，从择业到交友，都引导着他去关心一个民主、光明的共产党领导的世界。郭尚平感觉到张忠永是一个有信仰的人，但他不敢去问，因为这样的事情要是揭穿了，反而会破坏他们之间的友情。

难能可贵的是，张忠永不仅关心时事和政治，业务学习也十分优异。1947年，成都清华中学有一个可以免试保送直接进入清华大学学习的名额。当年毕业后的秋天，郭尚平因学习成绩优异，成为保送入学的幸运儿。成都清华中学通知郭尚平去清华大学报到，但郭尚平回电给学校说，自己因经济困难等原因不能去清华大学上学。

当时，郭尚平家中经济拮据，父亲以行医为生，治富济贫的信条使得他的收入仅够维持郭家的生活。这让郭尚平确定了选择上大学的先决条件就是要有奖学金，当时的奖学金只授予被录取新生中前百分之二十考分优秀的考生。这份奖学金不但能保证每月的伙食费用，还有节余购买文具用品。但保送生没有奖学金。此外，郭尚平接到通知的时间很晚，必须乘飞机去北平才能按时报到，当时机票极贵，郭尚平无力购买机票。经济原因是郭尚平没有去清华大学的主要原因。另外，当时的清华大学虽然是名校，但是在当时的学生们心目中，入读名校与入读非名校的差别并不是很大。从这个角度来说，郭尚平选择放弃并不是一件十分艰难的事。

学校接到郭尚平发来的放弃保送进入清华大学读书的电报后，马上推荐了张忠永。张家的家境稍好，勉强为孩子筹齐了飞往北平的机票、学杂费等各项款项。郭尚平把自己想购买《英汉大字典》的钱也送给了张忠永，帮助好友入学。张忠永到北平后，二人虽然没有再见过面，但一直保持书信往来，还不断地给郭尚平邮寄革命进步的歌单和传单，引导郭尚平接受革命思想。因此，说他是郭尚平对于革命认知的启蒙者，并不为过。

第三章

子夜重大

　　1946年底，郭尚平在成都清华中学毕业，因大学是夏天招生，他只得先回到云顶寨在家待了半年，才来到重庆参加大学入学考试。他一共报考了四川大学化工系、重庆大学矿冶系和华西大学数理系，均被录取。华西大学是私立大学，学费昂贵；四川大学位于他生活过的成都，他认为成都社会风气闲散萎靡，缺少朝气；权衡再三他放弃了这两所学校。报考重庆大学时他考试的成绩很好，在录取的42名学生中位列第三。第一名没有来报到，因此郭尚平实际上是那一届考生中的第二名。按当时的政策规定，前百分之二十的考生均有奖学金，这笔钱足够他的伙食费和学杂费，可以为家庭减轻很大的负担。就这样，1947年9月的一天，郭尚平走进了重庆大学工学院的大门。

一、风雨如磐，勤学依旧

　　"嘉陵江与长江相汇而生重庆，人文与科学相济而衍重大"。抗战时期，中央大学与重庆大学在重庆沙坪坝同一校址，教授相互兼课，实验设备和图书资料共享；抗日战争胜利后，不少知名教授并未返回南京，而是留在了重庆大学，中央大学的实验设备和图书等也留在了重庆大学，因此，20世纪40年代的重庆大学在中国教育界的地位与一些名校相比，并不逊色多少。

　　但是，此时的重庆和重庆大学，却处于新中国成立前夕风雨如磐的大转折时期。1946年6月，国民党撕破和谈假面具，派大军进攻解放区。为了持续进行反革命内战，蒋介石集团加强了对国民党统治区人民的压榨，滥发纸币，滥派苛捐杂税，横征暴敛，导致国统区通货膨胀日益严重，人民生活日益恶化。1947年上半年，物价与抗战前期相比，上涨了60000倍！

20 世纪 30 年代的重庆大学校门

国民党反动统治把广大师生和人民逼到了饥饿和死亡的边缘。学生运动的斗争浪潮在各地澎湃起来。1947 年 5 月下旬至 6 月,重庆大学等多所学校学生代表成立"重庆市反内战、反饥饿学生联合会",掀起"无限止罢课"运动,遭到国民党反动派的疯狂镇压,先后逮捕了重庆各大中学校师生、新闻记者,以及社会知名人士两百多人。以"六一"大逮捕为标志,国民党反动派加强了对重庆学生爱国民主运动的镇压和对进步力量的迫害。正是在这样的形势下,郭尚平带着工业救国的梦想,走进了重庆大学工学院矿冶系。

创办于 1935 年的重庆大学工学院,是重庆大学学生人数最多的一个学院,设有电机、机械、矿冶、化工、土木和建筑六个系。矿冶系是采矿冶金系的简称。该系建立后,先后由何杰教授和蒋导江教授担任系主任。

郭尚平到重庆大学最先想攻读的并不是矿冶系，而是机械系和电机系。1947年夏，报考重庆大学时，他暂住在同乡蓝家通的重庆大学集体宿舍中。蓝家通是郭尚平在隆昌初中33班读书时的同班同学，大他5岁，早到重庆大学一年，当时就读数理系。1950年毕业后，分配到玉门油田从事测井工作，是中国石油工业战线上一名知名测井专家。20世纪70年代，蓝家通和郭尚平一起在长庆油田工作过。2007年，蓝家通因病去世。

2005年，郭尚平赴成都看望蓝家通时合影

学生宿舍就在重庆大学松林坡，四个上下铺，平时一个房间住8个人。当时正是暑假，宿舍中只有少数几个没有回家的学生。郭尚平说了自己很早就有的学好理工、工业救国、准备报考机械系和电机系的想法后，蓝家通和其他同学就劝他说："现在学机电毕业就失业，不好找工作。"还帮他分析说，学采矿比较好，现在石油、煤炭行业人才短缺，毕业时比较好找工作。

当时，重庆附近的北碚城东北部有一座煤矿，叫天府煤矿，用工量较大，常年到重庆大学招收毕业生；隆昌气矿、重庆石油沟气矿、玉门油矿等也都需要技术人员。郭尚平想，煤炭和石油是众多的部门和机构都需用的物资，石油还可以驱动飞机坦克去打击帝国主义侵略者，学好这门技术，也许对国家帮助更大，加上对毕业后生计的考虑，郭尚平最终改变了主意，报考了矿冶系。考试成绩公布出来，第一名是一位姓兰的学生，但他没报到入学；第二至七名依次是刘道孝、郭尚平、李春信、余国徽、何泽福和沈忠厚。位列第三的郭尚平拿到了奖学金，这笔每月都按时到账的奖学金除用于伙食费外，还可以有一点节余用于生活杂用。

新生入校时的宿舍也是按录取名次安排。矿冶系前五名安排在柏树林9舍19室，另外三人是机械系的学生，按现在的话说这是一间学霸宿舍。在郭尚平的相册中，1948年就读重庆大学二年级时的留影是现存的最早的一张照片，清晰地展示了青年郭尚平的形象。此前郭尚平童年、少年时代的影像，只能从郭尚平的口述中去描画了。

1948年，就读重庆大学二年级时的郭尚平

重庆大学矿冶系因课程多，成为全校最辛苦的专业之一。而且随着年级的增长，课程还在逐渐增加。一年级时每周上6天课，每天8节课。该系学生从二年级起分为采矿和冶金两组。低年级时开设高等数学、普通物理、普通化学、有机化学、无机化学、分析化学、应用力学、材料力学、电工学、机械动力学、测量学、画法几何、工程画、结晶学、矿物学、岩石学和普通地质学等基础课程；高年级时则是学习煤田地质、石油地质、构造地质、油田地质、采煤工程、石油钻井工程、石油开采工程、天然气工程、泥浆学等30多门课程。课业之重可想而知。

近百年历史的重庆大学
工学院石砌大楼

  大学初期过得还算平静，学生在课余时间可以到校门口的茶馆喝茶聊天，还可以去沙坪坝逛书店、购买日用品。郭尚平十分喜欢放学后锻炼身体，单杠、双杠、篮球都玩得不错，尤其是玩单杠十分厉害，可以空翻10次，几乎达到专业运动员级的水准。每天运动结束，冲一个凉水澡，然后去食堂吃饭，饭后再去晚自习。此时，在他的思想里只有学习学习再学习，用学习成绩为自己谋出路，用工业救国思想报效国家。他心里想，不管时局如何混乱，只要学有所成，就不会浪费光阴。努力换来回报，他的学习成绩一直名列前茅。

  生活方面，重庆大学以四个年级为单元建立学生食堂，依次为A、B、C、D共四组。每个月各组食堂都会成立一个伙食管理小组，负责食堂的伙食管理、卫生监督、费用支出等工作。管理小组主要有伙食经理、会计、监督等职位，全部由学生担任。各年级食堂做饭的事务包给第三方。承包每组食堂做饭事务的工头被称为"掌盘"，一日三餐全部由他带头制作。

一至四年级的学生上交的伙食费数额是一样的，但高年级伙食水平却比低年级的明显高出不少。同样的伙食费用、在同样的市场买菜，为什么伙食质量会有这么大的差异呢？原来，高年级的学生年龄大、熟悉食堂的管理情况，有能力监督掌盘的经营行为；低年级的学生入校时间短，对菜市场、食堂管理缺乏了解，监督能力差、好糊弄，掌盘就动手脚、私吞伙食费，学生的伙食水平也就低了不少。不过，总体来说，对于众多在家里吃饭都犯愁的大学生来说，生活水平已经明显提升了。

此时，还有一人在关注着进入重庆大学的郭尚平，他就是从成都清华中学升入清华大学的张忠永。此时，北平与重庆都尚在国民党统治之下，笼罩在一片黑暗之中，但是张忠永在来信中向他介绍了当前的国际国内形势，启发他将目光越过国统区，投向更遥远、更明亮的地方，暗示他要勇敢地反对国民党的统治，积极参加学生运动，投入反内战、要和平，反独裁、要民主，反饥饿、争温饱的斗争之中。

张忠永的来信中常常夹杂着解放区的歌片，或是一些明显带有革命色彩的文章，很明确地动员他投身学生运动，关心国家的命运和人民的苦难。在那个年代，在信件里写这些内容要冒着坐牢的风险，确实需要一定的勇气。

郭尚平此时对于国民党的腐败已经有了较深的认识，而对于共产党领导的解放区也略有了解。他敏感地意识到张忠永的身份是共产党，但他从不说破。他紧张而快乐地享受着这份跨越空间的思想交流。遗憾的是，随着平津战役的进行和北平的解放，重庆和北平分属国统区和解放区，通信骤然中断，张忠永的信件从 1948 年底开始就再也没有来到重庆。自此，已经上大学二年级的郭尚平与这位精神挚友失去了联系。

张忠永是什么身份并不重要，重要的是他已经在郭尚平的心中种下了重新审视身边这个黑暗世界的思想火种，徐徐升起为一抹红色的朝霞，永不落下。

二、红色转变"求是社"

为了加强对学生运动的领导，1947年下半年，根据解放战争形势的发展，中共重庆地下市委决定，成立沙磁区学运特支，由刘国鋕[①]任特支书记，领导以大专院校为重点的学生运动。

1947年10月，由刘国鋕同志主持，在重庆盘溪中学刘国鋕的侄子刘以治的宿舍里成立了党的外围组织。为表示对"六一"大逮捕[②]的永志不忘，故名"六一社"。"六一社"以党长期联系培养的学生运动骨干为基础，到年底已发展社员300多人。这些社员分别在党组织的直接领导下进行活动，成为党的得力助手，在各项斗争中发挥了重要作用[③]。

注释

① 刘国鋕，1921年出生在四川省泸县富商家庭。1939年考入因抗战爆发由北平内迁到昆明的西南联合大学经济系。1940年6月，加入中国共产党。1946年秋从云南到重庆，受中共南方局青委委派开展青运工作。1947年担任重庆市学运特支书记。

② "六一"大逮捕：1947年6月1日，国民党政府为镇压学生运动，布置了一次全国性大逮捕。重庆当局于凌晨出动大批军警宪特，分头逮捕各校学生运动骨干和新闻、教育、文化、出版、工商等各界进步人士，共计270余人。"六一"大逮捕使重庆方兴未艾的"反饥饿、反内战、反迫害"运动被镇压下去，未能发展到高潮。

③ 来源：重庆党史网.中国共产党重庆历史大事记（1947年）.网址：http://www.redsa.com.cn/html/2019-02/19/content_50269602.htm.

这一时期，中共沙磁特支在重庆大学学生中除了建立"六一社"以外，还在青年团层面逐步建立和发展了"新民主主义青年社"和"新民主主义青年行动社"等秘密外围组织，分别简称为"新青社""新行社"。"新青社"成立于1949年1月，由中共沙磁区学运特支负责人王德裕等人负责联系领导，学运小组书记为廖伯康。"新行社"由在沙坪坝川康银行工作的彭颂青以重庆大学学生为主发展起来，主要负责人包括党支部书记彭颂青、组织委员戴文豹、宣传委员杨长全[11]。这些社团被当时的成员们称为地下社。围绕地下社，又成立了众多的进步学生社团，有的是党组织建立的，有的则是学生自发建立的，反内战、反独裁是这些社团的共有特征。

1949年12月22日，由青年团沙磁区工委召集，在小龙坎树人小学春晖堂举行地下社员会师大会，"到会社员三百多人，重大'新青''民青''新行'三个社的二百多地下社员均参加了大会。""重大有弟兄二人，都是地下社员，但因严密的地下秘密纪律，使他们长期未打通横的关系，直到今天，在春晖堂，他们才知道他们不但是弟兄、同学，而且还是同志"①。由此可见，当时地下社在中国共产党的领导下，是十分严密的地下组织，在教育和引导青年学生反抗国民党黑暗统治的过程中起到了很大的作用。

对于郭尚平这个学习刻苦、思想积极、要求进步的青年学生，中共地下党的外围组织并没有忽略他，而是在向他靠近，影响和带动他去和黑暗的国民党统治进行斗争。当时学校建有两个学生组

注释

① 重庆大学党史校史研究资料，1987年。

织，一个是学生自治会，下设宣传部等机构；另一个是班代表大会。学生参加各种社会活动的决定权主要掌握在班代表大会手中，因此，班代表的选举竞争十分激烈。当时学校有20多个系100多个班，每个班选出两个代表组成班代表大会。游行、示威、罢课等一些大的活动都由班代表大会集体决定。因此，国民党三青团一派和共产党地下社一派在各个班级在选班代表大会代表时斗争得十分激烈。一直怀揣读书救国、工业救国理想的郭尚平，在那个血雨腥风的时代，想在安静的环境中潜心学习已成幻梦，和共产党地下社站在一起参加学生运动去为新中国抗争，是唯一的选择。

1948年，在重庆最为黑暗的岁月里，郭尚平迈出了人生之中最为重要的一步，地下党员王卓之和地下社员程地全领导的进步学生组织"求是社"发展他为社员。王卓之，地下党员，重庆解放初期任重庆大学校团委书记；程地全，1950年7月加入共产党，重庆解放初期为团委书记，长期任重庆大学党委书记。其余3名成员为中共地下党领导的地下社成员。也就是说，在此期间，1名地下党员和4名地下社员来到了郭尚平身边，对他进行了贴心的马列主义和共产主义教育。

1949年，"求是社"六君子在参加"四·二一"运动后合影（前排左起：张静文、郭尚平、施希安；后排左起：王卓之、程地全、江炳南）

这是一张十分珍贵的照片。相片的背面写着一行字：一九四九年"四·二一"运动及欢送江炳南留影。说明这张照片是在"四·二一"运动之后江炳南离开时拍摄的。

当时，地下社团相当于地下青年团，即新民主主义青年团。"求是社"和重庆大学很多自发组织的进步学生社团一样，也是以反内战、反独裁为宗旨，追求民主、进步与和平。

2002年，重庆大学1947级（1951届）矿冶系同学及夫人在北京石油大院聚会［二排左起：龙俊超、王世伦、沈忠厚、查治楷、苏万里、杨世泽、熊昌贵；后排左起：张益龙、郭尚平、程地全、江炳南、张静文、曾令元、杨克努、唐吉旭；前排左起：2 罗广芳（郭尚平夫人）、3 向玉如（程地全夫人）、5 罗先容（沈忠厚夫人）、9 高大夫（查治楷夫人）］

在地下社等外围组织的影响下，郭尚平的思想也在发生转变，他开始更多地接受左派思想，积极参加"反内战、要和平；反独裁、要民主；反饥饿、争温饱"的示威游行，与共产党的主张越来越近。

在 5 名地下党员、地下社员的带动下，郭尚平积极参加各种学生运动，不断地为反蒋、反独裁发出自己的声音，尤其是积极投身于"四·二一"运动，表现出了十分勇敢的斗争精神。

三、投身"四·二一"运动

1949 年的重庆与其他国统区一样，物价飞涨，经济凋敝，民不聊生。1949 年春节以后，重庆的物价涨势猛烈，比 1948 年 8 月改法币为金圆券时，平均上涨了 1000 多倍；而公教人员的薪金只增加了 12 倍。大学教授的薪金最高时每月才拿 1600 元金圆券，相当于银圆一元多钱，连本人吃饱都不够，哪里能维持一家温饱和子女上学呢。重庆大学机械系一位教授，为了给子女筹集学费，在寒冷的天气脱下身上的皮袍，拔下口里的金牙去卖钱①。而在校读书的学生，往往是家里汇来一个月的生活费，却只能买一碗小面了。在这种忍无可忍的情况下，重庆大学、重庆中央工校、重庆女师学院和四川教育学院教授会，于 1949 年 2 月 21 日在重庆大学理学院举行联席会议，为了争温饱、求生存，宣布从 2 月 24 日起罢教[12]。川康系统的各个工作组及其领导的外围秘密组织"民青""民协""新青团"，与 1948 年底成立的川东特委领导的重庆地下党外围秘密组织"新青社"密切配合，共同领导了这次运动[13]。

为抗议国民党反动当局 4 月 1 日对南京学生的血腥镇压，重庆

① 引自《重庆"四·二一"学生运动纪念特刊（1949—1983）》第 5 页。

市5000多名学生在重庆大学团结广场举行"四一死难同学追悼会"，会场摆满花圈，主席台两侧悬挂着大幅的挽联：钟山映碧血，温饱未得，竟遭迫害；蜀水照英灵，团结应紧，誓报此仇。而重庆大学学生送的挽联更加旗帜鲜明：前年六二，他开枪，他开炮，枪炮屠杀无辜学子；今春四一，你流血，你流泪，血泪冲垮反动政权。这幅挽联，清楚地反映了这次学生运动已经由反饥饿发展到反迫害，由争温饱发展到争生存，由经济斗争转入政治斗争，矛头直指国民党反动政府[12]。

此后不久，在中共地下党的领导下，重庆大学在班代表大会和一些地下社团的组织下，开始将学生罢课运动推向高潮。1949年3月底，组织了将近200名学生进行徒步大游行。他们从重庆大学出发，从沙坪坝来到九龙坡炼钢厂附近的重庆女子师范学院，联络罢课。他们采用演讲、文艺演出等方式宣传罢课，要求改善老师生存环境，反对内战。他们在重庆女子师范学院停宿一晚后，增加了人数的罢课队伍又徒步向巴县进发。

从重庆到巴县全程近30公里，游行的学生们一边走，一边宣传"争温饱、争生存"和"反内战、要民主"的主张。第二天上午到达巴县林学院，他们在林学院大礼堂再次进行演讲和文艺表演。郭尚平在这里表演了独角情景剧《王二小放牛》，宣传王二小抗击日寇的精神。这次游行串联活动持续8天，为把"四·二一"运动推向高潮奠定了基础。

1949年4月15日，重庆大学等47所院校学生代表80余人在正阳法学院开会，成立了"重庆学生争取生存联合会"，确定了"以团结同学争取同学之温饱，维护同学身体及言论之自由，反迫害、反压迫"为宗旨开展斗争。为声援"四一"血案，全市各校罢课三天，并定于 4 月 21 日举行大规模的游行示威活动。"四·二一"游行的消息传出后，国民党重庆警备司令部连夜举行了由军警宪特主要头目参加的会议研究对策，决定举起屠刀镇压参加游行示威的学生。伪警备司令部以密令的形式向全市军警宪特颁布了《阻止各校学生"反动"游行实施办法》十七条，全力阻止学生上街游行示威[12]。中共重庆地下党组织根据时局发展和重庆的具体情况，因势利导地领导这次群众运动，持续进行了两月之久，直至发展到全市总罢课和示威游行。4 月 21 日，运动达到最高潮，故又称为"四·二一"运动。

矿冶系学生在"四·二一"运动中参加大游行
他们抬着一个大饭碗反饥饿，边走边呼喊："我们要吃饭、我们饥寒交迫"。抗议蒋介石发动内战使老百姓陷入饥寒交迫的困境

"求是社"作为地下社的外围社团，也积极参加了"四·二一"运动。郭尚平作为成员之一，在其他地下社成员的带动下，积极投身到这场运动中，表现出强烈的爱国主义热情。但这是一场随时都有可能被抓被打甚至面临死亡的运动，郭尚平和每一个投身其中的学生都认识到了这一点，但他没有退却。

4月20日上午，郭尚平正在为参加游行做准备。有一名同学把他拉到了宿舍的角落，悄悄地对他说："小平，明天不要去游行，你要听我的劝。"郭尚平坚定地说："我一定要去！"

这位同学又劝他说："国民党已经在小龙坎那儿架好了机枪，只要你们过去，他们就会扫射，千万不要去！"

郭尚平说："大家都去反饥饿、争生存、反独裁，我怎么能退缩呢？！我也是个堂堂男儿啊。"

"他们心黑手狠，不会答应你们的要求的。你不要去白白送命好不好！我确实听到了一些不好的消息，告诉你是为你好！"那位好心的同学更加着急了。

郭尚平说："我知道你是为我好，但我们人多力量大，我不怕。我一定要去。国家都被糟蹋成这个样子了，我还怕什么？！"

这位同学的劝阻并非虚言。4月20日18时，重庆警备司令部实施全市特别戒严，在交通要道设置重重障碍，封锁两江渡口，禁止行人通行。长官公署警卫团的两个连调到了沙坪坝至磁器口的公路沿线进行作战演习，并在附近山头设置了机枪阵地。军警包围了市一中、巴县中学等部分学校。对学生集中的沙坪坝各校实行停水停电。小龙坎到土湾之间，驻守着一个宪兵连和两个内二警中队，备有消防车、铁丝网，以及机枪、迫击炮等。警戒部队得到命令，如果学生强行通过，立即开枪[14]。

但是恐吓吓不倒勇敢的学生们。4月21日，重庆大学学生在阴森恐怖的气氛中，在反动军警的包围下，和六七千人在重庆大学团结广场集合，举行分区游行。重庆大学和其他八所提前到达的北碚、江北的学校师生共7000余人的队伍从团结广场出发，手挽手、肩并肩地在敌人的枪口下经双巷子到汉渝路口，然后转入南开中学绕环形大道游行示威，再沿沙坪坝大街游行示威后，折返团结广场，完成了示威游行[①]。郭尚平和程地全、张静文等地下社的社员们一同出现在"四·二一"运动的学生队伍里，他们高呼"我们要吃饭！我们要民主！打倒'中央日报'"等口号，无畏地表达着心中的愤怒。

在历时数日的示威活动中，郭尚平还有一项任务就是与张静文等3人负责张贴标语。一人提糨糊桶往墙上、电线杆上刷糨糊，一人拿着标语并逐张摊开，交给第三个人快速地往墙上、电线杆上粘贴。三人各负其责，相互配合，以极快的速度在游行队伍的前头完成标语张贴任务。此时，郭尚平的思想和立场已经和国家的命运、共产党的主张紧紧地联系在一起了。

游行队伍经过市中心

除了上街示威贴标语，郭尚平等人还在地下社的组织下，经常和同学们一起在街上发传单，他跑遍了很多大街。有特务跟踪过他，有好心人规劝过他。但轰轰烈烈的学生运动感染着他，让他不再恐惧，而是充满激情地投入其中，昂首向前。

注释

① 引自《重庆"四·二一"学生运动四十周年纪念特刊》，1989年。

从一名刻苦读书以求工业救国的学生，成长为走上革命道路的热血青年，郭尚平的思想脉络是十分复杂的。国民党的腐败统治，连年内战的穷兵黩武，物价飞涨的民不聊生，水深火热的百姓生活，都让他渴望着社会的变革与新生。而中国共产党的主张与行动，让他看到了希望，也给了他勇敢与力量。

无论是抗日战争还是解放战争期间，包括郭尚平在内的重庆大学学生不断走上街头，勇敢地向日本侵略者和国民党反动统治发出抗议与斗争的呐喊，表现出了中国学子爱祖国、爱民主、爱自由的战斗精神，在中国学生运动史上写下了光辉的一页。郭尚平的政治引路人之一、重庆大学原党委书记程地全在《重庆大学校史（下册）》的序言中赞扬重庆大学人"把宝贵的青春献于斯，把毕生的精力耗于斯，把满腔的热血洒于斯，把铮铮铁骨藏于斯，把浩然正气留于斯"，这无疑是最好的评价。

四、逃回云顶寨的日子

1949年4月21日，穷途末路的重庆国民党当局强行取消了"四·二一"重庆全市大游行，此后仍不放松迫害和镇压，警备司令部先后在市一中、重庆大学、中央工校等学校，采取绑架、拘留、传讯等手段将运动积极分子50多人抓去，并继续寻找游行中走在最前面、贴过标语的进步学生。在这种情况下，和很多学生一样，郭尚平不得不选择离开重庆，返回家乡隆昌云顶寨。

在云顶寨，郭尚平经历了他人生中第一次被追捕的历险。回到云顶寨之后，郭尚平一直屏声敛息，极少出门。但越是担心就越会出事，郭尚平从重庆回家的消息还是传了出来。这一天，他刚吃完晚饭，同住在竹林屋基的七叔家的大妹气喘吁吁地跑来告诉他说："九哥，你在学校惹事了，你快走吧，有人要来抓你了！"

"我没有做什么犯法的事儿，凭什么抓我？"

"你做没做我不知道，我只知道有人来抓你了，快走！"

"你听谁说的？"郭尚平问。

"还有谁？是我伯伯呗！他刚才问你有没有回家来，我说回了。他说快点告诉你九哥，马上出去躲几天，等事情过去了再回来。"

郭尚平一听是七叔传来的消息，知道事情确实不好，随手抓了一件衣服，叮嘱大妹不要和任何人说及此事，就转身出了家门。他不敢走寨门，当时进出寨门主要是南侧的通永门，如果碰到来抓他的人则极难逃脱。况且寨门有持枪的士兵把守，一旦得到命令封锁后他就更不好走了。怎么办？

郭尚平想了一会儿，直接奔城墙而去，找到城墙垛子上的洞口翻墙而出。郭家的竹林屋基在寨子的东北部，紧靠城墙，自小他就和小伙伴们在城墙上爬上爬下，十分熟悉墙边的地形，因此，他轻松地翻墙而出。寨子外是陡峭的山崖，乱树丛生，一种当地人称为铁篱笆的灌木密布在城墙下。他并没有远走，而是找了叶密枝繁的地方躲了起来。

郭尚平的七叔与郭尚平家同住在竹林屋基，家境殷实，且担任一乡之长，虽不及昔日云顶寨寨主的威势，但在寨中和官府，也是有影响的人物。他说的话肯定有消息来源，不是捕风捉影。郭尚平在灌木丛中待了一晚，寨中并无动静，好像并没有国民党政府的警察来抓他。原来，七叔一边回来报信，一边设法全力阻止县里的人到云顶寨来抓人。好话和银两花费了不少，那些人也知道郭尚平并非学生运动的带头人，得了好处就放弃了一定要抓几个学生表现一下自己的念头，回去报告说郭尚平不在家中，了了此事。

七叔帮他逃过一劫。七叔也因为救过进步学生郭尚平，加之担任国民党政府的乡长期间并无大的罪行，所以新中国成立以后，在土地改革及各次运动中，一直受到宽大处理。

郭尚平经过学生运动的洗礼，尤其是"四·二一"运动的磨炼，已经对中国社会的发展有了更加深刻的认识，他认识到只有中国共产党才能救中国，只有共产党领导的军队才能解放中国。他每天都在关注步步向重庆推进的中国人民解放军的消息，预感到一场巨变正在拉开序幕，而自己，有幸步入了一个伟大的时代。

那一天他的心情十分兴奋，他在云顶寨的寨墙上悄悄地又唱起了那首《山那边哟好地方》，表达他的内心感受：

"山那边哟好地方，

一片麦田黄又黄。

大家唱歌来耕地哟，

万担谷子堆满仓。

大鲤鱼呀满池塘，

织青布呀做衣裳。

年年不会闹饥荒！

山那边哟好地方，

穷人富人都一样。

你要吃饭得做工哟,

没人给你当牛羊。

老百姓呀管村庄,

讲民主呀爱地方。

大家快活喜洋洋。"

云顶寨老城墙

寒暑假,郭尚平每次回到云顶寨,都会与八哥、十弟等在云顶寨城墙上咏唱解放区的歌曲。《山那边哟好地方》是他最爱唱的歌曲之一。乃至晚年,郭尚平仍然能够清晰地记得《山那边哟好地方》的曲与词。刚开始学唱的时候,他还不知道山那边到底是什么地方,以后他知道了,山那边是中国共产党领导的新世界。

每当唱起抗日歌曲和进步歌曲,郭尚平总会想起少年时教他唱歌的二哥。但是,当时二哥因与同姓学生恋爱,受到封建家族"同姓不婚"的族规的打击,不得不逃离云顶寨,逃到长宁县安宁桥乡避难。那里正是现在中国石油天然气集团有限公司蜀南页岩气田所在的地方。

麻烦事虽然过去了，七叔还是百般叮嘱他，在寨子中不要乱走动，要躲在家里，尽量让人以为他已经走了。在云顶寨又待了几天，郭尚平感到在重庆有学生组织和地下社团可以依靠，而待在家中，他孤立无援。加之进入 8 月，新的学期马上就要开始了，郭尚平告别家人，回到了重庆大学。

郭尚平积极响应地下组织的号召，在积极参加学生运动中度过了这一年的大半时间。"四·二一"运动是解放战争时期重庆学生最后一次大规模的群众运动。这次斗争实践从教师发展到学生，从校内发展到社会，从经济斗争发展到政治斗争，教育团结了广大学生群体，为迎接重庆解放做好了思想准备。作为一个普通的学生，郭尚平是其中一员，初次经受了反对独裁、反抗暴政的革命洗礼，为日后参加革命活动奠定了思想基础。

五、慈母离世与思子吟

1949 年 8 月 19 日，刘伯承、邓小平下达《第二野战军向川黔进军作战的基本命令》，指示二野五兵团和三兵团，以极其迅猛的动作，出敌不意挺进贵州，直出川南。此时，面临覆亡的国民党反动派开始策划在渣滓洞等处屠杀共产党人。

回校后的郭尚平等进步学生在地下党的领导下，进入了新的学生运动时期——保护重庆大学，将它完整地交给新中国的护校运动。

此时的重庆，人民正处于水深火热、民不聊生的煎熬之中。临近解放那段时间，郭尚平担任三年级 B 组食堂经理。11 月 30 日清早，他和"掌盘"一起去磁器口市场采购蔬菜。"掌盘"挑担子在前面走，郭尚平跟在后面。去的时候吃一个烧饼要10万金圆券，回来的时候，不过间隔两个小时左右，一个烧饼就涨到40万金圆券，足见当时物价飞涨得离谱，用民不聊生、水深火热来形容再恰当不过了。

买菜回来的路上，郭尚平看到板车拉着露着脚的死人，盖着草席，向远郊区走去。几乎每一天，都有乞丐、流浪汉冻死、饿死在路边。当时国民党政府的陪都尚且如此，其他地区什么样子就可想而知了。

刚刚考入重庆大学时，郭尚平因为学习成绩优异，获得奖学金，他在学校吃饭不愁，但是来往车费、书本文具等都需要自备，也需要一点生活补贴。这笔钱虽然不多，但对于生活十分拮据的父母来说，资助他上学仍然十分吃力。但是，就在家庭生活愈加困顿的时候，母亲还是省吃俭用给他买了一件灰色的毛呢大衣。"上大学了，在老师、同学面前要穿戴得干干净净的，像个样子。"母亲说。

四川的冬天湿冷异常，郭尚平和兄弟姐妹都没有棉衣，只能靠手织的薄薄的毛衣过冬。母亲打毛衣的技术在古寨中赫赫有名，姐妹们也都和母亲一样，有一手织毛衣的好技术。别人家常用新毛线织毛衣，郭尚平家孩子多，都用新毛线太费钱，李氏就常常用旧毛线打毛衣。老大老二穿过的毛衣将线拆开，洗净晾干，这个过程毛线会有损耗，就打一件稍小的毛衣给老三老四穿，倒也十分保暖。一件毛衣在郭家，常常是二打、三打，大的穿过了小的再穿，十分节省，直到那些毛线拆不下来为止。

能穿上温暖棉衣的人是极少的。郭尚平第一次穿棉衣大约是在上初中二年级的时候，家在江安的表弟到他家中来玩，穿了一件崭新的棉袄，走的时候，却忘记带走。

后来，郭尚平和母亲一直怀疑姑妈和表弟是怕郭家爱面子，不肯要这件衣服，故意将这件衣服落在他们家中。当时云顶寨的冬天很冷，而郭尚平只穿着一件薄薄的三打出来的毛衣。表弟和郭尚平年龄相差无几，姑妈临走时就装作无意之中将衣服留在了这里。后来母亲写信询问，姑妈只是淡淡地回复说，落下了就给平儿穿吧，寄回来的邮费够买件新衣服了。

郭尚平平生第一次感觉到了棉衣的温暖。母亲看到他穿上棉衣高兴的样子，十分心酸。有一次串亲戚路过泸州，她看到一家商店的棉布面料十分便宜，就买了回来给郭尚平和八哥各做了一件棉衣。哪承想，棉布是再生布，十分不耐穿，只穿了几十天，面料就像听到了命令一样到处开了口子，无法再穿了。

受了骗的母亲也不抱怨，只是把棉花弄出来，放在旧衣服里又给他们各做了件手工棉衣。只是少年的郭尚平长得太快，瘦瘦高高的，只穿了一年多，棉衣就小得无法再穿了。母亲将两件棉衣合成一件，让郭尚平又穿了一年才让那些棉花正式"退休"。

常说慈母手中线，游子身上衣。当母亲的，似乎永远和儿子的衣服有着无法割舍的联系。1947年的冬天，重庆的天气很冷，学生生冻疮是常有的事儿。母亲来信问他冷不冷，郭尚平知道家中困难，就回复说不冷，挺一下就过去了。当时，七姐也在重庆的一所一年制商业中专读书，大事小情上都照顾郭尚平，同时也常将郭尚平的学习和生活情况汇报给母亲。母亲听后，也不知费了多大的难处，筹集了十多个银圆，为他置办了一件毛呢大衣。郭尚平穿在身上，先是十分惊喜，马上又十分难受，家中条件如此之差，还给他买大衣穿，让他感动万分。

1949年的一天，一位在重庆工作的同乡告诉郭尚平，母亲李氏已经于半月前病逝了，后事已经办完。老人临走时叮嘱不要回去看她——已经看不到了，要好好学习，以后自己照顾好自己。郭尚平听罢，伤心不已。

那几天，他的耳边一直回响着在自贡市沙湾街居住时，那位邻居每天傍晚弹奏的一位母亲想念远行儿子的《寒衣曲》：

"琴声阵阵，笑语殷殷，课罢欢娱欢不尽。绿衣人来，送到包和信。仔细看清，仔细看清，看罢家书好不开心。是母亲，亲做的新衣，寄远人，一千针，一万针，千针万针密密缝，穿来暖又轻。对镜！对镜！不短不长，不宽不紧，新衣恰好合儿身。穿起了新衣不离身，穿起了新衣记起人，记起了人来眼泪零零，记起了人来不能亲近，不能亲近。亲近！亲近！且把新衣比母亲，亲亲母亲！"

那低哑、忧伤的旋律，令郭尚平多年以后仍然心痛不已。

后来，这件大衣他一直穿到了北京留苏预备部。1953年秋，留学苏联出发前夕，正好八哥从抗美援朝前线归来看他，他就把这件大衣包了起来，让八哥捎给在家乡的十弟。每次和十弟谈起那件大衣，母亲的样貌就浮现在他眼前。

六、护舍队长与巡逻队员

1949年11月29日，刘伯承、邓小平率第二野战军突破国民党军"新长江防线"，进抵重庆市郊。11月30日黎明，蒋介石及"国府"要员飞逃成都。同日，第二野战军主力解放重庆。

重庆解放前夕，蒋介石曾两次飞抵重庆进行疯狂的"善后部署"，一是加紧镇压进步力量，对关押在监狱中的革命志士和进步人士数百人进行血腥大屠杀，重庆大学教授周均时、学生张现华等人就是这时在中美合作所的集中营里壮烈牺牲；二是调来"爆破专家""技术大队"，用飞机运来大批炸药，妄图对重庆进行毁灭性破坏。

"1949年9月开学后已人心惶惶，传说不一。一方面反动派对共产党造谣污蔑，如说什么共产、共妻，杀人放火等等，一方面地下党不断传来共产党的胜利消息，同时组织学校师生员工护校。当时学校领导是校长张洪沅，教务长郑衍芬。人心惶惶，莫衷一是。当然，地下党已组织群众准备迎接解放军进城。"[1]

在这"黑云压城城欲摧"的严峻时刻，重庆大学革命师生和全市人民一样，在中共川东特委和川康特委的领导下，开展了英勇顽强的护厂护校、迎接解放的斗争。一是通过师生中的共产党员、党的统一战线部门联系的民主党派成员，在教职员工中宣传、组织和发动护校活动；二是通过重庆大学学生中的地下社等组织在全校学生广泛宣传和组织护校活动。在此期间，重庆大学理学院教授何鲁、物理系教授谢立惠、机械系教授金锡如、商学院院长陈豹隐、校长张洪沅等坚决站在护校师生的立场上，积极支持并领导"重庆大学应变委员会"，利用合法形式组织全校师生员工进行护校斗争，对抗国民党的破坏活动。

重庆大学的地下党员和"新青社""民青社""新青行"等党的外围组织的成员，加紧对反动分子进行严密监视的活动。同时，

注释

[1] 引自重庆大学党史校史研究资料第一期（总第十一期），1984年。

还向学校的库房、校办工厂、各实验室和图书馆散发油印传单，要求这些地点的教职工切实保管好学校的财产、物资、图书资料和各种教学仪器设备，迎接人民的接管。除了保护财物之外，在地下党的领导下，进步同学还加强了对著名教授、学者的宣传和保护。对有可能被劫持、迫害的教授，通知他们及时转移隐蔽，使绝大多数教授、学者留在了大陆，为新中国的教育事业贡献他们的力量。

为了防止国民党溃逃时的破坏，保护师生员工的安全，1949年11月23日，以进步学生为骨干，通过教授会、助教会、职员会及学生自治会等公开群众组织，组成"重庆大学冬防委员会"，并将全校划分为6个冬防区，区长由学校指定，副区长由各区选举产生；全校36条通道，由进步学生分组站岗，轮班巡逻。同时和附近的中央工业专科学校、重庆中学、省立女子职业学校、儒英小学、长江文理学院、大成酒精厂等单位进行联防，以保证这一地区的安全。

作为地下社的外围成员，郭尚平积极参加了这次护校运动。当时国民党特务十分猖獗，稍不注意就有生命危险，但是郭尚平还是坚决加入了护校保校的队伍。他的任务主要有两个：一是担任学生宿舍所在地松林坡学生宿舍"护舍队"队长，全力阻止特务的破坏行为；二是参加护校巡逻队，轮流到学校周边巡逻，及时发现破坏行为，及时制止。在此期间，郭尚平第一次摸到了枪支，地下党组织为学生们配备了以前校警用的枪支，全是那种破旧的汉阳造。郭尚平等人并不会开枪，只是用它来吓唬坏人而已。但有枪支在身，不仅人显得十分英武，心里也有了底气。也就是在这个时候，郭尚平萌生了将来要当兵保家卫国的念头。

1949年11月29日,郭尚平等人奉命到通往嘉陵江边的中渡口附近巡逻。那里是由嘉陵江上坡进入重庆大学的重要路口。巡逻中他们发现有国民党的散兵想从中渡口通过。当时,溃散下来的国民党兵很多,常常闯进学校和民宅,强奸女学生或者抢劫财物。郭尚平等人十分警惕,大声喝问:"站住!你们是什么人?不许在这里通过,再往前走就开枪了!"

郭尚平等人看起来仍然是一群大孩子。好在他们很勇敢,举着枪做瞄准状,一直没有退却。那几个国民党兵和他们对峙了一会儿,只好乖乖地回头往坡下和江边走了,没敢往重庆大学的方向来。郭尚平等人相视而笑,再次领会到"勇敢的人才会是最后胜利者"的道理。

1949年11月27日,歌乐山下"中美合作所"的人间魔窟里,传出阵阵的枪声和爆炸声,国民党特务对囚禁在渣滓洞、白公馆内的共产党员、民主党派成员和进步人士,开始了灭绝人性的大屠杀。在万分紧张的气氛中,国民党溃军一部强行进驻重庆大学,砸开校图书馆大门,生火做饭,进行休整,重庆大学师生面临护校斗争中最为严峻的时刻。郭尚平和师生们严守阵地,和国民党溃军在校内对峙。由于解放军进军神速,在占领重庆外围据点南温泉后,乘胜抢占制高点南岸真武山、大坪浮图关,迫使进驻重庆大学的溃兵丢盔弃甲,仓皇逃命。

1949年11月29日,重庆在未发生大的战斗的情况下得到解放,重庆大学较为完整地回到人民的怀抱,护校斗争取得胜利。1949年

11月30日凌晨,最黑暗的子夜过去,重庆社会大学的同学在"精神堡垒"(即现在的解放碑)上升起了第一面迎接解放的红旗,留下了解放前重庆学生运动最后一幅壮丽、生动的画面。

1949年11月30日,中国人民解放军进驻重庆。当天下午,郭尚平站在小龙坎丁字路口的欢迎解放军的人群中,看到一名解放军军官和十几名解放军战士,挺起胸膛,雄赳赳、气昂昂地向城中心方向大步行进。郭尚平和市民群众一起欢呼:

"解放军万岁!"

"中国共产党万岁!"

边喊口号边鼓掌,摇动着小红旗,迎接解放军的到来。解放军战士们向群众敬军礼,整齐有序地走进城中。这一刻,郭尚平感觉一个新的时代真的来临了。

中国人民解放军由重庆市郊入城

重庆大学的师生员工欢天喜地地迎接解放军。班代表大会组成"协助解放工作团",负责迎接解放军入校,并组织秧歌队与解放军联欢。当时,来校的解放军住在尚未启用的新图书馆里,身着旧棉军装,每人一个面盆,一只口杯,牵根绳子挂洗脸毛巾。他们恪守"三大纪律八项注意",生活艰苦朴素,态度亲切和蔼,平易近人,给重庆大学带来了崭新的社会风貌,师生员工耳目为之一新。从两种社会、两种军队、两种作风的对比中,师生员工尽情品尝着从白色恐怖下解放出来当家做主人的幸福滋味。

市民们涌上街头庆祝重庆解放

1949年12月9日,重庆大学师生和从私立相辉学院、西南美术专科学校、求精中学等学校赶来的代表共计两万多人在重庆大学团结广场举行盛大的篝火晚会。晚会上各单位演出了70多个精彩节目。"解放区的天,是明朗的天,解放区的人民好喜欢!民主

政府爱人民呀，共产党的恩情说不完……"郭尚平和同学们在喜迎解放的庆祝活动中载歌载舞，激动万分。团结广场上到处都是歌声和笑声，向人们宣告：一个被封建地主、官僚资产阶级和帝国主义反动势力统治的旧重庆大学一去不复返了，重庆大学的黑暗和苦难从此结束了，一个崭新的历史时期开始了！

第四章

学子风华

1949年12月2日的《大公报》上，刊发了一则消息：重庆大学全体同学昨电毛主席致敬。电文如下：

"北京中华人民共和国中央人民政府毛主席钧鉴：人民解放军以雷霆万钧之势，在英勇进军之下，重庆在昨天宣告解放了！我们特以兴奋的心情，向您致以最高的敬礼。我们热烈拥护人民政府，在其领导下，共同建设新民主主义的新中国。重庆大学全体同学，公元一九四九年十二月一日。"[13]

这封信表达了全体重庆大学学子的心声，也抒发了郭尚平内心拥护人民政府、共同建设新中国的坚定决心。自此，伴随着重庆大学的新生，郭尚平的大学生活也翻开了新的一页。

一、参加青年团干部训练班

1949年10月中旬，中国人民解放军第二野战军西南服务团第二团二支队、三大队（公安大队）在常德整编时组建了"西南服务团青委大队"，共250多人。青委大队随西南服务团到达重庆后，和重庆地下党组织一起，将重庆的党团活动轰轰烈烈地开展起来，而重庆大学的党团建设是其中的重点之一。

1949年12月14日，首先在重庆"渝舍"（今少年宫）举行了地下党员和西南服务团等外来从事地方工作党员的会师大会。党员会师后，青年团开始分片举行地下社员会师大会。1949年12月22日，沙磁区地下社员在小龙坎树人小学召开会师大会，由刚建立不久的"新民主主义青年团沙磁特区工作委员会"召集和主持。重庆大学"新青社""新行社""民青社"等秘密外围组织200余人参会。"会师大会由王德裕主持，曾德林、廖伯康、刘康等同志在会上讲话。他们高度评价了中共地下党员和地下社员在白色恐怖下与国民党反动派斗争的英勇表现,并要求大家在新的历史时期的斗争中继承和发扬光荣革命传统,做出更大成绩。"[12]

1950年2月14日,以"西南服务团青委大队"为基础成立的中国新民主主义青年团西南工作委员会(简称青年团西南工委)在重庆正式挂牌办公。1950年1月,重庆大学建立了以团三区工委王德裕同志为书记、重庆大学学生何沐锦为副书记的重庆大学党支部。在党的领导和关怀下,在青年团组织的帮助下,重庆大学进入了全新的历史阶段。而进步青年学生郭尚平的人生,也从此翻开了新的一页。

1950年1月的一天,郭尚平正在学校上课,刚刚成立不久的重庆大学党支部通知他去两路口的通惠中学报到,参加中国新民主主义青年团西南工作委员会和青年团重庆市工作委员会共同主办的青年团干部训练班。郭尚平一听乐得跳了起来,回到松林坡学生宿舍,准备了一套干净的衣服,重新换洗了行李,第二天兴高采烈地去报到。

训练班的主要任务是选拔重庆市部分地下社员和少数青年积极分子参加政治理论学习,提高思想觉悟和工作水平,为重庆市的团组织建设输送基层干部。训练班按不同的年级和专业来编组,分成大学、中学等大组;大学组又分政治系组、法学院组等,共有20余个组,每组有20~30人不等,共计800余人。郭尚平被编入大学组第一组,工程系的学生居多,共计20余人。

各组的组长均由第二野战军的军人担任,副组长大都是重庆市的进步学生。大学组第一组组长是一位军人干部,副组长是重庆女

子师范学院地下党员罗玉清,他们二人负责大学第一组的日常管理。训练班讲师大多数是第二野战军西南服务团的领导,如西南军区团工委的曾德林、廖伯康、李止舟等。

唐蜀梁在回忆文章《解放初在重大的工作记忆》中曾写道:"1950年1月,青年团西南工委和重庆市工委在两路口通惠中学举办青年团寒假干部训练班,抽调全市大中学校的地下社员和积极分子参加学习,我参加了。在一个多月的学习中,学习了《社会发展简史》《中国新民主主义青年团团章》,西南团工委和重庆市团工委的领导同志康乃尔、李止舟、曾德林等给我们做报告。"①

李止舟、曾德林、康乃尔、罗玉清等人通过培训和谈话等多种方式,对郭尚平的思想转变与觉悟提高起到了很大的作用。尤其是罗玉清,不仅是郭尚平在青年干部训练班的直接领导者,也是他后来加入中国新民主主义青年团的入团介绍人。

训练班的生活条件十分艰苦。当时,男生全在一个大厅打地铺,一个地铺紧挨着另一个地铺。而女生则集中在另外一个大厅,同样是一个挨一个打地铺。相比之下,男学员要比女学员略多。因此,日常的学习讨论都是在男生住宿的大厅或室外进行。但就在这种艰苦的条件下,共产党人的信仰就像火炬一般持续不断地传递着,点亮了那些正在寻找前进方向的青春。而郭尚平正是从廖伯康、罗玉清等人的手中接过了信仰之火,汇入了新一代革命者的滚滚铁流之中。

① 引自重庆大学党史校史研究资料第一期(总第十一期),1987年。

这是当时重庆党组织领导的第一次青年团干部培训。训练班主要的培训对象就是重庆市大中学校的地下社员和积极分子。郭尚平并不是正式的地下社员，但其在"四·二一"运动、护校斗争中的表现堪称优异，给重庆地下党组织留下了深刻的印象。因此，训练班一招生，郭尚平就被列入首批培训人员名单。

另外，重庆未解放时，在地下社的外围组织"求是社"中，王卓之、程地全等人正在代表组织发展郭尚平成为地下社员。但是在1949年夏，上级组织根据当时政治时局的情况，做出暂停地下社员继续审批的决定。郭尚平虽离地下社员的身份还差一步，但却参加了地下社的大部分政治活动，是没有正式身份的地下社员。

当时，授课培训的主要方式就是听大报告，学习文件和毛主席著作，学习毛主席的《新民主主义论》《论持久战》等。听大报告，就是全体培训学员一起，在学校的操场上听西南服务团领导、重庆市工委领导做关于政治形势等方面的报告，然后进行分组讨论、发言，并写思想汇报。经过一个多月的学习，郭尚平的政治觉悟和思想水平提高很快，爱国主义思想和共产主义信念也一点点地在他的心中扎下了根。

1950年3月6日，第一期训练班正式结业，郭尚平和学员们共同宣誓，成为一名光荣的中国新民主主义青年团团员。这是新中国成立后西南区和重庆市第一批宣誓入团的青年团团员。宣誓那一天，中共中央西南局（以下简称西南局）组织部部长兼团西南工委书记于江震、中共重庆市委书记兼市长陈锡联等出席并主持了仪式。大家站在广场上举拳宣誓，十分庄严。

圆了自己的团员之梦，对于郭尚平来说，这是他一生当中极为

重要的时刻。自此以后,他将自己的命运与团组织、共产党和新中国紧紧地联系在了一起,坚定地走上了革命者的道路。

二、团支部书记和助学金

当时,因组织机构建设并不完善,重庆大学的党团工作都是由党支部领导统一进行的。郭尚平等重庆大学参加青年团干部训练班学习的团员回校后,接受的第一个任务就是在重庆市沙磁区团工委领导下,办理地下社员转团的工作。

从1950年3月开始,重庆大学地下社成员转团工作陆续展开。原来的地下社员需要重新提出入团申请,并汇报今后的努力方向,经过小组逐一评议,通过后报青年团沙磁区工委批准,才可以正式转为青年团员。转团工作十分严格,并非简单地变更一下手续或名称,而是要从思想觉悟、政治表现到个人历史情况和社会关系进行全面的审核,一清二楚,才能将一名地下社员转为青年团员。在考察中,有一名地下社员因在1950年前后半年期间政治表现较为消极,没有被批准转团。在此过程中,郭尚平一边工作一边学习受教育,认识到了一名团员只有持续地保持高度的政治自觉,才能跟上革命的步伐,永不掉队。

4月5日,举行了地下社员转团宣誓大会,之后开展建团工作。不久,上级团委批准建立青年团重庆大学委员会。第一届委员会团委书记由沙磁区团工委学校工作部部长李致兼任,副书记为唐蜀梁,委员为王卓之、程地全、陈家沛、文国荣、田际昌、徐友乾、蔡本华。

转团工作完成之后，新的团员培养和发展成为重要工作之一。在重庆大学党支部的领导下，郭尚平和其他团员一起担负起建立基层团组织的任务。经过努力，重庆大学工学院设立了两个团支部，电机、土木、建筑三个系为第一支部，矿冶、化工、机械三个系为第二支部，郭尚平担任第二团支部书记。

刚解放后的重庆大学，虽然恢复了正常的学习秩序，但学生的成分十分复杂，一些人拥护共产党，一些人还有很多顾虑，还有一少部分学生显得十分消极。"学生中大多数是中间派，对国民党不拥护，对共产党不了解。少数积极分子，多数离校参军或参加工作。"[①] 在这种情况下，开展团的工作十分艰难。部分同学在郭尚平从训练班回来后，还突然疏远了他，甚至暗暗地抵触团支部工作。

1950年夏的郭尚平

1950年夏，郭尚平和同学们一起由大学三年级升入四年级，每升一个年级，就需要换一次宿舍。矿冶系四年级一共有5名青年团员。由于是自愿寻找室友，就发生了群众不愿意和团员在一个宿舍居住的情况。最终，郭尚平、张静文、程贻俊和段志贤四名团员不得不挤在一个房间里，只有程地全与非团员学生合住一室，这种

注释

① 引自重庆大学党史校史研究资料第一期（总第十一期），1987年。

被孤立的局面很不利于团支部开展工作。

郭尚平真正感受到基层团组织开展工作的不容易，感受到想让同学们理解团的工作和党的主张，还有一段长长的路要走。他向组织汇报了情况，经过和其他团员反复研究，决定以后的团建工作要加强宣传党、团的方针政策，一定要让大家了解党和团的政治主张，同时，要像党员那样严格要求自己，处处起到模范带头作用，为同学们着想，要关心群众，宽容地对待他们，做他们的表率。

重庆解放后，相当一部分同学经济困难，人民政府决定为他们发放助学金。不再采用旧中国时按录取成绩排名先后确定是否发给助学金，而是按当时的本人经济困难情况和个人学习情况由群众评议决定。

这一天，郭尚平和几个团员在宿舍里开会，讨论同学们的助学金申请事宜。团小组经过讨论决定，青年团员不论经济条件多么差，学习成绩多么优秀，都要自己去努力克服困难，尽量不要申请助学金，尽力把助学金名额让给生活困难的非团员同学。

郭尚平带头这样做，无疑是在断自己的经济来源。自1947年入学以来，他一直努力学习，靠优异的成绩获得奖学金帮助他完成学业。现在带头放弃助学金，就意味着失去了维持学业的基本经济来源。

其他团员对郭尚平说："正常评议的话，你是应当拿助学金的。如果你放弃了助学金，那么你将来的学业怎么办呢？你现在的家庭也指望不上呀。"但他坚定地说："现在是新中国，我们团员怎么能和普通同学争助学金呢？就这样办，团员应当让非团员的困难同学先得到助学金，我自己的困难由我自己去想办法解决吧。"

几天后，班内的助学金评给了一些经济困难、学习努力、其他方面表现也尚可的非团员同学。团员们的努力换来了收获。几天后，一位同学来找郭尚平谈心。他说："解放前，看你有勇气拒绝参加三青团，很是佩服。现在又成立了青年团，我们一开始确实有疑虑，不知道青年团和三青团有什么区别，因此很抵触。可是前些天，我走到你宿舍的窗下，听到你们正在讨论如何给非团员同学们评议和争取助学金的事。你们说的话我都听清了，原来你们开会不是想整治我们，而是在商量把助学金让给我们，帮助我们。你们跟三青团确实不一样。看来，你们青年团真的是好组织，是为同学、为人民考虑的组织。我以前误解你们了，是我错了。"这位同学说完深深地鞠躬，流下眼泪。

他的肺腑之言，深深地触动了郭尚平，他对团员们说，国民党三青团为非作歹、迫害人民的印象在同学们的脑子里太深刻了，所以他们一直误认为所有党团组织都是那样坏。现在重庆刚刚解放不久，他们还不了解共产党和青年团，还不了解解放军和人民政府，他们怀疑共产党青年团不是真正为人民服务的。他们有这种疑虑，说明我们的宣传工作还没有到位，还没有让大家了解我们党和青年团是真正为人民着想的政治组织，因此才会误解我们。因此，我们一方面是要组织好政治学习，另一方面，也是更为重要的一方面，就是要用我们的实际行动，用模范带头作用影响周围的同学。当他们看到党员、团员处处为人民的利益着想的时候，就会认识到共产党和青年团与国民党和三青团有着本质的不同。

助学金事件传播开以后，在同学们中间产生了积极的影响。尤其是这位同学的思想转变，更是起到了明显的带头作用。郭尚平敏感地意识到，更多同学对青年团的认识一定会因为助学金事件而有

所转变。于是，他向上级团组织汇报后，决定以郊游的形式，举行一次全班同学思想交流的谈心活动。

重庆大学不远处就是汉渝路，汉渝路的终点就是石门渡口。渡口很大，有几块簇拥在一起的巨石在嘉陵江中形成了一个小小的江心岛。这一天是周末没有课，郭尚平等几位团员就将全班同学邀约到这里，一边吃着花生、橘子，欣赏江景，一边谈心交流，不知不觉地开成了一次全班同学思想交流的谈心会。先是那位听见团员开会商量助学金评议事的同学，把他听见的过程和自己的认识生动地讲述给大家。接着，同学们一个接一个地主动发言，你一言我一语，说出了自己对共产党和青年团认识的转变。大家说得越来越放松、越来越高兴，团员和非团员学生之间的感情也更加融洽，同学们在思想和政治立场上也自然而然地向共产党靠拢，班级内的党群关系、团群关系前进了一大步。

此后，全班大多数同学思想发生了转变，认识到共产党和国民党是完全不同性质的政治组织，青年团与三青团的性质有天壤之别；共产党、青年团真正是全心全意为人民服务、为群众着想的先进组织。从此，同学们一个个地不断提高思想认识和政治觉悟，真心地拥护共产党和人民政府。

同学们的误解得到了有效解决，但郭尚平面临的现实问题却很严峻：自己没有助学金，吃饭没有着落，生活成了问题。这怎么办呢？政治上要求进步，生活上关心别人，但青年团员也是人，也得吃饭。因为没有鞋子穿，每天光着脚上学的郭尚平陷入了两难的境地。

万般无奈，他想到了四姐郭仲元。此时，从事财务会计工作的郭仲元已经跟随丈夫从隆昌圣灯山气矿调到西安石油管理局。一段时间后，又调到石油管理局兰州办事处工作。收到郭尚平的求救信没几天，四姐就从微薄的工资里节约出一部分钱寄给弟弟。此后，郭尚平每月都能收到四姐从兰州或青海寄来的5元钱。正是靠四姐的资助，在政治上越来越进步、在个人生活上却越来越困难的郭尚平才坚持到了大学毕业。

一个班级的工作有了起色，带动了工学院第二团支部其他班级工作的开展，促进了同学们思想政治的进步，不到一年的时间，他们的团支部就发展了团员百余人，扩建为青年团的工学院第二总支部，以后又建成青年团工学院总支部。

三、组织的培养与召唤

1950年6月29日，中共重庆市委决定公开党的组织，在重庆大学松林坡礼堂举行公开党支部和新党员宣誓大会。会议宣布了重庆大学党支部党员名单，包括解放初期发展的新党员在内，有杨长全、唐蜀梁、胡新等共25人。正是在党支部杨长全、胡新、王卓之、程地全、文国荣等人的关心培养下，郭尚平开始向成为一名光荣的共产党员的目标迈进。1950年7月的一天，也就是在他正式入团不久，正式向党组织呈交了加入中国共产党的申请书。

郭尚平自入团并担任工学院第二团支部书记后，工作一直积极踏实，很有成效，重庆大学党支部对此十分了解。在郭尚平呈交入党申请书后，党组织对他的培养观察和考验就全面加强了。派人每两周和他谈话一次，交流学习体会，听他进行自我剖析，汇报思想情况。每次党组织生活会，都通知郭尚平参加。在此期间，负责郭尚平思想教育和全面考察工作的党员是土木系的学生、校党支部组织委员文国荣。

文国荣主要考核郭尚平的政治觉悟、入党动机与思想认识。每次见面,他都详细地询问郭尚平所思所想,观察他的思想变化,耐心地指出他存在的不足和问题,应当学习哪些政治资料和书籍。几个月下来,文国荣成了郭尚平的政治生活指路人,为提高郭尚平对党的认识提供了很大的帮助。

2013年北京,文国荣(右1)偕夫人孙丽艳(右2)与郭尚平及家人合影

在党组织的帮助下,郭尚平积极参加各种社会活动,接受教育,汇报思想,更加严格地按共产党员的标准要求自己,为成为一名合格的共产党员而努力。听"大报告"是促进郭尚平思想政治水平持续升华的主要渠道之一,其中有两次"大报告"尤其难忘。

第一次是邓小平的报告。那是1950年7月1日,中国共产党成立29周年,西南军区举行盛大的庆祝活动。郭尚平在学校党组织的领导下列队步行到西南军区参加了这次活动,有幸聆听了邓小平(中国人民解放军第二野战军政委、中共中央西南局书记)的政治报告。邓小平在报告中深刻地分析了当前的政治形势,勉励大家继续努力，胜利完成解放全中国、建设新中国的光荣任务。郭尚平在会后不断回味邓小平的讲话，更加深刻地认识到中国的命运在中国人民手中，而中国未来的美好前途则在中国共产党的指引之下。

第二次是刘伯承（中国人民解放军第二野战军司令员、西南军政委员会主席）的报告。1950年7月24日，抗美援朝战争开始之前，刘伯承来到了重庆大学，给青年学子做政治时事教育报告。重庆青年团网站记载："1950年7月24日，青年团西南工委、重庆市工委、市学联与文教部门联合举办了为期一个半月的'青年暑期学园'。12000多名大中专学生参加了不同层次的学习。中共中央西南局第二书记、西南军政委员会主席刘伯承亲自给学员做报告。"

参加"青年暑期学园"的重庆大学学生编为两个大队，理学院和工学院的学生为第一大队，队长金必华；文学院、法学院、商学院、医学院的学生为第二大队，队长唐蜀梁。7月24日晚，在团结广场上举行了重庆市大中专学校"青年暑期学园"开学典礼。当主席宣布刘伯承司令员亲自来参加大会，全场顿时爆发出热烈的掌声，同学们伸长了脖子、睁大了眼睛，都想要看一看这位身经百战、屡建奇功、威震敌胆的名将的风采[1]。

作为基层团组织干部的郭尚平和重庆大学电机系团员梅遂生担负起这次报告会的记录工作。当天晚上8时许，几所大学的学生集合完毕，在广场上等候着。突然所有电灯都熄灭了，然后一辆吉普车径直开到广场旁边，刘伯承将军从车上下来，气宇轩昂地走进会场，站上主席台。灯又亮了起来，报告会开始了。广场边有个半

注释

[1] 引自重庆大学党史校史研究资料第一期（总第十一期），1987年。

圆形的主席台，刘伯承就站在那儿侃侃而谈，大家都坐在自带的小木凳上仔细聆听。郭尚平等两位记录人就坐在刘伯承将军身边三米远的一张条桌旁，快速地记录着将军激动人心的话语。报告会持续了两个小时，刘伯承讲到国际形势、共产主义、社会主义和毛泽东思想，让万余名学生深受教育。

这样的教育报告在重庆大学等地蔚然成风。郭尚平积极参加了这些报告活动，并和广大青年学生一起，初步明确了中国新民主主义革命的一些基本问题，懂得了现阶段党的方针政策，思想上澄清了一些模糊认识[12]。经过教育和考察，文国荣完成了自己的使命。他的考核结论是郭尚平历史清楚、立场坚定、思想进步、入党动机纯正、对党忠诚、政治可靠，可以吸收他成为一名共产党员。

但郭尚平的入党介绍人并不是文国荣，而是重庆大学党支部书记杨长全和共产党员徐友乾。徐友乾是化学系的学生，比郭尚平低一个年级，是重庆解放前入党的老党员。杨长全是重庆大学矿冶系毕业的学生，比郭尚平高一个年级，也是在重庆解放前入党，当时担任重庆大学党支部的专职书记。由党支部书记亲自担任郭尚平的入党介绍人，可见重庆大学党支部十分重视郭尚平的入党问题。

1950年12月，经过党组织严肃认真的考验，郭尚平终于被批准成为一名光荣的共产党员。1951年1月31日，重庆大学党支部为新党员举行了正式宣誓仪式，地点就在重庆大学老图书馆和风雨操场之间的广场上。那天下午，郭尚平和电机系的学生周景云、淡玉麟，化学系的学生张儒瀛等5人，在重庆大学数百名团员、全体党员的见证下，站在台阶上庄严宣誓，正式加入了中国共产党。这一刻成为郭尚平一生中最难忘的记忆，也使郭尚平从此进入一个伟大的集体之中。他在心中告诫自己：此后，我是一名共产党员，我的生命必和这个世界上最伟大的政党融合在一起，永不分离。

四、保卫重庆大学的巡逻队员

1951年3月，杨长全、唐蜀梁等人因工作调动离校，党支部进行改选，由胡新担任重庆大学党支部书记[12]。胡新原是化学系的学生，后因政治斗争的需要，从化学系转入矿冶系继续学习。毕业后到冶金系任助教。1958年留学苏联，毕业后回国，在重庆大学冶金学院担任党总支书记。

刚刚解放的重庆形势十分严峻。一方面，重庆是全国最后解放的大城市，各地的反动势力随着南京、上海、武汉的解放，最后都聚集在了这里，寄生在旧社会机体上的一切腐败现象，这里应有尽有。据调查，当时重庆的各种特务人员有6000人左右，旧警员3000多，散兵游勇9000多。临近解放，国民党政府还从台湾调来一支"技术大队"专门进行破坏活动，并有计划地从监狱中释放了一批惯匪盗窃案犯流窜市区[15]。他们制造谣言、抢劫商店、纵火民房、盗卖军用物资、扰乱金融市场、冒充解放军"接管"机关和企事业单位，还疯狂暗杀破坏，十分猖狂。接管干部、进步人士、工商界知名人物，相继有人接到敌特的恐吓信，就连当时担任重庆市市长的陈锡联（原为解放军二野三兵团司令员）也不例外。有一次，陈锡联去重庆大学做政治报告。吉普车沿嘉陵江北行，在李子坝一个拐弯处，左侧山崖树林中突然飞出一颗子弹，击穿挡风玻璃，落在车内。司机没经验，要停车查看。陈锡联喝道："不要停车，赶紧走！"司机一踩油门，一口气开到重庆大学，脱离了危险。陈锡联对司机说："以后遇到这种情况不能停车。一停车,特务更容易打。"[16]

在重庆大学也发生过一起恐怖的暗杀事件,有一天,一名叫游开鑫的土木系团员学生,被特务暗杀后悬吊在松林坡学生宿舍的屋梁上,场面十分恐怖。不久,学校揪出两个大特务,一个是原来的校训导主任侯风,另一个是校印刷所的负责人,两个人的煽动、破坏等活动被查实后,被公审枪决。自此,学校的秩序才逐渐平稳下来。

20 世纪 50 年代的重庆大学的新图书馆区域,其右前方即是寅初亭樟树林和著名的团结广场等重庆学生运动的集中地和重点地区

为了确保学校全体师生员工的安全,校党组织在号召大家提高警惕的同时,组织了以党团员为骨干的巡逻队,在重庆大学重点区域进行巡逻。作为工学院第二团支部书记、中共党员的郭尚平又背上了曾经在重庆大学护校时背过的枪支,白天他是上课的学生,晚上则成了一名巡逻队员。这项工作有一定的危险,但郭尚平带头坚守在岗位上,从未怕过,他的勇敢感染着其他年轻的团员。一直到 1952 年 9 月下旬,去北京参加留苏培训前,郭尚平按上级安排总

是背着枪准时出现在重庆大学的重点区域。

一般情况下,巡逻时两个人一组,主要是党团员和思想表现好的进步师生。巡逻中要携带步枪,在指定的区域往复巡逻,随时警惕对学校安全有可能造成影响的人和事物。

在郭尚平的成长过程中,共产党员胡新对郭尚平的思想教育起到了十分重要的作用。在这段时间,他们并肩巡逻,畅谈革命理想,憧憬未来的美好生活,彼此结下了深厚的革命友谊。

也是在这段时间,郭尚平因向沙坪坝小教团支部的教师团员做政治形势演讲,结识了他一生的伴侣——儒英小学少先队总辅导员罗广芳,自此演绎了一段浪漫、纯洁的革命爱情。罗广芳毕业于川东师范学校,出身十分贫苦,在少年时代就参加了革命,是一名意志坚定的共产党员。与郭尚平结合后,两个人互相鼓励、互相帮助,携手走过一段夫妻小爱与国家大爱相融合的革命人生。

五、实习回家见到父亲

临近毕业前,郭尚平先后到隆昌天然气矿、石油沟天然气矿、天府煤矿和歌乐山野外地质等地实习。1951年5月1日,郭尚平和11个石油开采专业的学生一起,乘坐重庆石油办事处的卡车去隆昌圣灯山气矿实习。

这辆卡车属于重庆石油办事处。当时,学生出去实习是自己联系各种事宜,学校每天只发一元钱的生活补贴。去之前,他们得知重庆石油办事处有一辆卡车装载着一台柴油发电机要去隆昌气矿,于是重庆大学石油专业的学生就和办事处沟通,搭了顺风车往隆昌气矿而去。

古老的圣灯山上，有着诸多美好的传说。20 世纪 30 年代末，圣灯"奇观"引起了地质学家的重视，经过一批地质学家的勘探研究，发现圣灯山地区富含天然气，"圣灯"之谜就此解开。1943 年被称为"远东第一井"的隆 2 井开钻，日产天然气约 3.6 万立方米。1949 年 12 月 5 日隆昌解放，国家迅速恢复了隆 2 井的天然气生产和解放前未完成的隆 4 井钻井工程。1950 年，全川产气 646.1 万立方米，其中圣灯山就生产 616.8 万立方米。1958 年 3 月 27 日，在绵绵春雨中，毛泽东主席亲临隆昌气矿，视察了炭黑车间等地，足见隆昌气矿在中国天然气工业史上所占的地位。

20 世纪 50 年代初的圣灯山气田；毛主席 1958 年曾莅临该气田视察

借这次实习之机，郭尚平回到了久别的故乡。隆昌圣灯山气矿东南距云顶寨约 11 公里，东北距隆昌县城约 9 公里。去气矿正好要穿过隆昌县城，郭尚平借机与父亲郭运南见了一面，没有想到这竟是他们父子最后一次相聚。

他们乘坐的汽车经过隆昌县城时，隆昌县大街小巷热闹非凡，不少劳动群众正在市政府的组织下，载歌载舞，进行欢乐而隆重的五一国际劳动节庆祝游行活动。郭尚平他们乘坐的汽车不得不慢了下来。正在这时，他看见与群众一起在游行队伍中快乐行走的父亲！父亲胸戴红花，以一个正在朝鲜抗美援朝的中国人民志愿军家属的光荣形象走在队伍前面。此时，郭尚平自己都有些不相信，这就是戎马多年、行医一生、笃信佛教的父亲。这是郭尚平与父亲第一次在新中国的蓝天下重逢。

他和开车的司机师傅说，那是我父亲，我已经两年没有看到他了。司机师傅说，都到家了还不去看看你父亲？快去，我们一边等你，一边和隆昌人民享受一下劳动节的喜悦。这也是实习的一部分嘛。

郭尚平听完撒开腿就跑去寻找父亲。在人海中找到父亲时，看到这个曾经叱咤沙场、行医江湖、投资井盐的性情汉子，已经是一个白发苍苍的老人。他仍然很瘦——郭家男子都是瘦瘦高高的样子，身体看起来还好，脸上洋溢着享受新社会节日气氛的喜悦。

他们站在人流之中交谈了一会儿。父亲问他的学习情况，这几年家中没有寄钱，是怎么过来的；问他毕业后能不能回来工作，如果能回来就可以和家人经常见面了；问交没交女友，什么时候能结婚；还说他现在继续行医，不再念佛了，等等。交谈中郭尚平也知道了年近60的父亲在隆昌解放后已经不在云顶寨居住，而是搬到了隆昌县城关。此时，母亲已经去世，由大哥照顾他的生活起居。

实习学生乘坐的车辆在等郭尚平。没有人催促，但郭尚平知道自己不能耽误太多时间，一一回答了父亲的问话之后，就匆匆地告别，说一旦有机会一定回家看他。

重新回到汽车上，回望喧嚣而欢乐的人流，只有灯火流光，却看不见父亲向他张望的脸。车子开动后，郭尚平仍然凝望着灯火深

处,他知道,某一处明亮的闪光,一定是父亲望向他不肯回避的眼睛。这时,他的心中又响起了在自贡沙湾居住时那位邻居弹奏的《寒衣曲》。乐曲声中,郭尚平闭目凝思,久久不语。

按照学校的规定,实习期间不允许学生私自活动,因此,郭尚平虽然回到了家乡,但没有机会再次回家看望父亲和大哥等人。实习结束后,全体学生就匆忙地返回了重庆大学。毕业后不久他留学苏联,其间父亲因病不治,离开了人世。

六、两次参军未能如愿

青年时的郭尚平非常渴望成为一名解放军战士。在重庆大学读书期间,郭尚平曾有两次申请参军的经历,但都没有成功。不管是想参加解放军还是成为志愿军,其内心只有一个想法:他感觉到自己没有为中国人民的伟大解放事业做出任何贡献,他感到有些羞愧。他觉得,国家尚未完全解放,参加解放军去解放全中国并接受大熔炉的锻炼,是报效祖国的最好方式。

刚从国民党白色恐怖的统治下解放出来的重庆大学学生,政治热情高涨,踊跃报名参军、参干,形成了参军、参干的热潮。从1949年11月30日到1950年3月短短的4个月中,重庆大学学生参加政府工作和进军校学习的达400余人,占在校学生总数的20%,为地方和军队输送了一批干部[12]。

1949年11月,重庆解放时,郭尚平正在重庆大学读三年级,此时全国还有多处没有解放,台湾等地还没有回到祖国的怀抱。郭尚平前思后想,决定投笔从戎,为祖国的全面解放去战斗。他将自己的想法告诉了同是"求是社"社员的张静文，两人一拍即合，决定马上报名参军。

当时进驻重庆的是第二野战军第三兵团第十一军和第十二军。第十一军由曾绍山任军长，鲍先志任政治委员，杨国宇任参谋长，刘华清任政治部主任。作为进驻重庆的一部，第十一军将士成为解放重庆的英雄。

1949年12月2日，也就是重庆解放的第三天，郭尚平与张静文来到第二野战军第十一军征兵处报名参军。报名处在重庆市两路口附近，有一个比较高的地方，当时主要是军政大学和一个军队文工团在招收新兵，他们二人报了军政大学。郭尚平报名时将名字改成了郭小平，他们在一张纸条上填写了报名信息，负责招生的军官看了两个人的简历后，十分高兴，立刻就录取他们，告诉他们尽快去报到。

没有想到会如此顺利，他们两人十分高兴地往学校走。回校的路有十几公里，两个人走到半路，感觉饿了，就到路旁的小店去买大饼。人一高兴胃口也好，二人吃了大饼后，才又回到学校。

第二天，郭尚平又想起了八哥郭兴邦。八哥在重庆巴县农业专科学校毕业后，来到重庆北碚七塘乡七塘小学当教师。郭尚平用一天的工夫不远百里跑到八哥处，动员他参加人民解放军，为解放全中国去战斗。八哥听了郭尚平的话十分兴奋，二话没说，当即收拾行李，辞别学校，次日清早出发到重庆歌乐山报名参军，顺利进入了第二野战军第十二军，成为一名光荣的解放军战士。

谁曾想回到学校后，张静文向组织汇报了报名参军的事，结果

学校党组织没有批准。领导说,高年级的学生不许走,你们的任务是好好学习,学好本领去参加国家生产建设。当兵拿枪上战场解放全中国是光荣的任务,但是现在急需技术人员去建设新生的国家,建设祖国和解放全中国同样光荣。

第一次当兵被学校留下后,郭尚平并没有彻底放弃当兵的想法。1950年10月25日,中国人民志愿军赴朝鲜作战,全国掀起了"抗美援朝、保家卫国"的伟大爱国运动。重庆大学组成了"爱国时事学习委员会",开展爱国时事学习,揭露和谴责美帝国主义的侵略罪行,清除亲美、崇美、恐美思想,认清美帝国主义外强中干和侵略的本质,激发人们的爱国热忱,并踊跃参加捐献飞机大炮的活动,全校捐献金额达2.4亿元(旧币),超额23%完成预定的捐献任务,郭尚平也是捐献者之一。作为一名贫困学生,他捐得虽然不多,但却体现了一名青年团员的爱国主义品格。

中国人民志愿军开赴朝鲜前线的同时,党中央在全国范围内掀起了抗美援朝、保家卫国的伟大爱国运动,也是在这个时候,重庆大学的教师们大力支持学生抗美援朝的参军运动,在读学生和青年教师积极踊跃报名参加抗美援朝,当时报名师生多达1100多人,其中就有郭尚平。而在1951年1月22日,全校热烈欢送186人入伍时,郭尚平依然没有出现在出征的队伍中。

1951年1月,郭尚平已经是一名未宣誓的共产党员和工学院团总支书记。当时报名的学生很多,加上是政府号召,郭尚平以为这次当兵一定能够获得批准。

但是,组织上还是没有让他穿上渴望已久的军装。当时,矿冶系只有两个一年级学生光荣地成为抗美援朝的战士,一个是青年团员张孟德，另一个是矿冶系唯一的一位女同学。一直以来，矿冶系从来没有女生入学，被戏称为"和尚系"。1950年招收了一名女生，长得高高瘦瘦的，只读了几个月的大学就报名参军，想不到却光荣地被批准了，当时大家都十分羡慕。

郭尚平最终没有被批准当兵入朝作战。两次参军被拒，理由都是一样：高年级大学生仍然以学业为主，必须赶快学好专业参加国家经济建设，建设祖国和当兵保家卫国一样重要。

郭尚平虽然始终没有圆自己的军人之梦，但是像军人那样听从祖国的召唤、服从组织分配的纪律性、组织性与革命性，却深深地印在了他的性格之中，成为他工作与生活的信条之一。

郭尚平虽然参军未成，他的兄姐却光荣地双双成了解放军和志愿军。在抗美援朝战争中，郭尚平六姐郭士珍在成都报名入朝参战。她先是在成都蜀华中学读高中，后来在成都参加解放军，以后又成为志愿军参加抗美援朝战争，为某部护士长，荣立两次三等功、一次二等功。回国后在旅顺海军医院、营口人民医院任护士长。20世纪90年代初病逝，享年约70岁。

20世纪50年代初，郭士珍（左）与战友合影

八哥郭兴邦在重庆参加中国人民解放军二野三兵团十二军，以后又参加志愿军入朝作战，任志愿军三兵团陈赓将军司令部作战处参谋，参加过上甘岭战役，立三等功一次，获朝鲜民主主义人民共和国军功奖章。抗美援朝胜利后，随陈赓将军转入军工战线工作。陈赓担任哈尔滨军事工程学院校长，郭兴邦在该校技术部工作，曾获得哈尔滨市抗洪模范奖章。后转入大连某海军基地工作，之后又转入国务院中国计量科学研究院分院任党委办公室主任、院党委组织委员。2024 年，郭兴邦现已年过 96 岁。

1956 年，八哥郭兴邦工作在哈尔滨军事工程学院

七、毕业留校当助教

解放后的重庆大学发生了天翻地覆的变化，为尽快恢复学校的教学秩序，成立了临时校务委员会，全面负责学校的管理工作。校务委员会按照《共同纲领》的规定，对课程进行了改革，取消了国民党教育部规定设立的党义、公民等充斥反动内容的课程，开设了崭新的马列主义、社会主义发展简史、新民主主义论等课程。最为重要的是，随着我国经济的恢复和发展，为了适应国家对能源工业的建设需求，重庆大学在全国大学中第一个开办了石油专业。

据徐开礼撰写的《春风化雨忆恩师——纪念李承三教授百岁诞辰》一文记载，重庆解放后，全国开始进行大规模矿产资源普查工作，急需大量地质人才。时任地质系主任的李承三①积极奔走，于1950年初向国家石油管理总局建议在重庆大学地质系创办石油地质专业，培养石油地质人才。经过获准后，他积极动员地质系的各年级学生，考虑转学石油专业[17]。

李承三的设想得到了国家石油管理总局的支持，总局拨出开办经费。刚从美国留学回国的罗蛰潭教授，首次开出石油地质、构造地质、油层物理、采油工程等课程[18]。重庆大学地质系先后培养了四届100余名石油地质高级专门人才。这几届石油地质专业毕业生，适应国家的急需，分配到石油工业部、地质部、中国科学院、高等学校等各部门，他们的足迹踏遍全国各沉积盆地，参加各盆地油气勘探会战，发现了众多的油气区（田），为我国石油产量超亿吨起到了重要作用。

1998年5月22日是李承三教授100周年诞辰。当时已是中国科学院院士的郭尚平致信重庆大学李承三教授100周年诞辰学术讨论会组织委员会，对李教授表达了深切的怀念和感激之情。

---

① 李承三，号继吾，河北涉县人。我国著名的地质学家、地理学家和地质教育家。1931年8月至1936年7月赴德国柏林大学地质系，师从著名构造地质学家施勒（Wilhelm Hans Stile）教授研究构造地质学，获博士（哲学）学位。著有《地质学》等著作，先后发现了西康来子沟铁矿、漳腊冰川式沉积沙金矿、大巴山冰川地形、嘉陵江离堆山地形等。

郭尚平致李承三教授100周年诞辰学术讨论会亲笔信

矿冶系入学时招收了42名学生，毕业时只有二十几人尚在就读。二十几人中，有11人志愿入读石油开采专业，其中就有郭尚平。当时，矿冶系和地质系的石油地质和石油开采两个石油组的组长都由中国著名的石油地质学家罗蛰潭①教授担任。他在任职期间，为培养新中国第一代石油专业的大学生付出了艰辛的努力，为我国的石油地质教育事业做出了重要贡献。

在李承三、罗蛰潭带领下，重庆大学为中国石油工业培养了大批人才。除郭尚平外，还有石油开采组第一届毕业生沈忠厚、程贻俊、

注释

① 罗蛰潭，四川乐山人。1942年毕业于中央大学地质系，1944年毕业于重庆大学矿冶系，1948—1950年留学美国科罗拉多矿业学院、俄克拉何马大学石油学院。回国后历任重庆大学副教授、矿冶系主任等职。

余国徽、胡易知、谢纯懋、隆俊超、刘道孝、王卓之、程地全、张静文等；石油地质组毕业生王金琪、唐昌骏、刘兴才、蒋长安、叶秉三、罗志立、陈立官、李德渊、陈应泰等，均是重庆大学培养出来的专业人才，他们为中国石油工业的崛起发挥了重要作用。

石油专业的设立，使郭尚平在矿冶系的学习目标一下子清晰起来，那就是毕业后为国家寻找、勘探和开采石油而学习。在这中国被外国专家判定为"贫油国"的时代，这个目标是崇高而庄重的，激励着郭尚平和同学们不断努力着，曾经工业救国的理想，又在他的胸中燃烧起来。这种工业救国，已不再仅仅是自己寻找生活出路和为国家增添御外的能力，而是为社会主义新中国建设强大的工业体系和科技能力，为新中国的经济建设和国防建设而奋斗。

1951年夏，矿冶系的学子终于到了毕业的这一天。等待、激动和向往等各种情感都写在学子们一张张年轻而稚嫩的脸上。作为工学院为数不多的党员和团干部，郭尚平的毕业分配十分引人注目。很多同学纷纷问他的志愿是什么。郭尚平实实在在地说："我要到祖国最需要我、条件最艰苦的地方去，到最艰苦、火热的生产现场去。"

大家一听就说："你要去玉门！"

"是！"郭尚平坚定地说。

当时的中国，虽然急需石油等能源为经济建设注入活力，但是在西方宣扬的"中国贫油论"的影响下，石油探明可采储量却极少，玉门油矿是当时中国最大的油矿。

1939年8月11日，玉门油矿的第一口油井正式投产，日产原油达10吨。当时正值抗日战争时期，消息传出后，全国抗日军民

受到极大鼓舞,一批又一批爱国青年从四面八方奔赴玉门,投身到开发石油的行列,担负起石油救国的重任。抗日战争期间,玉门油矿共生产原油 25 万吨,占同期全国原油产量的 90% 以上,为抗战胜利做出了重要贡献。

新中国成立前 10 年,玉门油矿累计生产原油 52 万吨,占当时全国石油产量的 95% 以上。1949 年 9 月 25 日,玉门油矿获得解放,油矿回到了人民的怀抱,从此掀开了玉门油矿历史上崭新的一页。可以说,在新中国石油专业的学生心目中,玉门就是石油圣地,是施展自己才华的最佳舞台。郭尚平和同学沈忠厚等人均在毕业分配时表达了去玉门油矿就业的意向。

当时,等待分配工作的云南、贵州、四川等地的 20 多所大学的万余名毕业生齐聚重庆大学,在这里由西南局组织进行了为期一个半月的思想教育培训。这个学员众多的毕业培训组织当时被称为"毕业学园",主要是集中聆听"大报告",进行思想政治教育。

在集中学习的同时,成立了"毕业学园"人事处,着手进行学生分配工作。分配工作由西南局负责,"毕业学园"的人事处处长由西南局人事部的赵玉担任。作为基层团干部,郭尚平在临毕业前的一段时间,被临时调入人事处工作,协助赵玉同志开展毕业生分配工作。郭尚平政治觉悟高、工作效率佳,给赵玉留下了深刻的印象。

当时重庆大学党员很少,很多分配到了外地,重庆大学的党组织建设处于困难期。在重庆大学党支部的协调下,赵玉找郭尚平进行了谈话,他说:"尚平同志,重庆大学已经有很多党员分配到其他地区,这有利于其他地区党的工作的开展。但重庆大学也不能不留下发展的根基,因此,不管是从传授学业上,还是在党团工作上,这里需要你留下来继续工作。"最终，郭尚平再一次没能去火热的生产一线，而是留在重庆大学当助教。

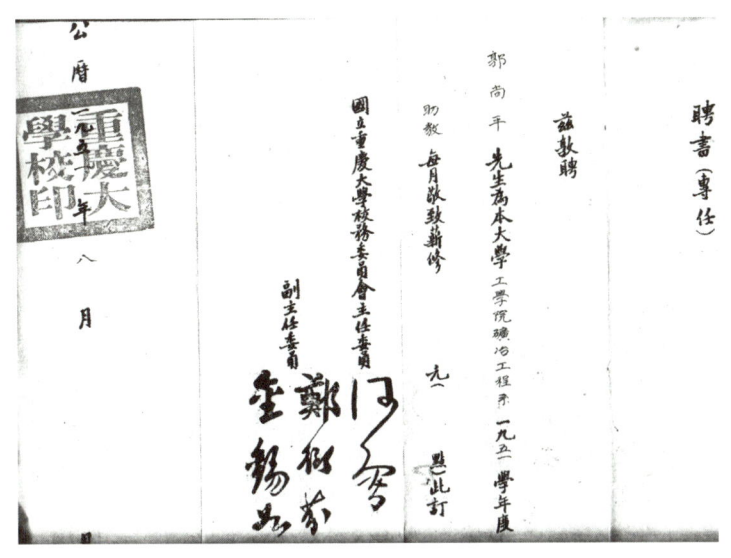

郭尚平留校任教聘书及信封

想去玉门的沈忠厚也留在了重庆大学当助教。但是他工作不到两个月，就带领学生到玉门油田进行了为期一年的实习。1953—1954年，全国院校调整，清华大学、北洋大学和重庆大学的石油开采专业调整到新建的北京石油学院，建立石油开采系。

结束了四年难忘的大学生活，郭尚平开始了短暂的教师生涯。因为他的身份不再是学生，按规定不能再担任学生团总支书记。当时，全党刚刚建立了宣传员制度，郭尚平正好善写文章，口才又好，重庆大学党支部就让他担任校党支部的宣传员，负责宣传工作。担任宣传员期间，他积极努力，最大限度地发挥自己的特长，使重庆大学党的宣传工作十分活跃。

在重庆大学担任了一年助教和党支部宣传员，让他深深地爱上了教书育人的这份工作。但这时他的工作和生活又发生了变化。1952年9月上旬，组织上通知郭尚平参加留苏学生西南区考试和体检。考试内容是语文和政治笔试，他考得不错；体检是在西南医院，流程十分严格，他担心体检不过关，但医生说他体质很好，没有什么病。1952年9月下旬，组织上通知他立即赴北京俄文专修学校留苏预备部学习，准备留苏。这次重庆大学被批准的留苏预备生共有2名助教（矿冶系和地质系各一名）和5名大学一年级本科生。

1952年9月下旬，郭尚平和其他几位同学一同在重庆朝天门码头乘船去了武汉，在武汉又转乘列车，在国庆节前夕到达北京。

第五章

留苏预备

　　北京有两处清朝醇亲王的府邸，一老一新。老醇亲王府在今复兴门南原太平湖旧址，也称南府，是光绪帝的出生处。光绪继位后，清廷便给醇亲王在后海北沿重建了一个新的醇亲王府，也称北府。在20世纪50年代，南府的门牌号码是鲍家街21号，是北京俄文专修学校（简称北京俄专）所在地。该校是和新中国同日诞生的，其目的在于为新中国培养俄语翻译人才。1952年国庆节前夕，郭尚平来到这里，开始了近一年的留苏预备生活，为将来步入莫斯科石油学院学习专业知识奠定了坚实的基础。

一、北京"留苏预备部"

　　新中国成立后，由于以美国为首的西方国家对中国实行经济封锁，中国的工业发展，除资金、设备等方面的困难外，最奇缺的就是相关专业技术人员。据北京师范大学出版社2000年出版的《中华人民共和国教育部·共和国教育50年》统计："单单第一个五年计划，全国经济各部门就急需补充专门人才100万、熟练工人100万，其中仅工业和交通运输业就需要增加技术人员39.5万。而当时我国科研、教育、工程技术、工业、文艺等方面的高级人才不到7万人。甚至中国科学院所属机构到1952年时也只有研究人员7200多人。"[19]

　　迅速发展国民经济，急需大量专业人才，在短时间内依靠自主培养无法满足国家发展所需的情况下，向国外派遣留学生学习先进的科学技术就成为一个重要选择。在中苏友好同盟的大背景下，中国向苏联派遣留学生，加速培养一支强大的建设人才队伍，成为新中国的一项重要战略选择。1951年8月19日，新中国派往苏联的首批 375 名留学生启程赴苏。他们出发前只在北京集结一个月，简单了解了一下苏联国情，就匆匆上路了。列车穿过广袤的西伯利亚平原，满载着黑头发、黄皮肤的青年驶向莫斯科，新中国留学苏联的大幕就此拉开。

1951 年 8 月 19 日，中国派出的第一批留学生到达苏联后，被分配到莫斯科机床工具学院、莫斯科铁路运输工程学院、莫斯科运输经济学院等高等院校学习。这些学生的俄语基础几乎为"零"，绝大部分学生还是在火车上，从苏联列车员那里学会了第一个俄语字母。

苏联方面显然对如何对待这些大量的留学生也没有经验，当这批几乎对俄语一无所知的学生到达后，苏方居然没有安排哪怕是短期的俄语培训，就直接将他们领到了各高等院校的课堂。没有任何俄文基础的新中国第一批留学生，因语言沟通障碍产生了生活、学习和心理等方面的水土不服问题，中苏两国在留学生的派遣和教育管理上遭遇了不小的困难。

1951 年，林伯渠在苏联进行疗养和考察期间，与新中国第一批留学生进行了密切接触，详细了解他们的学习和生活情况。归国后，林伯渠立即给刘少奇、周恩来写信，介绍了自己的所见所闻后建议：以后若再派学生去苏联，须先在国内进行 6 个月或多一些时间的预备教育（或是到苏联后，先集中教育一段时间）。首先教俄文拼音会话，尤其在政治上应先说明赴苏学习的必要性，加重其责任感[20]。

林老的意见引起了党中央的高度关注。周恩来总理做出批示，指定教育部副部长钱俊瑞①、中共中央组织部部长安子文②、外交部副部长伍修权③三人负责筹备留苏预备学校。

1951年12月初,留苏预备学校的筹备工作紧锣密鼓地开展起来。经过研究,国家决定将留苏预备学校设在北京俄专,由俄专校长统一领导,因此又被称为俄专二部。

留苏预备学校成立时提出两项任务:一是要做好俄文、政治课的教学工作,培养学生初步的听、读、讲、记录俄文的能力,并提高其政治思想水平;二是要协助中央教育部、中央人事部、外交部、卫生部进行政治审查,文化、业务的测验,体格检查,并拟订留学计划以及办理出国事务等工作。

1952年2月,留苏预备学校迎来了第一批600名学生。由于当时还没有专门的校舍,就借用位于定阜大街的原辅仁大学部分校舍栖身。

1952年6月,俄专二部搬到位于西城区西南角的鲍家街21号,即醇亲王府旧址。空闲的殿堂廊庑经过简单修缮,就成了俄专二部师生的课堂和宿舍。这时的俄专二部被正式命名为留苏预备部。由

注释

① 钱俊瑞(1908—1985),中国经济学家,江苏省无锡人,1935年加入中国共产党。新中国成立后,历任教育部副部长、文化部副部长、北京大学教授等职。

② 安子文(1909—1980),陕西省子洲县双湖峪镇人。1927年12月加入中国共产党。新中国成立后,任中共中央组织部常务副部长、中央人民政府人事部部长、中央国家机关党委第一书记、中共中央组织部部长等职。

③ 伍修权(1908—1997),出生于湖北武汉武昌。1930年成为苏联共产党(布尔什维克)候补党员。1931年5月回国后,成为中国共产党党员。新中国成立后,历任中国人民解放军原总参谋长、外交部副部长、中共中央党校副校长等职。

于王府内空间狭小，教育部又将附近石驸马大街 18 号——北京女八中的部分校舍腾出来，供留苏预备部学员住宿使用。学员们每天要往返于教室和宿舍之间，步行大约一公里的路程，可以想象，当年在石驸马大街上，众多学员夹着书本，成群结队往来穿行，该是怎样忙碌的景象。

如今，留苏预备部旧址经过一系列的拆改后，只剩下一进院落，湮没在钢筋水泥丛林中了，门牌也变成了鲍家街 43 号。石驸马大街的名字已经不复存在。1969 年，这个带有"封建色彩"的名字被取消，街道更名为新文化街。

由毛主席题写校名的北京俄文专修学校大门

留苏预备部充分利用北京俄专的师资和教学经验迅速展开培训工作。北京俄专教务长杨化飞兼任留苏预备部主任，朱允一任第一副主任，主持日常工作。俄文教员 25 人，俄文助教 75 人，政治课教员 3 人，政治课助教 10 人，体育教员 3 人。教师全部来自北京俄专。留苏预备部为俄语培训配备了优秀的管理干部和一流的教师，聘请了一些苏联专家，还聘请了一部分当时在北京工作的苏联技术专家的家属来讲课[21]。

1952年，参加留苏预备部培训时的郭尚平

从1952年到1960年，留苏预备部在新中国高等教育的历史星空中如流星般短暂，然而，就在这短暂的时间里，从它的怀抱走出了不胜枚举的新中国领导人、科学泰斗、学者名流，还有无数为祖国建设做出卓越贡献的各行各业的骨干。这里，铭刻着他们矢志报国的豪情；这里，留下了他们艰难求索的足迹；这里，是众多新中国未来栋梁之材放飞梦想的起点。

二、预备部里的日常生活

1952年9月30日，从重庆来到北京的郭尚平等7名学生来到了西城区石驸马大街留苏预备部宿舍。事有不巧，由于当时是假期，第二天是国庆节，在校的学生大部分已经回家，不办理入学事宜，负责安全的门卫不让他们进入学校宿舍。7个人初来乍到，在北京没有任何人可以投靠，加上口袋里也没有钱去住宿，一瞬间陷入了无处可归的处境。郭尚平等人正在和门卫解释的时候，从学校出来了一个人——这个人就是1951年入学的第一批学员牛锡卓，他对门卫说，这些人是学校招来的即将留学苏联的学生，不能将他们拒之门外，快放他们进来休息。门卫一听这话，赶紧开门让他们进来。自此以后，学习煤炭专业的牛锡卓成了郭尚平的好朋友。

此时正值国庆节前夕,新中国的北京盛装一新,喜气洋洋,到处是自豪的笑脸和飘扬的红旗。郭尚平第一次来到首都,激动的心情长久平静不下来。到京后的前两天,正值国庆假期他就和同来的伙伴们徜徉在北京城的大街小巷,长久地伫立在天安门广场,感受伟大祖国带给他的幸福与自豪。

国庆节过后的 10 月 3 日,郭尚平等 7 人到北京俄专留苏预备部报到。当时,重庆大学被批准的留苏预备生共有 2 名助教和 5 名大学一年级本科生。几个人办完入学手续的第二天,紧张的学习生活就开始了。

郭尚平参加的是留苏预备部成立后的第一期培训。研究生学员共有 3 个班,即 39 班、40 班和 41 班,郭尚平被编入 39 班。每个班有 30 多名学生。男生女生都有,年龄大多是二十几岁,也有几个人是三十几岁。这些五湖四海的求学者为了更好地迎接留学苏联的学习生活走到了一起。

1953 年,留苏预备部 39 班部分学员合影
(后排左起:邓蓉先、杨德森、郭尚平;
中排左起:顾复生、段一士)

3 个研究生班设立了一个党支部。支部书记姓何,四十几岁,是一位从军队复员的老革命,领导水平和个人素质都很高。两个支

委由学员兼任，郭尚平担任宣传委员，组织委员是来自冶金专业的王润①。在学好功课的同时，郭尚平与王润在何书记的领导下，担负起留苏预备部研究生班的日常党务工作。

留苏预备部是准军事制度管理：早上 5 点 30 分起床，集体整队在街上跑步锻炼半小时，然后进行一个小时的早自习，之后才吃早餐；8 点至 12 点及 13 点 30 分至 17 点 30 分为上课时间；晚饭后集体自习，21 点 30 分熄灯睡觉。不管是研究生班还是大学生班，都严格按规定时间作息。

当时留苏预备部的生活条件十分优厚，男生宿舍是一个大房间，每间房住 20 人左右，上下铺，还有桌椅供平时写字读书所用。吃饭方面，对于郭尚平来说，简直是进了美食街一般；早餐不是一碗小香肠就是一碗牛肉干，再加一碗花生米；中午和晚上则是红烧肉、红烧鱼、炒鸡蛋等肉食和蔬菜，每餐都有五个菜之多；主食主要是馒头和大米饭。除此以外，每个人每月还有一定的零花钱用。没过多久，瘦瘦的郭尚平就滋养得胖了不少。

由于当时中国人民生活水平较低，很多学生报到时都营养不良。但留苏预备部的伙食如此之好让大家出乎预料。据与郭尚平同一届的预备部学员陈先玉回忆："学员的伙食非常好，标准为每月十五六元，午餐晚餐都是四菜一汤，早点花样也很多，有人说比国家机关高级干部的小灶食堂还好。每月还发给零用费。"

注释

① 王润，1929 年出生，我国著名金属材料学家、教育家。到苏联后在苏联莫斯科钢铁学院攻读研究生，1957 年毕业后获得副博士学位。1957 年回国后一直在北京钢铁学院（现北京科技大学）从事教学、科研工作。1983 年被国务院任命为北京钢铁学院院长。

1953年，留苏预备部研究生39班部分学员在北海公园合影
（一排左起：1 陈先愉、4 万百五；二排中：小吕；三排左起：2 谢曦、
3 张宏生、4 王润、5 徐鼎铭、7 郭尚平、8 杨德森；最后排：段一士）

在当时，搞好学员伙食，保证学员的身体健康，是作为一项任务落实到留苏预备部的，足见国家对留苏学生的关心与爱护。因此，留苏预备部的生活水平才超过了"机关高级干部的小灶"，让这些平时吃惯了玉米面、窝窝头的年轻人感到十分开心。

三、俄语学习很重要

留苏预备部的主要任务是对派遣的留学生进行短期俄文训练，同时提高政治思想水平。当时留苏预备部的教学方针是："在一年内，教会学生基础俄语，使之具有初步用俄语听讲、阅读、记录、会话的能力,并提高其政治理论水平,锻炼健全的体魄,为留苏做准备[21]。"

留苏预备部成立时,就将学好俄文作为重要任务之一列入了培训计划。在留苏预备部学习期间,俄文课及课外阅读(包括俄文专业阅读及专业自修)共占全部教学时间的78%,政治课仅占22%①,足见培训对俄文教育的重视程度之高。

郭尚平等人在留苏预备部报到入学后,立即开始了俄文学习。俄文培训也是速成学习,共分为上下两个学期,实际学习时间约8个月,课堂教学和自学相结合。当时,担任教师的大都是苏联驻华大使馆的大使、参赞和专家的夫人。苏联老师的教学方式,主要是在课堂上以师生问答对话的互动方式,训练学生口语,提升听说能力。因此,俄语课堂上提问回答是经常出现的授课环节。

苏联老师在给留苏预备部的中国学生上俄文课

注释　① 北京外国语大学档案馆藏《1952—1959年俄语教学计划》,档案号俄院留(永久)B7-16。

开始学习后，有一段时间班上只有郭尚平等四五个年轻学生争着举手回答俄语教师的提问。几天后，这几个年轻学生再举手时，老师却不再叫他们回答，而是提问其他不举手的人。因此，郭尚平所在的俄语班有一段时间教师提问不举手的学生，成了学生们茶余饭后议论的趣事。

这些大使馆的夫人们只负责口语训练，俄文语法仍然由专业的中国老师讲解。中国助教主要是结合口语训练，较系统地讲解语法知识，并培训读写能力。负责郭尚平这个班的助教老师姓段，约30岁，俄语水平高，他讲的语法和俄语老师的口语训练结合起来，形成了十分丰富有效的速成俄语教学体系。一年下来，郭尚平已经可以流利地和其他同学交流政治、社会和生活等问题。

为了加强俄文学习，相互促进，共同提高，留苏预备部各班级成立了互助组。郭尚平坐在第二排，同桌是一名姓张的解放军医生，30多岁，是一名"大龄"学员，学习俄语比较困难。郭尚平和他结成了互助组，有一段时间天天陪着他在课后练习俄语。在外语学习上，帮助别人也是在帮助自己，郭尚平在和这位同桌的互动中，得到了练习口语的机会，促进了自己俄语水平的提高。因此，在临近毕业时，郭尚平俄语听说读写均比较流利，为进入苏联学习打下了良好的语言基础。

为期8个月的俄语学习，培养了学员们日常俄语对话的能力，解决了赴苏后日常生活、工作必需的语言交流问题，但是在专业俄语方面基础仍然很薄弱。

除俄语学习外，留苏预备期间很重要的活动之一是政治理论

学习和时事政治学习。政治学习主要集中在两门课程上,一门是中国革命问题,另一门是马列主义基础。后来增加了辩证唯物主义和历史唯物主义、联共党史及一些马克思、恩格斯原著的学习[21]。

政治课老师都是当时我国有关方面的知名人士和高级领导,例如,艾斯奇和胡绳两位哲学大师宣讲马克思主义哲学基础和马克思主义毛泽东思想,农业部长廖鲁言讲农业经济现状和展望等。

还有一项是全体留苏学员集中在大礼堂听大课,每课3~4小时,主要讲授马列主义基础,国内和世界政治经济形势,我国工农业生产情况和展望,苏联的政治、经济、科学、文化情况等。

四、留苏前要过"三关"

在进行俄语学习、思想政治教育的同时,还要进行留苏资格考核。留苏资格考核主要有三项内容,被留苏预备生们称为"过三关"。

第一关是专业水平考核。很多人都知道当时留苏预备生要通过严格的政治思想审查,但很少有人知道专业水平的考核更为严格,也是最先进行的。刚一入校就通知三周后进行专业笔试,每人自选三个科目。郭尚平选的是油田开发工程学、构造地质学和钻井工程学。专家出的考题难度很大,郭尚平的油田开发工程学和构造地质学考得很好,估计可达到95分;但钻井工程学考得并不如意,在钻井套管设计这道题上出了差错,估计只有70多分。但专业成绩整体上仍然十分优秀,后来被莫斯科石油学院录取为攻读油田开发专业的研究生。在三个研究生班100多名学员中,约有60%的学员通过了专业考核。在郭尚平这一班中，从西南区来的 3 名助教讲师有两名因业务考试不合格未被录取。

接下来进行的是政治考核关。由于当时国际、国内环境很复杂，苏联方面对地主、富农、资本家家族出身和有海外关系的人非常忌讳，因此，出国留学条件非常严格[22]。

初步资格考核是在进入北京留苏预备部之前，在学员原工作学习地区进行的。西南局人事组织部负责重庆等地留苏预备生的考核与挑选。经过严格挑选，郭尚平通过了语文、政治考核和严格的体格检查，来到北京的留苏预备部。但这只是初步考查，在留苏预备部的学习过程中，伴随着思想教育活动，在政治教育中边学习边进行政治考察，一直到获得留苏资格为止。在赴苏学生的选拔过程中，因政治审查不能出国或缓出国者占比较大。据统计，1952—1955 年不能出国者共计 1233 人，因政治审查不合格者就达 501 人，占不能出国留学人数的 40.63%[①]。郭尚平能够通过重重考核最终成为留苏学生的一员，说明他作为一名中国共产党党员在政治上是值得信任的。

第三关是身体健康关。为保证学员身体健康，除了改善伙食外，留苏预备部还定期对每个人进行全面细致的体格检查，头疼脑热的都会得到及时的治疗。另外，留苏预备部作息时间管理十分严格，学员定时参加早操等活动，坚持锻炼身体，保证了学员的健康。因

注释
① 北京外国语大学档案馆藏《1952—1955 年学生情况统计（1955 年 12 月）》，档案号俄院留长 B7-37。

身体原因而没有过关的学员很少。

三关都过了,才可以毕业奔赴苏联留学。当时有一种说法:"够入党条件,不一定够留苏条件。"说明想过这三关实属不易。

五、30个农户和1个留学生

1953年夏天,时任国家副主席的刘少奇同志来到太平湖北京俄专礼堂会见全体留苏预备部人员时,发表了长篇讲话:"为派你们留学,国家在经济十分困难的情况下要支出很大一笔钱,一名留学生一年的费用相当于25~30户农民全年的劳动收入。"[22]正是因为刘少奇同志的这句话,让当时的每个留学生都知道了自己出国留学国家付出的代价。

尽管当时中国还很贫穷,但是对留学生的待遇却非常优厚。为保证学生能安心学习,针对留学生存在的一些具体困难采取了改善措施,例如,为留学生家属提供困难补助。组织上通知出国前有一定时间的假期,可以回家探亲,研究生可以结婚。留学生出国服装补助费、车船差旅费、旅途零杂费等所有费用全部由国家支付,不仅书本之类的学习用品是国家发的,连服装鞋帽都是按照国务院规定的使馆人员出国标准来置办。当时还是抗美援朝中后期,国家经济十分困难,给这些留苏学子很优厚的物质待遇是十分不容易的。

考虑到苏联的气候四季分明,冬季比较寒冷,国家为留苏学生每人都量身定制了全套服装等用品,包括深色和浅色细毛哔叽西服各一套(每套上衣一件、下衣两件),深色粗毛哔叽中山服(人民装)一套,呢料秋大衣一件,呢料蚕丝棉里冬大衣一件,冬帽、夏帽、单皮鞋、冬毛皮鞋、皮手套、毛围脖、衬衣内衣裤等若干,毛毯一条,帆布箱两个,可以说国家尽了最大的努力,将学生留学所用的物品准备得一应俱全。

来到北京时,郭尚平一直带着妈妈在世时给自己买的那件毛呢大衣。这件衣服是他从重庆到北京以来最好的一件衣服,无论走到哪儿都带在身边。但是,在赴苏留学前,政府发的衣服不仅够穿够用,而且质量也都很好,母亲这件大衣用不到了。恰巧这时从抗美援朝战场归来的八哥郭兴邦返回四川探亲路过北京,郭尚平就让八哥将这件衣服带回,送给了弟弟郭冠群。

从国内到苏联,中国政府对留学生的资助一直全力以赴。郭尚平等留学生抵达苏联后,同样享受着比国内高一等的津贴。1951年10月9日,教育部发文通知:"留学大学生每人每月膳费、宿费、书籍文具费、零用费等共计595卢布(以上四项包干发给留学生个人),学费33卢布,特别费22卢布(以上两项由大使馆统一掌握),以上合计每人每月供给标准650卢布;研究生每人每月供给标准900卢布;大行政区部长级干部再加100卢布。"[①] 这种津贴标准比国内大学生的待遇要高出许多。

根据1952年中国国内大学生平均开支经费数据的文献,上面标明当年每个大学生的年平均开支为830元[23]。而留苏生1个月的留学津贴按650卢布为标准,10个月累计为6500卢布。按照当时人民币和卢布汇率来折算,"500卢布大概可换250元人民

注释　① 教育部档案馆藏《函请电知我驻苏大使馆代垫赴苏375名留学生学习生活费(1951年)》,档案号长期档1951-90卷。

币"，可知每个留苏生仅1年的生活津贴就有3250元，相当于国内大学生年均开支的4倍左右。而当时中国一个三级干部月工资也只有290元，留苏研究生每月900卢布的津贴"相当于毛主席的津贴或国内12个学生"的费用①。

郭尚平在苏联学习的时间是1953年9月至1957年6月。这段时间的生活津贴是：研究生每月700卢布，大学生每月500卢布。郭尚平等研究生自愿每月捐献200卢布支援抗美援朝，故每月实际领取津贴500卢布。

值得注意的是，这些费用是由苏联政府预支给中国学生的。1952年8月9日，中苏两国签署《关于中华人民共和国公民在苏联高等学校（军事学习除外）学习之协定》，规定苏联政府同意接收中国公民作为大学生和研究生在苏联高校留学，但须按苏联高等教育部规定之科目"经过入学考试后"方能入学；中国学生在毕业时，"均发给按苏联规定形式之毕业文凭，并载明其所获得之专门知识及熟练程度"；苏联政府答应为中国学生提供"住处（即宿舍），其条件与苏联公民之大学生与研究生同"，并答应"支付给中国学生在苏联高等学校学习时之生活费与学习费""教授及教员工资、学费、杂费、宿费以及因派遣大学生与研究生赴学习地点所需之差费"。而苏联政府只要求中国政府每年分两次偿还"各项费用的50%"即可[24]。

留学生回国后仍然备受国家的关心照顾。在工资待遇方面，

注释　① 北京外国语大学档案馆藏《习仲勋在1954年欢送留学生晚会上的讲话（1954年7月29日）》，档案号俄院留长B7-29。

1958年2月经国务院批准制定了《关于留学生回国分配工作以后在见习期间工资待遇的规定》[1]，对留学生工资待遇做了专门规定：因留学生比国内学生学习时间"长一年到二年以上"，且"留学生科学知识和技术水平比国内同等学校毕业生要高"，"政治素质也比较整齐"。因此，留苏生在见习期间及期满后定级工资要比国内同等学校毕业生"高一级"。

六、留学生大队副大队长

经过将近一年的紧张培训，郭尚平和同学们到了启程赴苏的时刻。出国前，先是刘少奇同志莅临鲍家街北京俄专礼堂，连续4个小时给全体留学生做报告叮嘱大家，祖国建设急需各方面人才，国家派你们去苏联学习，你们要努力学好本领，回来建设祖国；留苏学习与战争年代在战场上英勇杀敌的战斗一样，是一项重大、艰巨而必须完成的政治任务、革命任务。

紧临出国前，周恩来总理在怀仁堂接见留学生。当时正值炎热的夏天，周总理身穿浅灰色中山服，手持一把纸质折叠扇，也不用文稿，神采奕奕即席讲话。他思维敏捷、条理清晰、重点突出、言辞简洁。讲话内容主要是中国留学生去苏联学习，要做到"三好"：身体好、学习好、纪律好。周总理还特别强调，中国学生自己要团结，也要和苏联同学、社会主义国家同学保持团结。会后，他在中南海怀仁堂招待学生们观看了一场京剧《将相和》。

注释

[1]《中华人民共和国国务院公报》，1958年9月。

聆听两位中央领导同志的报告后,郭尚平等人牢牢地记住两点。第一,留苏学习,学成归国,建设祖国,是党和人民交给我们的政治任务、革命任务,必须胜利完成;第二,留学期间一定要做到身体好、学习好、纪律好,这才是全面发展的好学生。

从北京到苏联莫斯科,行程较远,时间较长,1953年这一期留学生分4批乘坐火车经满洲里前往苏联。郭尚平这一批共计280名留学生,被编排成一个大队。队长姓毕,是一位久经考验的老干部。经过组织反复挑选,俄语较好,又是党员的郭尚平十分荣幸地担任了副大队长。正副队长承担起一路上留学生们的日常管理与服务。毕大队长掌握全面;郭尚平年轻,自觉地承担起具体事务,在列车上跑来跑去。除处理留学生内部事务外,主要工作是与列车长和餐车主任联系食宿安排及各车厢生活秩序等事。从中苏边境城镇满洲里至莫斯科行车七昼夜,郭尚平与列车长和餐厅主任很快熟悉,相互之间逐渐热络起来成了朋友,都很随便,相互直呼名字,列车长和餐厅主任称郭尚平为尚平或戏称为"政委",各种事情也就好解决好商量,十分和谐。列车抵达莫斯科前,郭尚平还特地向列车长和餐厅主任告别,代表全体中国学生向他们两位领导及全车服务人员致以诚挚的谢意,对他们长途奔波的辛苦致以深情的慰问。中苏人民的友谊是很好的。

大家虽然都学了将近一年的俄语,但水平还是较低,日常沟通仍然存在一些困难。一路上为了各方面工作的便利,组织上又给留学生大队配了两名留学生兼职翻译,即后来担任国务委员、国家科学技术委员会主任的宋健和在苏联长大、归国后在外交部任职的刘莎。他们两位俄语都很棒,工作积极负责,在留学生大队的整个行程中起到了重要作用。不管是在列车上或是车站上，他们两位都主动地与苏联方面进行沟通联系。例如，学生们长时间乘车旅行，停车时总想到站台上去走一走、活动一下。但是停车时间长短不一，火车要开离站台时，车站广播喇叭就会催乘客赶快上车。但很多同学听不懂，仍然在站台上活动。这时，宋健与刘莎就跑到火车站广播室进行沟通，请求允许他们用汉语代替工作人员呼喊中国学生赶快上车，因此，在这一路上最辛苦的并不是正副队长，而是两位兼职翻译。

1953年9月下旬，郭尚平和大队的280名同学一起，在北京乘专列出发，经哈尔滨到达中苏边境满洲里。作为副队长，郭尚平的主要工作包括：一是车上车下定时清点人数，做到一个都不能少；二是上下车时要维持秩序，展现良好的留苏学生的风貌；三是组织分批进行餐饮，不能无序随意进出餐厅；四是负责大家的健康和安全，保证大家都平安到达莫斯科。

车到满洲里，因为苏联派来接运学生的专列尚未到达，中国列车有关领导联系请示中华人民共和国铁道部后，将专列停在了满洲里车站作为临时招待所，两昼夜里全部学生吃住都在专列上。这是郭尚平最忙碌的两天，不断地在留学生和列车长之间进行沟通，不断安抚大家的烦躁情绪，不断重申留学生的纪律要求……好在两天后，苏联派来的专列终于到达，接上中国学生后便快速地驶向莫斯科。

经过七昼夜行车，留学生专列抵达莫斯科雅罗斯拉夫斯基车站，中国驻苏使馆和苏方人员以及中国留苏学生会的老同学们早已在车站迎候。接待留学生的准备工作和组织工作十分完备，按照拟订的

分配计划,新来的留学生按目标院校分组列队,很快就由各校的校方代表及中国留学生老同学一一接走。280名留学生一个不差地移交给接收人员后,正副大队长的任务就算完成了。郭尚平和毕队长紧紧握手,相互祝福,道声再见,分头去各自的学校报到。

郭尚平要去的学校,是当时在苏联甚至是在世界都十分著名的莫斯科石油学院。

第六章

留学岁月

20 世纪 20 年代末，苏联领导人斯大林提出要在苏维埃共和国创建钢铁、煤炭和石油等六个技术学院，以增强苏联科技人才的培养能力。作为其中的重要院校之一，莫斯科石油学院于 1930 年创立，校址在莫斯科西南部的大学区内。后来，为纪念首任校长伊凡·古布金，莫斯科石油学院更名为古布金莫斯科石油学院。苏联解体后又更名为俄罗斯国立（古布金）石油天然气大学（Gubkin Russian State University of Oil and Gas）。1953 年 9 月至 1957 年 6 月，郭尚平在莫斯科石油学院学习、生活了将近 4 年。在论文选题时，他选择了当时国际石油界刚出现不久的新技术地层水力压裂的效率作为自己的研究课题，克服重重困难，以优异的成绩获得了副博士学位。

一、入学成为研究生

在第二次世界大战以前，莫斯科石油学院是苏联最重要的石油人才培训基地，它与其前身——莫斯科矿业学院石油系培养了当时苏联 70% 的油田工程技术人才。第二次世界大战期间，莫斯科石油学院是一所英雄大学，在抗击纳粹德国入侵时，涌现了 16 名烈士。1941 年 10 月 15 日被迫搬迁至乌法市后，促成了苏联石油领域另一所大学——乌法国立石油技术大学的诞生。

莫斯科石油学院对中国的石油教育体系建设起到了启蒙作用。1953 年 10 月 1 日，以清华大学石油工程系为基础创建北京石油学院时，开设了石油地质、地球物理勘探、采油、钻井、炼厂机械、石油矿场机械、石油储运、石油炼制、人造石油、石油工业经济 10 个专业。当时的北京石油学院从专业课程的设置到选用的教材，几乎就是苏联莫斯科石油学院的翻版。

而在人才培育方面，仅中国留学生当中，就有一长串闪光的名字从这个学校走回国内，并走向世界石油界。除了中国科学院院士郭尚平外，还有担任过石油工业部部长的王涛①，完成了"渤海湾盆地复式油气集聚（区）带的形成理论与实践研究"成果的中国工程院院士胡见义②等众多的石油专家。

当时，留苏学生以大学本科生和研究生为主。本科生主要从国内大学读完一年级的学生中挑选；研究生主要从已工作的大学教师和科技人员中选派。之后又加派了进修生和实习生。进修生大多是已工作若干年的有一定经验的讲师、副教授和相当级别的科技人员，留学目的是提高深造。实习生主要是从各工程技术部门、产业部门的生产单位和研究院所的科技人员中选派，带着确定的专业任务或方向，进行与生产实践和科研实验紧密结合的学习和实习，其中一部分是苏联援建我国的 156 个项目的相应配套工程技术人员和管理人员。大学本科生学习期限一般是 5 年；研究生一般是 4~5 年；进修生一般是 2 年；实习生则根据具体情况，一般是 1 年或 2 年。

莫斯科石油学院的中国留学生最多时在读生有 100 多人，分布于石油天然气领域的地质、地球物理、石油工程（钻井和油气田开发）、石油炼制、石油化工、石油机械、石油储运和石油经济等专业。可以说，与石油天然气工业有关的所有专业都有中国留学生。

注释

① 王涛（1931—），河北乐亭人。苏联莫斯科石油学院地质勘探系毕业，苏联副博士学位。历任大港油田副指挥兼总地质师、石油工业部部长、党组书记等职。

② 胡见义（1934—），石油天然气地质与勘探专家，中国工程院院士，曾任中国石油天然气总公司石油勘探开发科学研究院副院长、总地质师、高级工程师。

郭尚平等到莫斯科石油学院报到后，由校方代表和老同学将他们送到学生宿舍，按早已安排好的房号和床位，很快安排好他们的日常起居。次日，老同学又把他们领到学校，办理报到入学手续。中国大学生被分别编入有关学系的各个班次，当天就进入课堂开始和苏联学生一道学习。学习的专业课程、要求和日常生活等各方面均与苏联大学生完全相同，只是为了提高中国留学生的俄语能力，增开一门俄文课程。

1953年，刚入学的郭尚平等人在莫斯科石油学院门前
（左1何伯荣，左2王亚熙，左3校方与中国学生联系人，左4付朝元，左5刘振瀛，左6卢爱珠，左7郭尚平，左8施长顺）

中国派往苏联的留学研究生并不多，派往莫斯科石油学院的研究生更是少之又少。在管理上，作为研究生的郭尚平与普通大学本科生略有不同。在莫斯科石油学院，研究生在学校的身份并不是学

生，而是教研室的成员，相当于助教身份，管理上归属于有关教研室。除了学习外，研究生也有责任和义务参加教研室开展的相关活动，如每周的工作例会和学术会议等，虽然忙碌了一些，但可以与教授、副教授和讲师们多一些交流，郭尚平获得了更多的指点和帮助。

苏联研究生在一年级时有两个科目的课堂学习，即哲学和研究生高等数学，要集中到教室听课，要完成教师布置的作业，要参加相关考试。而其他科目则根据具体情况自修自学，学完后也要参加考试。因此，研究生的学习成绩如何，很大一部分取决于主动学习能力和积极性。这也是研究生虽然同时进校，但学业完成的时间却有早有晚，陆续按不同的时间毕业离校的原因。

生活方面，郭尚平这批留苏大学生每人每月生活津贴500卢布，研究生多200卢布，是700卢布。郭尚平和同学们到达莫斯科石油学院时，抗美援朝战争已经结束，但国家的经济状况仍十分艰难，他就和研究生们自愿每月捐献200卢布，实际领取的生活津贴是500卢布，而不是700卢布。对于这些在国内节俭惯了的学生们来说，这些津贴足够保障他们的学习和生活。

在管理上，莫斯科石油学院设立了研究生院，专门负责研究生的日常管理。研究生院这个部门很有特色，规模很小，管理人员又少，但效率却很高。研究生院办公室是一个约20平方米的房间，办公设备是6张双人桌和2个文件柜。管理人员只有2人，一位是主任玛利亚·阿列克桑德萝芙娜，她当时的年龄约50岁，矮而胖，却和蔼可亲。另一位是女秘书，高高的个子，很年轻。

她俩每人一张办公桌，其余4张桌子留给研究生看书看报或者自习。研究生的日常事务都是由她们二人协助办理。想办何事或者有何要求，只要合理合法，玛利亚·阿列克桑德萝芙娜和她的秘书都会愉快地尽快办妥。

二、自习室里一片黑头发

对于中国留学生来说，刚到苏联时学习俄语仍然是一项十分重要的功课。在苏联第一学年，俄文学习的形式和内容与在北京预备部培训时大体相似，以口语训练为主。但时间有所不同，每周只有两个晚上有俄文课，每次上课2小时，每周共计4小时。1953年派去莫斯科石油学院的中国研究生只有郭尚平和王迺，上俄文课时，只有他们两个学生，二人共同一个书桌。学习内容有单篇文章、名著，如《钢铁是怎样炼成的》片段、普希金的诗歌和《真理报》社论等。学生读了以后，再口述大概的内容，以此锻炼和考核学生的阅读能力。

俄文老师叶夫达季莫夫，是一位认真负责、热情和蔼、对中国人极为友好的俄罗斯人。郭尚平、王迺和他相处一年，建立了深厚的感情。多年以后，郭尚平内心仍然十分感谢这位老师对中国学生的教导和爱护。

郭尚平对俄语学习一直没有放松，他还独创了一种学习俄语的方法——听广播。当时，学生宿舍每个房间都有一个广播扩音器，连续不断地进行俄语广播，只要打开就能听到新闻等节目。郭尚平的宿舍住了四个研究生。苏联研究生的习惯是几乎一天到晚都爱开着广播；郭尚平先是不太习惯这样吵闹的学习环境。但是，他转念一想，自己应当随遇而安，主动适应新的环境。就这样，他很快就练成了两种功夫：一是在吵闹的环境中能够专心高效地学习；二是一边进行专业学习，一边锻炼听懂俄语的能力，做到一心可以二用，俄语听力能力增强很快。

郭尚平到达莫斯科石油学院时，中国研究生总共有 6 人，除郭尚平外，还有学习钻井工程的干志坚，学习矿场机械的胡泽民和王迺，学习石油化工的翁振渊和徐文渊。郭尚平学习油气田开发，6 个人 4 个专业。经过几年的学习，他们的考试成绩和论文水平都很好，顺利获得了副博士学位。

当时中国留学生的哲学成绩普遍都很好，如唯物辩证法和辩证唯物主义等课程。每次考试，苏联老师都很惊讶，连连夸奖说这些中国学生太棒了！事实上，并不是中国学生学习哲学有什么天赋，而是由于这些课程他们在国内已经打好了基础——当时国内十分重视哲学和政治课程的学习，因此，第二次"复习"时就会十分轻松。

不过，并不是所有中国留苏学生在学习上都是佼佼者，也有极个别学习跟不上的学生。但是，并不是因为他们不认真学或者不勤奋，而是由于俄语学得不好等原因，学习效果较差。但这样的学生确实是少之又少，极为个别，绝大多数中国留学生都以十分优秀的成绩毕业。

当时，莫斯科石油学院的中国留学生住在莫斯科学生大街 5 号楼。在第 5 层的清洁员葛露莎大婶卧室旁边，在郭尚平 137 号和胡泽民 135 号房间的斜对角，有一个学生自习室，室内有 20 多张双人桌，是各国学生课后自学的地方。不管是白天还是深夜，座位总是坐得满满的，几十个学生挤在狭小的自习室里安静地埋头学习。经常在这里埋头自学的都是哪些国家的学生呢？抬眼一看，一片黑头发，清一色的中国学子。特别难得的是天天如此，常年如此，实非易事！他们这种刻苦学习、潜心钻研的狠劲让很多苏联老师十分震撼。

中国驻苏联大使馆原留学生管理处处长李滔① 在2002年接受记者采访时曾说过这样的话:"很多人问我当时的留学生到底怎么样,我认为他们在国外学习非常刻苦,刻苦到什么程度呢?我们都不敢给他们加码,常常动员他们,你们要注意身体、注意休息。那时是5分制,许多留学生得了4分都不满意,刻苦得很,就是宿舍—图书馆—教室,许多研究生都是这样。因为这些留学生在出国时都是经过多方面挑选的,有的是高中毕业,有的是大学一年级,无论是从思想上、政治上、业务上,都是经过选拔的,爱国热情高涨,拼命学习[25]。"他们的上课笔记被苏联同学认为是考前"必备手册",他们的考试成绩也是门门优秀。在莫斯科石油学院档案馆随机抽取的40份中国留学生学籍档案中,几乎所有人都是以5分、4分的优异成绩毕业[26]。

与一些国家的留学生相比,中国留学生不仅学习刻苦,精神面貌更是值得骄傲。中国留学生勤俭节约,操持有度,知足常乐。当时,郭尚平的一位同班同学是东欧一个国家的留苏研究生,经常出去跳舞、喝酒,每月津贴1200卢布,还经常抱怨国家给的津贴太少,生活支出捉襟见肘,经常在郭尚平等人面前大发牢骚,不断鼓动自己同国籍的学生一起去要求国家增加津贴。

这位研究生的学习情况很差,学了一年多就学不下去了,半途退学回国。相比之下,中国留学生的思想觉悟和品德情操确实不错,从来不和他们攀比,不计较待遇和生活条件,一心一意地放在学习

注释　① 李滔,1936年参加中华民族解放先锋队,1938年加入中国共产党。1951年担任驻苏联大使馆参赞、驻苏联大使馆留学生管理处处长。

上，准备回国后为祖国的经济建设贡献自己的力量，受到苏联同学和苏联人民的赞扬。

三、学生管理与党团生活

从留学生派遣伊始，中国政府就采取严格的管理方法。1950年12月2日教育部颁布的《1950年度派往东欧新民主主义国家交换留学生暂行管理办法》规定："留学生要参加政治性活动，发表文章或演说时，事前必须获得大使馆批准。""严格执行我驻外使馆留学生管理工作的各项规章制度，认真履行向大使馆请示报告制度，自觉用组织纪律约束自己的言论和行动。在假日的活动，如参加文化娱乐、旅行、运动等，应尽可能集体参加。"

在苏留学生的管理工作由中国驻苏联大使馆留学生管理处负责。李滔同志在接受媒体采访时，曾介绍过当时留学生管理情况："有一个留学生管理处，我是留学生管理处主任及留学生党委书记，钱其琛同志是副主任，这算是党和行政的管理。此外，还有留学生学生会，第一任学生会主席是钱信忠同志，是最老的卫生部部长，现在已经90多岁，那时40多岁，当学生会主席年龄大了点，我就和张闻天、刘英同志商量换一个年轻的，因为李鹏去得早，俄文好，又是烈士子弟，就推荐李鹏做学生会主席。李鹏之后是宋健。"[25]

郭尚平到莫斯科时，学生会主席正是李鹏。之后不久，才换成与郭尚平同时到苏联的宋健。宋健本来是进入莫斯科鲍曼工学院炮兵系就读，但是他的兴趣仍然在数学、力学等基础学科，除了在鲍曼工学院学习外，他还在莫斯科大学夜校攻读数学力学系课程。昼夜分读两所大学，在留苏学生中传为美谈。

郭尚平等人留学苏联初期，留学生还不多，每隔一段时间大使馆都要召集留学生去参加一些活动。主要内容是介绍国内外政治经济形势，宣读和学习中央重要文件，有时还会放电影，多半是一连放两三部影片。

当时驻苏使馆在莫斯科克鲁泡特金大街，离大学生街学生宿舍区不远。郭尚平和同学们常常是早早地来到大使馆，还可以在那里参加一些文体活动，如打乒乓球等。当时的驻苏大使是张闻天同志。郭尚平等人去使馆活动时，多次看到过他。他喜欢穿白衬衣，外套一件黑色西服背心，在使馆院内散步并思考一些问题。每次看见这些青年学生总是主动、热情地走过来与他们握手，有空的话还会和他们聊天，十分和蔼。因此，当时的大使馆不仅是管理留学生的司令部，也是留学生们放松心情、减轻压力的"家"。

留学生管理处为每个学生建立了学生档案，记录学生在留苏期间的学习成绩、工作潜力、政治表现等信息，并制定了《政务院制定派送出国留学生暂行管理办法》《留学生守则》《关于留学生中途退学回国的规定》《关于留学生在学习期间结婚问题的意见》等管理办法和措施。此外，驻苏大使馆还设立了留学生党委，在留学生所在的各个城市成立了下属党委，在每个大学成立了支部[27]。

除了日常管理外，留学生的党组织活动也在大使馆的组织下有序进行。虽然远离家国，分散在苏联各地的留苏学生均在各自的学校建立了党团组织。莫斯科石油学院也不例外，也在大使馆的领导下建立了中国共产党支部和中国青年团支部。

郭尚平刚到莫斯科时，正值莫斯科石油学院中国留学生党支部改选。作为一个有着3年党龄的共产党员，他受到了党组织的信任，同志们要选他做党支部书记。郭尚平感到十分为难,主要原因是他初去苏联,专业俄文水平很低,专业书籍阅读能力很差,常常是一大堆的必读书和参考书放在桌子上都无法看完,翻着字典阅读文献速度很慢,半小时还读不完一页,很难抽出时间做学习以外的工作。经过反复讨论,大家十分体谅他的难处,就选炼油系的高年级学生苏忆民同志为支部书记,郭尚平担任组织委员。

中国留学生虽然学习非常紧张,但组织生活仍然很认真,能按时召开支部大会和小组生活会,正常开展批评与自我批评,为进一步提高留学生的思想觉悟,确保他们高质量地完成学业起到了很大作用。

关于留学生的政治生活,有一件事鲜为人知。大概是1954—1955年,莫斯科石油学院留学生的中共党支部曾与苏共党支部合二为一,统一开展组织活动。当时,苏忆民和郭尚平等组织成员一开始也认为这是好事,有利于大学内中苏两党党组织的团结,但实际执行起来却完全不是这回事。例如,中国学生党支部开展活动时,苏共党员一定要来参加,而且是作为支部委员会领导来参加,同时领导支部委员会活动;但苏共支部开展活动时,却不让中共党员或支部委员参加,更不会让中共党员参加苏共支部委员会了。这种不正常的情况没有持续多久,经过不长一段时间后就宣告结束,中国留学生的党团活动恢复为原来的完全独立状态。

四、组织委员的思想工作

作为党支部组织委员,郭尚平最艰难的一项工作是规劝同学们在留学期间不要与外国人谈恋爱。

据 1954—1960 年在苏联列宁格勒（现称彼得格勒）加里宁工学院学习的蒋侠民回忆，中国驻苏使馆对留学生的管理十分严格：规定每天睡眠不得少于 7 小时，每月伙食费标准不低于 300 卢布，晚间不能外出，外出不能单人行动，不能和苏联人谈恋爱，我们大家都坚决遵守这些规定[28]。但是，在实际生活中，正值青春年华的留苏学生与苏联人相互爱慕、产生感情等事例时有发生。据李鹏的《新中国留苏学生的"洋"婚》一文记载，苏联解体后，很多第二次世界大战资料得以公开，1991 年宣布第二次世界大战时军人因战事和被俘后遇害的士兵共计死亡 866 万人，加上平民牺牲，全国共死亡 2700 万人。而死亡的士兵与平民，大部分为男性。这导致第二次世界大战后苏联男女性别比例严重失调，女性比男性多两千多万人[29]。在全国人口只有两亿多的国家，这是一个严重的社会问题。因此，苏联女孩想要找到一个对自己忠诚的男人很不容易。

在苏联姑娘的心目中，中国小伙子有许多苏联男子无可比拟的优点，他们品质朴实、作风正派、学习刻苦、纪律性强、温文尔雅；他们不吸烟、不酗酒、不打架，勤劳善良，这些优良品格深深打动了苏联姑娘们的芳心。而苏联姑娘健美的身材、开朗的性格、大方的举止，也同样吸引着中国男孩子的目光。

东西方两种迥然不同的文明滋养的青年学子，在彼此的吸引和爱慕中迸发出爱情的火花是预料中的事。对于刚开始出现的跨国恋爱，大使馆留学生管理处、中国留学生总会、各个学校的党团组织多方做工作，表明不支持的立场和态度。

为了便于留学生集中精力学习，针对留学生的婚姻恋爱问题，1954 年国家制定的《留学生注意事项》第七条中明确规定："为了集中全力完成学习任务，对恋爱问题应自觉约束，正确处理，在留学期间不准结婚。"

苏联方面，最初的政策也不支持本国公民与外国公民结婚。但是，在1955年，苏联政府废除了本国公民不能与外国公民通婚的规定，越来越多的苏联姑娘开始公开向中国留学生发起情感攻势。

在莫斯科读书期间，年轻帅气、才华横溢的郭尚平多次接到苏联姑娘吃饭、跳舞的约请，他都以一般朋友的姿态适度地与她们交往。但作为组织委员，郭尚平不仅要管住自己，还要管住别人。莫斯科石油学院的留学生中，有一位中国女大学生不顾一切地爱上了一位苏联同学——她的班长。开始还是悄悄地约会，后来随着感情的深厚，二人公开了关系，这无疑违反了当时中国留学生的组织纪律。这位女学生的事情公开后，党组织将教育、帮助她的任务交给了莫斯科石油学院党支部组织委员郭尚平。

郭尚平也是青春年华，也有过恋爱经历，知道解决感情上的事情急不得。因此，他下决心长期帮助教育这位同学。不管学习多么紧张，郭尚平至少每月都要与这位同学谈一次话，想尽一切办法，规劝她不要与外国学生恋爱。郭尚平说："祖国派我们来苏联留学，要求我们努力学习，学成归国，建设祖国。"她回答："列宁同志教导我们说，工人无祖国。"郭尚平又说："我们出国留学，是国家花了很大代价才出来的，应当考虑国家和人民的利益，生活与工作都要服从国家的需要，将国家利益放在第一位。"她却回答说："爱情至上，爱情高于一切。"真是令人啼笑皆非。

郭尚平没有了办法，就在给自己的未婚妻罗广芳的信中请教用什么样的方式才能说动这位女孩。罗广芳也想了很多说辞，但是

郭尚平使用后仍然没有说服对方。思想工作长时间陷入了僵局。这让他第一次认识到,组织纪律在爱情面前是如此无力。

国家高教部于 1956 年 12 月 11 日、1957 年 4 月 13 日分别下文,规范了留学生涉外婚姻等相关事宜。文件中特别提道:"考虑到与外国人结婚后可能遇到很多困难,因此不同意留学生与外国人结婚。"但又考虑到这个问题不能作为纪律进行硬性规定,只能通过党、团和行政组织加以说服教育,不与外籍公民恋爱结婚。如有个别同志坚持要与外国人结婚,并经说服教育无效者,在毕业前半年之内经批准可以结婚。结婚后外籍公民的一切要求,应由本人正式申请本国政府解决,使馆无法予以协助。随后,1958 年发布的管理派赴各国留学生的规定中,对于婚姻恋爱的说法也做了修改,从"在留学期间不准结婚"改为"教育留学生在学习期间最好不要恋爱结婚"。从某种程度上说,高教部的新规为留学生的跨国婚姻开了一道口子。

禁令一开,苏联各个大学的异国男女学生的情感开始进一步发酵,致使中国留学生的跨国恋情越来越多,中国男留学生和苏联女孩要求结婚的渐渐多起来。据李鹏的文章《新中国留苏学生的"洋"婚》[29]统计,中国留苏学生在"整个五六十年代结婚的有五六十对,占留学人数的 0.5%,差不多 200 人中就有一人与苏联姑娘结了婚,并一起回国"。

当时的留学生管理处主任李滔回忆:"后来我们把握'内紧外松'的原则,对内继续强调不赞成、不支持跨国恋爱,但是具体情况具体分析。这个口子一开,一下子有一百多对小恋人从地下状态浮出水面,考虑到对方一般都是苏联大学生,将来也可以在国内发挥一技之长。我们提出的要求是允许结婚,但是必须将配偶带回国内,这在当时被称为'派一个赚一个'。"

绝大多数在苏联恋爱的中国留学生还是响应国家号召,将伴侣带回了祖国。当时,国家有关组织为了给他们创造尽可能好的工作条件和生活条件,在工作安排和生活待遇各方面都给予非常优厚的特殊照顾,甚至让她们脱产去院校学习汉语,每年去杭州等地休假疗养并回苏联度假探亲等。但遗憾的是,大多数的留学生"洋"婚结局并不好,多种原因导致感情上多有分歧,多数以分手告终。也有极少数苏联姑娘留在了中国,譬如留苏学子戈宁和他的妻子柳德米拉·巴巴斯金娜(中文名字柳霞),就续写了富有传奇色彩的异国婚恋生活。

1958年1月31日,使馆留学生管理处曾集中向高教部汇报23名中国留学生跨国婚姻的情况,莫斯科石油学院有3位中国学生与苏联同学恋爱结婚,其中就包括郭尚平做思想工作的那位女生。但遗憾的是,这位女生并没有"派一个赚一个",毕业后她随着丈夫留在了苏联,后来又到了乌克兰。多年以后,郭尚平听说这位女同学生活并不好,一直心存歉疚,为自己当初的工作没有成功而感到遗憾。

给新来的留学生进行形势教育也是郭尚平组织工作的主要内容之一。当时,随着形势的发展,中国派往苏联的留学生不断增加,新来的学生迫切需要老留学生提供在苏联学习和生活的经验和指导。在这种情况下,作为党支部组织委员的郭尚平给陆续到达莫斯科的留学生讲述与留学有关的各种知识,从苏联人的生活习惯、民族特点、风土人情、待人接物和政治经济发展到留学生应当遵守的法律

法规和校规校训，不一而足。而在这些讲座中，爱国主义一直是郭尚平不断重复的主题。

五、"批判会"召开之后

自从进入莫斯科石油学院的第一天起，郭尚平就每天用刘少奇同志的讲话和周恩来总理的教导鞭策自己。为国为民，勤奋学习，学好本领，报效祖国，成为他这一时期的主要任务。一到苏联郭尚平就将全部精力放在学习上，不论是在寝室、在食堂吃饭，甚至上街买面包牛奶时，他都利用乘坐公交车的时间学习俄语单词。

但是，随着留学时间的增加，专业课程越来越多，对专业俄语的要求越来越高，繁多、复杂的专业术语像万花筒一样让他眼花缭乱，只能翻着字典一个词一个词地查找，然后拼命记牢。俄语中石油专业的句子都很长，文法复杂，要弄懂作者的意思，经常是一小段文字就需用很长时间，半小时还看不完一页文字。

唯一的办法只能加班又加点、革命加拼命地死记硬背。每天 6 点起床，学到半夜一二点，才躺下睡觉。中途除了吃饭喝水，一点儿休息的时间也不给自己。郭尚平的好朋友研究生胡泽民多次买了电影票邀他去消遣一下，他总是摇头拒绝；约他去滑雪溜冰，或是去高尔基公园玩，他也不去。理由只有一个：老师指定的文献未看完，你看堆着那么多的资料，不读不行啊！下次再去吧。

开始一段时间还没有什么问题。大约 4 个月后，他感觉脑子似乎不太听使唤，学习效率也不断下降，晚上睡眠也不太踏实，有时半夜醒来很长时间才能入睡。大约半年后，症状越来越严重，有时甚至是一夜无眠，眼睁睁地看着天色逐渐变亮，直到晨曦出现。晚上睡不好，白天怎么学习呢？这样的精神状态持续了一段时间后，他认识到失眠症正在袭来，自己的身体和心理出现了大问题。

开始，大家看到郭尚平超乎常人的学习劲头十分敬佩，不同程度地向他学习。不过时间一长，大家感觉有些不对头，因为他们看到郭尚平学习劲头越来越足的同时，健康状况和精神状态却越来越差，人也越来越消瘦。当时，胡泽民、王迺和郭尚平三人组成一个小伙食团，一次一起吃饭时，胡泽民和王迺就问他是怎么回事。郭尚平这才说了这一段时间学习和睡眠的情况。胡泽民、王迺意识到郭尚平整天满脑子都是学业的事，长时间熬夜学习，患上了失眠症。两个人就说这只是暂时现象，只要休息好，很快就会过去。

谁知又过了两个月，郭尚平的情况并没有好转，失眠症越来越严重，通宵不眠的时间越来越多，身体越来越差。正当郭尚平感觉到走投无路的时候，党组织的教育带来了转机。

莫斯科石油学院早期研究生(1951—1954年入学)
（前排左起：郭尚平、干志坚、胡泽民、王迺；后排左起：林冀、翁振渊、顾长立、徐文渊）

留学生党、团组织有定期的组织生活制度。1954年6月的一天，研究生党小组召开组织生活会。党小组的6位成员都出席了会议。他们是翁振渊、徐文渊、干志坚、胡泽民、王迺和郭尚平。郭尚平很痛苦地谈了自己的学习和身体情况，特别是失眠症带来的苦恼。大家语重心长而又非常严肃地分析和指明了他的问题，异常尖锐地指出：你以为你是在执行刘少奇同志关于努力学习、掌握本领、回去建设祖国的革命任务，是在执行周总理做出的要学习好、纪律好的指示。可是，你完全忘记了周总理说的还要身体好的指示。不管你主观上怎么想、怎么做，把身体搞垮了，别说为祖国服务，就是你自己都有可能成为国家的负担和拖累！你快成为废品了！再这样下去，哪会成为国家的人才？你这不是听党的话，是违背了党的教导！你这样做不是好学生，而是背离党的教导的坏学生，根本无法在回国时为国家、为人民服务！

1955年，郭尚平与王迺在莫斯科石油学院宿舍内

研究生们又严厉地说，25户农民一年的收入才能供你一个留学生一年的费用。你这样做对得起国家、对得起人民、对得起党吗？你要认识到自己的错误，改正自己的错误，否则你将作为一个废品被送回国去！

大家你一言我一语，直击郭尚平的痛处。听了党小组同志们毫不留情而又语重心长的批评，郭尚平在深深的误区中猛醒过来，认识到思想的片面正在腐蚀自己。是呀，周总理说的"三好"还有身体好，身体是革命的本钱，没有好的身体学到什么本领无法施展，反而会成为国家的累赘。把自己的身体弄坏，不就等于国家的钱白花了吗？自己想回国去参加经济建设的志愿就将成为泡影！郭尚平诚恳地接受了大家的批评，认识到自己的错误，并表示一定要"痛改前非"。

胡泽民比郭尚平早两年来到苏联留学，也曾因学习紧张而患上失眠症。他现身说法地说：神经衰弱引起的失眠并不是一朝一夕能治好的，精神因素是引起失眠的主要原因，生活和工作中的各种压力均可致人焦虑、忧愁。一旦忧虑过度都会引起失眠或加重失眠。这种病的治疗不能依靠药物，一旦形成药物依赖症状就会影响一生。改变生活方式和学习方法，这种病是可以缓解的。

在大家的帮助下，郭尚平在学习之外给自己增加了一门新的课程——科学地管理自己的生活，不再死读书。这时他们已经搬迁到列宁山上莫斯科石油学院学生新宿舍，他已是二年级的研究生，其学习工作活动的地点时间都按工作内容由自己安排，很多时候都是在宿舍内自己的房间里做论文工作。他就自己控制学习时间，每学习两个小时左右，就进行一次体育运动，从学生宿舍的一层跑步爬楼到十层，来回跑步几次，就是他最喜欢的课间运动。晚上常常是另外一项运动，在胡泽民的带领下，他学习滑冰、滑雪，在俄罗斯冬天的大自然中，在列宁山上穿林过野，享受身体的放松与惬意。为了陶冶心智，他还开始学习弹奏曼陀林。这种四弦琴帮助郭尚平在音乐的流动中与宁静融为一体，在紧张的学习生活之余放松思绪，享受片刻的闲适与超脱。

当时正值中苏两国友好合作关系的蜜月期。苏联有关机构还曾为中国留学生组织一些旅游、疗养活动。

在与失眠症对抗的日子里,党组织也给予他很大帮助,让他最为难忘的是,争取机会让他参加了一次伏尔加河之旅。

1954年夏天,莫斯科市共青团委举办了一次较大的富有教育意义的游览活动,由团市委副书记领队,组织中国、朝鲜、蒙古、越南、阿尔巴尼亚等社会主义国家的留学生(绝大部分是中国留学生),乘坐游轮"果戈里号"沿着伏尔加河旅游观光,从莫斯科出发沿伏尔加河行至里海港口阿斯特拉罕。《中国青年报》对这件事进行了报道。

《中国青年报》1954年9月4日报道莫斯科市团委组织各国学生乘"果戈里号"游轮在伏尔加河旅行截图(左1郭尚平,左3"果戈里号"游轮船长,左4李连仙,左6李云霞,左7王美霞)

组织上为了让郭尚平放松心态,恢复健康,就让他和胡泽民参加了这次旅行。他们从莫斯科出发,沿莫斯科运河、伏尔加河下行,途经列宁故乡乌里扬诺夫斯克、罗斯托夫、古比雪夫和斯大林格勒(现称伏尔加格勒)等著名城市和景点,一直到里海港口阿斯特拉罕,然后原途返回莫斯科,为时一个月。

在罗斯托夫城留影
（右8郭尚平）

在古比雪夫市留影
（后排右1郭尚平）

在高尔基城留影
（左8郭尚平，
左9胡泽民）

在斯大林格勒留影（左2郭尚平）

参观斯大林格勒时，各国留学生还在斯大林格勒大会战中英勇牺牲的烈士墓前举行了悼念仪式，并敬献花圈。

这次旅游活动很有意义，不但增进了学生们的身心健康，为下一步的紧张学习打好身体基础，而且还增进了各国学生间的友谊，加深了留学生对苏联人民的了解，以及对第二次世界大战时苏联人民英勇战斗、保卫祖国、战胜法西斯的伟大卫国战争的实际情况和重大意义的认识。

悼念斯大林格勒保卫战烈士并敬献花圈

留学生所在学校还经常组织中国学生去疗养院、休养所免费疗养休息。1955年的冬天，受失眠症困扰多时的郭尚平，也被送到休养所休息了10天。一起去休养的还有中国学生王政清和宋均等。在苏联，郭尚平不仅学到了专业知识，更留下了一段美好的回忆。

1955年冬，郭尚平（左）与王政清（右）在莫斯科疗养院滑雪

在党组织的关心下，在同学们的鼓励和自己的坚持下，张弛有度、劳逸结合、动静互补的学习和生活方式让郭尚平的失眠症明显好转。不过，失眠症毕竟是一种精神类的疾病，想要彻底治愈是很难的。在苏联留学期间，一旦学习紧张时他仍然会陷入失眠的困扰；回国后，工作和生活的压力过大时，也会整夜地失眠。这种症状程度不同地陪伴了他后半生，好在他有多种方式调节自己，才没有对健康造成大的伤害。

六、难忘的中苏人民友谊

在苏联留学期间，郭尚平与自己的导师、苏联同学及其他国家的同学建立了深厚的友谊。

1954年10月1日，适逢中华人民共和国成立5周年。中国学生会在莫斯科大学大礼堂举办了大型的庆祝国庆节联欢会，并鼓励本国留学生邀请苏联朋友、老师和同学们一起参加庆祝会。郭尚平邀请了他的导师、莫斯科石油学院院长穆诺维耶夫教授，将两张贵宾票送给了他。穆诺维耶夫教授带着他的女儿盛装与会。这次联欢会的开场戏是中国学生合唱团的四部大合唱《东方红》。合唱团指挥是留学生李德伦。在北京留苏预备部时期，李德伦就是郭尚平的研究生班同学。这次表演，郭尚平成为合唱团成员之一，他唱得非常卖力，在嘹亮的歌声里似乎回到了红色的东方，感觉到了自己在这里学习与奋斗的意义所在。

在联欢会上莫斯科石油学院研究生胡泽民与大学生女同学陈红时搭档表演了"采茶扑蝶"舞。郭尚平的导师和女儿观看表演后表示欢欣与赞赏，他自己也为中国文化能够引起苏联导师的兴趣感到高兴。郭尚平陪着他们父女二人边走边看，边向他们介绍中国驻苏联使馆和中国学生会的负责人和工作人员。穆诺维耶夫教授总是兴致勃勃地握紧新朋友的手，连连地说着中苏友谊万岁。

他们走到一个地方，大家正在兴高采烈地跳交谊舞。穆诺维耶夫教授就让郭尚平与自己的女儿跳舞。郭尚平立刻邀请他女儿入场跳起了华尔兹。可惜的是，郭尚平先后两次踩到女伴的脚，感到十分尴尬。每踩一次脚他就向教授的女儿说声对不起，但穆诺维耶夫教授的女儿则礼貌地微微一笑，表示没有什么，鼓励他不要在意，继续跳。在国内时，郭尚平的华尔兹舞是跳得不错的。由于在中国跳华尔兹舞旋转方向向左，而在苏联是向右，所以他就出洋相了。

中国留学生也积极参加苏联方面组织的各种政治活动。例如，每年的五一国际劳动节、苏联国庆节（十月革命胜利日）、当地政府都组织游行及其他庆祝活动。每一次，中国学生都是重要的参与者。中苏人民一起走在游行队伍当中，他们喊着一样的口号，举着红色的旗帜。在那个年代，他们曾经拥有共同的理想与目标——为共产主义奋斗。

1954年，参加莫斯科红场五一国际劳动节游行的研究生们（右1郭尚平）

1954年，郭尚平（左1）等研究生参加莫斯科红场十月革命胜利日游行

在日常生活和学习中，中国留学生与苏联等国家的学生也在相互关心、相互帮助中结下了深厚的感情。在莫斯科石油学院学习的前两年，郭尚平住的宿舍是一个友好互助的国际小集体。四个床位住着四个来自不同地方的学生：一个罗马尼亚研究生亚历山大·维尔勒斯库，一个苏联巴什基里亚共和国研究生吉夫·胡泽耶维奇，一个俄罗斯研究生，还有中国研究生郭尚平。四个人分属三个国家，四个民族，但大家友好和睦，宛如兄弟一般。

1953年，莫斯科学生街5号楼5层137室同住四位研究生（左1罗马尼亚人亚历山大·维尔勒斯库，左2郭尚平，左3俄罗斯人，左4巴什基里亚人吉夫·胡泽耶维奇）

1953年，郭尚平（左）在宿舍为苏联研究生吉夫（右）读译《人民日报》

从匈牙利来的亚罗什是郭尚平的同班同学，到苏联后患上了肺结核病。郭尚平想去看望他，便向学校研究生部主任玛利亚·阿列克桑德萝芙娜表明意向。不久，老太太便带着郭尚平一道去离莫斯科很远的肺结核疗养院探视和慰问亚罗什。肺结核是传染性很强的疾病，郭尚平冒着被传染的危险去探望他，令亚罗什十分感动。回国后1962年，郭尚平也患上了肺结核病，与此次探望是否有关，当时的医学已经无法探知了。

不应当忘记的是，郭尚平所住宿舍第五层的卫生清洁员葛露莎大婶就像照顾自己的孩子一样照顾着郭尚平等中国学生，她勤快的工作作风和热情洋溢的态度给中国留学生留下了深刻的印象。多年以后，郭尚平去苏联出差时，还特意去学生大街看望她，激动的葛露莎大婶像老母亲那样热情地拥抱他。

郭尚平与苏联学生老师们的友谊一直延续到他回国后参加工作的各个时期。

回国后，留苏学生大都与苏联老师和同学保持正常的联系和书信往来。郭尚平同样与很多老师、同学保持书信往来，去苏联出差时也不忘去看望他们。留苏回国后，郭尚平常因工作需要去苏联出差，参加合作项目洽谈、学术会议、科技考察等活动，例如1959年12月初，在莫斯科举行社会主义国家经济互助委员会会议①，我国派出观察员代表团参加会议，代表团团长是侯祥麟，团员是郭尚平和干志坚。会议结束后，中国石油工业部领导电话指示郭尚平继续在

注释

① 经济互助委员会简称经互会，是苏联组织建立的一个由社会主义国家组成的政治经济合作组织，是一个相当于欧洲经济共同体的社会主义阵营的经济共同体，总部设在莫斯科。1991年6月28日，该组织在布达佩斯正式宣布解散。

莫斯科工作，考察全苏油田开发研究所、苏联科学院石油研究所和力学研究所等单位的有关科学研究技术开发新进展。当时中苏关系已经出现裂痕，但还没反映到苏联的有些基层单位活动中。因此，当郭尚平去全苏油田开发研究所、苏联科学院石油研究所等单位考察和索要资料样品时，他们的态度仍然和从前一样友好热情。研究所的门房和武装警卫仍像以前一样表示欢迎，让他自由出入，没有要他出示任何介绍信和批件。

留苏时的老师、同学也不断地到中国来工作、访问和讲学。例如，20世纪50年代末期，郭尚平的研究生同班同学奥尔诺夫（当时他还未毕业，研究生论文还未完成，还未获得副博士学位）曾作为专家来我国工作，是克拉玛依油田开发设计的苏联专家之一。

20世纪60年代以后，中苏关系困难时期，留苏学生与老师、同学的联系基本上中断了。1980年以后，改革开放逐步深入，郭尚平和一些老师、同学恢复了联系。例如，年届90岁高龄的谢尔卡乔夫教授，原研究生同班同学、现为乌法石油学院院长的斯皮瓦克教授，原研究生同学巴以舍夫，以及原研究生同班同学、乌克兰人奥罗普瑞杨科等人，都在多年以后重新建立了友谊。

弗拉基米尔·尼卡拉耶维奇·谢尔卡乔夫教授工作勤奋、学风严谨，非常注意理论联系实际，许多中国留学生都听过他讲课，是中国留学生学习的榜样。他著述的《地下水动力学》从20世纪50年代初期起的很长时期内，曾是中国石油院校和地质院校以及其他很多院校的力学—工程学系的重要教材。他年过90还坚持科研教学，勤于著述，直至逝世之年还在著书立说。每出版一本著作，他都要邮赠一本给郭尚平。两人一直保持联系，书信往来不断。2001年1月15日，在迎来新千年之际，当时已经90岁高龄的谢尔卡乔夫教授给郭尚平写了一封感情真挚的信。

最尊敬的郭尚平：

您的祝贺信已收到，我也祝福您和您的家庭新年快乐和千年志喜！收到了寄来的邮包，一共3本著作。非常感谢！在您寄来的、1990年出版的著作的第210~213页有用俄文书写的参考文献目录。该目录中有您的文章，从您的文章的标题判断，它们研究的是极为重要的、迄今很少被研究过的地下渗流问题：考虑物理—化学过程的微观层次的渗流理论。真可惜，我以前不知道您这些成果。在我的几个报告中我曾经谈到，物理—化学渗流问题和分子间力影响的研究（即微观层次渗流）将会得到发展。在您的著作中（其内容我不知道）您已经研究了这些问题，因此我特别为您庆贺！

在1997年出版的著作中，标题没有译成英文。但最后一章（82~95页）是用英文写的，内容涉及多相渗流。这本书的目录译成了英文，我理解了内容。该书各章内容是与微观层次研究和考虑物理—化学过程相结合的多相渗流。这本书大概是在您的指导下由您的学生写成的。第3本即1999年出版的著作（最厚的一本书）是由很多作者完成的。该书目录已译成俄文，因此我能理解它的重要而有兴趣的内容。该书里文章的很多作者大概是您的学生。

祝您健康和成功！

您的　弗·谢尔卡乔夫

**谢尔卡乔夫教授
2001年1月15日
致郭尚平的信**

谢尔卡乔夫教授去世前数年赠送给郭尚平的著作

谢尔卡乔夫教授曾于 20 世纪 90 年代初期访问中国,在北京、西安等地讲学。他与中国学生见面时,非常热情友好。

1991 年,渗流专家谢尔卡乔夫教授(前排左 5)访华时在北京与郭尚平(前排右 3)等人合影

七、选择油层水力压裂为学位论文课题

进入莫斯科石油学院的第二年,按照学院的学习计划要求,郭尚平开始进行留学生涯最重要的一项内容:开展研究和实验工作,准备完成自己的学位论文。

留学期间,郭尚平的导师是苏联油田开发专家、莫斯科石油学院院长伊凡·米哈伊洛维奇·穆拉维耶夫。院长亲自担任他的研究生导师,足见中国研究生郭尚平在苏联石油专家心目中的地位和对他的期望之高。

确定论文题目时,穆拉维耶夫给他选的题目是某油田的开发动态分析。这是苏联研究生经常选择的课题,完成起来相对较为容易。郭尚平思虑再三后放弃了。他想这个选题虽然容易做,但是创新性不强。石油科学研究如果总是在成熟的领域转圈圈,是没有大的进展的。

在莫斯科石油学院,郭尚平不仅熟练地掌握了俄语,原来学习的英语也没有丢掉。这样,他在学习期间就可以同时翻阅俄文、英文的科技资料,比其他同学接触到了更多的科技信息。当时,他了解到,近几年在世界上出现了一种提高油井产量和油田采收率的新技术——油层水力压裂。这项技术在当时出现的时间并不长,还很不成熟,处于起步阶段。但郭尚平敏锐地判断这种技术在将来会对世界石油勘探开发产生巨大影响。

郭尚平在几个石油院所的图书馆里和石油情报所查阅了大量的文献后发现,油层水力压裂方面,发表的文章主要涉及现场应用经验、施工技术改进和压裂效果统计分析等经验性的内容,而对该技

术的理论基础、机理规律、定量计算和预测预报等则鲜有论文发表。郭尚平认为，这些理论基础和应用基础性的研究，对促进该项技术产生革命性进步和持续性发展具有十分重要的意义。于是，他便自选了一个论文课题——油层水力压裂效率，其实质内容是水力压裂后地层内存在各种人工裂缝时的流体渗流规律及生产效率。

郭尚平确定了三个方面的重点科研内容：一是要提出一种切合实际的计算方法；二是实验观测不同裂缝条件下渗流规律和生产效率的变化规律；三是分析生产现场水力压裂参数对压裂效果的影响并与室内研究结果相结合，得出科学结论。他要研究的内容是油层内产生各种不同形状、大小、倾角和数目的人工裂缝时，流体在油层内的渗流规律和计算公式。他采用的技术路线是运用数学物理方法、水电相似模拟和现场实际资料分析相结合。课题难度很大，但创新意义也大。

此外，当时世界石油勘探开发的生产现场和室内研究只考虑单井压裂，还无人考虑多井压裂和大规模压裂问题。郭尚平认为今后的发展前景一定是大规模应用压裂技术，即一个油田或一个区块的大多数甚至全部采油井和注水井都进行水力压裂，郭尚平当时将其称为集群压裂（现在实际上称为整体压裂或总体压裂）。郭尚平的计划是同时研究单井压裂和集群压裂条件下的渗流规律、计算方法和增产效果等问题。

很多同学都认为郭尚平选择的学位论文难度太大，很难完成。郭尚平如此敢冒风险并严格要求自己，就是为了全面锻炼自己的研究能力，特别是锻炼自己的创新意识和创新能力，为将来回国后进行科研实验和科研成果的实际应用打下基础，更好地为国家石油工业的发展多做些工作。

当他在院长办公室把自己的课题总体设计方案呈交给导师时，心里顾虑很大，非常担心导师会因为不采用他建议的论文题目和计划而不悦，甚至会引起更大的误会。但情况并非如此。导师伊凡·米哈伊洛维奇·穆拉维耶夫听了郭尚平的想法后，详细地询问了郭尚平的研究内容、步骤和目标，思考了一会说："很好，科研人员就是应当培养自己独立思考、开拓创新的意识和能力。但是，你研究的课题很新颖，预期的目标难度也很大，你要有足够的思想准备。"

"我有这个思想准备，我不怕难。"郭尚平回答。

"我同意你的论文计划，去努力实现吧。"

"我一定尽最大努力。"郭尚平兴奋地说。

因为已经阅读并积累了水力压裂方面大量的资料，郭尚平胸有成竹，信心满满。但是，这种应用基础研究必须紧密结合生产实际，研究者必须有现场实践经验和生产知识，以及必要的现场施工、设计、观测数据才能建立起更具说服力的论证体系。要想做到这一点，唯一的也是最好的办法就是深入现场实际，亲自参加生产实践。

全苏油田开发研究所下属的油层水力压裂室，将要去当时苏联最大的油田——罗马什金油田进行油层水力压裂的野外现场试验研究工作。1955年的一天，郭尚平来到设置在全苏油田开发研究所地下室中的油层水力压裂研究室。压裂室野外队队长尼古拉依·巴夫洛维奇·列思克，是一位壮而不胖的高个子工程师，年纪在40岁左右；另外一位工程师是个子稍显矮小，但也十分壮实的彼得·马义塞维奇·乌萨乔夫，约30岁。两个人都是毕业于莫斯科石油学院的俄

罗斯人。还有一位司机师傅,名叫日尔多夫,热情而诚恳,20多岁。

一进压裂室,郭尚平首先做了自我介绍,然后说,听说你们要去罗马什金油田进行现场水力压裂实验研究,我的论文题目是《油层水力压裂的效率问题》,很想和你们一道去参加现场实践,搜集一些生产实践资料。不知你们是否愿意接受我、帮助我?

听了郭尚平的来意之后,队长列思克既没有要介绍信,也没有找上级去请示批准,而是直截了当地说:"你的想法很好,我们支持。我们正好要去现场,正缺少人手,你来得正好,欢迎你参加我们的队伍。"说完,一双大手就伸了过来,和郭尚平紧紧地握在了一起。

没有任何单位任何人员的介绍,没有任何正式的手续,郭尚平就成为地层压裂实验野外队的一员。十分难得的是,郭尚平进入压裂队后,那些苏联队员也对郭尚平的生活、工作等方面关怀备至。郭尚平的工作、生活、住宿、交通也都和野外队的队员们融合在一起,与一名正式队员毫无区别。

3天后,郭尚平就和列思克队长等人坐火车奔赴当时苏联最大的油田——罗马什金油田。相关的设备由汽车运输,晚了几天才到现场。他们在野外的工作用车是一台改装过的、有硬质顶棚的嘎斯-51型中型卡车,郭尚平和乌萨乔夫工程师坐在后面车厢内,队长列思克和司机坐在前面驾驶室。那一段时间,他一共参加了30余井次的压裂实践。当时,水力压裂在世界上刚出现几年,还处于起步阶段,还缺乏专用装备。苏联的水力压裂装备也很简单,多半是用钻井注水泥用的水泥车向井下注入压裂液和携砂液,十几辆水泥车排列在一起,施工场面十分壮观。

郭尚平参加了 30 余井的次地层水力压裂的设计、施工、观测、效益分析、经验总结等全部过程，丝毫没有对他实行任何保密措施。更加难能可贵的是，莫斯科石油学院机要室还给郭尚平发放了一张特许证，可以让他在相关单位出差时到资料档案部门查阅机密科技资料，这为郭尚平进行科学研究和撰写论文提供了莫大的支持。

这个水力压裂队还与苏联科学院地球物理研究所合作，开展了一项在当时极具创新意义的科学研究——借助放射性物质以观测水力压裂后人工裂缝的存在情况和相关参数。他们将一种放射性物质作为示踪剂添加至工作液中注入地层，压裂施工结束后，观测示踪剂的分布，由此获得油层内人工裂缝的存在和分布情况，并可计算分析出裂缝的数目及一些参数。观测结果表明，大约在地层厚度的中间部位，生成了不规则圆盘状的水平裂缝，这是最大的主裂缝，在主裂缝的上下还有一些更小的水平裂缝。根据示踪图可以估算出水平裂缝的数目及半径等参数。这是一次很有意义且颇富创新性的研究，对郭尚平的启发很大。"创新是科学研究的灵魂"这一观念，深深地扎根在他的脑海中。

这次水力压裂生产实践对郭尚平的科学研究帮助很大。约 30 井次水力压裂的历练，为郭尚平一生的科技工作积累了宝贵的经验。他不仅汇总了亲身经历的 30 余井次的资料，还收集了此前罗马什金油田进行水力压裂的相关资料，为他的论文写作提供了丰厚的实验数据。

为了积累更多的科研数据，郭尚平曾于 1956 年夏季奔赴地质情况迥然不同的阿塞拜疆共和国的巴库油田补充收集压裂生产实践资料。在苏联时代，巴库是重要的石油生产基地和经济中心，有"石

油城"之称。从莫斯科到巴库乘坐硬卧包厢,足足用了一天多的时间。当他在巴库火车站下车后,令郭尚平始料不及的是,迎面一位中年干部匆忙地向他走来。这人身穿一套白色的麻质西式夏装,头戴一顶白色的圆边夏帽,脚踏一双白色皮鞋,很有礼貌地和郭尚平打招呼:"您好!您是研究生郭尚平同志吧?"

当郭尚平给予了肯定的回答后,这位干部模样的人谦逊地介绍说,他是阿塞拜疆共和国共产党中央组织部部长,是专程来车站迎接他的,并表示欢迎他来到巴库。听了这些话,郭尚平内心十分感动,连声说着谢谢。两个人握了握手,部长就亲自开车将郭尚平送到一家宾馆,办理了入住手续。临别时,部长留下一个电话号码,叮嘱郭尚平说:"有任何不便或工作生活要求,随时都可以打电话,我们会帮助您解决。"言罢握手告辞。

阿塞拜疆共和国党中央的组织部部长亲自开车来车站迎接郭尚平,让他有些受宠若惊。而在他乡遇到故乡人,则给他孤单的留学生活增添了一丝温暖。郭尚平惊喜地发现,在这个宾馆里还住着几十个中国人。他们是苏联援建的156个项目之一的"兰州石油机械厂"的全套领导班子的管理和技术人员,正在巴库培训实习。中国人在他乡相遇,真是欣喜万分。在巴库油田相关专家的大力协助下,郭尚平工作了一个多月,采集到大量数据资料,顺利完成了预定的任务,满载而归。也是自此开始,阿塞拜疆人民的情谊深植在他的心底。

为了开展实验研究,郭尚平曾在全苏油田开发研究所工作近两年。全苏油田开发研究所是苏联重要的能源研究机构,平日里戒备森严。但是,郭尚平进出研究所大门时,门房和武装警卫从不向郭尚平索要通行证之类的凭证,总是笑脸相迎。工作期间,不管是到研究所的实验室、计算室去搞实验或计算，还是向所内的教授和专家求教、咨询，或是需要抄写、复制有关技术资料，郭尚平的要求一经提出，从不需要任何部门的介绍信或有关领导的批件，总会受到热情的接待和无私的帮助。郭尚平每天在实验室或计算室工作到晚上 9 点至 10 点才会离开，而研究所的工作人员下午 5 点就已经下班回家，只有郭尚平一人在大楼内工作，所里和门岗也无人查问，对他十分信任。

郭尚平还与其他研究所保持联系，苏联人的态度也十分热情。他经常去苏联科学院力学所、石油研究所和苏联石油工业部情报所等单位参加学术会议，向教授们请教或咨询，查阅相关资料，都不需要任何手续，还免费赠予。

八、水电相似模拟实验研究

郭尚平的学位论文研究工作涉及的内容很多，其中之一是研究裂缝的形状、大小、数目、斜度等对注水压裂效果的影响。郭尚平决定应用水电相似模拟的电解模型研究这个问题。全苏石油研究所建有水电相似电解池模拟实验室，该实验室的两个女工程师和一位军人转业的实验员都十分配合郭尚平的工作，忙碌了大半年，模拟实验顺利完成，获得了几组宝贵的曲线和数据。

当时，郭尚平选择的模拟方式是电模拟实验。电模拟实验有两种，一种是电网模型实验，另一种是电解模型实验。郭尚平采用的是电解模型实验。这种水电模拟渗流实验是基于完善的稳定渗流理论和水电相似原理，模拟均质介质的渗流过程，将复杂的理论问题通过实验直观地表现出来。当时这种实验在渗流力学和渗流物理研究工作中占有重要的地位。

相似模拟研究是以相似理论、因次分析为依据的实验研究方法。相似模拟实验是20世纪30年代由苏联的库兹涅佐夫提出的，并在全苏矿山测量和煤炭研究院等应用。随后在德国、波兰、日本、澳大利亚以及美国等国家得到广泛应用。以后发展为国际矿业界一种重要的研究手段[30]。

相似模拟实验分两类，一类是数学相似，另一类是物理相似。数学相似即模拟者与被模拟者二者在数学描述上都是同一个微分方程，即其数学本质上是完全相似的，故称为数学模拟。物理模拟则是二者在物理形状、尺寸比例和参数等方面是相似的，简称为物理模拟。

水电相似模拟实验是根据水电数学相似原理研制而成的一种模拟实验技术和装置；最早是1933年应用于油藏渗流力学问题的实验研究。20世纪30年代至50年代，由于世界上还没有现代电子计算机，研究油气藏渗流力学问题主要应用数学物理方法和模拟实验方法。模拟实验主要采用数学模拟方法和物理模拟方法。由于水电相似模拟的电解池模型的实验设备结构简单、操作方便、价格便宜，而且能够直观真实地反映地下流体渗流规律，因此，当时应用得非常广泛。后来由于现代电子计算机的出现和迅速发展，油藏计算渗流力学即油藏数值模拟方法快速发展起来，水电相似的电网模拟和电解模拟实验开展得越来越少。

水电相似模拟原理就是利用电场内电子的运动规律模拟地层内流体的渗流运动规律，其原理即是流体通过地层多孔介质流动的微分方程与电荷通过导体材料运动的微分方程相似,这就是水电相似原理。水电相似模拟又分为电网模拟和电解模拟。前者能更精确、更好地模拟渗流及相关的工程问题,但其结构更复杂、投资更高,制造和应用操作的难度也更大。后者相对来说,结构简单、价格便宜、操作简便,但其解决渗流问题的功能和精度较差。

采用水电模拟实验可以较容易地模拟各种复杂的边界条件,可以观测流体的流动情况,容易测试采油井和注水井的采油量和注水量、等势线分布、流线分布等。由于电解模拟实验所用的电解质溶液是均匀稳定的,因此可用来研究均质地层刚性流体的稳定渗流问题。

一般情况下,水电模拟实验装置主要由油藏模拟系统、低压电路系统和测量系统三部分组成。而油藏模拟系统包括油层、边界和井。模拟井(电极)和供给边界的选择要求具有下列特性:一是电阻率很小(电极电阻率与电解液电阻率相比,可忽略不计);二是不与电解质溶液发生化学反应;三是在电解质溶液中不溶解,表面光滑。

油藏模拟系统是一个盛有硫酸铜($CuSO_4$)溶液的有机玻璃槽。配制适当浓度的硫酸铜溶液,用于模拟油层,溶液电导率的高低代表油藏流体流动系数的大小。边界条件可用有机玻璃模拟封闭边界,用紫铜带模拟供给边界,可以根据需要制成各种形状的边界。玻璃缸容器内充满一定高度的硫酸铜溶液,用紧贴玻璃缸环状紫铜带模拟供给边界,接电源正极;用插于玻璃缸中心,与电源负极、电流表相连的铜丝模拟井筒。用加在供给边界及井筒之间的电压模拟压差,电流表的电流模拟井的产量。因此,可以模拟不同压差下井产量的变化。

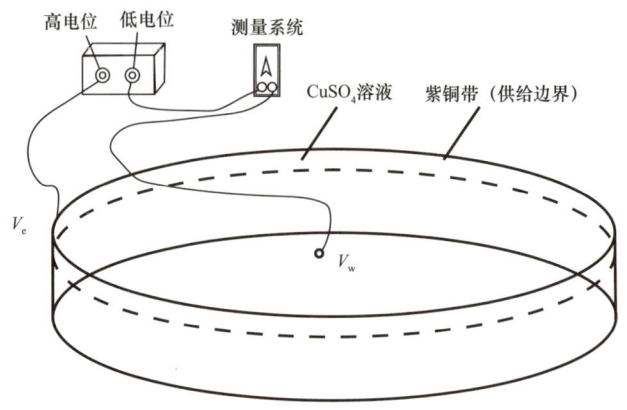

电解池水电模拟实验流程图

"第一批电模型是在苏联科学院动力研究所制成的，1941年莫斯科古勃金石油学院首次将电模型用来进行油田开发设计的水动力学计算。"[31]也就是说，郭尚平研究水力压裂时应用的水电模拟技术，在苏联已经有近14年的历史。

郭尚平的第二项重点科研内容是研究一个油田或一个区块注水井、采油井全部进行人工水力压裂的集群压裂的效果和规律。这是一项力学计算研究，要进行大量的计算工作。全苏油田开发研究所计算室整齐地摆放着大约20台电动计算机，一般情况下有十几个人在工作，整个房间的四壁、天花板和地板都装有隔音层。靠近门口的位置有一套桌椅，郭尚平在那里一坐就是三个多月。工作时，一边用手点击键盘上的数字及运算符号，一边要十分仔细地用眼睛盯着手指点压的键盘，只要错点一个键，全部计算都要报废重来。这种方式工作效率较低，又易出错。但是，郭尚平刻苦钻研技法，努力提高效率。功夫不负有心人，工作了一段时间，郭尚平达到了不用眼睛看，只用耳朵听就可以精确辨别输入的数字。眼耳合作，大大提高了计算效率。

郭尚平的另一项重点研究项目是用数学物理方法研究井底地层内有水平裂缝时的地层压力分布、流速和流量，并进行数学力学计算。在这项工作中，郭尚平主要请教了全苏油田开发研究所的研究员、苏联最有名的军事学院——伏龙芝军事学院数学教授毕斯古诺夫上校。这位红军上校无私的帮助和指导令郭尚平终生难忘。

九、全票通过的论文答辩

前后两年有余，经过生产现场实践、室内模拟实验、数学物理分析和集群压裂渗流计算等多个阶段，1957年4月16日，郭尚平迎来了论文答辩的日子。

答辩地点在莫斯科石油学院老教学楼二楼的大礼堂。20余名评委和旁听的教授、教师、研究生坐满了礼堂。答辩前，研究生将论文成果的图表、公式用正楷字母抄写在一张张1米长、0.8米宽的白色重磅纸上，形成了可以一张张翻卷的纸质展板；文字部分由学校的专门抄写人员完成，不需要学生自己动手。但曲线图表和各种算式则由研究生自己绘制。郭尚平时间紧张，来不及亲自绘制，是由二位师弟帮助完成的。一位是郎兆新，回国后进入北京石油学院任教，后成为著名的渗流力学教授。另一位是许连起，回国后在中海油工作，以后成为中国海洋石油公司作业部经理。展板共计50余幅，答辩时，由这两位同学帮助他不断地翻卷展板，郭尚平就站在讲台上面对大家用俄文流畅地宣读自己的论文。

当时，20余位教授评委坐在前边，众多教授、教师和研究生坐在后边，气氛十分严肃。郭尚平报告完毕后，评委们不断地提出

各种尖锐的问题，郭尚平对答如流。主评人是苏联水电相似模拟（电网模拟和电解模拟）权威毕拉什教授和苏联石油工业部油层压裂总师马克斯莫维奇教授。他俩都对郭尚平的论文给予了很高的评价。郭尚平成功地完成了论文答辩，罕见地得到了 20 多名评委的全票通过，获得了苏联副博士学位。委员们的评论出奇地一致，都认为论文创新性很强，有自己独到的见解，提出了具有建设性、实用性的观点。答辩结束后，郭尚平的导师高兴地说："你的论文不错，像这样全票通过的情况很少，一般都至少有一两票反对。"

众多评委对郭尚平的答辩评价如此之高，最主要的原因就是郭尚平研究成果的创新性。在一片赞誉声中，评委们特别强调论文的创新性，认为论文的观点和结论不仅很新颖，而且极具理论和应用意义。他们评价较高的创新点包括：应用数学物理方法分析和水电相似模拟研究油层水力压裂问题在国际上是全新的，在苏联国内外都还没有见到这样重要的应用基础研究成果公布；而且其结论也是第一次出现在学术界，对生产应用和理论研究都有重要意义；首次提出"集群压裂"这一对生产发展极为重要的科学思想和技术建议，表明作者拥有超前的科学思想和长远的技术眼光。

他们认为该研究生的科学思想相当超前，研究了一般人难以想到的重要问题，例如，关于大规模应用水力压裂即集群压裂问题，颇有预见地指出了地层水力压裂技术的发展趋势和广阔的发展前景。该研究生的计算结果表明，压裂同样多的井数、应用同样的压裂技术和装备、投入同样多的资金，但在不同的井排施行压裂，其压裂效果相差极大（在注水井排压裂效果最好，在第三排采油井压裂效果最差）。研究生论文结果说明：油层水力压裂将来的发展趋势是从单井压裂发展为集群压裂；集群压裂时必须精心设计压裂井的井数、井别、井位和先后次序。评委们认为，压裂技术刚刚起步，技术还不成熟，当前生产上及研究所只注重单井压裂，还没有考虑集群压裂问题，但是该研究生却能够超前地看到这一问题并完成了首次研究。这是应当大力提倡和鼓励的。

评委们还强调说，该研究生在论文工作中采用了数学物理分析、数学计算、模拟实验以及室内研究实验数据与生产实际资料结合分析的技术路线，在研究生阶段就为今后有能力应用数学物理方法、工程计算、模拟实验等各种手段开展研究工作打下了基础，经受了锻炼，这对研究生的成长十分重要。

论文答辩结束后，老师和同学们纷纷走到台前，和郭尚平握手拥抱，热烈地祝贺他答辩获得成功。有些朋友和同事还当场送上礼物，如全苏油田开发研究所电模拟室的四位成员联合送了一台照相机，莫斯科石油学院油田开采教研室送了一只昂贵的手表，郭尚平都一一致以衷心的谢意。这不仅证明了中苏人民友谊的深厚，也反映了郭尚平的科技成果获得了他们的认可。

时至今日看来，郭尚平的论文在相当早的时期就触及了油层水力压裂问题，这在国内的石油开发专家当中是较早的。虽然论文工作难度较大，但在多位导师的指导和帮助下，郭尚平克服重重困难，完成了论文和答辩，获得了学位，提前完成了研究生学习任务。除了他的导师伊凡·米哈伊洛维奇·穆拉维耶夫教授外，还有数学家毕斯古诺夫教授，油田开发专家、苏联科学院通讯院士克雷洛夫教授，油气田开发—渗流力学家谢尔卡乔夫教授和水电相似模拟专家修诺夫教授，水力压裂专家列斯克工程师和乌萨乔夫工程师等都为他的科研工作和论文撰写提供了很大的帮助，使他可以顺利完成学位论文。师恩难忘，归国多年以后，在多个场合发言和发表文章时，郭尚平多次向这些导师和老师们表达了真挚的谢意。

郭尚平的学位论文分成三部分，先后在苏联科技期刊《石油业》及《莫斯科石油学院论文集》上发表。论文署名时，郭尚平都将导师列在前面，将自己的名字列在后面。但是，数学物理分析文章只署了郭尚平自己的名字，这是因为请求署上数学教授毕斯古诺夫上校的名字时，被他谦虚地婉言谢绝了，郭尚平只得尊重上校的意见，并再三表示谢意。

1957年4月16日，学位论文答辩通过后，苏联国家学位委员会授予郭尚平副博士学位。在苏联，获得副博士学位后再工作多年，积累了更多高质量的创新性科技成果，写出很优秀的论文，经高层次的学位委员会答辩通过后，才能有资格获得博士学位。因此，在当时的苏联获得博士学位的人很少。中国留学生大都毕业后就回到国内工作，没有在苏联工作的经历和成果，因此没有获得博士学位。但也有个别研究生论文水平极高，成绩十分优秀，例如宋健同志，就直接获得了博士学位。

20世纪90年代，国家对留苏学生的学位问题进行了澄清。国家教育委员会和国家人事部曾联合下发一个文件①，规定：（1）获得苏联及东欧国家副博士学位人员回国工作后，评聘专业技术职务的任职条件，与国内获得博士学位人员相同；（2）上述人员回国

注释　①《国家教育委员会、人事部关于获得苏联、东欧国家副博士学位人员回国后待遇的通知》（教人〔1990〕039号）。

后的初期工资按国内获得博士学位毕业生的初期工资发放，其他方面的生活待遇也与获得博士学位的人员相同。从这个角度来说，苏联的学位制度比欧美要严格得多。

十、归心似箭

20世纪50年代的留苏研究生分批前往苏联，但回国时间和回国后的具体工作安排并非统一进行，而是由研究生自己根据学业完成情况安排，一般情况是答辩完成后就可以申请回国。

在论文答辩结束后，郭尚平又在莫斯科待了一个多月的时间才离开苏联。他之所以又多待了一个多月，是因为他虽然以优异的成绩完成了学业，但仍然感觉有许多东西要及时学习，有很多资料需要带回国内，有很多科研院所因为学习太忙还没有去亲自调研。于是，他在临回国前的这一个多月时间里，没有去苏联各地游山玩水，而是全部用于参观和考察，全面了解全苏油田开发研究所、苏联科学院力学研究所、苏联科学院石油研究所和苏联石油工业部情报所等石油专业的科研院所。他深深地知道，他所看到的正是祖国所急需的。他担负的责任就是让自己的国家有一天也有这样的研究院所，也能推出不同学科的科研成果。他记笔记、拍照片、问问题，只要是他觉得回国后对祖国的石油工业建设有用的资料，都尽力带回来。郭尚平回国后，苏联石油工业部情报所仍然给他继续免费寄送各种石油情报资料，直到中苏关系恶化后才停止了寄送。

1957年6月3日，在苏联学习生活了近4年的郭尚平结束了难忘的留学生活，办好了回国的手续，带着满腔的报国热情、丰富的专业知识和归心似箭的思乡之情，踏上了回国的列车。

据统计，新中国成立以后，从第一批回国的16名留苏生到1966年最后归国的65名留苏生，先后共有8278名留办生归国，其中1959—1962年是留苏生归国的高峰期，4年内共有5980名留苏生归国[24]。郭尚平回来的时间是1957年，是比较早的一批。这些留苏学生将苏联先进的科技知识、优秀的文化成果带到国内，无论在哪个部门、哪个岗位，都为我国社会主义建设和国防事业做出了贡献，填补了我国在科技领域的许多空白，推动了我国社会主义建设事业的发展。

1992年北京，莫斯科石油学院同学春节聚会（三排左9郭尚平）

郭尚平回到国内后，与他在渗流力学、生物力学和油气田开发领域并肩攻关的不少同事也都是从苏联和罗马尼亚留学归来的学子。例如，1960年冬在中国科学院兰州分院成立渗流力学研究室时，全室18名科技人员中就有6位留苏毕业生，他们是研究生郭尚平、李永善，大学生黄延章、于大森、王丹阳、何镜辉，还有从罗马尼亚回国的大学生李惕平，1963年又增加了留苏归来的研究生闫庆来。在长期的工作中，他们不仅齐心协力地完成了很多科研工作，也结下了深厚友谊。

1957年11月17日，也就是郭尚平回到国内的5个月后，访问苏联的毛泽东主席在百忙之中抽出时间来到莫斯科大学大礼堂，接见了数千名中国留学生。他在演讲中说出了一句令中国多少代青年都激动不已、永远铭记心间的一句话：世界是你们的，也是我们的，但是归根结底是你们的。你们青年人朝气蓬勃，正在兴旺时期，好像早晨八九点钟的太阳，希望寄托在你们身上。

这位东方伟人的声音，翻越千山万水，回响在中国的大地上。在中国北京，在一面面红旗之下，郭尚平听到这句洪亮的话语时，内心似海浪飞波，难以平静。他回望莫斯科，似乎看到了毛泽东主席讲话时的伟大形象，内心默默地发出誓言：为国家科技发展做贡献必定有我，为祖国贡献石油必定有我！

第七章

服从分配

留学归来的郭尚平和很多留学生一样，抱着"服从祖国分配"的想法，渴望早日走上自己的工作岗位。他先是被分配到中国科学院石油研究所，然后又在翁文波先生的协调下，将他"借调"到石油工业部，在翁文波领导的石油勘探开发研究所筹建处工作。后来，石油工业部石油科学院正式建立，郭尚平被分配到油田开发研究室地下水动力学组任组长。作为留苏归来的副博士，不管是在科研工作中还是间歇性地"客串"石油工业部领导的"高参"，郭尚平都圆满地完成了工作任务，他的工作能力和谦逊平和的性格得到了同事们的好评。

一、"坚决服从祖国分配！"

1957年6月11日上午抵达北京，回到了他日思夜想的祖国。在北京火车站，他放下行装，踩了踩脚下坚实的土地，澎湃的心潮突然让他有些哽咽，两行热泪奔涌而下。因为过去是为中华之崛起而读书，自此以后，他要为中华之崛起而工作。

曾经在莫斯科石油学院留学的胡泽民早于郭尚平两年回国，被分配到北京石油学院[现中国石油大学（北京）]机械系任教。得知郭尚平回国的消息后，早早地跑到火车站来迎接他。胡泽民是郭尚平踏上祖国大地后见到的第一个朋友，分别两年后在国内重逢，自然十分亲热。拥抱过后，胡泽民帮他拿上行李物品，拉着他就往车站外面跑。两个风华正茂的年轻人坐上公交车，相互打听着对方的情况，聊了一阵子后很快就来到了在北京清华园以东、海淀区九间房村新建的北京石油学院校区。

郭尚平将行李资料放在"五四楼"二层胡泽民宿舍的床边，就让胡泽民带自己去高教部报到。胡泽民说，急什么嘛，马上就中午了，总得吃个午饭再去嘛。再说了，人家管分配的同志中午也得休息吃饭。郭尚平一听也有道理，就说我已经忘记了是什么时候了，也好，那先吃饱饭，我也正饿着呢，好想吃一顿中国餐。

胡泽民给郭尚平临时找了一个大大的铝饭盒，带着他一起到学校食堂排队打饭。这是回国吃的第一顿正儿八经的中餐，虽然是在职工食堂，但他吃得十分香甜。饭毕，两个人也不耽搁时间，擦了下嘴巴就直接向位于北京西单四牌楼附近的高教部大楼奔去。

四牌楼是北京独有的一种建筑形式，在两条垂直相交大街的十字路口，每个路口建一个牌楼，四座牌楼围成一个"口"字形。在老北京，城东、城西各有一处四牌楼，隔皇城相望，被分别叫作东四牌楼和西四牌楼，后来又被简称为东四和西四。高教部即高等教育部，办公大楼就在西四。高教部成立于1952年11月，设有办公厅、综合大学教育司、留学生管理司等部门，主要任务是统一集中管理全国的高等学校，加强对它们的改革和整顿。

留学生回国后马上就可以分配到有关单位去工作。当时，为了能最大限度地发挥留苏学生的作用，国家和用人单位都很尊重学生的自主选择。一般情况下，每个留苏生都有科研、教学和生产三个就业方向选择，但很多学生都选择"服从祖国分配"。服从祖国分配，是那个时代留学生回归祖国后，自觉地给自己戴上的一个闪光的标签。经过数十年岁月流转，尤其是改革开放以后，出国与归国的留学生数量呈几何级数增长，越来越多的人进一步懂得了这几个字的深刻含义，以及它所映射出的一代留苏学生的崇高思想境界和爱国情怀。郭尚平在回国前填写的工作志愿上写下的也是"服从祖国分配"这六个字。这不是多么艰难的选择，而是发自内心的真情流露。

留学多年归来，终于可以为国效力了。郭尚平当时的心情热切之中满溢着喜悦。那天下午，胡泽民带着郭尚平到高教部留学生管理司报到时，接待他们的是一位40多岁的中年人，他先是亲切地问了郭尚平的个人简历和一些留学生活的基本情况，又查阅了一下归国留学生工作分配名册和一些资料，然后问道："如果你自己有什么想法可以提出来，我们可以结合你的个人志向分配你的工作。工作分配是一生的大事，你填写的是服从祖国分配，我提醒您一下，是不是要再补充些什么？"

"没啥补充的，祖国哪里最需要我，我就上哪儿去。坚决服从国家分配！"郭尚平回答。

旁边的胡泽民想说什么，但是嚅动着嘴唇没出声。他是想提醒郭尚平是不是提出一下自己的意见，到他所在的北京石油学院工作。但他没说出来，因为一年前，他也是这样填写的志愿。

高教部工作人员查看归国留学生工作分配名册后告诉郭尚平，按分配方案您的工作单位是中国科学院石油研究所。

中国科学院是全国自然科学的综合研究中心，于1949年11月1日在原"中央研究院"和北平研究院的基础上成立。石油研究所是中国科学院领导的众多直属科研机构之一。该研究所历史悠久，早在1949年1月14日，也就是新中国成立之前，先行解放的东北地区人民政府从苏军手中接管了"中长铁路大连科学研究所"，不久为它换了个新名字——大连大学科学研究所。1950年9月，又改称东北科学研究所大连分所。1952年4月，该所划入中国科学院建制，更名为中国科学院工业化学研究所。1954年6月又更名为中国科学院石油研究所。1958年6月,建立了中国科学院石油研究所兰州分所。1961年12月,中国科学院石油研究所更名为中国科学院化学物理研究所沿用至今。

服从国家分配是无条件的,但郭尚平对自己的工作去向还是有想法的,自己是学石油开采的,只有到基层油田去才能结合生产实践搞好科研。分配之前,他内心推测十有八九会分配到石油工业部,那里是最需要他去贡献才智的地方,自己也迫切地希望到那里去。

1955年7月30日,第一届全国人民代表大会第二次会议决定撤销燃料工业部,在石油管理局的基础上成立了石油工业部。首任部长为李聚奎①,李范一②等人为副部长,康世恩③等人为部长助理。当时的石油工业部担负着为新中国找油、采油、炼油,甩掉贫油帽子的重任。

当工作人员告诉他去报到的单位是中国科学院石油研究所时,郭尚平先是愣了一下,心想中国科学院没有油田,怎么会让我去那儿呢?但习惯了服从组织分配的郭尚平没有提出任何异议,马上表态说,坚决服从组织分配,到最需要我的地方去。

注释

① 李聚奎(1904—1995),湖南安化县兰田(今属涟源)西坪村人。1928年参加平江起义,同年加入中国共产党。先后参加了土地革命、抗日战争和解放战争。1958年7月,担任石油工业部部长。

② 李范一(1891—1976),湖北应城城关人,中国同盟会会员。曾参加武昌起义,后留学美国哥伦比亚大学。中央人民政府成立后,任燃料工业部副部长。1955年调任石油工业部副部长。

③ 康世恩(1915—1995),河北省怀安县人,1936年10月加入中国共产党。毕业于清华大学地质系。曾任国务委员、国务院副总理、石油化学工业部部长等职。

二、两部委争抢的"宠儿"

走出高教部时已是黄昏。当日晚,胡泽民就在北京石油学院年轻教师集体宿舍"五四楼"二层自己的房间内给郭尚平找了一个床位,让他休息。郭尚平睡不着,就和胡泽民聊了很长时间工作分配的单位问题。

胡泽民说:"我真想提醒你到我们石油学院来工作。当一个老师,一边进行科学研究,一边把所学的知识传授给更多的人,挺适合你的。不过,服从国家分配,是我们必须做到的。"

郭尚平回答:"既然是必须做到的,我们就什么都不能提,是不是?"

胡泽民说:"当然是。我和你的想法都是一样的,所以当时我想提醒你但没有说出口嘛。"

沉默了一会儿,胡泽民说:"你一回来,我就想过你分配的事儿。我分析啊,你学的这个专业只有三个去向,石油工业部、中国科学院,再就是我们石油学院,去哪儿都不意外。不过,我认为你最可能去的单位是石油工业部,第二个可能是我们石油学院,第三个才是中国科学院。"

"我和你的想法是一样的",郭尚平说,"但既然国家这样分配,就说明中国科学院需要我,我就要好好干,把学到的东西用到科研中去。毕竟组织上站得高、看得远,一定比我们想得更有道理。"

胡泽民说:"也对。那以后你在中国科学院搞科研,我在北京石油学院给你培养几个高才生当助手。"

"一言为定。我们一起加油!"郭尚平说完和胡泽民击了一下掌,然后各自转身睡觉。

没想到不到一天工夫，郭尚平的分配问题又陡生变数。早在1952年9月4日，国家以清华大学石油组为基础，联合北京大学、天津大学等高校部分师资，建立了清华大学石油工程系。1953年5月29日，政务院批准将清华大学石油工程系独立为北京石油学院。重庆大学工学院矿冶系石油开采组也在此次院系调整中合并到北京石油学院。同年10月1日，举行了北京石油学院正式开学典礼，揭开了中国石油高等教育的序幕。

郭尚平回国时，北京石油学院已经建设成为拥有石油地质系、石油钻采系、石油炼制系、石油机械系和石油工业经济系5个系，包含地球物理勘探专业等10个专业，专业配套较为完整的单科性石油工业高等学府[32]。

20世纪50年代建设初期的北京石油学院

北京石油学院石油钻采系下设石油钻井专业、石油开采专业和石油钻井修井专业。著名石油钻井学家周世尧①担任钻采系主任，

注释

① 周世尧，著名石油钻井学家，我国第一位石油钻井学科教授，曾先后参加北京石油学院和东北石油学院的创建工作，曾编辑出版《油井工程》和《英汉油矿词典》等高等院校用书，为中国石油教育事业做出了突出贡献。

郭尚平在重庆大学读书时的工学院矿冶系罗蛰潭教授担任副主任。

罗蛰潭长期从事提高油气采收率及储层地质研究，提出二氧化碳注水驱油、泡沫驱油及火烧油层驱油法，在玉门老君庙、克拉玛依油田应用取得实效，对我国油田的勘探与开发做出了突出贡献。北京石油学院成立后，作为当时在国内石油钻采专业少有的专家和教授，罗蛰潭在北京石油学院筹建时就被抽调入京担任教学工作。

在重庆大学时，罗蛰潭教授是郭尚平的导师，他的毕业论文上都有罗蛰潭的签名。在重庆大学时，师生二人关系密切，1950年罗教授全家回自贡短期探亲，他在重庆大学的住房就需人护守，罗教授就把家门钥匙交给郭尚平让他住进自己的家中，拜托他帮忙守家。足见罗教授十分喜欢并信任这个学生。

翌日一早，当胡泽民将郭尚平已经从苏联莫斯科石油学院毕业归来的消息告诉罗蛰潭教授时，他高兴得跳了起来，说找时间一定聚聚，聊一聊苏联的石油工业发展情况。当胡泽民又告诉他郭尚平被分配到中国科学院石油研究所时，罗教授的表情马上严肃起来，摇起了头，坚定地说不行不行，一定要让他到石油学院来！这事交给我了。

当天上午，罗蛰潭还没有和郭尚平见面，也没有征求郭尚平的意见，就找到校领导，在介绍了一番郭尚平的学业情况后，指出北京石油学院正缺少郭尚平这种专业和学历的人才，如果让他到学院来一定会对我们的教学和科研大有裨益。他建议校领导想办法将郭尚平调到北京石油学院。校领导听后马上同意了罗教授的建议，着手协调调人事宜。

1989年,在天津参加SPE(国际石油工程师协会)大会时与
罗蛰潭教授以及其他重庆大学校友合影
(前排:右2曹祖根,右3罗蛰潭;后排:右1黄明登,右2王正清,
右3郭尚平,右4陈应泰,右5杜博明)

在当时,留学欧美归来的留学生还不多,留苏学生也没到归国高潮期,因此,有关单位对任何一个留学生都抱着"寸土必争"的态度,而郭尚平这样的副博士更是求之不得。北京石油学院主管单位是石油工业部,想调人必须向石油工业部打报告。当时,石油工业部的办公地点在北京西城区六铺炕北街。北京石油学院负责申调郭尚平的人向石油工业部人事局领导提出了调人申请。石油工业部领导听了石油学院的汇报后,也感到十分诧异,本来应当分到我们这里来的人才为什么分配到中国科学院了呢?当时就对北京石油学院表示支持,并开始与中国科学院相关部门联系,提出调人请求。但中国科学院人事部门在研究了郭尚平的个人情况后,不同意放人,理由是中国科学院新成立的石油研究所正缺少郭尚平这样的专业人才,分配他到中国科学院就是要补充极度缺乏的科研力量。

此时，石油工业部正在落实国家提出的石油勘探开发东移战略，招纳各专业学科的人才是重要工作之一。部领导认识到郭尚平的专业能力对于石油工业部来说十分紧缺，必须调入郭尚平，但中国科学院这个门槛也不好过。经过研究，石油工业部派出德高望重的著名地球物理学家、石油地质学家翁文波①先生去和中国科学院再次洽谈人事调动事宜。

翁文波教授

在郭尚平的工作调动过程中，翁文波的个人威望起到了重大作用，在他的努力下中国科学院的态度明显改变，虽未允许人员正式调入，但答应可以将人"借调"给石油工业部。也就是说，人事关系仍然属于中国科学院，但本人可以到石油工业部工作。中国科学院什么时候需要他，他就要立刻归队；或者是他本人什么时候想回来，也可以提出申请回到本单位——中国科学院。在当时的国家企事业单位之间，"借调"是人才流动和交流的一种常见方式。出借方掌握人才的所有权，借调方得到人才的使用权，可谓皆大欢喜。

郭尚平虽然来到了石油工业部，但并不是到北京石油学院。

注释

① 翁文波，我国著名地球物理学家、石油地质学家、知名预测论专家，中国科学院院士，是中国石油地球物理勘探、测井和石油地球化学技术的创始人。先后任燃料工业部石油管理总局勘探处副处长、石油工业部勘探司总工程师、石油科学研究院副院长等职。在40余年的科研生涯中，在我国第一次成功进行了电阻率测井和自然电位测井，开创了我国使用测井技术勘探石油天然气的先河。20世纪50年代末，指导大庆地球物理勘探部署，为大庆油田的发现做出巨大贡献。

石油工业部分配他到石油勘探开发研究所筹建处工作。最终，两部相争，罗蛰潭教授想让郭尚平进入北京石油学院，师生一起合作工作的愿望没有实现。

归国只几天的工夫，郭尚平在一校两部的争抢中最终成为人事关系归属中国科学院、本人在石油工业部工作的"借调"人员。石油工业部根本不考虑人事关系归属等问题，将郭尚平视为石油工业部本单位的干部。郭尚平自己也没考虑人事关系问题，在哪里工作都一样，都是为祖国的石油工业工作，何况石油工业部的各级领导和同志们对自己的态度又是那么热情、信任和重用。因此，他完全没有"外来干部"的感觉，而是与人事关系属石油工业部的干部一样，放手大胆地勤奋努力地工作。他感到领导对自己很关心，同志们对自己很友好，团结合作，工作得心应手，心情十分愉快。这为他以后在克拉玛依油田、大庆油田施展才干的同时，还要在中国科学院做专项研究，长期"双线作战"的工作态势奠定了很好的基础。

在当时生产资料全部国有化、生产环境全国一盘棋的情况下，不同单位之间的关系非常团结融洽。被借调到石油工业部系统后，不论在哪个单位、哪个层级，石油工业部都将郭尚平视为自己的干部。到岗不久，就正式任命他为工程师，担任油田开发研究室地下水动力学组组长。在那段时间，在郭尚平的思想里，没有丝毫"被借调"的感觉，他是石油系统的一员，而且一直都是这样。

分配之事落下了帷幕，师生这才得以相见。郭尚平在重庆大学矿冶系石油开采组的同学沈忠厚[1]，此时也在北京石油学院钻采系

注释

[1] 沈忠厚（1928—2021），著名油气井工程技术专家、水射流技术专家、教育家，油气井工程学科奠基人之一。1951年7月毕业于重庆大学矿冶系石油开采专业。1955年9月起先后在北京石油学院、华东石油学院、中国石油大学（北京）任教。2001年11月当选为中国工程院院士。

钻井教研室讲授钻井工程。这一天在罗蛰潭教授的宿舍里，郭尚平、沈忠厚等人回忆着从重庆到北京这些年的峥嵘岁月，感慨万千。罗教授勉励他们说，你们生在旧社会，长在新中国，最能体会这个时代国家的伟大。国家培养了你们，任何时候、任何地方，都要以国家建设为第一要务，遇到千难万险也不可更改初衷，切记切记。郭尚平、沈忠厚等人频频点头，牢记在心。

郭尚平、沈忠厚等人为中国石油工业做出了诸多贡献，后来分别被评为中国科学院数理学部院士、中国工程院能源矿产学部院士。重庆大学矿冶系一个班同一个专业组的11名毕业生中出了两个院士，一时传为美谈。这也充分说明他们一直牢记着党的教导、国家和人民的哺育以及导师们的嘱托和希望，并一直在奋力前行。

三、石油科学研究院的成立

郭尚平的工作分配完成后，组织上按照留学生归国的有关规定，给了他两个月的长假让他回家探亲。对于郭尚平来说，这段假期弥足珍贵。他由北京返抵重庆之日是1957年6月29日，正是他与未婚妻罗广芳认识定情五周年。抵达当天二人即完婚，然后去家乡探望兄姐等人，8月5日便回到了北京。到京第二天，急切地想要走

1957年，郭尚平、罗广芳赴隆昌圣灯山气矿看望七姐郭兆元和姐夫邹永言

上工作岗位为中国石油工业建设出力流汗的郭尚平就来到石油工业部石油地质开发研究所筹建处报到上班。

早在1951年，燃料工业部石油管理总局决定组建一个包括地质勘探、油田开发、采油工程、石油炼制和石油化学的石油科技研究机构，后因经济困难等多方面原因而停止。1955年12月，石油工业部旧事重提，通知石油设计局着手继续进行研究所的筹建工作，并暂定名为石油工业部中央研究所筹建处[33]。

1956年3月，国务院批准石油工业部的报告，同意建立北京石油炼制工业研究所、北京石油地质勘探研究所，改建抚顺页岩油研究所。同年7月，石油工业部根据国务院的批示，将石油工业部中央研究所筹建处更名为北京石油炼制研究所筹建处，同时成立北京石油地质开发研究所筹建处。石油工业部任命翁文波担任北京石油地质开发研究所筹建处主任。原中央研究所筹建处的石油地质、开发方面的人员转归北京石油地质开发研究所筹建处。

郭尚平留苏归来工作的第一站就落脚在翁文波领导的北京石油地质开发研究所筹建处。当时，北京石油地质开发研究所筹建处与石油勘察设计院、石油工业部机关等几家单位都在六铺炕北街的一栋六层大楼内办公。数百人共用一个食堂，每天人员进进出出，一派忙碌的景象。年轻的郭尚平感觉这里汇集了一大批新中国石油工业的顶尖人才，肩负着为中国摘掉贫油帽子的重任。自己能够成为其中的一员，让他内心无比自豪，充满了力量。同时，他也深刻地认识到，自己只不过是众多留学归来的学生之一，与那些在国内外石油工业摸爬滚打多年、经验丰富的翁文波等石油专家们相比差距就更大，要学的东西还有很多。面向未来，真的是"雄关漫道真如

铁",一切都要"迈步从头越"。

20世纪50年代末期的北京生活条件和全国各地一样艰苦,筹建处的食堂都是普通的家常便饭,只是吃饱而已。但从苏联归来的郭尚平却对这里的伙食十分满意,每一餐都吃得又饱又香。也许是在苏联待的时间太长了,中餐对于他来说已是十分奢侈。在这里待了十几天后,郭尚平感觉自己胖了一些,有同事对他开玩笑说:"怎么样,走遍苏维埃,最终还是咱们中国饭养人吧?"

1958年9月,石油工业部下发了一份文件,将北京石油地质开发研究所和北京石油炼制研究所两个筹建处合并成立石油工业部石油科学研究院筹备处。石油工业部任命张俊[①]为筹备处主任,侯祥麟[②]、翁文波、宋冠英[③]为副主任。

1958年11月,石油工业部同意将在北京的石油炼制和石油地质勘探两研究所合并成立石油工业部石油科学研究院。任命张俊任院长兼任党委第一书记,侯祥麟为副院长主管炼油部分,翁文波为副院长主管地质部分。当时,石油科学研究院下设7个单位,组成了一个面向全国石油工业战线的综合性科学研究机构[33]。

注释

① 张俊(1908—1977),1908年12月生于河南济源,1932年毕业于河南焦作工学院,1937年11月加入中国共产党。历任石油管理总局地质局党委书记、青海石油勘探局局长、石油工业部石油科学研究院党委第一书记等职。

② 侯祥麟(1912—2008),广东省汕头人,1938年加入中国共产党,1945年就读于美国卡耐基理工学院化学工程系。1950年回国,历任清华大学化工系教授兼燃料研究室研究员、石油科学研究院院长、石油工业部副部长兼石油化工科学研究院院长等职。中国科学院、中国工程院院士。

③ 宋冠英(1903—1967),山西省屯留人。1926年考入北京大学,在李大钊创建的支部加入中国共产党。参加过抗日战争、上党战役、晋中战役。1955年被授予大校军衔。1956年转业后调入石油工业部任财务司副司长。

翁文波领导的石油地质研究部门共有220人，共设勘探、开发、地球物理勘探和钻井机械4个研究室。郭尚平所在的开发室共有工作人员70余人，由童宪章[①]、谭文彬[②]任主任，下设三个专业组、一个实验室。地质组负责人杨通佑，地下水动力学组负责人郭尚平，开发组负责人谭文彬，油层物理实验室负责人计中权[33]。

1959年，在开发室工作期间郭尚平（左）和钻井室党支部书记李立（右）父女合影

当时，这些从欧美、苏联留学归来，或者是从国内选拔到这里来工作的年轻人，年龄大多在三四十岁，都是普通的技术人员。但却在几年的时间里，为中国石油工业做出了巨大贡献，在中国石油工业科技创新史上留下光辉的墨迹。

从筹备处到石油科学研究院正式成立，这一年多来郭尚平一直在开发室负责地下水动力学组的科研工作。在开发室，只有童宪章和郭尚平是工程师职称，其余专家都是技术员。从美国留学归来的

---

① 童宪章（1918—1996），生于北京，中国科学院院士，石油工程学家。1941年毕业于中央大学物理系。1991年当选为中国科学院院士（学部委员）。先后参加大庆、胜利、克拉玛依、河南等油田会战的开发工作。

② 谭文彬，石油工程专家，河北蓟县（今属天津）人。1953年毕业于清华大学石油工程系。历任大庆油田、胜利油田石油勘探开发研究院副院长、总地质师，石油工业部油田开发司司长兼总地质师、中国石油天然气总公司副总工程师、高级工程师。

童宪章在石油科学研究院筹建期间,就担任室主任。但童宪章性格温和,加之其将精力全部投入科研之中,无暇顾及拥有 70 余人的开发室各项工作的协调与管理。在此情况下,经过谭文彬、郭尚平、杨通佑、陆勇等人集体协商,建议上级任命 1953 年 4 月毕业于清华大学石油工程系的共产党员、原玉门油田设计院开发室主任谭文彬为室主任。经上报院里同意,正式下文通知任命。民主选举室主任,这在当时的中国科研机构中是十分少见的,足见当时石油科学研究院工作气氛的和谐与团结。

四、石油部领导身后的"高参"

从石油地质勘探研究所筹建处到建立石油科学研究院这段时间,除了常规的科学研究之外,郭尚平在石油科学研究院以及后来到克拉玛依油田和大庆油田工作期间,一直在间歇性地"客串"一个为中国石油工业发展出谋划策的角色——石油工业部领导的"高参"。

20 世纪 50 年代末,中国石油工业正处于十分关键的转折期。新中国成立以来,虽然在新疆等地发现了克拉玛依大油田和一些小油田,但这些发现不足以让中国摘掉贫油的帽子,国家能源形势仍十分严峻。

1957 年 5 月,石油工业部副部长康世恩做《按照区域勘探方针展开工作》的主题报告,分析了新中国成立 7 年来没有在石油地质勘探取得重大突破的主要原因。同年冬,地质部党组做出"战略东移"的决定[34]。1958 年 2 月 11 日,中共中央任命余秋里为石油工业部部长。1958 年 3—4 月,石油工业部召开五次党组会议,确定了1958年石油勘探规划和战略重点，在全国建立10个石油勘探重点战略地区，其中有准噶尔等5个老区，有松辽等5个新区[35]，从而明确了石油勘探重点东移的战略。

在这段时间，主管石油工业部的两位重要领导——余秋里和康世恩的绝大部分时间是在石油勘探开发生产一线上度过的。1958年2月，康世恩同志到四川川中部分探区调研；1958年4月，余秋里和康世恩到四川南充召开现场工作会议；1958年7月上旬，余秋里在成都主持召开协作会议；1958年7月下旬，余秋里赴玉门参加石油工业部现场工作会议；1958年10月，余秋里在克拉玛依主持召开石油工业部工作会议；1960年9月，余秋里在玉门和克拉玛依调研……[35]

在这些工作活动中，余秋里或是康世恩的身后，经常有5~8人的专家团队随其出行，如地球物理学家翁文波和王刚道、石油工程学家童宪章和朱兆明、地质专家翟光明①、测井专家蒋学明等，还有一位就是刚从苏联留学归来的油田开发专家郭尚平。

余秋里、康世恩等领导并没有聘请任何人为"高参"，但是他们在到基层检查工作、考察项目、召开座谈讨论会议时，针对油田生产实际，经常会带着一班各类学科的专家，一起讨论、回答和解决石油生产中遇到的技术问题，久而久之，这一班被大家习惯性称为"高参"的专家，成为石油工业部领导解决生产实际问题的得力助手。

注释

① 翟光明（1926—），湖北省宜昌人，石油勘探专家，中国工程院院士。1950年毕业于北京大学地质学系，先后担任甘肃玉门老君庙油田总地质师、石油工业部地质勘探司地质处处长、石油工业部地质勘探司司长、中国石油天然气总公司石油勘探开发科学研究院院长等职。

担任"高参"的时间里,郭尚平跟随石油工业部部长余秋里到西部新疆、玉门等地的油田进行考察。每到一处,余部长就听取有关负责同志和专家的汇报,并召开生产现场会,当场提出问题、当即研究问题。迅速解决问题,体现了余秋里部长雷厉风行的工作作风。

1960年9月的一天,在克拉玛依油田的一间会议室里,余秋里部长坐在一条长桌的一端,负责记录的秘书李晔坐在旁边,郭尚平和几位专家坐在长桌的另一端。开会时,余部长一边听汇报一边提出问题并插话。长桌两边坐满了油田领导干部和总师,逐个向余部长汇报工作。郭尚平、翟光明等"高参"用心听取汇报,间或回答油田技术人员提出的问题,并给部长及油田领导提出解决问题的建议。

在每次召开会议时,余部长的秘书李晔都很忙、很辛苦。他边听汇报边记录,尤其是余部长的插话更要仔仔细细地记下来,还要经常加班加点起草余部长做大会报告的草稿或讲话提纲。有时,留给李秘书准备讲稿的时间很短,经常是写好的讲话草稿来不及誊抄。这种情况下,郭尚平就负责抄写讲稿,李晔写好一张,郭尚平就抄写一张,客串起了"临时秘书"。从小跟随父亲练习书法的郭尚平,在客串"临时秘书"的过程中表现也十分不错。

余秋里部长完成新疆任务后,紧接着又从克拉玛依奔赴玉门油田。在玉门,他详细听取了油田领导干部和专家的汇报,然后考察了生产现场,并给玉门石油管理局的数百名职工做了重要报告。此次报告历时8个小时,会后也没有休息,直接飞回了北京。余秋里部长多次在现场考察当中强调,国家急需石油,在困难的条件下更要想方设法增加原油产量。余秋里不仅对国家石油勘探和油田开发拥有宏观发展趋势的判断能力，对基层企业的经营管理方式方法的指导和指示也都十分恰当，能够找出重点，抓住关键，让大家十分敬佩，给郭尚平留下了深刻的印象。

1959年六七月间，苏联石油工业部总地质师、苏联科学院院士米尔钦克带领高级专家代表团访问中国。中方由石油工业部地质司司长唐克[①]等人陪同，郭尚平作为唐司长的随员，与中方翻译一起用流利的俄语向苏联专家答疑解惑，"高参"迅速"转型"成为"随团翻译"。

客串"高参"的这段经历，是郭尚平向余秋里、康世恩等老领导学习的过程，对他今后的工作作风、工作方法、思想品质乃至党性信仰都产生了积极的影响。

五、未完成的水平井研究

在客串"高参""临时秘书"和"随团翻译"的那段时间里，郭尚平深知自己的真实身份是石油开发工程师，自己担负的职责是搞科学研究，要为中国甩掉贫油的帽子尽心竭力。因此，从进入石油工业部石油科学研究院工作开始，他就广泛收集国际上先进的石油科技发展信息，针对当时国内石油工业生产的迫切需求，制订了多项研究计划，有步骤、有重点地开始了科研工作。

水平井、定向井、分支井技术研究是郭尚平在石油科学研究院

---

① 唐克（1918—2013），江苏建湖县人，1940年参加革命。新中国成立后，先后担任中央人民政府燃料工业部石油管理总局党组书记兼副局长、冶金工业部部长、石油工业部部长等职。

成立不久就提出来的一项科研项目。水平井是井斜角保持在 90 度左右，并在目的层中维持一定长度水平段的特殊井。水平井钻井技术是常规定向井钻井技术的延伸和发展[36]。

现代石油工业在世界范围的工业化开发一直以垂直井为主。水平井钻井技术最早诞生在美国还是欧洲目前还有一定的争议。有的资料认为美国的 Leo Ranney 是水平钻井技术的先驱者，于 1939 年钻出世界上第一口水平井[37]。不过也有另外一种意见："有记录的第一口水平井于 1929 年出现在得克萨斯，15 年后第二口井出现在宾夕法尼亚。"[38]

不管水平井最先出现在哪个国家，是由谁首创的，有一个事实是：以直井为主的石油勘探开发一直占据重要的地位。水平井出现后，在相当长一段时间内并没有得到足够的重视，更谈不上广泛应用。在那个时代，没有人会想到 20 世纪 80 年代末 90 年代初，一个叫乔治·米歇尔①的美国人，把水平井技术和水力压裂技术结合在一起开采页岩气，在美国掀起了震惊石油界的页岩气革命。

20 世纪 40—60 年代，水平井技术整体处于探索研究阶段。40 年代，美国、苏联等国钻了一批水平试验井，受到当时技术水平限制，各项技术不配套，虽然能钻成水平井，但难以用于生产。50 年代，水平井仍限于浅层非胶结地层的超短半径钻井（约 15 米），主要是在美国和苏联（43 口）应用。60 年代，美国 ARCO 公司

注释

① 乔治·米歇尔（George Mitchell），美国著名水力压裂专家。毕业于美国得克萨斯州农工大学，后创立了米歇尔能源开发公司，一直从事页岩气开采。后来他发明了利用水力压裂工艺从页岩储层中开采天然气的技术，为美国页岩气革命创造了条件。

钻水平井以解决油井产水问题，加拿大 Esso 公司钻水平井是为了开采重油油藏[37]。

从国内到国外，水平井钻井技术当时还是一项新生事物，不仅在国外应用凤毛麟角，技术远不成熟，在国内也是知者寥寥。20 世纪 50 年代末谈起水平井，无异于谈论现实中不存在的神话。

我国第一口水平井是磨 3 井，于 1965 年 7 月 12 日开钻，同年 11 月 25 日完钻。该井由四川石油管理局川中矿区 3201 钻井队在队长沈国福带领下在四川省遂宁磨溪构造钻成。完井井深 1625 米，垂直井深 1367.8 米，最大井斜 92 度，水平位移 444.2 米，横穿油层 276.6 米，水平延伸 160 米。创造了应对低渗透裂缝性油气藏的有效方法，开辟了裂缝性油气藏钻探找油找气的新途径[39]。

郭尚平在石油科学研究院开始工作后，除领导布置的工作任务之外，将自己的研究课题锁定在水平井生产效率的研究上，意图通过对水平井、定向井和多底井（多分支井）等复杂井底条件下的生产效率等问题的实验探索，提高油田的采油能力。虽然研究的方向并非水平井的钻井技术，而是水平井、定向井的生产效果，但这在当时已经是一项十分前沿的研究。

在科研上做出这样的选择原因很简单，在苏联留学期间，通晓英文和俄文的郭尚平就接触了较多的水平井技术资料，他敏感地意识到这项技术大有前途，对于国内复杂地层的石油开采一定会和直井技术形成互补，甚至会在某些地质环境中超过直井。正是在这样的思想支持下，他在地下水动力学组内开展了这项具有开创意义的科学研究。独立自主进行一项全新的研究，其难度可想而知，但年轻气盛的郭尚平抱着科技报国的信念开始了这项工作。

1958年1月，郭尚平与地下水动力学组的成员陈焕章、李世栋等人团结协作，正式开始中国最早的水平井开发研究。他们采用在当时较为先进的电模拟的方法，依据水电相似理论，用导电介质模拟地层，在介质上施加一定电势差产生的电场模拟地层内的稳定渗流场，以此来研究水平井的开采情况和产能。电解模拟实验装置主要由油藏模型、低压电路和测量装置三部分组成。

油藏模型部分采用适当浓度的硫酸铜等溶液模拟储层多孔介质，用铜质材质及其他材料模拟井筒、供给边界和裂缝等。低压电路系统连接模拟井或供给边界，测量装置可以测量三维空间各点的电压和通过模拟井的电流，依据水电相似的理论，就可以模拟出定向井、水平井和多分支井等各类复杂井的生产情况。

郭尚平小组建成了电解模拟型实验装置，完成了一系列定向井、水平井和多分支井的生产效率实验，积累了大量数据，得出了一些重要结论和建议，形成了一份有蓝图、有曲线的正式报告。在那个年代呈现出一定的超前性，十分可贵。

但这项富有意义的研究工作并没有继续进行下去，一是由于这项研究当时并不属于石油生产急需课题，没有受到足够的重视；二是大庆油田进入全面开发阶段，急需人力支持。1960年5月，石油科学研究院油田开发室等大部分科技人员全部迁至大庆油田现场参加会战，郭尚平在完成克拉玛依油田开发设计之后，很快也投入大庆第一个开发区的设计工作之中，并同时筹建中国科学院渗流力学研究室，中断了这项富有长远意义的研究。

第八章 "五个首次"

在石油科学研究院工作期间,克拉玛依油田的开发设计是郭尚平等人的主要工作成果之一。1959年2月,由石油工业部石油科学研究院和苏联国家计划委员会全苏石油科学研究所共同编制出了《克拉玛依油田Ⅰ—Ⅳ区初步开发设计》。作为该项设计的主要设计人,郭尚平为中国石油工业在国内赢得了"五个首次"。

一、克拉玛依的呼唤

1955年的10月29日,郭尚平正在苏联莫斯科石油学院和全苏石油科学研究所紧张地进行油层水力压裂效率的研究工作时,中国新疆的黑油山1号井(现称克拉玛依1号井,简称克1井)钻探成功,喷出了工业油流,标志着新中国第一个大油田——克拉玛依油田的诞生。

克拉玛依1号井喷出工业性油流

第八章 "五个首次"

经过一年奋战，截至 1956 年 9 月，克拉玛依共有 23 口探井喷出了工业油流，年产原油 1.6 万吨，占当年全国石油产量的 39%，成为当时中国最大的油田。1956 年 10 月 1 日，在国庆典礼上，克拉玛依油田的巨大模型车驶过天安门。至此，新中国钻探出第一个大型油田——克拉玛依油田的消息传遍世界。

1956 年 11 月 7 日，正在莫斯科红场与苏联同学一起参加庆祝苏联十月革命节游行活动的郭尚平听到这个消息时，心情十分振奋，和中国留学生一起不断地高呼着祖国万岁。当时，他还不会想到留学归国后，克拉玛依油田将是他展示自己专业能力的第一站。

1958 年 3 月的一天，也就是郭尚平到石油工业部地质开发研究所筹建处工作半年多、石油工业部科学研究院还没有正式成立的时候，郭尚平接到组织的命令：马上收拾行装，赶赴新疆克拉玛依参加油田开发，主要任务是编制克拉玛依油田开发设计方案。

通过地质勘探、试井、试采等工作，发现了有工业价值的油田以后，就要着手准备开发油田的工作。任何一个油田的开发都要讲究经济效益和社会效益，力争实现投入少、采收率高、油田长期高产稳产的目标。但要想实现这个目标，首要工作之一就是要根据油田地质、天然能量的大小以及原油性质等情况，划分开采层系，设计开采方式、生产井和注水井的井数和井位、生产井和注水井的有关压力，计算预测原油日产量、年产量、各阶段采收率，以及油层内压力变化规律等。在此基础上就可进行地面各种设施的规划设计。然后，还要测算每个方案的投资和成本等各项经济指标。最后，综合对比各种开发方案，优选最佳开发方案。

油田开发方案设计是依据详探成果和必要的生产试验资料，

在综合研究的基础上对具有工业价值的油田，按照国家对石油的需求，从油田的地质情况和生产规律出发，以长期高产稳产、提高最终采收率，以及节约投资和降低成本为目的，制订合理的开发方案。

油田开发设计方案是油田正式投入规模化开发生产的总体部署方案，是指导油田如何合理开发、如何调整的重要技术文件。其设计方法主要"以矿场地质、地下石油水动力学、油层和油井开采工艺以及工业经济学等方面的理论和方法为基础"[31]。

油田开发工程萌芽于18世纪50年代，直至19世纪20年代仍处于盲目开采阶段。在20世纪五六十年代，北美地区的石油开采基本上还是掠夺性的开发方式，1950—1960年，石油开采行业流行一个词语"野猫井"，它是英文"a-wild cat well"的中文译名。"野猫井"是美国石油行业的俚语，通常指该井是在缺少科学的、全面的、规范的油田开发方案条件下，缺少科学依据地甚至比较随意地选定井位基础上钻成的井。后来，"野猫井"成为石油行业野蛮开采的代名词。

对新发现的油田进行有规划、有设计方案的开发，苏联在这方面起步较早，在理论与技术上先行一步，积累了较多的经验，取得了较大的成就。苏联的"罗马什金油田第一个总体方案是由全苏石油科学研究所于1949—1956年编制的，并于1956年得到苏联石油工业部的批准，在1965年前这段时间实施。"[40]在苏联的罗马什金油田第一个总体方案得到苏联石油工业部批准实施两年后的1958年，从苏联留学归来的郭尚平将油田开发方案的设计理念带到了中国的克拉玛依油田。

二、设计组面临的考验

克拉玛依油田开发设计方案是根据中苏科学技术合作122项协议开展的新疆油气区首个大型油气田开发设计项目,中方负责单位是石油工业部石油科学研究院,苏方协助单位是苏联国家计划委员会全苏石油天然气科学研究所。

中方设计方案的负责人是石油工业部石油科学研究院筹备处副主任翁文波。在他的直接指挥下,1958年3月成立了石油工业部克拉玛依油田开发设计工作组,由油田开发工程师郭尚平任组长,其他成员有开发地质专家陆勇、经济分析专家张瑞年,二人与郭尚平一起组成领导小组。开始时组员有石油科学研究院陈元千、何锦兰,克拉玛依油田研究院的马世煜等人。1958—1960年,石油科学研究院又抽调开发室专业骨干10余人,同油田、院校等多个单位组成了40余人的队伍,相互协作、共同攻关,圆满完成了任务[33]。

该设计项目并非中国独立进行的,而是中苏两国合作开展,或者说是在苏联专家的协助下进行的。除中方工作组外,苏方也成立了三名专家组成的工作组,配合中方的设计工作。当时的主要工作方式是以中方三名专家为主、苏联三名专家协助组成六人工作组负责项目的实际领导,但具体工作都由中方专家完成,而苏方专家只负责提供建议、意见和最终的共同审核。

在中方做好充分的地质资料、生产技术数据、合理开发克拉玛依油田的初步设想等准备工作的基础上,1958年10月至1959年2月,中国石油工业部石油科学研究院在苏联全苏石油天然气科学研究所的协助下,双方合作编制了克拉玛依油田第一个开发方案《克拉玛依油田Ⅰ—Ⅳ区初步开发设计》。苏方项目负责人

是克雷洛夫和马克辛莫夫，来华工作的三名专家是油田地质专家维·维·伏依诺夫、地下水动力学专家维·谢·奥尔洛夫和经济分析专家阿·尼·布钦[41]。

苏方项目负责人克雷洛夫是当时世界著名的石油开发专家，全苏石油天然气科学研究所所长、苏联科学院通讯院士。但是在设计过程中，他并没有亲自来到克拉玛依油田，只是在苏联莫斯科负责项目的技术审核工作。

20世纪50—60年代，这位著名的油田开发专家在中国石油界声名赫赫。中国著名的石油地质专家闵豫①在担任大庆油田总地质师时，案头就放着克雷洛夫等苏联石油专家的著作，空闲时间反复学习，深刻领会科学开发油田的精髓。他在1979年的一次报告中提到了克雷洛夫："当时以克雷洛夫为代表，写过一本书叫《油田开发的科学原理》，以后又写了《油田开发设计》。这两本书代表了50年代的开发水平，把油田注水开发提到了一个比较高的水平。"[42]这两本书也是郭尚平熟读于心、深刻领会其要义的专著。

在苏方专家团队中，水动力学专家维·谢·奥尔洛夫是郭尚平在莫斯科石油学院攻读研究生时的同班同学。不过，当他来到克拉玛依协助进行油田设计工作时，仍然是莫斯科石油学院在读研究生，还没有完成论文工作。从这个意义上说，郭尚平是他的师兄。1959年冬，在克拉玛依初步开发设计完成后，他才在莫斯科石油学院进行论文答辩，获得了与郭尚平相同的学位——副博士学位，比

注释

① 闵豫（1934—1999），江苏省昆山县（现昆山市）人。1951年毕业于南京地质探矿专科学校。1961年加入中国共产党。历任新疆石油管理局地质处主任地质师、大庆油田石油会战指挥部副总指挥兼总地质师、石油工业部副部长等职。

郭尚平整整晚了两年半。而地质专家伏依诺夫和经济专家布钦获得学位的时间只比郭尚平早一至两年，基本上都是同龄人，因此，中国和苏联专家在一起工作时，取长补短，相互支持，合作得十分友好。在克拉玛依油田开发设计过程中，中苏专家联手书写了一段中苏专家亲密合作的佳话。

1958年3月下旬，郭尚平一行人接到启程通知，立刻乘坐火车、卡车和骆驼车先后奔赴正处于火热的石油大会战热潮中的克拉玛依。郭尚平等人到达克拉玛依之后，受到了克拉玛依石油管理局局长张文彬[①]和副局长秦峰等人的热烈欢迎。

那一段时期，克拉玛依油田在工作、生活等各个方面尽可能地为工作组的专家提供便利。但是，郭尚平等人一到油田就和普通工人一起，住在工人宿舍，吃在工人食堂，一边感受着石油大会战的火热气氛，一边立即开展实际工作。他们初步了解地质和生产情况后，立即奔赴现场进行实地的地质考察、岩心观测，亲自参加油井试井和调研油井生产实况等。与此同时，进行资料搜集和整理，着手准备地质资料和生产数据。进行了扎实的地质和生产现场考察，准备了大量的地质资料和生产数据后，他们开始进行地质研究分析、布井方案设计、渗流力学计算和经济分析准备等工作。

一般情况下，一个油田在勘探发现以后即将转入开发阶段，在油田开发整个生命过程中，开发设计可划分为三个阶段，即油田开发早期概念设计阶段、油田全面投入开发总体方案设计阶段和油田开发中后期调整方案设计阶段。而郭尚平等人所要完成的，就是十分

注释

① 张文彬（1919—2013），山西省代县人，1936年12月参加革命，1937年8月加入中国共产党。新中国成立后，历任石油工程第一师政治委员、西北石油管理局副局长、大庆石油会战指挥部副指挥、石油工业部副部长等职。

重要的油田全面投入开发总体方案设计。

油田开发总体方案设计的主要任务是要确定层系划分，开发方式，井数、井位及井网分布，开采速度与生产规模，油藏动态监测系统，钻井、采油、地面建设等的工程要求及实施程序。这一系列技术问题都要从油藏地质特性出发，尽可能满足国家需求，归结到经济效益这一目标，进行系统优化。因此，油田全面投入开发总体方案设计对于克拉玛依油田的长期开发意义重大。

从设计步骤上来说，当时的油田设计又分成初步设计和正式设计。初步设计主要进行宏观上的设计，相对来说，精细度要差些。而正式设计则是对初步设计的完善和细化。分两步进行设计的主要原因是当时地质勘探数据有限，每口井的地球物理、测井、岩心、电测井等勘探资料以及油井生产实际数据不充足，设计上一步到位存在困难，而且资料也是边设计边补充的。从这个角度来说，初步设计有一定的预估性，但却是设计工作中十分重要的一环——它可以框定油田开采的轮廓与整体方案，具有较高的战略意义。

20 世纪 50—60 年代，我国油田注水开发设计基本上反映的是计划经济的模式，油田开发的方针强调的是长期稳产高产、高采收率和低成本，油田开发指标预测依靠水动力学概算方法，油田地质、油藏工程、采油工程、地面设计等各个专业的协作关系基本上是单列式的关系[43]。水动力学计算是郭尚平在苏联学习工作和撰写论文时运用的重要技术手段，因此，此方案的设计郭尚平责任重大。克拉玛依油田在将来进行的大规模开发过程中，如何布井、如何注水等一系列问题必须给出答案。

克拉玛依油田是新中国第一个从油田开发开始就按正规设计开

发的大油田。作为一个从苏联回国不到一年的工程师,在当时国内没有任何大型油田设计经验可以参照的情况下,克拉玛依油田开发设计的任务十分艰巨。但是,在百废待兴的创业年代,很多梦想都是在一张张白纸上绘成的,很多卓越的成就都是白手起家建设的,郭尚平等人必须直面考验,别无选择。

三、开发方案的初步设计

油田开发方案设计并不是一项简单的工作。在 20 世纪 50 年代初期,油田开发设计可以借鉴的经验很少。苏联在开发设计上虽然积累了较多的经验,但中国油田地质条件复杂,成藏机理各不相同,两国国情也不一样,因此并没有成熟的与克拉玛依油田相匹配的做法可供借鉴,一切都要从基础做起。

郭尚平等人在进行这项工作时,首先制定了方案设计应该遵循的三个原则:一是把国家的原油需求放在第一位,要高产稳产;二是油田的采收率要达到最高;三是要节省投资,保证每吨原油生产成本最低。这三个原则考虑到了急国家之所急,提出保证高产稳产和高采收率的同时,尽可能地采用经济合理的开采方式,减少投资,降低成本,体现了较强的科学开发观念。

郭尚平等人设计的方案将克拉玛依油田分成八个大区,其中第八区是在一条从东北到西南的大型断裂带——克乌大断裂以南的一个大区。该区由于当时勘探很不成熟,数据极为稀少,没有被列入开发设计的范围。因此,他们实际的设计范围是克乌大断裂以北的七个大区,每个大区又被划分为若干小区。由于克拉玛依油田规模较大,每个小区的范围极为广阔,地层情况极为复杂,而且是国内

第一次进行此类设计,难度极高。

石油埋藏于地下,看不见,摸不着,只有依据地质资料和试采数据才能做出较为准确的判断。但当时克拉玛依油田地质资料并不充足,这给设计工作增加了难度。另外,不同的井虽然在同一个区块,但渗透率等参数也会有很大差异,地质参数分布极不均匀。针对这种情况,郭尚平等人采用的分成小区的办法实现了分别对待、对症下药的效果,克服了"一刀切"的弊端,在一定程度上解决了油层参数非均质的问题,提高了开发效率,降低了油田开发成本。

在最终形成的《克拉玛依油田Ⅰ—Ⅳ区初步开发设计》中,一区开发方案是最先进行的,于1958年3月至1960年6月率先完成。一区的方案也是《克拉玛依油田Ⅰ—Ⅳ区初步开发设计》及《克拉玛依油田修正开发设计》的重要组成部分。一区方案虽然只是整个设计工作的一部分,但起到了示范作用,带动了其他区块设计方案的全面展开。

初步设计对克拉玛依油田地质情况进行了详细的研究,认为中三叠统克拉玛依组是主要工业产油层,岩性大致相同,由砂岩、泥岩和泥质岩的互层组成,夹有砾岩透镜体,自下而上分为克下(T_2k_1)和克上(T_2k_2)两组油层,属于单斜构造断层遮挡或岩性、地层封闭油藏,油藏天然驱动类型以溶解气驱为主[44]。

初步设计对克拉玛依油田一区进行了边内切割注水、溶解气驱、面积注水三种开发方式的水动力学计算,由于克上组缺少储层物性、油层温度、流体物性及化学性质资料,不具备计算条件,只对克下组进行了计算。通过计算得出注水驱油各项指标均优于溶解气驱的结论。根据中国在发展石油工业方面国民经济计划的要求,在设计中提出边内切割行列注水和面积注水（边内注水的一种）加速开发油田的方法，考虑到一区油层条件较好的情况，建议采用行列注水保持压力开发，并选择一些井先行开展注水试验。对于克上组没有做具体部署，但在"生产层的划分"一章中有过这样的提示：当还未取得质量高的和数量上较多的资料之前，就做出 T_2k_1 和 T_2k_2 可能合为一个生产层的最终结论似为时过早。

在初步设计中，郭尚平等人在结论和建议中提出存在的主要问题是资料不够。为了编制全面开发设计需要对油田做进一步的研究，要求钻一批构造井，在克下组全部取心，生产井克下组也要取心，用岩心和地球物理方法获得的资料研究生产参数，特别是渗透率；对系统试井也提出了要求。但是，当时国内原油生产任务十分紧迫，主要精力集中在搞夺油大战抓原油产量上，对取心资料工作没有引起足够重视，初步设计要求取的资料没有全部到位，给后面的方案设计工作带来了不利的影响[44]。但郭尚平等人还是克服困难，使初步方案如期完成。

新疆克拉玛依油田是当时中国的第一个大油田，中央领导和石油工业部领导十分重视科学合理开发工作大油田。1958年9月，朱德副主席到克拉玛依油田视察。郭尚平作为科技人员代表和两位苏联专家在群众队伍前头欢迎朱德同志，并担任朱德同志与苏联专家交流的翻译。朱德同志还询问他的工作情况，并鼓励他们要做好油田开发设计多拿油，拿好油，尽力节省投资。

在当今大数据获取信息易如反掌的信息技术时代，已经很少有人能够想象那个年代在油田进行一项科学研究和开发设计所付出的巨大努力。仅以计算工作为例，当时的计算工具很落后，主要工具是算盘和计算尺,手摇计算机都极为稀缺。当时手摇计算机在国内是十分稀少的先进工具,在整个克拉玛依也就只有几台,借来借去的用起来很不方便,所以郭尚平等人使用的计算工具还是以算盘和计算尺为主。

绘图的工作量堪称巨大。绘制文件采用手工绘制底图然后再晒制蓝图的方式,要求精细度很高,劳动强度很大。郭尚平等人加班加点地绘图,很多人吃不消,时常出现中途去医院的事情。郭尚平就鼓励大家说,我们是来搞会战的,克服一下就过去了,天下没有战胜不了的困难!

资料的复制都是采用油印的方式,蜡纸制版采用手工刻字和手工中文打字两种方式。几个月下来,资料像小山一样堆在办公室里,不计其数,让他们自己也怀疑这些工作是不是自己干出来的。但正是在这种艰苦的条件下,依靠简陋的工具和大会战的精神,创造性地采用地质研究分析、渗流工程计算、经济分析三者紧密结合优化方案的技术路线,向中国第一个大油田——克拉玛依油田的初步开发方案发起冲锋。

四、边内切割行列注水方案

在设计方案中,注水驱油开发是最为重要的问题,采用何种方式注水成为开发设计首先要解决的问题。注水开发的原理是:当油层内天然驱油能量不足时,原油就不能从地层内流向采油井,此时从地面通过注水井向地层内注水,以补充能量,保持地层压力或恢复地层压力。地层内的能量不断得到补充,地层内压力随之不断上升。当地层压力升至高于采油井底压力时,原油就会不断地流入采油井内，再从井底采到地面。在油田开发过程中，注水可以提高油田开发速度和采收率。

克拉玛依油田一至八区的油井并非自喷井，必须进行外部加压才可以采出石油。在这种情况下，郭尚平和开发组的专家经过仔细研究，提出从油田开发开始就采用注水驱油技术进行开采。注水的方式多种多样。裂缝的分布规律、储层的地质特征、油藏的物理特性等，都是选择注水方式的重要依据。

一般情况下，注水可以分为以下几种方式：第一是边外注水。注水井按一定的方式——一般是与等高线平行，分布在外含油边界附近，向油层中注水。这种方式最先在苏联的杜依玛兹油田（1946—1947年）采用[31]。第二是边缘注水，也称缘上注水，其注水井分布在油藏的油水过渡带。第三是边内注水，注水井分布在含油边界以内。对于面积较大的油层，经常采用边内注水开发。边内注水又分为行列切割注水和面积注水，二者是按不同的几何形状将注水井及采油井部署成一定形状的井网，注水井将油藏切割成许多小区或小区块状开发单元进行注水采油。

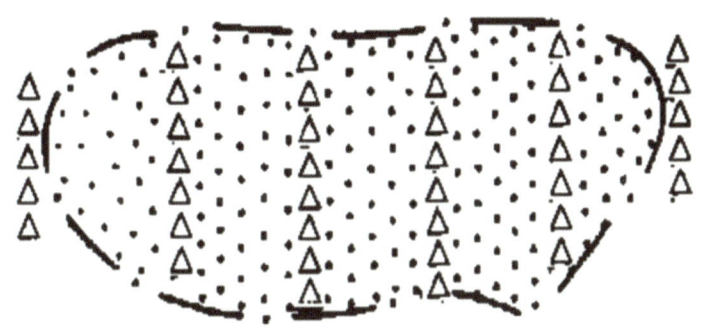

边内行列切割注水示意图

边内注水时经常采用边内切割（即边内行列切割）注水。边内切割注水就是利用注水井排将油藏切割成较小的单元，每一个切割区可以看成一个相对独立的开发单元，分区进行开发和调整。可以根据油田的地质特征选择切割井排的最佳方向、位置及切割区的宽度，即切割距离。边内切割注水的好处是能一次全部动用一个面积很大的油藏的储量，使油藏一次投入开发，从而提高采油速度和采收率。边内切割注水实质上是为了加强注水影响，增大注水受益面积，提高采油速度，提高原油产量和采收率。

在中国，玉门油田开发也曾经进行过注水驱油。1955年，为了解决玉门油田边缘注水出现的问题，童宪章提出一种层内注水方案。但并不是在油田开始开发时即注水，更不是先期注水，而是在油田已经开发相当长时期后注水。另外，在规模上玉门油田较小，远不能和克拉玛依油田相比，总体上其参照意义十分有限。采用何种注水方式，成为摆在郭尚平等人面前的重要问题。

最终，郭尚平等人在地质研究的基础上，参考苏联油田进行的边内切割注水的经验，提出在克拉玛依油田采用边内切割行列注水的方案，用油田注水井排将油田分成若干个较小的区域。每个小的区域在没有充足的地质资料的情况下，井排之间的距离以及井排内各井间的距离通常是相同的。注水井排的形状、方向和位置根据实际情况确定。他们运用地质分析、渗流计算开发指标和经济分析的方法，解决了注水井排和生产井排的位置、排距及井数、井位和井距等诸多难题。

边内切割行列注水方式的优点主要有两个：一是可以根据油田的具体地质特征选择最佳的切割井排形式、方向和切割距；二是可以根据油田生产期间获得的更详细可靠的地质资料，进一步调整井网和注采层系。另外，这种方法将大油田分成了若干个小区块，每个小区块可以看成一个独立的单元，有利于后期的调整及进行高效开发。

但是，采用边内切割行列注水方式需要具备一定的条件：一是油层分布面积大，沿着注水井排可以形成比较完整的切割水线；二是每个切割区内布置的生产井与注水井之间有较好的连通性，以保证注入水能比较好地传递到生产井排。

在设计边内切割行列注水方案时，郭尚平等人充分考虑了以下几个问题：一是当油层横向性质变化较大时，可能会使部分注水井处于低渗透地带，造成注水效率不高；二是同一切割区内，内排与外排生产井受注入水的影响不同，开采不均衡，外排井的生产能力大、见水快，而内排井的生产能力不易发挥；三是注水井排两侧的地质条件不同时，会出现小区与小区之间生产状态不平衡。

另外，克拉玛依油田部分地区存在油层分布极乱、含油面积较小、油层性质复杂、油层渗透率差、流动系数低、非均质情况严重等问题，如果采用行列切割注水方式，由于注入水推进极不均衡且阻力较大，有效影响面积小，采油速度和采收率很低。因此，在这种情况下郭尚平等人就采用边内面积注水方式，最大限度地保持注入水对地层压力和油井生产的影响，确保原油产量和采收率保持在较好的水平。以行列切割注水为主、面积注水为辅，郭尚平在一个大油田的开发设计中采用了两种注水方式，体现了他在石油开发设计思想和具体开发方式选择上总是从实际出发的科学性与灵活性。

五、初步开发设计方案的审核

注水方式确定后,还要根据地质资料预测产油量、含水率和油层压力等的变化以及阶段采收率等,还要计算吨油成本和投资等经济指标等。这些问题都要在设计方案中给出答案。经过半年多的忙碌,他们为每个方案进行各种计算,绘制出各种生产指标和经济指标的曲线,经过综合对比的优化方法最终确定初步开发方案。

初步方案完成后,工作组首先向克拉玛依石油管理局领导进行汇报。管理局基本同意后,工作组再回到北京向石油工业部的领导进行汇报。初步方案汇报会由康世恩副部长主持,有关司局长和总司们处长们都参与听会评审。郭尚平代表工作组进行了全面的汇报,他讲得十分详细、认真。领导和专家们提出了很多问题,郭尚平一一进行了解答。我国第一个大油田的第一个设计方案,逐渐清晰地呈现在石油工业部领导的面前。初步方案得到领导和专家的认可,同时提出了一些修改意见。康世恩副部长原则上同意了工作组的初步设计。

1958年11月15日,也就是郭尚平在克拉玛依期间,石油工业部印发文件成立了石油工业部石油科学研究院,郭尚平新的工作地点在北京海淀区学院路石油科学研究院地质楼的四层。他的住处也从西城区六铺炕搬到了海淀区学院路石油科学研究院生活区5号楼3单元3层。在这里,郭尚平和罗广芳分到了一间住房,房子是60多平方米的两居室,两家共住。同居一处的是一个转业军人,也姓郭,夫妻二人有一个五岁的女儿。房子虽小,且是合住,但厨房洗手间设施俱全，在那个并不富足的年代，郭尚平夫妻已经心满意足。因此，从克拉玛依回来，郭尚平回到的家已经不再是六铺炕10号楼，而是海淀区学院路石油科学研究院生活区。

1958年12月初，郭尚平背着装满图纸和数据的大行李包乘飞机从克拉玛依出发。他乘坐老式双翅10座安东洛夫2型飞机，从克拉玛依飞到乌鲁木齐，换乘24座的单翅L-2型客机再飞到哈密，然后经酒泉飞到兰州，一天内三上三下。第二天，从兰州起飞先飞到西安，然后再飞到太原，转机后飞回北京。中途因气候等原因耽误了飞行计划，经过6天行程才抵达北京。其他人则乘坐卡车、火车返回北京，还比郭尚平早一天到达。

郭尚平乘机时间如此之长，主要原因是气候多变。几个月工作的劳累、旅途的劳顿，使郭尚平的身体十分虚弱，上了飞机就晕机，吐了个干干净净，下了飞机又吃不下东西。虽然备受折磨，但有设计资料在身边，他沿途十分谨慎小心。

1958年8—10月，全苏石油天然气科学研究所的专家来华与中国专家一道在克拉玛依和北京合作完成了《克拉玛依油田Ⅰ—Ⅳ区初步开发设计》。同年12月，中方派出郭尚平、陆勇、张瑞年组成油田开发工作组赴莫斯科，与苏方专家共同对上述报告做了补充和修改。在莫斯科，除了原来苏联专家组的同志外，苏联石油科学研究院的部分地质专家也参与了方案的审核工作，并提出了一些修改意见。

1958年,张俊在北京机场与苏联专家在一起
(左2张俊,左3沃伊诺夫,左4布钦,左5奥尔洛夫,左6翁文波)

1959年1月26日,在中方工作组和苏方工作组同时参加的会议上,全苏石油天然气科学研究所所长、苏联科学院通讯院士 А.П.克雷洛夫审查同意了设计方案。初步设计又经中方代表、石油科学研究院院长张俊和苏方代表、全苏石油天然气科学研究所副所长 А.维尔诺夫斯基批准,才算正式通过。

1959年春,郭尚平、陆勇、张瑞年在莫斯科全苏油田开发研究所
(图截自苏联苏中友好协会出版的《苏中友好》周刊1960年2月第7期封二,左2郭尚平,左3陆勇)

第八章 "五个首次"

1959年9月下旬,郭尚平在六铺炕石油工业部大楼向部长余秋里汇报克拉玛依油田的开发设计情况。余部长的办公室并不大,桌子很旧很小,体现出那个时代艰苦奋斗的特征。当时在场的还有石油地质专家余伯良,他是来接受余部长给他布置去松辽平原了解松基三井出油情况这一紧急任务的。余部长对余伯良指示:松基三井出油了,你立刻去现场了解一下详细情况,回来给我汇报。快去快回!

余伯良离开后,郭尚平向余秋里部长汇报了克拉玛依油田的开发设计方案概况。余部长听完后十分高兴,明确指出:开发设计必须做好!国家急需原油,你们要多出油、快出油,高产稳产,当然,不能损失采收率;国家经济十分困难,要尽力节省投资,减少投资!郭尚平表态说:"部长放心,我们一定按您的指示去做,为国家节约资金,为国家多出原油。"

也正是在这次汇报过程中,郭尚平第一次听到了松基三井出油的消息,这让他心头一阵惊喜,一是为这一喜讯而特别高兴,再是预感到自己将会有更新更重的任务去完成。

初步设计只是克拉玛依油田开发设计走出的第一步,按照事先制定的设计流程,完成修正设计(正式设计)才算真正地向国家交出了答卷。在初步设计的审批过程中,项目相关人员已经完成了大部分编制修正设计所需原始资料的收集、整理和鉴定等工作。初步设计审批结果出来后,1959年12月,开始了更为紧张的编制修正设计工作。

1959年12月,郭尚平随侯祥麟领导的中国观察员三人代表团赴苏参加经济互助委员会。开完会,郭尚平按照张俊院长的指示,留在莫斯科参观考察了几个研究所的科研新进展。1960年1月5日回到北京，准备第二天一早就立即赴克拉玛依参加编制克拉玛依开发方案的修正设计。谁知刚回到位于学院路的新家，便发起了高烧。由于已经决定第二天坐飞机去克拉玛依，日期不能更改，头脑清醒的郭尚平到家便说自己太累了，直接上床睡觉了。妻子见二十多天未回家的丈夫举动古怪，心中纳闷，却也不好去问。

昏昏沉沉地睡了没多久，郭尚平被烧得醒了过来，偷偷起来量了一下体温，38.5℃！再睡一会儿肯定就没事了，郭尚平这样安慰自己就又睡了过去。第二天早上，他感觉到有人在摸他的额头，是妻子罗广芳。丈夫的额头发烫，明显是在发烧。罗广芳又给郭尚平量了一次体温，38.6℃！妻子看着体温计急了，说今天你哪儿也不能去，什么工作也不能做，一会儿跟我上医院！

郭尚平只能耐心地解释这次修正设计多么重要，克拉玛依有多少专家在等他一起进行下一步工作，苏联三位专家已经先他一步赶往克拉玛依了，自己只是感冒，并没有什么大问题。边说边收拾行李，也不等罗广芳表态，推门而出，跳上汽车就直奔首都机场。

坐上了飞机，他感觉头昏脑涨，难受得很，但头脑还算清醒。他向飞机乘务员说明了情况，请求帮助。乘务员急忙找来晕机药和退烧药让他吃了下去，叮嘱他睡一会儿看看情况。坚持常常让神奇的事情发生，一路上飞机起飞三次又降落三次，郭尚平朦朦胧胧地熟睡了三次。当天下午，飞机抵达兰州，他走下飞机再次看到室外冬日的阳光时，顿觉浑身轻松、体健如常，体温降了，头也不晕了，是退烧药和在飞机上充足的睡眠让他恢复了健康。第二天，飞机抵达乌鲁木齐；第三天，抵达克拉玛依。他感觉自己的身体更加强健，充满了工作的渴望，也没休息就直接投入修正方案的设计工作中。

六、修正设计实现"五个首次"

1960年1—3月,苏方第二次派工作组来华,中苏双方工作人员在克拉玛依和北京共同完成了修正设计的准备、设计和编写工作。

修正设计工作,苏方工作组仍由地质矿物科学副博士维·维·伏依诺夫、技术科学副博士维·谢·奥尔洛夫和经济科学副博士阿·尼·布钦三人组成。中方工作组仍由油田开发渗流力学专家兼设计组组长郭尚平、油田地质专家陆勇和经济分析专家张瑞年三人组成。中方参加此次工作的单位还有石油科学研究院、克拉玛依矿务局、新疆石油管理局科学研究所、石油工业部新疆设计院、新疆石油学院、青海石油科学研究所、西安石油学院、四川石油管理局科学研究所等。

修正设计对于油层的认识没有大的改变,油层参数的数量和质量有所提高,一区克上组储层和原油物性参数得到补充,但设计报告仍认为,与克下组相比克上组资料准确性仍然要差些。在水动力学计算中使用了苏联在这方面的最新成果,通过不同开采方式的计算和经济分析,确定一区和二中区采用边内切割行列注水的开发方式。在对已有的资料详尽分析研究和对各种方案对比基础上,修正设计认为一区和二中区具备开发条件,其他各区(三区、四区、七区)还需继续补取资料,为编制开发设计做准备。部署结果如下:一区克拉玛依组采用边内切割行列注水,两套开发层系采用一套井网开发,二排注水井间夹三排生产井,注水井排全注,中间井排全采,第一排生产井单采克下组。克下组井距为250米×200米,克上组井距为500米×200米,部署采油井538口,注水井190口,设计初期单井日产油4.75~16.5吨,年产油174.74万吨,年

注水 225.3 万立方米。二中区克下组采用边内切割行列注水两排注水井夹五排生产井的开发方式，注、采井排总计 12 排，排距 300 米，井距 250 米，中央井排加密为 150 米。部署采油井 283 口，注水井 81 口，初期单井日产油 7.99 吨，年产油 74.59 万吨，年注水 98.14 万立方米[44]。

一区与二中区开发方案指标

区块	开发方式	层位	井网	注采井距 m×m	生产井口	注水井口	单井产油 t/d	年产油 10^4t	年注水 $10^4 m^3$
一区	边内切割行列注水	克下组	二排注水井间夹三排生产井	250×200	538	190	4.75	84.307	110.6
		克上组	利用 k_1 全部注水井和部分采油井	500×200	(166)		16.5	90.43	114.7
	小计	—	—	—	538	190	—	174.74	225.3
二中区	边内切割行列注水	克下组	二排注水井间夹五排生产井	300×250	283	81	7.99	74.59	98.14

注：（1）摘自《克拉玛依油田修正开发设计》，1960 年 6 月。
（2）一区克上组生产井（166）指的是中间井排克下组生产井补开克上组合采生产。

1960 年 2 月 20 日和 3 月 18 日，分别在克拉玛依矿务局和北京石油科学研究院举行了两次答辩。同年 6—7 月，中方第二次派遣工作组至莫斯科，由中苏双方人员在全苏石油天然气科学研究所对设计进行了补充和修改。7 月 19 日，在全苏石油天然气科学研究所向所长 А.П.克雷洛夫做了汇报，并获得同意。方案编制和审核过程中，由郭尚平等三人组成的专家组先后两次赴莫斯科全苏石油天然气科学研究所汇报审查方案，完成了中文、俄文两个版本各 10 万字的报告[41]。

值得一提的是，当时中苏关系已经开始破裂，但参加会审的苏联专家却没有受到影响，一直为方案的审查工作尽心尽力。除了石油专业不是国防军事或高精尖专业的原因外,还有一种可能就是当时全苏石油天然气科学研究所还没有得到关于撤销协助中国进行石油开发的任何正式通知,另外,中苏专家私人感情较好等原因也起到了一定的作用。更为可贵的是,当时全苏石油天然气科学研究所还应郭尚平的请求,准许他们借阅《苏联石油天然气20年发展规划》等秘密文件。

中苏科学文化技术协作项目之一、中国石油工业部石油科学研究院和苏联国家计划委员会全苏石油天然气科学研究所共同编制的《克拉玛依油田Ⅰ—Ⅳ区初步开发设计》于1959年2月完成,《克拉玛依油田修正开发设计》于1960年6月正式完成,经石油工业部批准,成为克拉玛依油田开发的基本依据。

这是中国油气田开发史上第一个经过科学的计算论证,基本符合油田开发科学原理的开发方案。虽然不尽完美,但却成效显著[41]。克拉玛依油田修正开发设计,主要采用边内切割行列注水,克上组和克下组两套层系一套井网合注合采。设计1960年产油162万吨,当年实际生产原油161.6万吨,占全国原油总产量的39%,是当时中国最大的油田[45]。

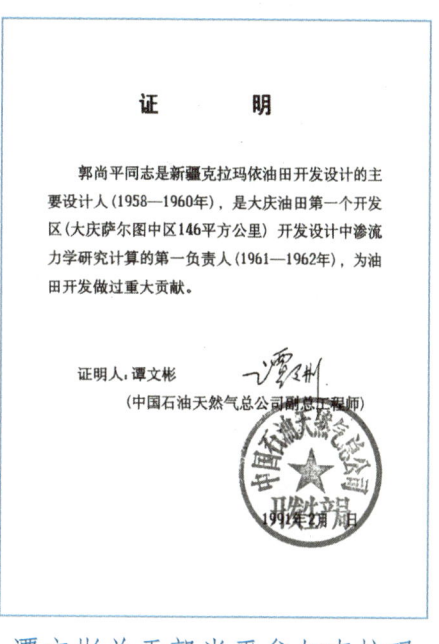

谭文彬关于郭尚平参加克拉玛依油田和大庆油田开发设计的证明

当时还没有大庆油田，克拉玛依油田的地位举足轻重，康世恩副部长曾幽默地说："克拉玛依要是打个喷嚏，石油工业部大楼都要颤三颤。"[46]

克拉玛依油田开发设计虽然开了一代先河，但也存在地质认识方面和实际执行方面的不足。张文昭①认为，把非均质的砾岩油层当作均质砂岩来对待，同时，由于缺少采油经验，注水没有跟上，因而出现油层压力下降、产量下降、油气比上升的被动局面。[47]但任何开发方案都是在实践中根据生产实际进展不断修改完善的克拉玛依油田的方案设计也一样；而注水没有跟上等问题与方案设计没有关系。

总的看来，作为中国第一个大油田的开发设计——克拉玛依油田开发设计实现了国内"五个首次"：首次在油田开发之始就制订科学合理的开发方案，使克拉玛依油田成为我国第一个从投产开始就按科学的正规设计开发的大油田；首次提出并贯彻重要的开发原则，在保证完成国家规定的产量长期稳产高产的同时，还要保证采收率高，经济指标好；首次采用地质研究分析—渗流工程计算—经济分析紧密结合优化方案的技术路线；首次从油田开发开始就大规模采用人工注水，保持油层压力，基本解决了产量递减太快、气油比上升太快、采收率太低、经济指标太差等难题；首次大规模采用边内切割行列注水和面积注水，基本解决了因各区面积太大、油层物性差且非均质性严重导致的靠边外注水效果不好的难题。

注释

① 张文昭（1931—），1951年毕业于南京地质探矿专修学校。1958年6月，石油工业部成立松辽石油勘探局时，任命他为主任地质师，为大庆油田的开发做出了巨大贡献。历任石油工业部勘探司副司长、中国石油天然气总公司总地质师等职。

第九章 助力「146」

完成克拉玛依油田开发设计不久，中国科学院在甘肃省兰州市筹建中国第一个渗流力学研究室，将郭尚平调到中国科学院兰州分院。但他在兰州工作了不到两个月，就又应石油工业部康世恩部长的召唤，参加大庆油田石油会战。在此期间，他完成了一生当中最为重要的两项科研工作：参与萨尔图油田146平方公里面积的开发方案设计（下称"146"开发方案）；建立了在大庆等油田开发设计中实际应用的"非均质油田开发过程的水动力学计算方法"，为大庆油田的长期、稳定、高效开发尽到了责任，为油田开发做出重大贡献。

一、离开石油工业部

克拉玛依油田修正开发设计完成后，郭尚平回到北京。当时，郭尚平的妻子罗广芳已毕业于北京外国语学院（现为北京外国语大学）并留校任该校团委宣传部部长。罗广芳坚持让瘦了一圈的丈夫休息几天，恢复一下身体再去工作。郭尚平一想到石油科学研究院刚刚成立，一大堆任务等着他去完成，大家都忙得不亦乐乎，自己哪有时间休息？他只好口头答应着，第二天一早又按时上班了。不过，他只上了一天班就接到石油工业部的通知，让他马上出发，随余秋里部长去克拉玛依油田和玉门油田检察工作。

1960年9—10月，郭尚平一直随余部长在西北地区油田现场忙碌，直到10月下旬的一天，一行人才踏上返回北京的路程。当天下午三点，飞机经停兰州，一行人在兰州饭店停宿一晚。这时郭尚平已经了解到中国科学院在上海和兰州分别建立了综合性很强的两大分院，就想借此机会去看一看，了解一下情况。听说郭尚平路过兰州，时任中国科学院兰州分院副院长的董杰马上联系他见面进行了一次长谈。

在谈话中郭尚平了解到，1959年2月2日正式成立的中国科学院兰州分院已在当年底建立了物理研究室、近代物理研究室、地球物理所兰州分所、西北地质研究室（包括石油地质研究室）、石油研究所分所（包括石油炼制、石油化工）等十余个开发大西北、建设大西北急需的研究机构。也是在此时，中国科学院将成立油田开发—地下水动力学研究室的工作纳入正式日程。董杰在谈话中介绍了中国科学院即将建立地下水动力学研究机构的计划，急切地表达了希望他返回中国科学院的想法，还说院部已经分配下来十多名大学生，就等他回来后开展工作。至于石油工业部方面能否放人，由中国科学院领导去协调，说来说去你也是中国科学院的人，应当不会有大问题。目前兰州分院已经建立了石油地质、石油炼制等研究机构，就缺少你这个石油开发研究机构了。您赶快回科学院吧。您回到科学院后，不要去北京的研究所，就到兰州来，我们一起建设大西北，开发大西北。不要留在科学院的北京研究所，立刻到兰州分院来。

听了董院长的话，郭尚平感到十分为难。当时，因大庆油田的发现，石油工业部北京石油科学研究院油田开发室全部科技人员已经全体转战到松辽平原参加会战。由于郭尚平忙于克拉玛依油田开发设计，在莫斯科进行设计审核等工作，回国后又随余部长视察西北两大油田，因此才没有与油田开发室的技术人员一道奔赴大庆。随余部长在玉门油田视察时，郭尚平还接到了谭文彬从大庆打来的电话，郑重地转告他说，康世恩副部长让我转告您在完成陪同余部长的任务后，尽快赶往大庆参加石油会战。因此，十分急切地准备赶往大庆参加石油大会战的郭尚平听了董杰的话后，陷入了左右为难的窘境。

大庆石油大会战和开发大西北两项任务都是极为重要的工作，石油工业部和中国科学院都是他的领导，他都应当服从，但却无法同时服从。郭尚平的实际工作关系和党的组织关系都在石油工业部，但人事关系在中国科学院。按照我国人事管理规定，人事关系在哪个单位就是哪个单位的干部，就要以这个单位的指令为主，首先要服从这个单位的领导和工作需要。而且刚回国时，石油工业部和中国科学院协商好是"借调"，如果中国科学院工作需要，可以调回原单位工作。想到这些，郭尚平感觉到自己可能应当回到中国科学院，不能赴大庆参加石油大会战了，内心不禁感到十分遗憾。

郭尚平的工作原则一直是服从工作需要，党叫干啥就干啥。不管是到兰州建设大西北，还是到大庆参加会战，只要组织的意见传达下来，他一定不讲条件，坚决执行。于是，他向董院长表态说，现在的情况是大庆石油会战要解决国家缺油的问题，需要我。中国科学院要建设兰州分院，解决西北地区科技落后的大困难，也需要我。这是组织对我的信任。作为一个共产党员，我坚决服从党的指挥、服从组织的分配。不管在哪里，我一定为党和人民的事业努力工作。

回到北京后，油田开发室主任谭文彬不在北京，郭尚平找到张俊院长汇报了兰州分院董杰院长的指示和自己的想法。张院长说，我已经知道此事；按现在石油工业方面的需要，特别是大庆石油会战很需要人，你实在是不能离开啊！但是，中国科学院特别说明当时是借调您到石油工业部，现在中国科学院要建兰州分院，其中有石油地质等机构，还要搞油田开发水动力学方面的研究，实在缺人，不得不调您回去，这我们都理解；好在他们明确表示，中国科学院成立油田开发—地下水动力学研究室,也是重点开展石油开发方面的研究,仍然是为石油工业服务;您即使回到科学院,还是为石油工业工作,随时可以参加石油工业部组织的大会战。您可以先回中国科学院,但是我们将商请中国科学院让您参加大庆石油会战。

就这样,两部委高层经过沟通后,石油工业部同意放人,让郭尚平回中国科学院工作。郭尚平没有丝毫犹豫,立刻带着妻子从繁华的北京来到荒凉的西北。1960年11月11日,郭尚平怀着建设大西北的雄心壮志和不能参加大庆石油会战的遗憾,与已经怀孕9个月的妻子罗广芳一起离开北京,乘坐火车奔赴兰州。经过两昼夜的跋涉,于11月13日抵达兰州,次日即去兰州天水路的中国科学院兰州分院报到,立即开始中国科学院地下水动力学研究室的筹建工作。

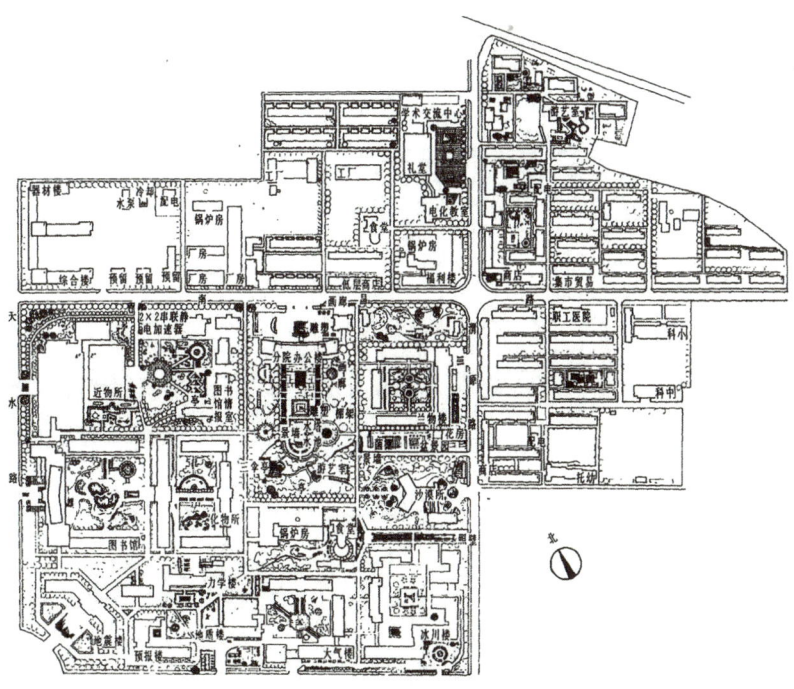

中国科学院兰州分院大院20世纪60年代总平面图[47]

当时的中国科学院兰州分院是西北自然科学研究工作的前哨，工作生活条件十分艰苦。心之所系，是国家图强，至于在哪儿工作、如何艰苦等，对于郭尚平来说并不重要。对于一名共产党员，越是在国土的荒凉之处，和祖国就贴得越近。

离开北京奔赴西北之前，很多同志都劝说郭尚平和罗广芳不要离开北京。中国科学院的同志说："你要回中国科学院，就到我们北京力学所来，到我们北京地质所来，我们正急需地下水动力学专家，我们欢迎您，立刻接受您，中国科学院院部也会同意的，您在北京研究所去西北出差工作就行了。"北京外国语学院不愿意放罗广芳走，党支部书记张淑筠动员罗广芳说："我们外国语学院工作需要你，准备培养你任校团委书记；老郭去建设大西北，你不必跟着去，留校继续工作；你在外院也已经分配了单人宿舍，什么条件都给你准备好了；你怀孕已经 9 个月了，很快就要生了，也不该离开北京。"罗广芳回答说："老郭他去建设大西北，我也跟他一起去建设大西北，你们让我走吧。"支部书记张淑筠也是罗广芳的闺蜜，看到罗广芳离校态度坚决，实在留不住了，就劝她说："你实在要走，我劝你俩千万不要转走户口，户口一定留在北京，就留在我们外院；如果户口转走了，就回不了北京啦。"罗广芳与郭尚平商量后，两人都认为，要去建设大西北，就扎根大西北；户口、粮食等等，各种关系都全转走，不要拖泥带水！就这样，他俩收拾行装，办好离职离京手续，很快就乘火车奔赴大西北。那时罗广芳已经临产，抵达兰州的第 9 天就分娩了。

二、筹建渗流力学研究室

渗流力学是研究多孔介质内流体运动规律及应用的学科。多孔介质广泛存在于自然界、工程材料和动植物体内，因此，渗流力学的研究范畴非常广泛，郭尚平把它们分为地下渗流、工程渗流和生物渗流。地下渗流主要有石油、天然气、煤层气、地下水等在岩石土壤内和地表堆积物中的渗流运动；工程渗流则是流体在各种人造多孔介质和工程装置中的渗流运动；生物渗流包括血液、淋巴液等动物肝、肺、肾、心等脏器、骨骼和软组织中的渗流，以及水分、糖分和气体在植物根、茎、叶中的渗流运动。渗流力学在环境、工程和技术等领域都有非常广阔的应用需要[49]。

渗流力学是多种工程技术的重要理论基础，诸如石油和天然气开采、土壤改良和水利工程、地下水的开发和人工储气库、水文地质和水文勘探、铁道工程及煤矿开采，甚至化工、陶瓷、冶金等工程技术，无一不与渗流力学密切相关。截至目前，渗流科学已经拥有 160 余年的发展历史。在这门学科的源头，站立着一个伟大的法国科学家，他就是法国水力学家亨利·达西①。他因 1856 年在供水试验研究中创立了达西定律，从而为渗流科学发展奠定了坚实的基础。

此后渗流科学飞速发展，目前已经进入了现代渗流力学阶段。在这一阶段，非牛顿流体渗流、非等温渗流、物理化学渗流、低渗透多孔介质中非线性渗流、微观渗流等复杂渗流研究也都取得了新的进展[50]。在这一阶段，渗流力学对石油勘探开发起到了重大

注释

① 亨利·达西（Henry Darcy，1803—1858），生于法国第戎，1826 年从巴黎一所公路工程学院毕业后，长期从事水利工程研究。1855 年 10 月，通过实验达西提出了反映水在岩土孔隙中渗流规律的实验定律，后人称为达西定律。

作用，国际上一大批科学家推动了油水两相乃至多相渗流理论的发展。

新中国成立之初，国内主攻渗流力学方面的科技人员寥寥无几，如何恰当地用汉字表述该学科的名称也经历了一段时间的争议。在美国等西方国家，渗流被描述为 Flow through porous media（多孔介质中的流动）或 Filtration（渗滤、过滤）。阿拉文的《滤流理论》一书中就称渗流理论为渗滤理论[51]，在卡佳霍夫的《油层物理基础》一书中也称渗流理论为渗滤理论[52]。

渗流一词在我国出现于20世纪60年代初期，在此之前，人们将渗流称为滤流、渗滤或地下水力学、地下水动力学等。60年代初，中国科学院在兰州地质所组建渗流力学方面的研究机构，起初曾称为地下水动力学研究室。但这个名称过于宽泛，针对性不强，并不确切。1963年，郭尚平和研究室全体科研人员经过讨论，将研究室的名称确定为渗流力学研究室。最终，因为渗流力学研究室逐渐被业内同行认可，渗流和渗流力学的表述才开始逐渐被中国力学界和有关工程学界所接受[50]。

为了建设渗流力学研究室，中国科学院调来了18名大学毕业生，其中包括6名留学苏联、罗马尼亚的大学生和研究生。郭尚平到岗后，中国科学院任命郭尚平为渗流力学研究室主任。1960年12月，中国科学院在兰州石油分所正式建立了中国第一个渗流力学研究室。1961年，渗流力学研究室又从石油分所（后改为兰州化学物理所）划入1960年2月成立的兰州地质研究所。

中国科学院兰州地质研究所的新大楼

在一穷二白的条件下建立中国第一个渗流力学研究室的任务是艰巨的。到兰州后，郭尚平就和十几个人忙碌起来。大庆油田横空出世的喜讯让郭尚平建设渗流力学研究室的劲头更足了，他相信渗流力学研究将给包括石油开发在内的多个生产领域带来变革性的力量。

在新中国的历史上，1960年是十分难忘的一年，自然灾害频发、经济困难加剧，国内各项事业百废待兴，这时建设一个科学研究室确实是一项十分艰巨的任务。年轻的郭尚平面对困难充满了信心与干劲，在资金投入十分有限的情况下，利用兰州地质所拨给他们的几间老旧房子迈开创业的脚步，他和自己手下的18个人一起动手，将房间整理一遍，没有花多少钱就有了工作场地。当家才知柴米贵，郭尚平精打细算地选购必要的实验器材、设备、工具和办公用品，必须让每一分钱都花得值得、花得明白。不能浪费国家一分钱，这也是那个时代创业者普遍拥有的气质。

到兰州后的第 9 天，1960 年 11 月 22 日，妻子罗广芳生下了大女儿郭小芳。研究室正在筹建初期，郭尚平全身心地投入其中，根本没有时间照顾妻女。罗广芳到兰州后，被分配到石油分所（兰州化学物理研究所）当翻译。她默默地一边干好工作，一边将家务全部揽在自己的肩上，支持郭尚平加班加点、全力以赴地工作。

1961 年 5 月，渗流力学研究室初建时部分成员及家属合影（左 1 杨老师，左 2 夏根宏，左 3 马效武，左 4 黄延章，左 5 吕耀明，左 6 李显英，左 7 罗广芳，左 8 郭尚平，左 9 李惕平）

渗流力学研究室的建设逐渐展开，表面上看，郭尚平与大庆石油会战的缘分已经越来越远，但事实上并非如此。在兰州工作了一段时间后，也就是 1961 年春节刚过，先是兰州分院收到石油工业部商调郭尚平去石油工业部工作的商调函，兰州分院回函明确表示难以同意。然后，石油工业部的电报陆续发到中国科学院兰州分院，先后三次请派郭尚平到石油工业部去参加大庆油田会战。但中国科学院领导考虑到渗流力学研究室的筹建正在进行，任务十分紧迫，没有放行。当初两大部委协商好的郭尚平要两边兼顾的工作思路遇到了阻碍。郭尚平本人不知道石油工业部曾发函商调自己去石油工业部，也不知道石油工业部三次给分院来电请派他赴大庆油田参加会战。

石油工业部丝毫没有被中国科学院坚定的态度所影响，铁了心地要让郭尚平去参加大庆石油会战。因此，当第三封电报发来的时候，与电报前后脚到来的是已经担任大庆油田研究站站长的谭文彬的电话，他直接打电话给郭尚平，以石油工业部副部长康世恩的名义介绍了大庆石油会战的情况，指出立刻要制订大庆油田第一个开发区的开发设计，务请郭尚平说服兰州分院领导，立刻启程参加大庆油田大会战。

听了这一番话，郭尚平才知道石油工业部已经多次来电催他动身奔赴大庆会战。对于矢志献身中国石油工业的郭尚平来说，国家的需要就是自己的职责。当时他对谭文彬的表态还是那句话：我个人没有意见，党叫干啥就干啥；我先向中国科学院领导汇报情况，然后抓紧时间安排一下兰州这边的工作，尽快启程去石油工业部报到。

大庆石油会战世界瞩目，包括甘肃省兰州市的石油行业职工在内的全国各行各业都在出人出力进行支援。从 1960 年 3 月底至 4 月初的半个月内，1 万多名石油工人按照会战指挥部的要求，从玉门、新疆、四川火速赶到萨尔图地区，奉中央军委之令转业支援的 3 万名解放军官兵，也星夜兼程到达萨尔图[53]。

在声势浩大、举国支援的形势下，郭尚平向兰州分院的领导汇报了大庆石油会战指挥部提出的要求，表达了自己渴望参加石油会战的心情。中国科学院兰州分院领导斟酌再三，最终同意让郭尚平参加大庆石油会战。

三、加入松辽油田开发设计工作组

1959 年 9 月 26 日，位于松辽盆地中央坳陷高台子隆起的

松基三井喷出工业油流，大庆油田横空出世，大庆石油会战揭开大幕。

大庆石油会战是在国家"三年困难时期"、苏联中途撤走全部援华专家的背景下进行的。如何克服困难，制订好油田开发设计方案，科学、长远、高效地开发大庆油田成为摆在决策者面前的主要问题。而解决这个问题首先遇到的最大困难就是搞清地下油藏基本情况，制订科学的油田开发规划和油田开发方案。

在没有开发超大油田经验的情况下，为了避免在大规模开发建设中走弯路，在余秋里部长的提议下，决定开辟一个油田开发试验区。开发油田的技术措施，先在试验区小范围试验，待取得经验后，再大范围推广[35]。1960年4月24日，大庆石油会战领导小组正式决定，将萨尔图油田中部作为油田开发的第一个生产试验区。1960年5月，萨尔图打的十多口探井相继出油，圈定含油面积480平方公里后，会战领导小组不失时机地在油田中部划定了一块22平方公里的生产试验区。后来扩大到30平方公里，约占当时圈定的480平方公里含油面积的1/22[35]。7月2日，成立了生产试验区指挥所。9月，决定开始开辟中部东区试验区。截至1960年底，在试验区已经钻成注水井121口，生产井101口，面积扩大到60平方公里[35]。1960年11月，在开辟生产试验区的基础上编制了《萨尔图油田初步开发方案》[54]。1961年5月，根据石油工业部党组和会战工委的指示，在北京和大庆两地编制萨尔图油田中区、东区、西区、南一区、北一区5个区块共146平方公里的开发方案。在北京设立石油工业部大庆油田开发设计研究组（俗称北京工作组），由松辽石油会战指挥部、石油科学研究院、北京石油学院、东北石油学院、西安石油学院、四川石油学院、中国科学院兰州地质研究所^①和四川分院力学研究所8个单位抽调和聘请的共约85人组成^②，工作地点在北京六铺炕石油工业部大楼第5层。与此相应，在大庆油田一线工作的则是石油工业部松辽石油会战指挥部地质指挥所的油田开发研究室、油田动态研究室、油层对比研究室等。同年，石油工业部党组决定秦同洛、童宪章、李德生、谭文彬为第一个开发区开发方案的负责人。

正是在这样的情况下，石油工业部向郭尚平发出了召唤。这是石油工业部的召唤，也是大庆油田的召唤。郭尚平接到命令后，经中国科学院研究同意，没有讲任何条件，回家收拾行李，告别妻子和只有几个月大的女儿，匆匆坐上了赴京列车。就这样，郭尚平在兰州只工作了几个月的时间，就返回北京参加大庆油田开发设计工作，正式投身到热火朝天的大庆油田石油会战之中。

被称为"谭老板"的谭文彬

北京工作组的实际领导人是谭文彬，组内专家们都戏称他为"谭老板"。"谭老板"的北京工作组下设地质、开发、渗流力学、经济分析等专业组。渗流组全称为渗流力学研究计算组，也常常被称为地下水动力学组。该组集中了石油科学研究院、中国科学院、部分石油学院的专家和科技人员，以及北京石油学院等学校刚毕业的翟云芳

注释
① 郭尚平和渗流力学研究室所属的上级单位。
② 大庆油田档案馆藏《萨尔图油田146平方公里面积的开发方案报告》，1962年7月。

等大学生共计20多人,由郭尚平担任组长,中国科学院力学研究所刘慈群担任副组长。该组的主要任务,一是研究油田开发指标的渗流力学计算方法,二是利用146平方公里的地质、生产数据计算各种开发方案的开发指标,如产油量、注水量、地层压力和各阶段采收率等在几十年内的变化情况。

刘慈群,1930年1月生于江苏省仪征市。1952年毕业于清华大学物理系,同年进入北京地质学院工作,1957年考取中国科学院力学研究所钱伟长先生的研究生。此次参加大庆油田开发工作组,配合郭尚平完成了萨尔图中区开发研究设计中的渗流研究和计算等多项任务。也正是共同参加萨尔图"146"开发方案设计的缘分,郭尚平与刘慈群成为在多项科学研究中的强力伙伴。"146"开发方案完成后,在郭尚平的力荐之下,刘慈群从中国科学院力学研究所调到兰州地质研究所渗流力学研究室,成为骨干成员,为中国渗流力学发展做出了重要贡献。

在编制大庆萨尔图油田开发设计方案过程中,郭尚平领导的渗流力学组的主要任务就是负责渗流研究和计算,为所有候选方案计算开发指标,研究开发指标计算的新方法。渗流力学组和其他组在北京期间进行油田开发理论和萨尔图油田146平方公里面积开发方案的研究工作,共完成14个专题研究报告[1]。作为石油工业部松辽油田开发研究组渗流力学组组长和开发方案设计的主要成员,郭尚平的意见、建议和所做工作为北京工作组制订"146"开发方案起到了重大作用。

注释　① 大庆油田档案馆藏《萨尔图油田146平方公里面积的开发方案报告》,1962年7月。

而此时在大庆油田现场的专家们也同样在为新中国的第一个特大油田而努力工作着。早在1960年,松辽石油会战开始后,根据康世恩部长的要求,以石油科学研究院科技人员为班底组建的石油工业部松辽石油会战指挥部地质所即常常被称为石油工业部松辽油田研究站,在现场努力工作,直接为会战服务[33]。在"146"开发方案设计开始后,以该所成员为基础成立的松辽油田开发研究组在秦同洛、童宪章和李德生等人的带领下,进行了大量的现场研究工作,为北京工作组提供了巨量的现场数据,真正做到了"地面上群众运动轰轰烈烈,地下资料扎扎实实;地面上各种工程通通顺顺,地下情况清清楚楚"[35]。

在萨尔图"146"开发方案设计中,关于大庆与北京两地研究机构的称谓问题,部分石油史类著作有过争议。部分史志将萨尔图"146"开发方案的设计工作人员分成了一线和二线,一线是指大庆油田现场科研队伍,二线则是指郭尚平所在的北京工作组。但据多位亲身参加过设计工作的专家回忆,事实上研究工作开展之际,并没有一线、二线之说,只称为大庆石油研究站和北京工作组。直到1963年后,也就是方案完成之后,才有部分上报的材料将负责基础资料研究上报的大庆石油研究站称为一线,将负责数据分析和方案设计的北京工作组称为二线。

从北京到大庆,郭尚平和一众专家披星戴月、废寝忘食地忙碌着。在会战的年代,没有人计较回报,没有人考虑待遇,他们想的只是尽快开采出松辽盆地的石油,甩掉沉重的中国贫油的帽子。石油人对国家和人民的热爱、对社会主义经济建设的贡献不是喊出来的,而是默默干出来的,是用血和汗流出来的。那个年代和那个年代的奋斗者,都浸润在一片火红的底色之中。

经过近一年的紧张工作，完成了开发方案第一阶段的研究和设计工作，提出了《萨尔图油田146平方公里面积的开发方案研究报告（草案）》，即萨尔图油田的初步开发设计。

北京工作组在北京的工作告一段落后，大部分专家和技术人员转战松辽平原到现场继续工作。1962年元旦，北京工作组聚集在石油工业部办公楼前拍照留念，共有76人在那个难忘的瞬间留下了自己的身影。但是，劳累过度的郭尚平被重感冒按倒在床上，没有出现在这张具有历史意义的照片上。设计组同事翟云芳在送给他的照片背面写着这样几个字：

"老郭：别忘了这么多的同志！郭尚平感冒生病缺席。翟云芳，62.3.31，北京。"

北京工作组成员1962年元旦合影

翟云芳在送给郭尚平照片背面写下的留言

四、会师大庆攻坚"146"开发方案

1962年4月,北京工作组转战大庆油田,与萨尔图的石油工业部松辽石油研究站科技人员合兵一处,开始联合攻坚。

临去大庆前,郭尚平短暂地回到兰州安排了一下渗流力学室的工作,然后从兰州直接坐火车到了哈尔滨,再转乘闷罐车经过5个小时颠簸才到达大庆油田。这是他第一次来到大庆,看到如此广阔而蛮荒的萨尔图草原,畅想着地下渗流着的原油,激动的心情足以与1952年准备留苏时第一次奔赴北京相比。郭尚平不是诗人,他只是石油战线上一名普通的科技工作者,没有更多的时间抒情与赞叹,他必须抓紧时间投入科研工作中。

到大庆当天,郭尚平被安排住进大庆会战指挥部所在地——萨尔图二号院,与石油工程专家朱兆明[①]住在一个房间。朱兆明是石油工业部地质勘探司采油处处长,在大庆也是一个十分繁忙的人物。他们白天一起参加或者是各自参加不同内容的技术活动,晚上常常是聊着大庆的未来和各自的工作情况,互相学习,取长补短。一直住到这一年的8月,直到郭尚平离开大庆油田赴京参加全国科学规划会议才分开。

在大庆油田开发史上,"二号院"声名赫赫。石油大会战开始前,会战前线指挥部设在安达县的一间小招待所里,被称为"二号院"。后来,随着石油会战的逐步深入,会战领导机关于1960年10月正

注释

[①] 朱兆明(1920—2019),山西太原人,中国共产党党员,石油工程专家。1946年毕业于西北工学院矿冶系。新中国成立后,历任玉门石油局设计院院长、石油工业部勘探司采油处处长、石油工业部石油勘探开发科学研究院总工程师等职。

式从安达搬迁到萨尔图。余秋里、康世恩等人选了几间干打垒式的平房办公，渐渐形成了集办公和居住功能于一体的会战指挥部[53]。这里也被称为"二号院"，但从外观看起来，与周边各二级指挥部的办公地相比并没有什么区别。

很长一段时间，萨尔图二号院成为各位领导、专家住的地方，也是大庆油田会战指挥部所在地，国家和省市领导人来大庆视察也常常落脚于此。余秋里、康世恩等老领导也曾在这里指挥气势磅礴的石油大会战。作为大庆油田开发建设的决策中枢，二号院也是大庆油田辉煌历程的重要见证，油田发展时期，这里还酝酿了许多油田开发建设的重大决策。被改建为大庆油田历史陈列馆的萨尔图二号院，在大庆油田发展史上占有极为重要的地位，是大庆油田几代石油人心中的圣地。

大庆油田"二号院"如今已经成为油田历史陈列馆

到"二号院"的当天，大庆石油会战指挥部副总指挥张文彬就来看望郭尚平。张文彬是郭尚平在克拉玛依工作时的老领导，一见面他就简要介绍了大庆石油会战的情况，指出了他们要分担的工作任务，还鼓励郭尚平和其他专家要向"铁人"王进喜学习，向工人阶级学习，把大庆油田设计好、建设好。郭尚平当时就表态说，参加大庆石油会战是党和国家下达的光荣任务，再苦再难也要保证完成任务。

到达大庆的第二天，郭尚平参加了由康世恩组织的大庆油田开发技术座谈会。大庆油田开发技术座谈会是大庆石油会战初期开始并逐步形成传统的定期研究技术问题的专业会议。第一次技术会议于 1960 年 4 月 9 日到 20 日召开，以后每年都召开一次，一直延续至今[55]。

当时，余秋里和康世恩经常在大庆召开这种形式的技术座谈会，参加的不仅有大庆油田的专家，还有来自全国各地的专家。会议室就在"二号院"的一间大屋子里，中间是一条长桌，四周是长凳，再往外还是一圈圈的长凳。余秋里、康世恩经常坐在中间，不断地向大家提出问题、不断地和大家讨论、不断地得出结论，然后进行验证、总结和修改。

北京工作组转战到萨尔图后，很长一段时间的会议主题就是与原来在大庆的科技人员共同讨论萨尔图"146"开发方案。参加座谈会的科技人员先后达六七百人。参会人员各抒己见，畅所欲言，经过多次热烈的辩论，基本达成了共识，得出了一系列十分重要的观点。主要有以下两方面：

一是石油开发工作者的岗位在地下，搞清楚地下的情况是油田

开发的基础。这种观点在当时具有很大的创新性，它科学地提示了石油开采前期的勘探、钻井、测井、地质、地球物理、试井、试采等数据的重要性，配合取准资料的重要性，真正认识地下情况的重要性，重申了理论联系实际的理念，对于指导大庆油田以及其他油田的开发都具有极为重要的意义。

二是强调地层对比。大庆会战时，为了解决油田开发中的问题，大搞地层对比，一口井一口井地对比，一个小层一个小层地对比，把各油层的特点搞得一清二楚。《余秋里回忆录》中记载，地质专家和科技人员在油田地质研究工作中，对油层进行逐井分小层的对比、分析，一天要对比300多层，计算3万多次[35]，可见工作量之大。

连续召开的开发方案技术座谈会以及深入生产现场的勘查验证，进一步完善了《萨尔图油田146平方公里面积开发方案》，为大庆油田的整体开发提供了样本。最为重要的是，大庆油田的开发设计是由中国自己的石油专家和科技人员独立完成的，没有依靠任何外国专家。这在提倡"独立自主、自力更生"的时代里，无疑具有重要意义。

1962年5月，该方案在大庆油田开发技术座谈会上讨论通过。1962年7月24日，中共松辽石油会战工委，向石油工业部部长余秋里并党组提交对萨尔图油田146平方公里面积的开发方案报告的意见，正式形成了《萨尔图油田146平方公里面积的开发方案报告》，并于1963年2月向原石油工业部党组做了全面汇报。同年4月，石油工业部党组批准了方案设计。随后，方案设计人员又对方案进行了全面系统的完善。

郭尚平在大庆参加了"146"开发方案的讨论、完善等工作，在付出艰辛努力的同时，也见证了一个伟大、科学的开发方案的诞生。

在方案编制接近尾声的 1962 年 8 月，周恩来总理来到大庆油田视察并看望参加会战的全体石油将士。郭尚平和众多专家一起有幸受到周总理的亲切接见。接见地点在大名鼎鼎的"二号院"，周总理神采奕奕地和大家逐个握手，平易近人的样子让大家十分感动。当走到郭尚平面前时，看到这个特别年轻的面孔，周总理便停下了脚步，亲切地询问他的工作和生活情况，并勉励他好好工作，说"国家太需要你们了"。

"国家太需要你们了！"自此以后，郭尚平就牢牢记住了周总理对他说过的每一个字，并将伟人的声音作为自己一生不断前进的动力。郭尚平知道，国家需要每个专家的奉献，而自己更需要伟大的祖国。因为没有这个伟大的国家在身后屹立，自己会无所依靠，失去方向。

五、流体力学专家与注水方案

周恩来总理在大庆接见石油会战专家，"地下流体力学专家"是毕业于清华大学地质系的康世恩对郭尚平所学专业的一种准确称谓。

地下流体力学也被称为渗流力学、地下渗流力学或地下水动力学，是流体力学的一个分支，是研究岩石、地层和土壤中的流体在多孔介质中的运动规律及其应用的科学。郭尚平等将地下流体力学应用于萨尔图油田开发设计之中，为油田开发方案设计提供油水产量、采收率和油层压力变化预测等方面的计算方法，为油田注水工程中的布井方案等提供基本依据，使油田的科学开采、规划开发成为可能，这在当时是很有意义的一项工作。

油田开发之前，要计算预测各种指标。例如，一口井、一组井、一个油田产量的变化趋势；是否需要注水，怎么注水；油气水在地层内是怎么流动的；如果注入工作剂，注入的工作剂在地层内怎么起作用，如何流动；油田开发一段时间后，还有多少剩余油，它们如何分布，怎么把剩余油采出来等，这些问题都要通过渗流计算和渗流实验来解决。

在石油开发领域，油田注水开发方式的确定是地下流体力学应用性研究的一项重要内容。作为当时中国寥寥可数的几位渗流力学专家之一，郭尚平领导进行的大量渗流研究和计算，为萨尔图油田确定注水方式提供了直接依据，为方案的最终确定发挥了很大作用。正因为注水开发的重要性举足轻重，一些非专业人士也将萨尔图"146"开发方案说成是"注水开发方案"。

在大庆油田开发之初的试验阶段，就高度重视注水开发方案的研究，这也是石油工业部三次发电催促郭尚平参加大庆油田会战的原因之一。

但是在何时注水、如何注水，专家产生了分歧。一部分科技人员是新中国成立前从美国留学回来的，一部分是新中国成立后从苏联留学回来的。留美的多半主张面积注水，理由是这样开采速度快，在一定时间里开发效益高；留苏的大多主张边内行列注水，虽然见效比较慢，但稳产余地比较大。当时美国的传统方法是先采油，到地层压力降到饱和压力以下后再注水,逐渐升高地层压力。苏联的做法则是先注水,始终保持地层压力的稳定性,然后有步骤、有计划地采油。一时间,对先注水后采油,还是先采油后注水这个问题也争论不休[53]。

在克拉玛依油田,郭尚平等采用的是油田开发开始即注水(早期注水),以边内行列切割注水为主、面积注水为辅的注水方案。在萨尔图试验区如何进行注水的问题上,郭尚平根据大庆油田面积大、层系多的地质特点,结合克拉玛依的经验,提出了采取边内注水方式有效地开发油田的建议,具体方案是边内行列切割,仔细划分层系注水。该建议最终被采纳,成为萨尔图"146"开发方案的基础。有专家认为,克拉玛依油田注水的这些经验应用到大庆油田后,又发展成为早期、内部、切割、分层注水,创出了当时油田开发的世界先进水平[57]。

在"146"开发方案设计过程中,专家们计算了开发区内地质储量和可采储量,对油田地质特征分布规律、油层压力系统做了深入分析和评价,提出了对开发层系的划分和井网安排的原则与方法,这都与郭尚平负责的渗流力学计算有着直接关系。水动力学计算的目的是确定表征开发过程随时间变化情况的定量指标,如油井和整个油藏的油、水、气产量,单井的压力和生产年限,油藏的总开发年限及原油采收率等[31]。可以看出,地下水动力学计算在油田开发方案的设计中占有重要地位。

油田开发过程中,如何注水、油气水在地层内的渗流情况、油田可采储量的计算、注水后油田采收率情况等,这些开发指标的计算问题都离不开渗流力学的支持,而科学的计算方法和计算公式则

是重中之重。正是在这种情况下，郭尚平为萨尔图 146 平方公里乃至大庆油田其他区块的开发做出了另外一个重要贡献——为非均质油层开发指标的计算预测建立了一套当时国际领先的计算新方法，这就是郭尚平和刘慈群共同提出的"非均质油田开发过程的水动力学计算方法"。

六、业内瞩目的水动力学计算

在大庆油田，非均质油田开发过程的水动力学计算方法也被称为概算法。这种算法于 1961 年 8 月由郭尚平、刘慈群于北京提出并在大庆油田开发中应用。

渗流力学理论和计算方法是逐渐进步的，从单相渗流发展到两相渗流、三相渗流，从均质多孔介质渗流发展到非均质多孔介质渗流。油田生产，特别是油田开发设计需要的渗流计算方法也从均质发展到非均质，从单相渗流发展到两相渗流、三相渗流计算方法。

开发指标的渗流计算涉及油田开发的方方面面，是油气田开采工程计算的一个重要方面，包括采油量、采水量、稳产期限、油层压力变化、可采储量、剩余可采储量和采收率等指标的计算；注水方面的指标包括综合含水率、含水上升率、注采比、注采井数比等指标的计算；另外，综合气油比、吸水指数、采液指数等也都是开发指标计算必须考虑的内容。从一定意义上说，萨尔图油田"146"开发方案设计的渗流力学计算主要就是围绕上述内容展开的，而完成这些工作需要可靠的渗流力学计算分析方法提供支持。郭尚平、刘慈群建立的非均质油田开发过程的水动力学计算方法就是大庆油田开发设计采用的当时国际领先的计算方法。

在"146"开发方案的制订过程中，计算开发指标最先使用的是当时苏联最先进的计算方法，也就是苏联巴利索夫、萨达诺夫和巴依舍夫等人建立的计算方法。但是，在渗流力学组人员进行的大量计算方案的基础上，郭尚平等人发现计算结果与油田实际生产数据差别太大，用苏联方法计算的折算渗透率与实际情况相比大大偏低，不能用以计算产液量、含油率、含水率。从其无量纲产量曲线及开发曲线也可看出，用苏联计算的指标普遍偏低。计算指标偏低，主要体现在原油产量递减偏快、开发速度偏慢、含水率上升偏快、关井时间偏早、相应的采收率偏低。郭尚平和刘慈群深入仔细地研究分析后，发现苏联方法存在错误。造成这种错误的主要原因是在非均质条件下，对水驱油的非活塞性因素计算是错误的。

油田的非均质性就是由于沉积环境、物质供应、水动力条件、成岩作用等影响，使储层的不同部位在岩性、物性、产状、内部结构等方面存在显著的差异，这种差异被称为油层的非均质性。一般把储层非均质性分为宏观非均质性与微观非均质性。宏观非均质性包括层间非均质性、层内非均质性等；微观非均质性指孔隙、裂隙及孔群的地质参数的非均质性。萨尔图"146"开发方案设计的地质研究和渗流力学计算工作中，十分重视油层非均质性的影响，这在当时世界石油开采领域也是绝无仅有的，充分体现了大庆油田开发的科学性。

在油田开发设计领域，计算分析方法也是不断发展、逐渐进步的。在较早时期，由于世界上还没有可用的统计计算分析储层非均质性的方法，在油田开发初期井数很少的条件下，难以提供足够且必要的渗透率等地层参数，在这种情况下，在考量渗透率时会把非均质油层假设为均质油层,根据少数的探井、数据井按大层段、大平均的方法求出平均参数。为了在数学上处理方便,又将油层简化成规则的几何形状,然后代入公式,并考虑非均质校正,粗略地计算出各种方案的开发指标,在此基础上进行经济分析。显然,在科学发展的这一阶段,地下水动力学计算的开发指标精确度是不高的,因此,在此基础上制订的开发方案也是不完善的。苏联的罗马什金油田第一个总体方案是由苏联油气科学研究所于1949—1956年编制的,该方案的主要内容是边内注水,这种注水方式可以使开发系统发生根本变化,大大提高油田开发的技术经济指标,但是没有充分考虑油层的非均质性因素。[40]

"1948年以前,均质液体的地下水动力学的基本原理获得了发展,因而能够对不同的油田开发方案进行计算。但是,油田开发设计工作的进一步发展,又给水动力学家们提出了一系列新任务。实际设计工作也要求简化最常用的水动力学计算方法,以使这些计算能够得到普遍和广泛的应用。"[31] "在编制油田开发初步方案时,设计人员所掌握的油层储油性质资料,通常还不许可在计算中考虑常见储层性质不均匀分布的情况。因此,在这一设计阶段,在计算中使用储层数据的平均值。"[31] 从20世纪60年代在苏联出版的著作中的这两段文字可以看出,当时苏联油田在进行油田初步开发设计时,对油层的非均质性考虑较少,处于笼统的分析计算阶段。但他们也承认,采油的完整程度和采出水量这样非常重要的指标,不仅取决于开发方式、一系列油层参数的平均值、油和水的黏度等,在很大程度上也取决于油层的非均质程度[31]。克雷洛夫认为,油层结构的详细情况和油层的基本参数,特别是渗透率在横向和纵向上的变化，在开发设计阶段通常还不可能弄清楚。在这一阶段，根本不可能指出油层任一点的厚度、渗透率和孔隙度的具体值[31]。反过来说，如果想要在方案设计中考虑非均质因素的影响，就一定要知道油层的厚度、渗透率等众多地下油层的详细情况。正是在这样的情况下，为了攻克非均质油层的计算难关，大庆油田开始了细致入微的地下资料搜集整理工作。

关于大庆油田初期的开发计算方法，闵豫曾著文回忆说："按照以往从国外学到的方法，是把油层分组分段进行研究，得出油层分组分段的各种参数（厚度、孔隙度、渗透率）的平均数，再按这些数字绘制分组分段的油层平面变化图。我们在大庆会战刚开始时，也是这样做的。可是，用这种方法得到的认识是不是符合油层的实际情况呢？当时我们从地下取出来的油层岩心中看到，每层油层的性质差别很大，当时我们就想到把性质好坏不同的油层放在一起加以平均，其平均数既不代表好的油层，也不代表差的油层。而且从邻近井的油层情况对比中，也看出各个井下的油层很不一样，变化比较大。"① 另外，由于油田采用注水方式进行开发，对分层油层连通情况的了解更加迫切，用大平均方法不但不能指导注水开发油田的工作，还会造成很多假象和错觉，使开发工作陷于被动。在此情况下，"146"开发方案设计之初就进行了油层对比、小层动态研究等工作。可以说，分层对比等多项技术的突破为非均质油层的渗流计算打下了地质研究基础，实现了按照油层固有的层次分层去研究油层，计算各项开发指标的目的。

注释　① 大庆油田开发研究院内部资料：闵豫《大庆油田开发研究报告集》，1966年。

当时的世界石油界也出现过考虑渗透率非均质性的水动力学计算方法的研究，但是由于其未考虑水驱油的实际过程，在工程计算中没有得到应用推广。此后，苏联的 Борисов、Саттаров、Баишев 等于 1959—1960 年提出了更好的既考虑渗透率非均质，又考虑水驱油非活塞性的计算方法[58]。该方法可以在油田开发初期地质资料数据不多的条件下应用，但是郭尚平等人在大庆油田进行大量计算后发现，这种方法在萨尔图油田的计算结果与实际相差甚远，这是为什么呢？

郭尚平与刘慈群研究后发现，苏联的计算方法至少还存在以下几个值得商榷之处：一是该方法将水驱油非活塞性折算为渗透率非均质时，忽略了非活塞性引起的流体运动阻力变化，其数学表达式是错误的，由此引起计算的折算渗透率与实际情况相差悬殊；二是该方法在计算非均质油田产液量时，假定油田为均质非活塞性的，但郭尚平进行深入研究分析后发现，该假定并没有任何可靠的根据，特别是当油田出水后，这种假定的不合理性更为突出，因此，根据这种假定计算出的产油量、产水量等开发指标明显缺少可靠性；三是用这种方法进行油田开发工程计算时工作量较大，在那个没有电子计算机的年代应用起来十分困难，油田开发设计往往需要在较短的时间内计算和对比几十、几百甚至几千个设计方案，设法减少计算工作量势在必行。

在这种情况下，郭尚平、刘慈群为了给油田开发方案的制订提供更完善、更准确的依据，在考虑前人方法合理因素的基础上，建立了自己的渗流力学计算新方法。该方法比当时国外的方法更正确地考虑了水驱油非活塞性和油田渗透率非均质性对渗流过程和计算开发指标的影响，比前人方法的理论基础更正确，计算精度更高，计算速度更快，计算工作更简便，在大庆油田和其他油田得到广泛应用。

郭尚平和刘慈群建立的这套计算方法由两种计算方法组成。第一种方法是将非活塞性影响折算为非均质的影响，也就是将均质非活塞性的原始流管换算为由很多均质活塞性更小的流管（次生流管）组成的非均质活塞性原始流管。根据每个次生流管内油水边界的运动状况进行计算，然后按叠加原则算出全油层的油水运动系数及油层水淹系数。由此就可以求出全油田的油水产量、含水率及采收率等。

第二种计算方法实质是把流管单元中水驱油都看作均质非活塞性的，因而首先对流管单元进行均质非活塞性计算，然后根据渗透率分布规律把结果叠加，得出非均质油田或油层的产油量、产液量、见水时间及水淹系数等计算公式。

这两种计算方法都正确地考虑了油层渗透率非均质性和水驱油非活塞性的影响，计算出的结果与油田开发实际情况相当接近。而且，由于这两种方法对渗透率非均质性和水驱油非活塞性的考虑是相同的，即理论基础是相同的，因此两种方法的计算结果极为一致。而在工作量上，这两种方法计算的开发过程比前人方法约少 2/3。

郭尚平、刘慈群建立的非均质油田开发过程的水动力学计算方法应用于某油田的开发指标计算时，需要注意计算式中的有关参数应该用该油田自己的参数，例如，油田的孔隙度和渗透率、非均质分布规律等。其中，渗透率分布函数是代表该油田渗透率非均质性的重要数据，只有井数、地质数据（包括渗透率数据）足够多时，才能用数学统计方法获得该油田的渗透率非均质分布规律。井数越多、地质数据越多，这项统计规律越可靠。

这套计算方法与苏联方法相比，理论基础更正确，计算精度更高，程序更简化，工作量更少，且易学易用，成为制订总体方案时计算预测大庆油田初期开发过程各项主要指标的计算方法，如平均单井产量、生产井排见水时间、油井含水率与采出程度关系变化规律、采收率等。这种计算方法在大庆一度被称为"概算法"，得到大范围的推广应用[58]。其科技水平在当时世界油田开发领域居国际领先地位，不仅使编制大庆萨尔图油田146平方公里方案时计算开发指标有了更科学、更可靠的渗流计算方法，也为大庆油田其他开发区的初步开发方案设计及其他油田的开发设计提供了强有力的技术支撑。

该方法还被列为中华人民共和国国家科委《科学技术研究报告》，编号0134（1964）。当时，很多人并不理解获得国家科委科研报告编号的意义，纷纷议论说，入编国家科委编号说明这项成果得到了国家部委的认可，是一种鼓励。郭尚平说，不必议论了，把时间和精力放在科研工作上吧！记住，少考虑个人、多考虑国家，继续科研创新，为国为民才是我们工作的目标！

"146"开发方案获得通过后，郭尚平、刘慈群回到兰州，二人将该成果进一步系统化和具体化，写出了《非均质性油层开发过程的水动力学计算方法》论文。1963年10月，他们在上海举行的中国力学学会首次流体力学大会上宣读了该成果，引起了不小的轰动。1964年6月，该论文发表在《力学学报》上。从1961年起，这套方法在大庆、胜利、新疆等多个油田得到推广和应用。

七、方案出台为国争光

康世恩综合各种意见，高瞻远瞩地提出大庆油田的开发方针：保持长期稳产高产和当前合理产量相结合；实行大井距、小油嘴，早期内部注水[53]。目标是保持油田压力，提高油田采收率，确定了试验区的井网，按两排注水井之间打三排油井部署，排距600米，井距500米。

萨尔图油田"146"开发方案设计的主要指标：地质储量4.6亿吨，可采储量1.6亿吨。分三个开发区，北一区面积60.5平方公里，中、东、西区面积41.2平方公里，南一区面积43.3平方公里。设计总井数844口，其中注水井254口，生产井590口。第一阶段投产井数738口，其中注水井254口，生产井484口，第一阶段中间井排不投产。开发方案设计建成年产油能力550万吨，开发区产量十年保持稳定，年采油速度保持在3%左右，年产量为466.6万吨[59]。

萨尔图油田自1960年正式投入开发以来，到1964年底投产总井数达到804口，实现了第一阶段规划要求的投产井数，当年产油量达到54.77万吨，超过了1963—1972年配产要求的最高年产油量的52.75万吨。1966年投产总井数达到856口，完成了开发设计的要求井数，年产油量达到622.75万吨，单井平均日产量达35吨，按4.6亿吨地质储量计算，采油速度为1.35%。1963—1972年，平均年产油量达616.9万吨，超过了开发方案设计指标[59]。

总之，大庆油田的开发部署工作，是以对油田的正确认识和判断为基础，在实践中创立了一套合理的油田开发程序，使认识油田和开发油田紧密结合，开发部署研究方法摆脱了苏联脱离实际的做法，摸索出一套严格以地质为基础、以生产实践为依据，结合考虑地质研究、水动力学计算、经济分析的研究方法，应用这套方法在充分考虑油田特点的条件下，比较好地解决了开发部署中开采方式、层系划分、注水方式、井网部署4个关键问题，有力地贯彻了油田开发总方针，得到了较好的开发效果，闯出了属于自己的一条油田开发道路①。

1962年8月，"146"开发方案正式编制完成。该方案根据长期稳产高产的总方针，在具体实施中贯彻了以下原则：一是分阶段地动用可采储量，近期先开发萨尔图油田，杏树岗油田、喇嘛甸油田留作储备，以保证长期稳产高产；二是实行早期注水和油田内部横切割注水，使油井在保持油层压力下采油，以保持较长时间的自喷能力；三是合理划分开采层系，立足于对油层的认识程度，实行区别对待，采用不同井网开采，以利于调整；四是运用先进的采油工艺技术，做到合理配产配注，以严格控制注采比和采油压差的平衡；五是始终重视取全取准第一性资料，时刻掌握油田动态；始终重视施工质量，钻井、固井、射孔和地面工程都要达到优等质量。1963年4月，石油工业部党组邀请有关方面专家，经认真讨论和审查论证，批准了这个开发方案[45]。

注释

① 大庆油田开发研究院内部资料：《大庆油田开发研究报告集》，1966年。

《萨尔图油田146平方公里面积的开发方案报告》封面

《萨尔图油田146平方公里面积的开发方案》第一次明确了大庆油田的开发方针：在一段较长的时间内，实现稳产、高产，争取达到较高的最终采收率。具体要求每个开发区最高产量要稳产10年左右，全油田投入开发后要稳产20年左右。并确定了重要的开发原则，以注水为纲，实行早期内部注水，保持在油田压力条件下采油；在一个开发区内要留有足够的"小仓库"，以确保原油生产处于主动地位；合理严格地划分和组合开发层系，使每套层系都充分地发挥最大生产能力；发挥和应用先进的采油工艺技术；油田建设工程要高标准、严要求，严格钻井和固井质量；方案实施中要边实践边研究，慎重地开发好油田。

萨尔图"146"开发方案为大庆油田的长期稳定开发起到了巨大的作用。到1963年底，萨尔图油田中部146平方公里面积的第一期开发方案全部实施，建成年产原油600万吨的生产能力[45]。

《萨尔图油田146平方公里面积的开发方案》是以85口探井

资料、28000多块油层岩心的分析数据为依据研究制订的。根据现有资料，对开发区地质特征的认识比较清楚，对地质构造特点、油层分布规律、储油层和油层内流体性质、油层压力系统等的分析评价比较准确，对开发区石油地质储量和可采储量的计算及综合采收率的估计比较符合实际[60]。

余秋里在评价这个方案时指出：大庆油田第一个开发方案和第一套开发方针、技术政策，是在没有外国人参加的情况下，依靠自己的力量制订出来的。在大庆油田的开发中，实施这套方案和方针政策取得了成功，创造了当时世界上的先进水平，走出了中国自己的路子，大长了中国石油工作者的志气，增强了搞好石油工业的信心。这个方案执行顺利，采油效果显著，为注水开发理论发展和大庆油田开发发挥了重要作用[33]。

第十章

人工地层

　　一个真正的科学家，工作地点可以改变，生活待遇可以改变，但心中的创造之火要永远熊熊燃烧。从石油工业部到中国科学院、从萨尔图到兰州，在社会形势波诡云谲的 20 世纪 60 年代，郭尚平一直以一个普通科技工作者的初心坚守在科研第一线，在参与完成克拉玛依油田和萨尔图 "146" 开发方案设计的同时，还完成了国内第一个渗流力学研究室的建设，领导渗流力学研究室的技术人员发明了人工地层大模型模拟和测试技术，建立了小层动态分析计算方法，为中国渗流力学的发展奠定了一块又一块基石。

一、钱学森关注渗流力学研究室

　　在参加大庆会战期间，大庆石油会战指挥部研究站（即以后的大庆石油勘探开发研究院）邀请郭尚平去做演讲，主题是"石油开采与渗流力学"。郭尚平讲得很细心，学员们听得也很认真，在一双双渴望的明眸中，他感觉到一线科技人员对渗流力学有很大的兴趣，使他更加深刻地认识到建立渗流力学研究室的重要性，把尚在建设中的渗流力学研究室办好成为他此时的心愿。

　　1962 年 8 月，郭尚平在大庆萨尔图接到中国科学院的通知，去北京参加全国的《1963—1972 年科学技术规划纲要》的制定工作，就向唐克司长和谭文彬提出回京参加会议的请求。鉴于"146"开发方案的设计工作已经完成，水动力学组的任务圆满结束，部分专家开始陆续踏上了归程，唐司长、谭文彬代表大庆工委会同意了郭尚平回京参加全国科技规划会议的请求。

　　临走的那一天，唐克司长把他请到小食堂，让厨师多加了一道郭尚平平时爱吃的西红柿炒鸡蛋，算是为他饯行。唐司长还代表组织、代表大庆说了一些感谢和鼓励的话。那一刻，郭尚平有些恋恋不舍，不想与火热的大庆会战说再见。但他知道自己的职责所在，全国"十年科学技术规划会议"和兰州地质所渗流力学研究室还在等待着他，他别无选择。

临走时，大庆石油会战指挥部研究站的孙秘书给了他100元钱的差旅费。郭尚平说来往费用回到中国科学院后可以报销，一定不能要。但孙秘书还是硬塞给了他。郭尚平推脱不过，就收了下来。

带着一身劳累，也带着对大庆人的敬意与留恋，郭尚平乘车去北京参加国家科学技术发展《1963—1972年科学技术规划纲要》的编制。在北京又忙碌了半个多月，才返回兰州，回到处于建设进程之中的兰州渗流力学室。上班第一件事就是将孙秘书给的100元差旅费交给了渗流力学研究室的秘书卞学琴，让她上交给地质所财务科。

回到兰州，大庆那片黑土地的粗犷与辽阔虽然在眼前消失了，但是大庆石油会战人的呐喊仍然在耳边回响，火热的会战气氛仍然在眼前蒸腾。大庆人的创业从此在郭尚平的思想中扎下了根，并一直影响着他今后的工作与生活。

此次大庆之行，作为一名有着十余年党龄的中国共产党党员，郭尚平近距离地感受到了大庆石油会战的艰辛与壮烈，尤其是"有条件要上，没有条件创造条件也要上"的艰苦奋斗的创业精神带给他深深的震撼。从某种意义上说，此行不仅是他为大庆石油勘探开发添砖加

1962年的郭尚平

瓦的历程，更是一次浸润大庆精神铁人精神的心灵洗礼，是一次生动的爱国主义教育，他真切地看到了什么是英勇无畏，什么是大公无私，什么是革命到底。可以说，大庆之行为培养他科技报国的品格和坚定不移的革命信仰，提供了生生不息的动力之源，进一步坚定了他科技报国的决心。

1962年，我国国民经济仍处于困难时期。同年4月，中共中央西北局与中国科学院商定，撤销陕、甘、宁、青四省（区）分院，以兰州分院和陕西分院为基础，在兰州重新成立中国科学院西北分院。1962年12月，根据西北局与陕西省委商定意见，中国科学院西北分院迁到西安。由于在兰州的中国科学院所属单位较多，西北分院就在兰州设立"中国科学院西北分院公共事务管理处"，负责各相关院所的管理。

回到兰州的郭尚平丝毫没有受到单位编制变化的影响，一心一意投入科研工作之中。在中国科学院西北分院和兰州地质所领导下，兰州渗流力学室成立后一直蓬勃发展，从1961年初的18个人，发展到1964年的60余人。在研究领域，以油气开发为重点，渗流力学室取得了多项研究成果，引起了中国力学界的广泛关注。

渗流力学研究室的发展与中国著名力学家钱学森[1]、郭永怀[2]

注释

[1] 钱学森（1911—2009），世界著名科学家，空气动力学家，中国载人航天奠基人，中国科学院及中国工程院院士，"两弹一星"功勋奖章获得者。1934年毕业于交通大学机械与动力工程学院。新中国成立后，先后担任中国科学技术大学近代力学系主任、中国科学院力学研究所所长、第七机械工业部副部长等职。

[2] 郭永怀（1909—1968），山东省荣成市人，著名力学家、应用数学家、空气动力学家，中国近代力学事业的奠基人之一。1935年毕业于北京大学物理系。1957年被选聘为中国科学院学部委员。1968年12月5日因飞机失事不幸牺牲，12月25日被追认为烈士。

先生的关心不无关系。1963年10月21—26日，中国力学学会在上海召开了第一次全国流体力学大会，大会主席是"两弹一星"元勋、中国科学院力学研究所副所长郭永怀。在这次大会的渗流力学分组会上宣读的12篇论文中，有11篇来自郭尚平领导的渗流力学室，其中之一即是"非均质油田开发过程的水动力学计算方法"，足见当时渗流力学研究室的科学研究成果之显著。会后，多家报纸对渗流力学研究室的研究成果进行了报道。

在这次大会上，大会邀请报告主要有两篇，其中之一就是郭尚平代表渗流力学研究室宣读的《多相渗流研究的近况和展望》，另一篇报告是张涵信[①]院士关于国防方面的论文。郭尚平这篇报告经过整理，以论文的形式发表在1964年第5期的《科学通报》上。在这篇论文中，郭尚平简要地介绍了国内外渗流力学的进展及发展趋势，指出了多相渗流的特点、理论研究和实际应用情况，今后一段时间的发展方向，以及促进我国渗流力学发展的建议。

郭永怀先生在大会结束前将渗流力学研究室的科研情况打电话报告给钱学森先生。郭尚平的报告及其领导的渗流力学研究室的研究成果，得到了中国科学院领导的注意。会议过程中，郭永怀先生找到郭尚平，对他说，你准备一下，会议结束后马上赴京，向钱学森同志汇报渗流力学研究的整体情况。郭尚平问汇报的重点是什么，郭永怀说越详细越好。

当时，钱学森除担任中国科学院力学研究所所长外，还担任中

注释

① 张涵信（1936—2021），出生于江苏沛县。1958年毕业于清华大学水利工程系。1991年当选为中国科学院学部委员（院士）。中国空气动力研究与发展中心研究员，中国空气动力学会理事长。

国科学院副秘书长、中国力学学会理事长、国防科学技术委员会副主任等职，并当选为第二届全国人民代表大会代表。作为世界著名科学家和空气动力学家，钱学森一直密切关注着力学各个分支学科在中国的发展动向。郭尚平的研究引起了他的注意。他想见见郭尚平，想听听他的想法。

郭尚平按约定时间抵达北京后，立刻到中关村中国科学院力学研究所拜望钱学森。在钱老的办公室里，郭尚平向他汇报了渗流力学研究近况，展望了这门学科在能源资源、水利、农林、化工甚至国防工业等方面的重要应用价值。钱老用了整整半天的时间听郭尚平汇报，和他畅谈。谈话结束时，钱学森表示科学院会加大人力、物力的投入，将渗流力学研究室升级为渗流力学研究所；争取1964年开建渗流实验楼，1966年正式挂牌成立渗流所。

当时，中国科学院力学研究所在北京西郊的海淀区中关村。两个人在办公室聊得还不尽兴，钱学森又让郭尚平坐自己的专车一道回城，在车上继续畅聊。钱学森和他坐在后面，司机和一位保卫人员坐在前面，他们又在车上聊了一些渗流力学发展方向的问题。

当时，兼任中国科学院副秘书长的钱学森具有一定的行政决定权，因此他的意见得到了贯彻执行。1964年开始，在兰州盘旋路地质楼后面的空地上开建渗流力学实验楼，并筹备将渗流力学研究室升级为渗流力学研究所。那几年，钱老先生的支持与关怀令渗流力学研究室全体技术人员十分振奋，齐心协力地努力工作，从科研、管理到党团建设，不断取得优异成绩。这一年，渗流力学研究室以优异的表现被评选为中国科学院十二个先进集体之一。

没有想到的是，历史开了一个大大的玩笑，1966年，渗流力学实验楼建起来了，但郭尚平等渗流力学科技人员并没有搬进去。刚刚开始的"文化大革命"让造反派搬了进去，渗流力学实验楼成了造反派在兰州的主要活动基地，渗流力学研究室以及兰州地质所的科技工作实际上已经停滞下来。

二、从真地层迈向假地层

20世纪50年代后期，国内在油气渗流实验研究方面占压倒性优势的看法认为，物理实验只能用天然岩石模型或天然岩心才符合地下实际，否则就是脱离实际。当时主流的做法是用钻井取到的真实岩心进行实验，即岩心分析。当时做实验用的岩心只有二三厘米粗、五六厘米长，稍后出现了较大的岩心，也只有12厘米粗细。这种岩心只能测试一些物理参数，如渗透率、孔隙度等。而要想进行油田开发实验，至少要模拟一至两口井的生产情况，必须有较大的地层模型才可以进行。

用面积较大的天然岩石做实验模型是一种可考虑的方案，但天然岩石很难模拟一个地层的多层结构和参数非均质等特征；这种天然岩石模型很难大量供应，而每一项科学实验都需要多块模型。为了保证实验结果的可信性，还需要多块物性近似的大模型以便进行重复实验，但是，要准备两块或几块物理参数变化等都相似的天然岩石大模型极为不易。总之，一般的岩心分析只能实验研究油层物理参数；要研究油田开发问题，还必须探索研发有效的地层大模型模拟技术。

郭尚平在大庆会战期间，曾认真地学习过毛主席的《矛盾论》和《实践论》，深刻地认识到对待任何事物都要辩证地看问题，具体情况要具体分析。从岩心的物理化学性质来说，天然岩心更符合地层实际情况，这是正确的，所以岩心分析实验是一种很重要、很必要的了解地层的一些物性参数的科研手段。但是，如果要模拟一个井组、模拟一块地层，模拟研究油田开发问题，大模型，即使是人造大模型，就更接近实际了。因此，郭尚平认为，很需要研发基本满足实验要求的大模型模拟和测试技术。人造地层大模型和天然岩石大模型都可以考虑，但从各方面条件来看，可以先抓人造大模型。

经过反复思考，郭尚平认为，从当前的科技发展水平考虑，物理模拟研究油田开发渗流问题，还是应当先走人工地层大模型的技术路线。这项技术要能够有效模拟地层的形状、大小、厚薄变化、多层结构、非均质性，断层和裂缝的影响以及井数、井位、井别等，同时还要争取尽可能模拟地层岩石的物理性质和化学性质。

郭尚平并不是用一种技术代替或否定另外一种技术，而是提倡两种技术并存、互相补充。他提出的想法是：天然岩心分析与人工地层模拟各有所长，前者适用于地层岩心取样点地层物理参数的测定，后者适用于研究油田开发问题，二者相辅相成才能更好地研究地下渗流、油藏工程、提高采收率和油田开发问题。

理论上说得通，但人工地层模型的研制却十分困难。当时，国内很多院所都在进行天然岩心实验，技术已经成熟，但地层大模型的研究还是一片空白，国内还没有人研究，没有任何经验可以借鉴。轰轰烈烈的油田开发建设正在全国各地进行，急需各项技术实现突破，人工地层模拟和观测技术必须尽快开始，才能跟上国家石油工业建设日新月异的新形势。时不我待，郭尚平和他的科研团队于 1960 年 12 月正式开始这项研究，这也是渗流力学研究室建立后开始的第一项科研工作。

首先要解决采用什么材料制作大模型的问题。通过对多种材料进行反复实验，郭尚平决定采用石英砂粒和酚醛清漆为主要原料，经过特定的工艺试制人工地层。酚醛清漆是一种由纯酚醛树脂或改性酚醛树脂与干性植物油经熬炼后，再加入催干剂和溶剂等配制而成的清漆。在研发步骤上，决定先研制一种亲油的人工地层大模型，然后研制亲水地层大模型。

研发思路清晰后，郭尚平立刻组织渗流力学研究室的孙敏荣、马效武等科技人员开始研制工作，不久研发团队又陆续增加了吕耀明、马守信、刘泽阳等人。1963 年秋，从苏联回来的闫庆来加入研发团队，又增添了新的有生力量。郭尚平一直亲自领导并参与整个研发工作。

当时这种技术思路颇具革命性意义，兰州分院、地质研究所等领导都十分支持、鼓励郭尚平大胆创新，给了他充分的信任。但也有人对大模型方法的科学性提出质疑，郭尚平就耐心地讲解模拟原理以及人工大模型与岩心分析相结合的优势，指出二者结合可以更加全面、精细地为油田开发提供技术支撑。

思路虽然清晰，但研发工作却困难重重。一是资金上的困难，由于渗流力学研究室刚刚建立，缺少必要的实验场所、设备、资金，进行任何一个科研项目都困难重重。二是人员配置上科技人员短缺，大家只能打破专业限制，有活儿撸起袖子一起干。三是原料来源上的困难，经过反复筛选确定的酚醛清漆等原料，当时在兰州没有售卖，

只在西安、北京等大城市才可以购买到,但该原料属于铁路禁运物品,如果去大城市买就得托运,而办理火车托运必须达到一定数量才可以。他们做实验的用量很少,如果大量购买势必造成较大浪费,这在当时国家经济困难的情况下是犯罪的行为,郭尚平坚决反对。

大家经过反复思量,选择违反铁路规定按需购买。孙敏荣同志主动承担了这项违纪任务,到西安购买了适量酚醛清漆后,放在小塑料桶中藏好,尽最大努力做好安全防护后上了火车。好在当时铁路安全检查并没有高科技的手段,所需的酚醛清漆被成功带回兰州。之后,渗流力学室又完成了河砂等材料的精选任务,实验所需的各种原料陆续得以解决。

人、原材料、设备、工具基本具备,下面的问题就是如何克服各种技术难关研发模型,人工地层研发的真正考验也随之到来。

三、坚决不去疗养院

20世纪50年代末、60年代初,中国经济陷入了空前的困难时期,一切建设活动都要在节省成本上努力。人工地层制作所需的酚醛清漆来之不易,人工地层模拟技术面对的第一个问题就是如何在确保研发成功的前提下,避免原材料和资金的浪费,使成本降到最低。

当时,苏联已经研制出一种人工地层,但只是初步的不完善的地层实体,存在两个问题:一是没有研制出包裹地层的外壳,无法进行不同压力下的渗流实验;二是没有研发能够观察地层模型内油水等流体渗流情况的观测技术;三是苏联的人工地层技术是二次成型技术,程序多、技术复杂、工作量大,成本高、耗时长,不利于推广应用。存在如此之多没有解决的问题，是造成在世界范围内大模型在石油开发领域没有真正利用的主要原因。

要想研制成功人工地层大模型，郭尚平团队必须解决苏联科学家没有解决的问题。经过反复实验，渗流力学研究室成功完成了人工地层大模型研制和观测技术。主要做法是：将石英砂粒和清漆按一定比例掺兑后，采用合适的化学方法和物理方法一次成型，最终制成不同形态的地层模型。

液体在地层模型内的渗流实验过程中，模型内各点必须保持一定的压力。如何解决人工地层模型的承压问题呢？郭尚平和大家讨论后形成了这样的意见：如果想要保证地层模型能在必要的压力下工作，必须设计一个能承压的密封壳，将人工地层内置其中开展实验。经过反复实验，他们最后采用环氧树脂材料制作低压模型外壳，从而解决了地层压力保持稳定的问题，进一步完善了人工模型。

苏联的二次成型技术程序复杂、费时费工，不利于技术的推广和应用。研制成功一种较实用、易推广的技术才能更好地为石油科学研究服务。郭尚平团队经过无数次实验，最终研发成功一次成型的人工大地层制作工艺。一般情况下，一次成型技术与二次成型技术相比，制模程序少、技术简易、工作量小、成本更低，可以较快地制成小批适用的地层模型，及时供给实验研究使用。

在人工地层研制和测试技术准备的过程中，郭尚平做好了同各种技术难题做斗争的准备，但并没有做好同疾病做斗争的准备。1962年，在大模型工艺和观测技术的研发即将完成，正准备向下一个目标迈进时，郭尚平感染了肺结核病。一开始，他感觉低烧胸闷，并没有在意，吃了几片去热止痛片，仍然坚持工作。但是，十几天下来，身体没有好转的迹象，人也逐渐消瘦下来。妻子罗广芳感觉丈夫的病并非感冒发烧那么简单，不由分说，将他带到甘肃省人民医院进行检查。验痰验血做胸片，一通检查后，一个十分惊人的结论出来了——郭尚平患上了浸润型肺结核！

20 世纪 60 年代初，因链霉素等药物的发明和临床应用，在世界范围内肺结核病已非不治之症，但在中国仍然是传染性很强、死亡率很高的疾病。在很多普通百姓心目中，患上肺结核就等于被死神拉住了一只手。

听闻自己的丈夫得了这种可怕的疾病，罗广芳当时就泪流不止。郭尚平倒十分平静，详细地向医生了解了自己的病情后，知道这种病死亡率虽然较高、很可怕，但只要患者配合治疗，不断增强体质，是可以完全治愈的。研发工作正在紧要时刻，郭尚平自我感觉精神状态还好，从医院回来把病假单扔在一边，仍然坚持上班。但浸润型肺结核具有传染性，为了同事们的安全，郭尚平不管是在家中还是在工作岗位上，都遵守医嘱采取戴好口罩等防护措施，防止传染给别人。

患病期间，郭尚平每天坚持学习"两论"，并得到了很大的启发：疾病也有两面性，它威胁着你的生命安全，同时也让你更珍惜生命，而郭尚平珍惜生命的方式就是加倍地工作。他想这种病是慢性疾病，往好的方向治疗时间较慢、疗程较长，但往坏的方向发展也较缓慢，自己这病在短时间内不会有什么大问题，完成人工地层研发的时间是足够的。

当时医生给开的药是口服雷米封（异烟肼）和注射链霉素。经过一个多月的初期治疗，效果非常理想，郭尚平的肺结核病已从浸润型转为封闭型，进入了稳定期，妻子罗广芳一颗悬着的心这才放了下来。治疗期间，兰州分院领导不同意他带病工作，并汇报给甘肃省委宣传部。宣传部立刻联系省肺结核疗养院，让郭尚平去休养一段时间。

1963年3月，兰州地质所的一辆小汽车将郭尚平送到了位于兰州市十里店的省肺结核疗养院。下车进了门卫室，司机去为郭尚平办理疗养手续。郭尚平就和门卫老大爷聊天。聊了一会儿，说到了疗养的时间，老大爷说，得肺病到这儿疗养的，疗养时间少则半年、一年，多则两三年，这个病得慢慢疗养。郭尚平又去向花园树林里散步的疗养人员询问，得到的答案如出一辙。郭尚平二话没说，几步跑到挂号处，拉起正在办手续的司机就往外走。

司机不解，说郭主任你这是干什么？好不容易把你带到这里，你这又要走！往哪走？我们不能走的，不把你送进疗养院，我回去是没有法子交代的！

郭尚平说，我不住进疗养院你没法子交代，但是住进疗养院我就出不去了，我没有法子向自己交代！得这个病的人多了去了，都没到这么高级的地方疗养，也没听说谁见了阎王爷！我怕啥？走，回去！

郭尚平也不听司机的恳求，拉着他上了车，催他开车回了兰州分院生活区。第二天，又继续正常上班，并对研究室的人宣布，人工地层大模型研制正在关键时期，我必须和大家在一起。而且大夫也说了，我这个病可以边工作边治疗，上班有点事干，对恢复身体只有好处没有坏处，要是在家待着我得憋闷死。另外，我这个病现在已经不是传染期,没有传染性,请大家放心。自此以后,郭尚平又和大家一起在实验室里忙碌起来。

郭尚平的革命情怀与战斗精神,受到了健康女神的眷顾。正常情况下,患有肺结核病很怕劳累,工作稍重些就容易引起反复。也许是因为发现及时,治疗得当,也许是妻子罗广芳在家里不断加强他的饮食营养并保障他的休息,郭尚平的病症并没有因忙碌的工作而恶化,反而不断愈合,身体逐渐好转起来。也许病魔对工作专注、事业热情的人也心存敬畏,在他面前不得不退避三舍吧。不过,由于他的肺结核病并未根治,在此后的岁月里曾几次复发,为生活和工作增加了不少麻烦。

四、不拿射线当回事的后果

肺结核没有把郭尚平打倒,但 X 射线却将疾病深深地埋在了他的生命深处,并在多年以后爆发出来。

人工地层模型成型、承压等问题一个个地被攻破,一次成型制作地层大模型技术研发成功,接下来的一道难关是采用何种方法观测不透明的模型内油水渗流情况。在讨论如何观察人工地层中的油水运动情况时,郭尚平想到自己在医院做胸片时的 X 射线透视原理,便建议试试应用 X 射线观测地层内水驱油时油水边界的运动规律。大家立刻查阅资料,经过讨论,也觉得这个观测方法可行。他们立刻投资 3 万多元,很快就从上海采购到一台功率较大的 X 射线机,并研发成功应用 X 射线观测油水边界运动的观测技术。

X 射线是人类发现的第一种穿透性射线,它能穿透普通光线不能穿透的各种材料。这种肉眼看不见的射线可以使很多固体材料发生可见的荧光，使照相底片感光，还可以用于医学成像诊断。发现X射线的人是德国物理学家伦琴[①]，1895年11月8日，他在进行阴极射线的实验时注意到放在射线管附近的氰亚铂酸钡小屏上发出微光。经过研究，确定了荧光的发光是由于射线管中发出的某种射线所致。因为当时对于这种射线的本质和属性所知甚少，所以他称其为X射线，表示未知的意思，但也有人称为伦琴射线，以此来纪念这位伟大的科学家。X射线的发现不仅对医学诊断有重大影响，也直接影响了20世纪许多重大科学发现，为现代物理学提供了一种新的研究途径。

从本质上说，X射线和无线电波、可见光、γ射线一样，也是一种电磁波。在近现代科学和工艺上的应用主要有三个方面，一是X射线透视技术，二是X射线光谱技术，三是X射线衍射技术。而能够产生X射线的设备被称为X射线机，可以分为工业用X射线机和医用X射线机。工业用X射线机可以按照产生射线的强度分为硬射线机和软射线机。用于理化检测的衍射分析仪等属于软射线，而用于大、厚材料检测的是硬射线。工业X射线机是利用高压变压器加在两个金属电极上的高压产生射线。工业X射线机是航空航天、石油工程、天然气管道、锅炉和压力容器等无损探伤中不可缺少的技术之一。而在20世纪60年代，X射线在中国石油工业上的应用还

注释

[①] 伦琴：（威廉·康拉德·伦琴，Wilhelm Conrad Röntgen，1845—1923），德国物理学家。1865年11月，进入苏黎世工业大学学习机械工程。1869年以论文《气体的特性》获苏黎世大学哲学博士学位。1895年11月8日发现X射线，为开创医疗影像技术铺平了道路，1901年被授予诺贝尔物理学奖。

处于空白阶段。

经过实验，郭尚平决定采用 X 射线技术中的透视技术观测人工地层中的油水运动情况。他们用一台 X 射线机对人工地层中的流体运动进行全程扫描，记录人工地层中水驱油情况。具体做法是制作一个木制的 1 米多高的实验架，实验架设置上下两层平台。将人工地层模型水平地放置在实验架的下层平台上，将拍摄电影等类胶片放置在上层平台上。X 射线机的发射探头置于下层平台的下面，发射探头发射出的 X 射线由下向上垂直地穿透地层大模型，将油水渗流动态投射到感光胶片上保存下来。实验架两侧设置可供观测人员上下移动和站立，以便观测人工地层的阶梯。人站在阶梯上面，就可以看到注水驱油过程中模拟地层内的油水运动情况。

医院给人照射胸片时，X 射线的方向是平射，而郭尚平的渗流研究室将 X 射线机的探头放置在实验架的最下方，X 射线的方向是自下而上的。然后将摄影机放置于模型上方，镜头正对着模型，使 X 射线向上直射模型，显示出模型内的油水运动细节，摄影机就可以把油水运动情况连续地拍摄下来。摄影机的作用主要是拍摄模型内的油水渗流过程细节，保留实验数据。

当时，摄影用的胶片很贵，要花费大量的外汇从国外进口。为了节省研发资金，郭尚平就把自己从苏联带回来的照相机拿到实验室，进行节省胶片技术的实验。那时照相机是贵重物品，但在那个无私的创业年代，郭尚平和很多人一样，随时可以将自家的东西献给公家使用，从不计较个人得失。

为了进行这项研究，郭尚平不仅拿出了照相机，还奉献了自己的健康。人工地层实验 X 射线技术采用的是当时射线强度高达

10万伦琴的射线机，具有很强的辐射性。郭尚平每天晚上下班后都要爬到木架上端工作两三个小时，弯着腰、弓着背、低着头进行节省胶片技术的实验，自下而上的X射线毫不留情地扫射着他的身体。

郭尚平和实验伙伴们当然了解X射线对于身体的伤害性，因此，实验室中的每个人都穿上一件铅围裙，将这种裙子挂在脖颈上，腰部扎一根绳子，可以挡住正面射来的X射线。但是，郭尚平等人使用的设备与医用的有所不同，射线并非平射而来，而是自下向上垂直照射，铅围裙只保护了上半身，却忽略了下半身，不能较好地阻挡从下向上射来的射线射向下半身。

正式进行实验时，工作人员并不站在高架上忍受X射线的辐射，而是远离实验架，躲在铅屏风后面。郭尚平的工作情况不同，他是站在实验架上不断地进行节省胶片的实验，实验过程中并没离开实验架。郭尚平除了在实验室工作外，当时还负责玉门油田的小层动态分析研究，为了争取时间早日完成实验任务奔赴玉门，他不得不每晚加班站在高架上连续进行实验。每天晚上实验两三个小时，射线侵害着他的身体，大约一个月的时间后，他感觉到身体不适，全身疲乏无力，食欲越来越差。

当时，郭尚平的妻子罗广芳全年在甘肃省张掖市高台县参加"四清"①运动，长期不在家。郭尚平工作太忙，没有时间照顾已经三岁多的大女儿，就把她送进了甘肃省保育院。在他进行节省胶片技

注释

① "四清"，即"社会主义教育运动"的简称，亦称"社教"。20世纪60年代，中国共产党在部分农村和少数城市基层单位开展的以清政治、清经济、清思想和清组织为内容，进行社会主义教育的政治运动。

术实验的那段时光，经常一个人在家，每天在食堂用餐，下班回到家，X射线造成的疲劳和厌食使他的身体逐渐虚弱。他很喜欢吃一种叫作沙琪玛的点心和湖北孝感麻糖，吃不下饭，就买了一些放在家中，饿了就吃一点。但是后来，射线辐射的症状越来越严重，这种最喜欢吃的东西也难以下咽了。

1964年春天，中国科学院兰州地质研究所渗流力学研究室与玉门油田合作进行小层动态分析研究。渗流力学研究室约30名科研人员组成一个代号为641队（兰州地质所1964年第一队）的野外队派驻到玉门油田，专门从事此项研究。641队的队长是郭尚平，主要骨干成员有刘慈群、李永善、黄延章等人。郭尚平因为人工地层的研究尚在进行，暂时没有去玉门。国内外当时的油层动态分析是针对一个大层；小层动态分析是国际上还没有人做过的全新的研究项目，必须首先创立小层动态分析方法。研究过程中遇到了较大的困难，641队从玉门油田发来电报让郭尚平放下兰州的工作，赶快去玉门指导小层动态分析计算方法的研究。当时郭尚平身体十分不适，但一听玉门那边有困难，不由分说，马上买了火车票就奔赴玉门油田。

在玉门期间，郭尚平与兰州地质所641队的刘慈群、李永善等同事及玉门石油管理局采油研究所的李克升等科技人员一道，原始创新性地提出了小层动态分析方法，为中国石油的开发又增添了一个先进的计算方法。更为神奇的是，他在玉门待了一段时间后，身体和食欲慢慢恢复了正常。这时他和同事们终于验证了一种猜测，是X射线照射让他的身体出现了不适。此后，他在实验中加强了个人防护。

但是，没人想到射线辐射会种下了病根，逐渐发展为前列腺癌！前列腺癌的潜伏期极长，发展很慢，有的人甚至死后解剖才发现前列腺癌，但生前却只是感觉虚弱而已。郭尚平的疑似前列腺癌是 1996 年在北京医院例行体检时发现的，北京 301 医院（中国人民解放军总医院）泌尿外科确诊为前列腺癌并为他进行了精心的手术治疗，才得以恢复健康。郭尚平非常感恩解放军总医院和北京医院（特别是叶林阳主任等医护人员）的及时诊断和精心治疗，帮助他健康地为国家又工作了约 30 年。

在这次生与死的考验过后，一位大夫问他工作这么多年，有没有接触过放射性物质。郭尚平这才想起在兰州进行人工地层研究时，为了研发节省胶片的技术，曾经受过严重的 X 射线辐射。他苦笑着说，当时没有拿射线太当回事，没有想到过了这么久，射线一直在设法报复我，真是惹不起哦！大夫说，厉害的是你，面对射线敢这么大意，这是不要命，以后再不能这样啊！

一位记者问郭尚平："您在科研期间因为长期接触射线辐射，最后身患癌症，这让您承受了很多痛苦，如果有机会人生重来，您会怎么选择呢？"郭尚平回答说："怎么说呢，当时根本没多想什么，一心只想着早日完成室内实验后赶快去玉门出差，来不及多考虑什么，也没心思顾前顾后，东想西想。虽然身体受到伤害，但我无怨无悔。"

五、"一丝一毫不保密"

1963 年 12 月，兰州渗流力学研究室用了 3 年时间创新性地研发成功一次成型的人造地层大模型，以及借助 X 射线观测不透明人造模型内多相流体运动规律的成套技术。这套技术工艺相对简易、工序较少、生产成本较低，易于推广，可以小批量供应，及时满足实验工作的需要。

再好的科研成果也要经受实践的考验。玉门油田的领导听说兰州渗流室开创性的工作取得阶段性成果后，便和中国科学院达成协议，于1964年选派20余人前来工作学习，并与渗流力学研究室合作采用人工地层模型研究玉门油田的注水开发问题，成功地将实验室的成果应用于生产实践之中。例如，1964—1965年他们在玉门石油沟油田，应用兰州实验室内的实验结论，设计并实施了沿裂缝注水提高产油量和采收率的现场生产试验，取得了圆满成功。

玉门油田的《大事记》上，在1965年一栏这样记载着："是年，中国科学院兰州渗流力学研究室和玉门石油管理局研究所进行石油沟油田沿裂缝注水物理模拟实验并取得成功。"[61]1964—1965年，中国科学院兰州分院渗流力学研究室的技术人员郭尚平、闫庆来、孙敏荣、马效武、吕耀明、马守信、刘泽阳等，以及玉门石油管理局采油科学研究所的王治同、陈德兰、陈惠黎等共30余人，应用渗流力学研究室创新研制的一次成型地层大模型及X射线观测地层内油水运动规律的技术，对石油沟油田沿裂缝注水做了物理模拟实验。通过室内实验发现，注入水总是首先进入裂缝，待裂缝灌满后，再向两侧孔隙部分推进，以裂缝—孔隙的方式驱动油流，水淹面积大，水驱油效率高。因此，从1965年起，在石油沟油田Ⅲ区南腰部的147井组进行注水试验。试注中发现水流方向与邻近的断层方向基本一致，出现南北方向水窜，并很快形成了南北方向的裂缝水线。利用裂缝这个自然水路，缝注隙采，进行沿裂缝注水开发。[61]

裂缝性砂岩注水模拟实验结果

序号	模拟方案	说明	采收率，%		波及系数，%	
			无水	最终	无水	最终
1	●○● ○ ●○●	注水井布在裂缝上	43.84	53.84	89.54	99.34
2	○ ●○● ○	注水井布在裂缝两侧	28.5	33	64.7	82
3	◎○○	裂缝上端井含水50%时转注	22.6	44	33	90.5
4	●○	注水井布在靠近裂缝的一侧	29.2	33.2	87.4	100
5	○●	注水井布在远离裂缝的一侧	35.5	45.1	84.1	98.3

注：●注水井；○生产井；◎含水50%时转注的井；┆裂缝位置。

1965年，玉门石油沟油田科技人员根据中国科学院渗流力学研究室与玉门油田采油研究所合作完成的大模型实验结果设计和实施现场注水方案

一次成型人工地层大模型及测试技术在当时处于国内首创、国际领先水平。科研创新，为国为民，无偿地将科研成果奉献给中国石油工业是郭尚平一贯的态度。这套人工地层大模型技术在大庆油田也迅速得到了应用。1964年，大庆油田派科技人员到兰州渗流力学研究室学习人工地层大模型和测试技术，渗流力学研究室的吕耀明

当时拿着大庆勘探开发研究院的介绍信找到了郭尚平,问怎么办。

郭尚平说:"共产主义风格,全国一盘棋,大庆同志来了,工艺技术全部告诉他们,让他们学到全部工艺技术细节,完全不保密!全部模拟测试技术毫无保留地告诉大庆派来的同志,让他们掌握全套技术,学好了全部带回去。"

吕耀明又问:"一点也不保密?"

郭尚平说:"一丝一毫不保密。"

大庆的同志在兰州渗流力学研究室完整地学习掌握了全套技术之后返回大庆。不久,在渗流研究过程中,按照郭尚平的设计思路,采用人工地层大模型实验观测技术取得了良好的效果,又先后在胜利油田、新疆油田及有关院所推广应用。渗流力学研究室的大模型技术起到了引领作用,此后,用各种类型的人工地层大模型实验研究油田开发问题的技术在我国快速发展起来。而这项技术的创始人郭尚平和他的团队,从没有向任何单位和个人要求过回报,也没有申报过任何专利和奖项,这种为国家出成果、出人才的指导思想,也是当时中国科学院大力提倡,并对下属各研究所室明确提出的要求。

一句"一丝一毫不保密",将三年多研发工作取得的成果在全国各地油田推广应用开来。在此之后,基于郭尚平团队的研发理念和基本思想,各种类型的大型物理模拟技术在全国各大油田和院所陆续出现,为中国油气田的效益开发发挥着科技支撑的作用。

在与玉门油田合作采用人工地层大模型技术解决玉门油田注水驱油问题的同时,渗流力学研究室还和玉门油田合作进行了小层动态分析方法的研究。1965年，渗流力学研究室的上级单位——兰州地质所又向玉门油田派出以渗流力学研究室技术人员为主的651队。651队的主要任务是应用1964年8月完成的小层动态分析方法，对玉门L油层等进行小层动态分析研究，并对生产提出建议和实际措施。651队由毕业于北京石油学院开发系的胡雅初带队。同年，还向新疆派出了另外一支科研团队——652队，即兰州地质所1965年第二队，由李永善任队长，因经常在野外工作，也被称为野外队。他们的任务是与新疆生产建设兵团农一师合作，进行地下水渗流、开发及应用的研究和应用，得到兵团领导的高度评价。

1965年下半年的一天，农垦部部长王震将军通过甘肃省委在兰州饭店接见了郭尚平，询问了兰州渗流室的工作和地下水渗流研究情况，肯定并表扬了渗流室野外队在兵团工作的成绩，并希望渗流室和生产建设兵团保持长期合作，继续帮助兵团解决一些实际生产问题。郭尚平表示一定尽力配合兵团做好科研工作，为西部边疆屯垦开发竭尽努力。可惜的是，次年科技支援兵团屯垦事业因"文化大革命"被迫停止。郭尚平没有完成对王震将军的承诺，时至今日，内心一直愧疚不已。

也是在1965年，渗流力学研究室开始进行另外一项计划中的研究项目，即亲水人工地层大模型的研发。他们以一种硅酸盐（俗称水玻璃）等为主要材质，进行亲水性人造地层的大模型研制。这项工作由郭尚平和马守信负责和实际操作。在兰州地质所大楼一层传达室对面的一间小房子里，两个人每天晚上下班后，都要在这里工作到半夜。但是，与已经取得成功的亲油型人工地层大模型可以相提并论的亲水型人工地层大模型还没有完成，就因次年春节

后郭尚平被派往甘肃省临夏回族自治州关家川参加"四清"运动而被迫终止。

六、小层动态分析方法诞生

非均质油层开发过程中的水动力学计算方法（大层计算方法）和小层动态分析计算方法是郭尚平带领团队建立的两项有重要意义的油田开发计算方法。非均质油田水动力计算方法在大庆"146"开发方案设计和大庆油田开发过程中以及我国其他油田的开发工作中，已经作为一种国际上最先进的计算方法成功地在实践中应用。小层动态分析计算方法是与玉门油田研究所合作进行的一项原始创新性的科技工作。

油田投入开发以后，油层中的油气水和油层压力等都处于不断的运动变化中，要判明地下油层中油气水的运动、分布和变化规律，就必须不间断地进行油田动态分析，阐明变化规律，预测变化趋势，提出挖潜建议，以期获得最好的油田开发效益。

以前的油藏动态分析对象是针对某个大层进行，而小层动态分析则让油藏动态分析进入了一个更精细的水平。小层通常是指单砂体或单砂层，属于油田最低级别的储层单元，是油气开发的基本单元。小层动态分析，必须从油水井各种生产参数的变化入手，以小层为对象，以单井分析为基础，分析油层内部小层主要因素的动态变化。小层动态分析进入基本单元时就进入了认识地下油藏的新领域。这种小层动态分析计算在当时的国际上是全新的工作，其工作难度比大层笼统的动态分析大很多，其科技成果属于原始科技创新。

大庆油田开始的精细的地层对比工作，在玉门油田等地也很快开展起来，这是小层的静态研究工作，但是此时小层的动态分析计算工作却是一片空白。地层对比这一重要的地质静态资料研究启发郭尚平开始考虑以下这些问题：现在的油田开发计算是笼统考虑一个大层，油层动态分析也是考虑一个大层；而大庆和玉门等地油田的地质静态研究都已经进入精细的小层对比阶段，为什么油层的动态分析不能同步进行精细的小层动态分析呢？小层对比的静态分析工作不是已经为小层动态分析计算打好了坚实的基础吗？如果在小层对比的静态分析工作基础上进行小层动态分析，整个油田开发的科学合理性会大大增强，动态分析的精度会显著提升，油田开发效益也会大大提高！

成熟的科学思想总会找到闪光的机会。1964年3月，根据石油工业部党组"为保证国民经济发展和备战需要"的重要指示，玉门石油管理局原油生产为挖掘小层潜力，完成全年原油生产任务，决定寻求中国科学院兰州地质所渗流力学研究室的帮助，开展小层动态分析计算方法的研究。玉门石油管理局采油科学研究所以中国科学院兰州地质研究所渗流力学研究室为主体，合作进行这项研究。兰州地质所派出约30人组成的代号641队的野外队，于1964年3月在玉门油田正式开始工作。队长是郭尚平，主要骨干有刘慈群、李永善、黄延章和玉门石油管理局采油研究所的李克升等，组成了约30人的小层动态攻关项目组。在任务分工上，玉门采油所负责小层分布形态的研究，兰州地质所渗流力学研究室负责小层动态分析的研究[①]。要求最后提出的小层动态分析方法不但精度较高，还

① 出自王治同证明信。

必须方法简明易懂、初中水平的技术工人能掌握和应用。

此时的郭尚平在玉门和兰州两地奔跑，其中的辛苦自不必说。但辛苦总会换来回报，经过刻苦钻研，攻关组于1964年8月确立了比较完善、简便、具有初中文化水平的工人能懂能用的小层动态分析方法，写出了《小层动态分析方法报告》，并绘制出水线动态和剩余油分布动态等图表。小层动态分析方法使原来只能对一个大层笼统地、粗略地进行渗流动态分析，发展为能对大层内的每一个小层单独进行渗流动态分析。他们创立的方法可分析小层内的水线动态、油井含水动态以及小层内剩余油饱和度分布的变化。

1964年8月的一天，由郭尚平代表攻关组在玉门采油研究所的礼堂做了关于小层动态分析方法的报告，并将《小层动态分析方法报告》印刷成册分发给有关单位和有关人员。由此，小层动态分析计算方法在中国石油界初步确立。郭尚平撰写的《小层动态分析方法》报告长达30余页，附有油水线动态、剩余油饱和度分布动态等各种彩色大图，十分醒目。

1965年，由胡雅礽带队的651队继续与玉门石油管理局采油研究所合作，应用1964年8月完成的小层动态分析方法，结合L油层小层地质和生产数据，通过科技人员和技术工人进行的大量计算分析工作，绘制完成小层剩余油分布动态图、小层水线动态图、小层压力动态图等图表，并得出四点认识：

第一，$L1_1$、$L1_2$、$L1_3$、$L2_1$、$L2_2$五个小层可作为人工注水提高采收率的主要潜力层。如果采用适合的面积注水和分层注水方案，并同时对注水井、生产井采取有效措施，这些小层的采收率将提高到30%，还可以采出原油71.2万吨。

第二，由于各小层物性、岩性的差异，水淹面积、水线推进速度、剩余油分布各异。如果按大层笼统研究其动态，将掩盖小层之间的差别，使油田日常管理和调整工作失去方向。

第三，通过对比 L 油层东区水驱采收率（40%）与溶解气驱采收率（8.3%），注水采油仍然是提高非均质多油层油田采收率的有效途径。

玉门老君庙油田开始注水试验现场

第四，在当时的注水条件下，影响 L 油层东区采收率的主要因素是驱动方式和小层渗透率。

1965 年夏，石油工业部在大庆油田召开勘探开发现场会上展出了上述小层动态分析方法及小层剩余油分布、小层水线分布、小层压力分布等大型彩图。大庆勘探开发研究院等单位的科技人员曾多次到大庆招待所郭尚平的房间咨询小层动态分析方法的具体计算分析方法和细节，郭尚平一一详细进行了回答。

小层动态分析对玉门油田的深度开发起到了很好的效果。曾经担任玉门油田管理局采油研究所副所长的王治同曾经写过一个证明，指出小层动态分析方法在玉门油田 L 层开发中所起到的作用,并做出了中肯的评价:"渗流力学室的同志们在玉门工作一年,做出了《玉门油田 L 油藏小层动态预测方法的研究报告》,并印刷成册。这个报告和在此以前多层笼统预测油藏流体动态的方法比较,是一个很大的进步,使我们对油藏动态的掌握和认识提高了一步,为提高油田采收率奠定了基础。"

郭尚平等人在此期间的科研成果具有极强的独创性,发明的计算方法当时属世界领先或原始创新,但他们都无偿地提供给了石油系统的有关单位,也未申报任何奖项。1978 年国家召开全国科学大会,并鼓励大家申报奖项。郭尚平团队的非均质性油田开发过程的水动力学计算方法、小层动态分析方法、宏观人工地层大模型模拟及测试技术等,都具有国际领先的科技水平或原始创新,但他们都没有申报奖项。他们的指导思想是科研创新、为国为民。

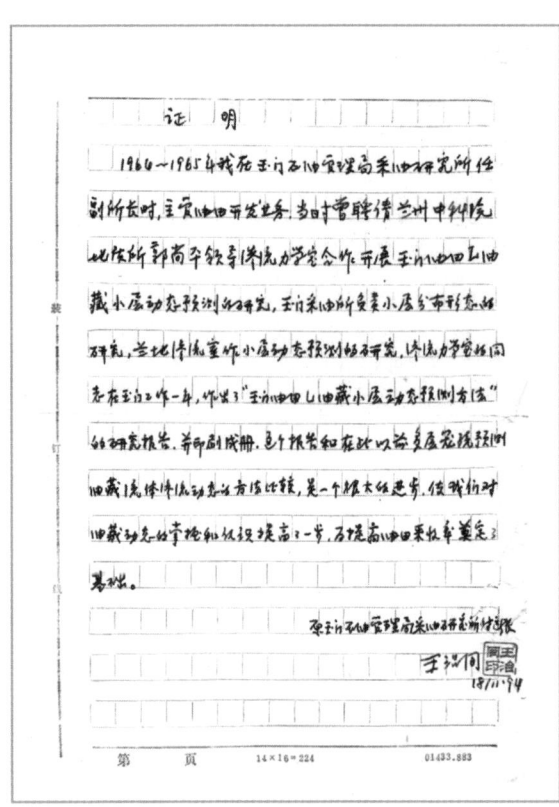

王治同的证明信

就像郭尚平研究的渗流现象是在地下不易被人察觉一样，郭尚平所做的科技研发成果也常常是隐藏在众多的数据之中，默默无闻地发挥着实际的作用。他们能够不计较个人利益和本单位名利而埋头于科技事业，只是因为他们有一颗报国之心，只是因为他们有一个永不放弃的石油之梦。

1989年，中国科学院建院40周年，中国科学院数理学部王元、王绶琯和郑哲敏撰写的总结性文章《中国科学院数学、天文学和力学四十年》[61]指出："1962年完成了《非均质地层中油水二相渗流计算方法》，并已应用于大庆油田；1965年完成了《小层动态分析方法》，已被玉门油田采用；1963年开发的一种制造人工地层的一次成型技术，系国内首创，已被长期应用。"这是对郭尚平等人20世纪60年代早期科研活动主要成果的认可。

第十一章 会战一兵

20世纪60年代初,30多岁的郭尚平年富力强,才华横溢,正值有信心、有热情、有能力、出成果的大好年华,少年时代工业报国的梦想在他的心中熊熊燃烧。他以渗流力学为支点,不断取得一项又一项科研成果。他以从实验室到油田、从油田到实验室这种"两点一线"的生活为他生命的主线,将内心的宁静与时代的波澜壮阔交织在一起,形成一幅壮丽的人生画卷。但没有想到的是,就在郭尚平的科研活动不断取得突破性进展之时,频繁的政治运动开始了,他的忠诚在变幻莫测的时代经受着考验,他的人生也在波峰浪谷之间不断地起伏。

一、一段煎心熬血的时光

1966年,也就是他在大庆油田介绍小层动态分析方法后回到兰州的第二年,郭尚平受到了冲击。是年3月,甘肃省委委派兰州地质研究所副所长王建生去临夏回族自治州关家川公社领导"社教"工作,并任该公社"社教"工作组组长。同去参加"社教"的郭尚平被任命为关家川公社何家大队"社教"工作组的组长。

不久后,"文化大革命"开始了。7月16日,郭尚平正在何家大队的一片森林前的空地上向全体村民宣讲中央文件《农业六十条》①时,突然来了两个红卫兵,不问青红皂白就把郭尚平抓走押回兰州。自此以后的数年里,郭尚平莫名其妙地成了戴有九顶"反革命"帽子的"反革命分子"。作为一名有着十余年党龄的中国共

注释 ①《农业六十条》,是指1961年3月22日中央工作会议通过的《农村人民公社工作条例(草案)》,文件共10章60条,故简称《农业六十条》。《农业六十条》是人民公社的宪法。它的贯彻执行部分地克服了人民公社体制内生产队之间和社员之间的平均主义,并最终确定了以生产队为基本核算单位的公社新体制。

产党党员，郭尚平的组织生活被停止了，不再担任工作单位和社会组织的任何职务，不再负责和参与任何科研工作。这可能是一个从旧社会走向新中国的共产党员最为痛苦的事。很多时光，郭尚平呆呆地注视着外面的天空，注视着风云变幻的大时代，茫然无措，找不到答案。

1968 年，在激烈的派性斗争中，没有任何理由、没有经过上级批准，渗流力学研究室就被地质所革命委员会撤销。"文化大革命"结束后才知道，撤销的真正原因是渗流力学研究室大多数群众不赞成打倒郭尚平，而地质所革命委员会的造反派领导坚持要打倒所有"走资派"。在此情况下，革命委员会就干脆撤销了渗流力学研究室，让那些同情郭尚平的人四散而去。

当时渗流力学研究室的骨干科技人员已经形成了三大团队：计算渗流力学团队有郭尚平、刘慈群、李永善、黄延章、胡雅礽、郑启心、马金良、郭白奇、吴邦俊、余永祺等；实验渗流力学团队有郭尚平、闫庆来、孙敏荣、马效武、吕耀明、马守信、刘泽阳、牛蔚田等；电子计算团队有王守智、李广炎、李永琪、高桐等（当时渗流室已配有国产 103 型电子计算机）。可惜的是，风波过后，渗流力学研究室 60 多名精干的科技人员流失殆尽，最后只剩下刘慈群、闫庆来、马效武、何秋轩等几位科技人员暂居甘肃省地震局（兰州地震大队），组成了"国家地震局兰州地震大队渗流力学研究组"。由于缺少人力、物力，渗流力学方面的研究长期处于停滞状态。

在那段艰难的时光，值得庆幸的是，郭尚平没有被开除公职，工资待遇不变，这不仅确保了他一家的生活没有受到大的影响，也为他日后重返工作岗位提供了契机。他每天仍然去地质所上班，上

班的主要内容就是被关在他以前冲洗胶片的暗室中反复反省错误。在反省之余,他利用有限的时间学习马克思和毛主席的著作,学习专业知识,背诵英语单词,还偷偷地自学日语,他相信学到的任何知识将来都会有用得到的时候。

那些年,他被送到宁夏中卫县沙漠进行劳动改造,可以说是几经生死磨难,能够活下来已经是不幸中的万幸。他一边劳动一边梦想着有一天能走出阴霾,重新走进实验室,走进一片大油田,重新为国家、为人民继续工作。他坚信这一天一定会到来,他坚信中国共产党和人民的力量,也正是这种信仰支撑着他度过了那段煎心熬血的时光。1969年5月,上级通知正在宁夏中卫县劳动改造的郭尚平立刻返回兰州。当年9月,当了多年"反革命分子"的郭尚平恢复了工作和党组织生活。

二、恢复工作奔赴四川盆地

能够较早地恢复党的生活和工作,除了郭尚平在政治上确实没有任何问题之外,中国科学院和石油工业部领导对他的关心与爱护也起到了很大作用。在力所能及的情况下,他们多次询问对郭尚平的审查情况,督促兰州地质所革命委员会为郭尚平做出结论,要求有关部门如果没有查出问题,应当让郭尚平尽快出来工作。

此时的中国科学院西北分院仍处于风雨飘摇之中。1958年建立起来的西北分院为中国西北科技事业的发展起到了重大的促进作用,但也在"文化大革命"中受到了前所未有的冲击。虽然兰州、西安的研究所仍在从事一些科研工作,但原有的科研工作秩序被破坏,科技人员尤其是一些科研骨干和学科带头人的工作和政治生活受到了很大影响，致使大部分科研工作很难正常进行。

1970年4月28日，中国科学院决定将兰州地球物理研究所和兰州地质研究所划归国家地震局，成立国家地震局兰州地震大队。1970年7月15日，中国科学院下文："经国务院批准，同意撤销我院各大区分院。分院人员及所属单位由所在省市负责安排处理。"1971年5月，西北分院正式撤销，科研机构下放到省市自治区，一个初具规模的西北科研基地就此四分五裂。

恢复工作后的郭尚平被分到兰州地震大队石油地质研究室。此时，渗流力学研究室已经撤销，只是在石油地质研究室保留了一个渗流力学研究组。兰州地质所划归国家地震局后，郭尚平和渗流力学研究组也随地质研究室来到了兰州地震大队。对郭尚平来说，这些变动并不重要，重要的是他终于回到了党旗之下，有了工作的权利。他的心里充满了对党和人民深深的感激，深知这样的美好日子来之不易，自己一定要在以后的工作中加倍珍惜和努力工作。

在那个特殊的年代，中国石油工业仍然努力冲破各种阻挠与困难，奋力前行。在勘探开发方面，大庆油田开发成功之后，又挥师渤海湾、辽东半岛、华北平原、鄂尔多斯盆地等地，相继发现了胜利、辽河、大港等大油气田，不断验证着陆相生油理论的科学性，以及中国石油勘探开发战略东移的正确性。与此同时，对四川盆地油气的探索也一直没有停下脚步，先后发现了威远等中小气田。刚刚回到工作岗位的郭尚平清晰地听到了中国石油工业的呼唤，时刻等待着为中国石油工业的发展再做一些工作。

1970年2月，也就是他回到地质所工作大约半年后，终于接到了出征的命令——参加石油工业部、中国科学院和地质部三大单

位联合进行的四川天然气勘探开发会战。对于一个被隔离多年、没有工作机会的科学家来说，这不仅是巨大的喜讯，也是回报祖国和人民信任的机会。郭尚平简单地收拾了一下行装就急赴四川，参加天然气大会战。

10岁之前，郭尚平一直在自贡生活学习，对那里的天然气生产有初步的了解。后来在重庆大学读书时，作为石油开采专业的学生，还到隆昌气矿、石油沟气矿等地实习，因此，郭尚平对四川天然气的有关情况并不陌生。

四川盆地的天然气开发历史悠久，早在战国时期就在此地发现了天然气，汉代就有了火井[63]。到了近代，又出现了磨子井等高产气井。抗日战争前后，国民政府组织人力在四川盆地开展了大量地质调查工作，并于1939年11月第一次使用旋转式钻机钻成了当时中国最深的一口天然气井——巴一井。1943年12月，距离郭尚平的家乡隆昌云顶寨只有10公里的隆昌圣灯山也钻成一口天然气井，日产天然气3.6万立方米，隆昌气矿自此诞生。

新中国成立后，四川盆地的油气勘探工作全面展开。从1950年起，西南地质调查所、地质部西南地质局和燃料工业部西南石油勘探处都组织人员在龙泉山、隆昌、乐山、龙门山前、自贡邓关、永川、江油等重点区域开展石油地质调查[64]。在此基础上，1958年到1966年，四川盆地先后开展了"川中石油大会战"①和"开

注释

①1958年4月20日，石油工业部在四川南充召开现场会议，正式拉开了川中石油会战的序幕。石油工业部迅速从全国各油田调动人员和物资进入四川，短短几个月时间，就聚集了115支钻井队和近3.7万名石油职工。会战发现南充、桂花等7个油田，结束了西南地区不产石油的历史。1959年3月，石油工业部宣布结束川中会战。

气找油大会战"①，均发现了大小不一的天然气田，取得了较大的成就。但四川石油会战并非一帆风顺，1967年，由于"文化大革命"，已经处于"会而不战"。直到1970年，全局勘探工作才在困难的条件下缓慢恢复，钻探工作逐渐有了起色[65]。

1965年，四川石油会战领导小组在威远红村召开誓师大会

四川油气工业，经过两次会战有了较大的发展，川南地区已经成为四川主力产气区。1968年10月，四川石油管理局革命委员会正式成立。1970年，四川石油管理局勘探开发工作在困难条件下开始走上正轨。正是在这样的背景下，郭尚平接到了参加四川天然气会战的命令。

注释

① 1965年6月1日，石油工业部党组决定，成立四川石油会战领导小组，由张文彬担任领导小组组长兼指挥，负责组织领导四川地区"开气找油"大会战。"开气"即以威远、自流井地区、泸州地区和重庆—卧龙河地区为重点寻找天然气；"找油"则是在泸州古隆起、厚坝、华蓥西寻找油田。"开气找油"大会战共找到了8个气田，为国家的经济发展和国防建设做出了贡献。

三、快乐充实的守井人

包括渗流力学研究组在内的兰州石油地质研究所不少专家都参加了四川天然气会战,由四川石油管理局地质研究院院长、石油地质专家王宓君负责一线的工作组织与调动。此次会战在中国石油史上并没有太大的名气,但调动了当时川内众多石油技术人员和石油工业部的部分专家,仅从人力动员来说,并不逊色于四川石油大会战和"开气找油"会战。

这次四川之行,使郭尚平有机会见到了几位多年不见的同学和朋友,粗算下来,仅在苏联莫斯科石油学院留学的校友就有8个。其中一人是四川石油管理局气田开发室主任腾跃坤,莫斯科石油学院1961年的毕业生,是郭尚平的校友。1956年他们入学时,郭尚平正在做副博士论文。这8名留学生在走进莫斯科石油学院时上的第一堂课,就是学院党支部组织委员郭尚平介绍中国共产党在苏联的党团组织情况、苏联社会政治形势、苏联人民风俗习惯、苏联教育制度和学校校规等。当时,这8个人年龄在19~20岁,都穿着黄色的麂皮夹克和蓝黑色毛哔叽长裤,一张张娃娃脸显得很有朝气。他们学的都是石油天然气开采专业,时隔多年在四川重逢一起为国家开采天然气,都显得十分兴奋。

1952年8月1日,毛泽东同志亲自签发命令,中国人民解放军十九军第五十七师正式整编为中国人民解放军石油工程第一师。这支拥有近8000人的威武之师脱下军装、戴上铝盔,成为新中国第一代石油产业大军。1955年前后,石油师有500多人入川参加石油会战,并从此扎根四川,献身四川的油气事业[66]。

当时,参加会战的人员都继承了川中石油会战中石油工程第一师的优良传统，以部队军事编制组织会战队伍。公布的组织部门名单都是地质连、地调连等。前去报到时，郭尚平没有带任何生活用品，只带了很多专业书籍——他要补习这些年来在被隔离后落下的知识。会战队伍从成都出发前，气田开发人员组成一个连，郭尚平和滕耀坤被任命为开发连的正副连长。开发连的主要任务是进行气田生产动态分析、研究气水关系、落实天然气储量等，主要工作区域在邓关气田、威远气田、自贡气田和泸州气田等地。

邓关气田位于自贡市邓关和富顺县永年场之间，于1959年投入开发。威远气田位于川西南威远、资中和荣县之间，早在1938年就根据气苗在此进行过地质调查，1959年以后开展了系统的地质和地震调查工作，1964年10月发现了震旦系气藏，同年11月投入生产。

郭尚平蹲守的井包括邓1井、威4井、自1井等，他领导的人员还去过川南泸州气田等地。他本人的第一站是自贡市南郊节子河畔田仓坝的邓1井，然后是威4井、自1井。邓1井是一口于1958年1月31日由四川石油管理局川南矿务局隆昌气矿钻探的天然气井。

在工作过程中，郭尚平名为连长，其实和一名普通技术员并无不同，巡井、蹲守、观测、记录气井生产数据资料并研究分析，这就是他在邓1井工作的主要内容。这些工作要求技术人员必须亲自守井、观测和记录气井生产动态，为科研人员离开实验室亲身参加生产实践提供了机会。郭尚平喜欢泡在油气井上工作，在邓1井一待就是三个月，完成阶段性任务后又马上赶往位于红村威远气田的威4井。

去威4井时正值初夏，他背着行李从邓关步行到山下的汽车站乘坐公共汽车到自贡市，在他儿童时期就很熟悉的釜溪河边的汽车站又等了很久才坐上去威远的长途汽车，当晚住进了威远县城一个招待所。走进招待所的院子，抬头四下一看，出来进去的人穿戴的样子都是参加会战的石油人。招待所前面不断地驶过和停下各种载着装备和物资的大卡车，轰鸣声整晚响个不停。

住了一晚，第二天清早天还未亮郭尚平赶紧起床背着行李跑到院子里，想找个便车赶往红村。院子里停着十几辆各色各样的卡车和野外特种车。他跑到一个带篷的卡车车尾，看着车上坐着几个人，便询问道：请问你们是去红村吗？对方说是。郭尚平就自我介绍说是来参加会战的，可不可以搭你们的车去红村。对方态度极好地表示欢迎，并帮助郭尚平把行李拿上汽车。一车人坐稳了便向红村驶去。

原来这辆车是地球物理测井研究队的专用车。没有想到的是，在车上他还巧遇了一位重庆大学的校友，他也是来参加天然气会战的。两个人多年未见，在车上聊个不停。这位同学说，这些年听说你出了事，被冤枉地打倒过，吃了不少的苦，是真的吗？郭尚平笑笑说没有的事，然后就岔开了话题，开始问当地天然气开采情况。从返回工作岗位直到晚年，郭尚平对于"文化大革命"中的那段经历从不怨天尤人，也不愿多谈多论，逢人谈起都是一笑置之。他总是说，有时间就多干点工作吧，何必计较那些。

红村是会战指挥部所在地。到达红村后，郭尚平先是向指挥部的领导介绍了自己的情况和参加会战的身份，然后就马不停蹄地搭车赶往威4井。每去一口井都要守在那里取数据，研究分析，然后再转战下一口井。不同气井的生产情况不同，他和同事们守井取数据的时间也不同,一般情况下短则不足一个月,长则两三个月。

他的穿戴、吃住和普通气田工人无任何区别,与工人师傅同吃、同住、同劳动,还经常向工人师傅请教一些气田生产问题,这使他学到了很多在书本和实验室中学不到的生产实践知识。工作和生活虽然艰苦,但内心却很轻松。这么多年,他还是第一次有机会在井边直接取数据,了解气田的生产情况。他亲身感受到一线工作的辛苦,也品尝到了他们简单而直接的快乐。

1999 年,郭尚平重访四川原邓 1 井所在地,与工人师傅合影

这种快乐还有一个当时不便言说的原因,那就是邓关气田与家乡隆昌、与他生活过的自贡相距都只有几十公里,参加会战就等同于有机会再次回到故里。回到自己童年时期生活过的地方为国家开采天然气,这是他从前做梦也不敢想的好事、乐事。尤其是在自贡,这里是他童年生活学习的地方,回到这里令他感慨万千,回想这些年来在重庆上大学、到苏联留学、从北京到兰州的工作经历,苦辣酸甜,五味杂陈;想到国家培养自己在国内外学习了这么多年,为国家做出的科研成果却十分有限,内心的快乐又掺杂着一丝惭愧。

1970年夏，在自1井工作期间，郭尚平抽空去了自己曾经生活过的自贡市沙湾、正街、新街、八店街和十字口等街道，以及读过书的玉皇庙女子小学、井神庙男子小学，还专门探访了八九岁时参加抗日救国宣传队表演抗日歌曲、发表抗日演讲、唱过金钱板的茶馆等地……这个城市已经没有他熟悉的人，也没有人认识这个从外乡归来回到家乡寻找天然气的人。但他在这里真实地生活过、学习过，在这里喊过"打倒日本帝国主义，还我河山"的口号，唱过抗日救亡歌曲。往事经年，逝去的场景仍然历历在目。

来到曾经居住过的高山井18号，他独自走进大门。原来这里只居住他们一户人家的大院，如今则分住着好几家人。院子里没有人，门都锁着，租住的房客一定在不远处为生活奔波劳累。房子无声无息，它没有生命，不会感知一个多年前陪伴过它的孩子长大后站在它的面前，回忆着不幸福但却很难忘的童年。他又踱回大门口，慢慢回身望着乱乱的院子，想起了父母和那些长期住在这里吃饭讨债的远亲们，一张张表情各异的脸无声无息，恍如隔世。

郭尚平一生酷爱摄影，这次会战期间顺便回乡，在难忘的故居内外却没有留下一张照片。他虽然恢复了工作，但身份仍然有些特殊，"文化大革命"也没有结束，站在旧居前留影很容易给自己引来麻烦。

对于郭尚平来说，参加四川天然气会战的那段时光是十分难忘的。一个重新拥有工作权利和党组织生活的人，更加珍惜深入生产一线工作的机会。从一口井到另一口井，从一组数据到另外一组数据，他在记录着那些毫无温度的资料时，却感觉到世界重新对他敞开了温暖的胸怀，感觉到生活有着那么多的亮色和温暖。他忘情地奔波于井站与井站之间，成为一名快乐的守井人。

正当他准备在天然气开发上好好学习、好好工作，做出一些成果回报国家时，1970年的12月，天气刚刚开始转冷，兰州地震大队革委会却突然通知他立即撤回兰州。屈指算来，他在四川寻找天然气只有9个多月的时间。他相信自己在这里再工作几年，一定会钻研出很多成果。一切刚刚开始就结束了，他感觉到遗憾万分。

撤回兰州的并不是他一个人，而是所有参加会战的地震大队的技术人员。他不知道什么原因让他回去，也不知道兰州方面的情况，不知道回去后要面临什么样的命运，回去的路上他一直忐忑不安。

四、跟着战士跑步去陇东

回到兰州后，郭尚平又回到地震大队石油地质研究室上班。由于没有科研任务，他的生活突然出现了短暂的无事可做的"休眠期"。在家庭生活上，这段时间他很少加班加点，尽量在下班后按时回家陪伴妻子、女儿，和她们一起做家务、聊天，尽力填补这些年来因陷于政治风波和忙于紧张工作给家庭带来的情感空白。对于一个科研工作者，这是一段心烦意乱的时光。一个科学家最痛苦的事就是失去了实验室和研究项目。在那段时光，满腹报国之情的郭尚平并没有忘记自己的岗位与责任，他全力以赴地投入专业学习和思考今后的科研方向。

学习是他一生的乐趣。在他的座右铭中有一条就是关于学习与创新的："开拓创新是科学研究技术开发之灵魂，踏实老实求实为治学之要领，百折不挠勇攀高峰精神系成功之保证，爱党爱国为人民乃科学家精神之根本。"郭尚平几乎用一生的时间在践行这个信条。

1962年，郭尚平的脑子里突然出现微观渗流和生物渗流概念和科学思想，但由于当时的工作环境无法进行这些基础性较强的科学研究，因此他当时难以将这些科学思想立即付诸实施。在这段时间里，在忙于大庆萨尔图油田开发设计、非均质油田二相渗流计算方法的进一步完善及地层大模型技术研发等工作的同时，他真正地从哲学角度开始思考微观渗流和生物渗流问题，为他日后开展微观渗流与生物渗流两个学科分支的研究酝酿了成熟而缜密的思想基础。

20世纪70年代初，轰轰烈烈的中国石油工业仍然冲破重重险阻向前跋涉。为了响应国家提出的"要大上人马，加快勘探步伐，在西北老区建设大油田"的号召，两万多名解放军指战员、复转军人和来自玉门、青海、四川、江汉等油田的石油大军从祖国的四面八方，迎着呼啸的北风、顶着烈日酷暑，浩浩荡荡跑步上陇东，拉开了长庆石油会战的大幕。

1955年，全国第六次石油工作会议决定把勘探的重点放在鄂尔多斯盆地，拉开了鄂尔多斯盆地石油规模勘探的序幕，催生了目前中国最大的油气生产基地——长庆油田。长庆油田勘探开发区域主要在鄂尔多斯盆地。鄂尔多斯盆地地质条件复杂，又被巨厚的黄土层覆盖，勘探难度较大。从20世纪50年代到60年代中期，只在盆地西部宁夏灵武县发现了马家滩、李庄子两个小油田。1970年八九月，盆地南部的华池、庆阳和东部的吴旗等地相继出油或见到油气显示，在灵武、盐池、定边地区发现大水坑油田，肯定了盆地西南部有较丰富的油气资源。1970年9月26日，位于甘肃庆阳的庆1井喷出高产油流，揭开了鄂尔多斯盆地找油的新篇章。

1970年10月12日，国务院、中央军委批准成立了由兰州军区负责组织的陕甘宁地区石油会战指挥部。11月,兰州军区组成陕甘宁石油勘探指挥部,由兰州军区副政委李虎任指挥,参谋长齐涛和石油工业部焦万海等人任副指挥,以庆阳、华池、吴旗、盐池地区为重点,以马岭为主攻探区,集中队伍进行集中钻探,全力攻克黄土高原地震勘探技术难关和钻井难关,取得了较好的成果,第一年就在马岭地区大致控制了300平方公里的含油面积。同时,在华池、城壕、南梁、吴旗也打出了油井。

陕甘宁地区石油会战指挥部成立

在中国石油开发史上,解放军部队整建制参加石油会战屡见不鲜,著名的石油工程第一师就曾经参加过川中石油会战、大庆石油会战。但是,全部由部队指挥的石油会战却不多见,足见党中央对此次会战的重视。

石油工业部康世恩、唐克等老领导并没有忘记蜗居在兰州的油田开发渗流力学专家郭尚平。当兰州军区政治部干部部李志民部长请求石油工业部增调技术干部加强陕甘宁油田的技术力量时，唐克同志即推荐中国科学院兰州分院的郭尚平。1971年4月下旬，郭尚平等科技人员接到命令，正式调离已经归属地震大队管理的兰州地质研究室，参加陕甘宁石油会战。自打从苏联留学回国，他的工作从北京到兰州，从兰州到四川，回到兰州后再到长庆，郭尚平在中国科学院和石油工业部"双线作战"的命运，虽不轰轰烈烈，但却笃定前行。对于他来说，人在哪里并不重要，重要的是人在工作岗位上。

郭尚平是由兰州军区政治部调入长庆油田会战指挥部研究院的，而力主调入郭尚平来参加会战的却是当时担任石油工业部副部长的唐克。此次离开兰州，郭尚平是独自前往长庆油田参加会战；妻子罗广芳当时是五机部（兵器工业部）干部，难以同时调往长庆油田。一同调离的还有渗流力学研究组和石油地质室的其他几名科技人员。就这样，郭尚平再次收拾行装，踏上了新的工作岗位。

1971年5月1日，郭尚平一行乘火车到达西安，再转乘长庆油田派来的卡车到达庆阳县（现庆阳市）长庆桥，长庆石油会战指挥部当时就设在这里。长庆桥在长庆油田的建设史上声名赫赫，早在1933年，国民政府便调宁县、庆阳、泾川、长武四县民工建设长庆公路，在西郭村修筑了泾河上第一座钢筋混凝土桥，因此桥位于长庆公路，便有了长庆桥的美名，长庆油田也由此得名。

艰苦奋斗的会战场景对于郭尚平来说并不陌生。从克拉玛依到大庆，从四川再到长庆，他已经成长为一个颇有经验的会战老兵。

五、组建勘探开发研究所

在这次石油会战中,郭尚平的第一个任务是组建长庆油田石油勘探开发研究机构,为油田勘探开发提供人力基础和技术支撑。但是,来到庆阳后郭尚平才知道,自己是在一无人员、二无设备的情况下组建勘探开发研究所。虽然有组建兰州地质所渗流力学研究室的经历,但长庆油田的勘探开发研究院(所)建设规模大、科技体系复杂,对于一直搞科研、不搞行政工作的郭尚平来说,无疑是新的挑战。但组织的需要和国家的分配就要无条件服从,党叫干啥就干啥,任何艰难险阻都要努力克服。经过兰州军区政治部和石油工业部相关领导反复协商,最后决定整建制调入江汉油田石油勘探开发研究机构的一个研究营至长庆油田,以此为基础建立长庆油田勘探开发研究机构。

当时长庆油田的人事干部管理由兰州军区政治部干部部部长李志民和干部科科长陈燕勤负责。1971年5月,他们派郭尚平与兰州军区会战指挥部干部(92军干部)穆文生一起带着石油工业部的文件去江汉油田调动队伍。江汉油田领导大力支持上级的决定,在他们的配合下,迅速完成了全部人员的思想动员工作,并立即实施

郭尚平(右)与穆文生(左)在执行任务时路过武汉东湖合影

全员及家属的整体搬迁工作。3天后,郭尚平和穆文生就带领被临时称为江汉油田研究营的所有职工、家属,携带着家什和行李,拖儿带女,数百号人浩浩荡荡地乘坐火车抵达西安,然后由长庆油田汽车团的卡车转运至庆阳县长庆桥。这一天,是1971年5月31日。

江汉来的人员到达庆阳长庆桥的第二天就全部上班了。当时的勘探开发所也是按军事建制设置,研究室称为"连"。研究所所长由油田干部任挺担任,政委由兰州军区某团政委张永堂担任,副所长为油田开发专家郭尚平和地质专家张金泉。1972年,长庆油田勘探开发研究所扩大为研究院,石油工业部计划处侯处长调任院长,毛希森、郭尚平任副院长,政委仍由张永堂担任。

在长庆桥工作一段时间后,这支科研队伍又随会战指挥部一道搬迁至更靠近生产前线的庆阳县城郊。这时已是冬天,在庆阳县城郊会战指挥部医院的广场上,郭尚平带领长庆油田研究所职工就地支起帐篷钢架,然后在钢架上加上帆布篷面,就算是安下了家。当时的天气极为寒冷,大家在帐篷里经常冻得直哆嗦。直到半年后,才修建了一排排的泥土干打垒平房用于科研实验、办公和生活,数百人的生活和工作才算正式安定下来。

1971年,郭尚平(右)和张金泉在长庆桥(刘克诚摄)

长庆油田开发初期，主要是在庆阳、华池等地开展勘探开发工作，该地区地层的岩石极为致密，渗透率极低，一直被石油人称为"磨刀石"，在该地区勘探开发油气被戏称为在"磨刀石上找油"。当时低渗透—特低渗透—致密油藏的开采技术尚处于探索阶段，长庆油田的主要任务是勘探油气。郭尚平等从事的油田开发设计和石油生产工作主要是在马岭等地区的油田进行。

1972年12月21日，郭尚平的儿子郭雪出生。这是他的第三个孩子，同样面临着一生下来就和父亲不能携手牵衣的境况。父亲的爱更多地给了蕴藏石油的大地和急需石油的祖国，没有给自己的孩子。孩子出生时他只陪伴了几天，很快就返回了长庆油田。

1974年2月，郭尚平肺病复发，兰州军区政治部安排他在省军区直属三爱堂医院住院治疗。肺结核病人最怕劳累，在长庆油田这段时间，由于工作十分紧张，经常在野外奔波，高强度的体力劳动让郭尚平的身体吃不消了，并未痊愈的肺结核病再次乘虚复发，将他击倒在工作岗位上。罗广芳埋怨他说，当初让你去疗养院疗养你不去！要是去了，彻底治好了，不就没有事了？这次你一定要安下心来好好治病，治好了病再回油田去！

本来要经过较长时间的治疗才能回到油田工作，但郭尚平只进行了一个月的强化治疗，就回到油田继续工作。可以边工作边治病嘛，他说。肺结核病需要长期药物治疗才有可能根治，短则一年，长则两三年。此后，郭尚平边吃药边工作成了常态，很多领导、同事都关心他，嘱咐他要注意身体，提醒他别忘记吃药，郭尚平总是笑着说，没事儿，我年轻，能扛住。

与往次的长期出差不同，这次调往长庆油田时郭尚平将自己的

人事关系和户口都正式调往了油田。他已经下定决心后半生要在长庆油田生活和工作,结束在中国科学院和石油工业部两个单位之间跑来跑去的日子。他将长庆油田勘探开发研究院当成了自己的家,一心一意地扑在研究院的建设上。但是,没有想到的是,情况在1974年又发生了变化。当年8月,中国科学院要恢复重建渗流力学研究室,首先要做的工作就是把郭尚平调回中国科学院。中国科学院与兰州军区政治部、甘肃省委、甘肃省科委协商后,以工作需要为由将郭尚平再次调回了兰州。由于原渗流力学研究组的几个科技人员还在地震大队,中国科学院就将郭尚平暂时安排在中国科学院兰州冰川冻土沙漠研究所科技处。

离开长庆油田的那一天,郭尚平回望着这片充满希望的黄土高坡,一丝难舍的惆怅袭上心头。正如他所预想的那样,长庆油田会战坚持了一段时间后,突破了低渗透油气田开发的技术难关,取得了举世瞩目的成就。2020年,长庆油田油气产量当量已经突破5000万吨的大关,人称"西部大庆"。

第十二章

领导岗位

郭尚平是一个热爱科研的人，一直热衷于参加具体科研工作，并不喜欢担任行政领导去指挥、领导别人。回到中国科学院后，他一头扎进了业务学习和科学研究之中，不断加深对微观渗流和生物渗流的思考。但事与愿违，调回中国科学院后，组织上安排他去做领导性质的工作，先后任命他为中国科学院兰州冰川冻土沙漠研究所科技处处长和中国科学院兰州分院院长，这次的"双线作战"不再是中国科学院和石油工业部，而是科学研究和行政管理两条工作路线。

一、冰川冻土沙漠研究所的新处长

1974年7月，郭尚平被调回兰州，进入了同样划归地方领导的兰州冰川冻土沙漠研究所。回到兰州第二天，他就直接到冰川所上班。

冰川所位于兰州市盘旋路中国科学院兰州分院总基地的东南隅，南临城市主干道东岗西路，东临渭源路，是当时我国唯一以寒区旱区的冰川、冻土和沙漠为主要研究对象，同时还兼顾泥石流研究的综合性科学研究机构。

兰州冰川冻土沙漠研究所实验楼

1958年，应国家开发西北地区急需，中国科学院组建高山冰雪利用研究队，开始对我国西部高山冰川和多年冻土进行考察。1962年调整为中国科学院地理研究所冰川冻土研究室。1965年4月，国家科委决定将中国科学院地理研究所沙漠室迁到兰州，与地理所冰川冻土室合并成立中国科学院兰州冰川冻土沙漠研究所，简称冰川所。

1974年是"文化大革命"时期，担任冰川所党委书记的是中国科学院的原有干部王炳吉，还有三位党委副书记是甘肃省的下放干部：一位是苏星，原为甘肃省文教委员会主任；一位是黄霖，原为甘肃省司法厅厅长；再一位是翟玉，原为中国人民银行甘肃省分行行长。由于这四位书记都是十二级的高级干部，所以人称"四个十二级"。郭尚平在冰川所工作了将近3个月的一天，党委副书记苏星找郭尚平谈话，直截了当地说，这几个月你也适应了冰川所的工作环境，该挑重担了吧。怎么样，有这个心理准备吧？郭尚平说挑多重的担子都可以，只要工作需要。我是一个普通的科技人员，请组织分配吧，保证分到哪儿就在哪儿好好干。

苏星说，我知道你一直搞科研，这也是你的特长，不过适当地搞一些行政工作也是可以的，不耽误你的时间。然后话题一转严肃地说，组织上经过慎重考虑，并报请省委组织部批准，决定让你担任冰川所科技处处长，立刻就职。

听到要让自己当科技处处长，郭尚平很是惊讶。他说，我是搞石油开发渗流力学的，不是搞冰川冻土沙漠的，这是专业完全不同的两个学科领域。我这次回来只是暂时放在冰川所，将来还要进行调整，继续回渗流力学研究室搞渗流力学。这是我的专业啊！在冰川所我是个外行，怎么能当处长？所以啊，我不是不服从工作安排，是难以胜任，会耽误工作的，弄不好会给国家造成损失。

苏星严肃地说，你不是搞冰川冻土沙漠研究的，的确是外行，但你首先是个党员啊！

从入党宣誓那一天起，郭尚平就知道一切服从党的需要、服从人民的利益，党叫干啥就干啥。听了苏星书记的这句话，共产党员郭尚平唯一的回答只能是服从组织分配。郭尚平想到这里就站起来严肃地说：是，我是党员！我听从组织分配，一定把工作干好！

听了这话，苏星露出了满意的微笑，说我不仅现在要听你的表态，将来还要看你的表现。我相信自己的眼力，也相信你的能力，好好干。

很快，郭尚平被正式任命为兰州冰川冻土沙漠研究所科技处处长。冰川所主要从事我国高山、高原、北方及国外极地等高寒地区的冰川、积雪和多年冻土的分布、物理性质、形成机制等方面的研究，为寒区合理开发、冰雪利用、冰雪灾害防治、沙漠和沙害防治以及泥石流灾害防治等寒区旱区环境改良和工程应用等提供科学理论与技术。郭尚平当了科技处处长后，和处里的同事们一起担负起冰川所的科研计划、规划、工作检查、成果总结等管理工作，忙得不亦乐乎。

这时的郭尚平想法十分简单：我是党员，党员就必须完成组织交给的任务。既然任命我为科技处处长，就要积极认真地履行科技处处长的职责，完成分内的工作任务。在其位就要谋其政，说起来容易，做起来难。要当好这个处长就首先要懂专业，不能完全外行。于是，他尽力挤出时间来学习现在工作需要的新的专业知识，有空就钻进书堆，开始攻读冰川、冻土、沙漠和泥石流方面的科技入门书籍，遇到不懂的地方就向有关专业的科技人员请教，甘愿当一名实实在在的学生。他有深厚的数学、物理和地质学基础，学习新的专业知识并不难，几个月的工夫就把四个学科的入门书籍学习了一遍。

搞冰川、冻土、沙漠和泥石流研究，只待在实验室是行不通的，必须到野外现场去初步实践才能一探究竟。但是，冰川、冻土、沙漠研究现场大部分是在高海拔、高寒、高旱地区，每去一次，不仅要经受一些苦寒，有时还有一定的生命危险。

郭尚平首先安排去沙漠地区。他考察了乌兰布和、腾格里和巴丹吉林等沙漠地区，详细了解了沙坡头治沙实验站、民勤治沙实验站和乌兰布和治沙实验站，调研沙漠化和沙漠治理情况。归来不久，他又重新启程，向冰川地区行进。先是奔赴祁连山的七一冰川。晚上来到了冰川脚下海拔 3000 米的基地，住进帐篷里。大家聚在一起吃了一顿热乎乎的晚餐。那天的晚餐有肉有菜有米饭，有川菜的味道，郭尚平吃得很香甜。

晚饭后郭尚平听了基地野外队介绍七一冰川的概况和次日登山的注意事项后，全体人员入寝。郭尚平的身体很瘦，在高海拔地区反应并不大。但瘦弱的人不耐寒，郭尚平被冻得浑身哆嗦不停。同志们把羊皮褥子铺在他的行军床上，又让他睡在鸭绒被套里，他还是觉得很冷。同志们又帮他盖上羊皮大袄，上面再盖上羽绒登山服，虽然感觉稍稍好些，但仍然觉得冷，一夜没有睡好。同志们说，这种情况就是一种高山反应。

一行人休息了一晚，翌日吃完早饭后开始骑马向七一冰川前行。走到海拔约 3100 米处马不走了，郭尚平问马为什么不走了？它也怕冷吗？同行的一个队员回答，因为此处再往上没有草了，马知道

这里的情况，没有吃的就不走了。野外队长说，郭处长，再往上走有些危险，要不我们回基地，不登山了？郭尚平回答，我们来这儿就是考察冰川，不上去怎么能知道冰川情况？继续上！

一行人开始下马步行。七一冰川最高处海拔 5100 米，这是他们此行要到达的目的地。一行人穿着羽绒服，戴着严实的防风帽，穿着笨重的登山鞋，手持冰镐，一步步向上攀登。他们越过了 4800 米，逼近了 5100 米。当他们登上 5100 米的七一冰川顶峰时，天空一片晴朗，澄碧无云。冰川队队长现场讲解了七一冰川的地理、气候、冰川形成等情况后，天气骤变，雨雪交加的同时刮起了大风，一行人被冻得脸色铁青，郭尚平更是如此。不一会儿，雨雪又停了。大家忙着各种考察、记录数据，之后就开始下山。下山时，郭尚平小跑着下来，惊得大家为他捏着一把汗。郭尚平对大家解释说，这段路程虽然雪满冰山，但我自小在大山上生活，下山小跑成了习惯，而且这样还可以暖和身体，一举两得。

回来休整了一段时间，郭尚平又准备去考察冻土，但副所长翟玉不同意让他去。他说，你到青藏高原的冻土地区，很容易得肺水肿；你身体弱，又有肺病的根子，更是危险得很，千万去不得。翟玉说什么也不同意他去冻土地区，郭尚平不好再坚持意见，就修改行程，立刻去考察泥石流。暗自考虑另行安排考察冻土地区的机会。

1975 年夏天，在科技人员董光荣的陪同下，郭尚平去了云南省有"铜都"之称的东川县大牯牛寨，这里位于昆明市东川区与曲靖市会泽县交界，所属乌蒙山脉。国内外少见的大型泥石流的暴发地——蒋家沟，就处在大牯牛寨的西坡山脚。冰川所在这里设立了泥石流观测站。冰川所泥石流研究室的老书记王十二亲自带领泥石流野外队在蒋家沟观测站工作。他陪着郭尚平考察泥石流现场，并讲解泥石流灾害情况、泥石流发生的环境条件和主要因素，还详细介绍观测站内的实验室和历年观测记录等。郭尚平在这里待了一周，由于不在雨季，一直没有看到泥石流暴发的情况，只能在泥石流发生过的地方，从堆积的石头、泥石流冲击地区的地形地貌两侧斜坡的角度等方面了解泥石流造成的影响。他了解到这里频繁发生泥石流的主要原因，就是1958年大炼钢铁时将该地区山上的树木砍伐殆尽，又没有及时补种，以致植被大幅减少，导致泥石流逐年严重。从东川归来不久，他又和党委书记苏星一起去甘肃省陇南的文县考察泥石流，了解当地预防泥石流的工作情况，但也没有看到泥石流的发生。回来后，他将两次考察情况写成了考察报告，递交给上级部门。

归根结底，郭尚平是一位流体力学专家。工作了一段时间后他发现，流体力学完全可以和冰川、冻土、沙漠及泥石流的研究工作结合起来，使相关研究更加深化。用他自己的话说，流体力学几乎无所不在。郭尚平就思考着将沙粒运移、沙尘暴、沙化及其防治、雪片运移、风吹雪、风雪灾害防治等与他熟悉的多相流体力学结合起来，研究沙粒—空气二相流、雪片—空气二相流的理论和应用；把冻土热力学与渗流力学结合起来，研究冻土冻结过程中和冻土融化过程中的渗流理论及应用。总之，可以把相应成果应用于沙化防治、雪灾防治、冻土区铁路公路及工程建设等方面。冰川冻土沙漠所还有一些使他特别感兴趣的科技工作，例如旱区急需的苦咸水淡化技术研究，涉及渗透、反渗透与渗流等问题，与郭尚平的专业密切相关。由于后来他又调回渗流力学研究室以石油渗流、生物渗流和石油开发方面的研究为主，风雪、风沙、冻土和苦咸水淡化

等方面的思考只得中途作罢。

二、参与起草国家科技发展规划

科技规划是关于一个较长时期科技发展的方向、重大目标、重要任务和主要措施的总体设想和蓝图,是科技发展思想和指导方针的战略体现。在中国科技发展史上,科技规划占有十分重要的位置。新中国成立以来,我国共编制了八次科技发展规划。郭尚平参加了两次,一次是《1963—1972年科学技术规划纲要》,另一次是《1978—1985年全国科学技术发展规划纲要》。

新中国成立以来编制的八次科技发展规划[67]

序号	名称	制定时间
1	《1956—1967年科学技术发展远景规划》	1956年
2	《1963—1972年科学技术发展规划纲要》	1962年
3	《1978—1985年全国科学技术发展规划纲要》	1978年
4	《1986—2000年科学技术发展规划》	1982年
5	《1991—2000年科学技术发展十年规划和"八五"计划纲要》	1991年
6	《全国科技发展"九五"计划和到2010年远景目标纲要》	1995年
7	《国民经济和社会发展第十个五年计划科技教育发展专项规划(科技发展规划)》	2001年
8	《国家中长期科学和技术发展规划纲要(2006—2020)》	2005年

1961年1月7日,聂荣臻同志在呈交给中共中央书记处的《关于一九六一、一九六二年科学技术工作安排的汇报提纲》[68]中就提道:"今后两年准备制定一九六三年到一九七二年的十年远景规划。"后经中共中央批准,决定在"十二年规划"执行基础上,制定《1963—1972年科学技术规划纲要》。在国家科委的组织下,规划的研究制定工作有序展开。

1962年8月，正在大庆参加萨尔图油田"146"开发设计工作的郭尚平，接到中国科学院的通知，让他去参加全国《1963—1972年科学技术规划纲要》的制定。郭尚平从大庆直接赴京，投入《1963—1972年科学技术规划纲要》的制定工作。各学科几百名专家聚集在北京民族饭店，擘画未来十年中国科技的发展路径和战略。"规划的制定，实行了领导、专家、群众三结合的方法，直接参与制定规划的科学技术专家约一万人，许多研究机构、高等学校、企业的广大科学技术工作者都提供了材料和意见，有关部门的领导干部分别主持了各专业规划的编制工作。"[69]

规划制定委员会分成若干科技小组，分别进行规划的编制。力学组约有20名专家成员，由钱学森、周培源、郭永怀等老一辈科学家主持力学学科规划制定工作，中国科学院力学研究所科技处处长吕毓昌担任力学组学术秘书，负责力学组发展规划的文件起草工作。32岁的郭尚平是当时参加规划制定的年龄最小的力学组成员。他在会议上主要就渗流力学的发展规划提出建议。他的一些富有朝气和建设性的意见被写进这部对中国科技发展产生了巨大影响的《1963—1972年科学技术规划纲要》之中。在此次编制大会上，郭尚平还应邀做了渗流力学方面的报告，受到了钱学森等领导、专家的好评。

经过一年多的紧张工作，《1963—1972年科学技术规划纲要》于1963年6月定稿，12月经中共中央、国务院批准，由国家科委下达，并会同各有关部委组织实施。规划确定了"自力更生，迎头赶上"的科学技术发展方针，提出了"科学技术现代化是实现农业、工业、国防和科学技术现代化的关键"的观点。规划包括6部分，共 77 卷，重点研究试验项目 374 项，3205 个中心问题，15000 个研究课题[①]。

1977 年，对于科技界来说是十分重要的一年，《1978—1985 年全国科学技术发展规划纲要》（简称《八年规划》）的制定，为中国科技的发展铺就了一条光辉大道，而郭尚平就是这个科技发展规划纲要的制定者之一。

1977 年，在担任冰川所科技处处长期间，郭尚平再次参加了国家科技发展《八年规划》的制定。这一年的 9 月 18 日，中共中央发出关于召开全国科学大会的通知，提出"四个现代化的关键是科学技术现代化。我们必须建设世界第一流的科学技术队伍，拥有最先进的科学实验手段，在理论上有重大创造，技术上有重大发明，在科学技术的主要领域接近、赶上和超过世界先进水平"[70]。国务院宣布恢复在"文化大革命"中被并入中国科学院的国家科学技术委员会，由其负责全国科学技术的统一规划、协调和组织管理，并通知要求各地方各部门抓紧制定科学技术规划。因此，在参加制定《八年规划》之前，郭尚平已经负责编制了冰川所第五个"五年计划"。

1977 年 9 月到 10 月，国家科学技术委员会和中国科学院主持召开全国自然科学学科规划会议，1200 多位科技专家和管理干部参加。会议经过反复讨论修改，集思广益，制定了《全国基础科学规划纲要（草稿）》。1977 年 12 月 11 日—1978 年 1 月 16 日，科学技术委员会又在北京友谊宾馆召开全国科学技术规划会议，会议集中了各部门、各地方科委（局）的领导和专家 1000 多人，分

注释

① 引自《1963—1972 年科学技术规划纲要》。

为物理学组、地球科学组、冶金学组、力学组、核物理组、飞机航天组等。讨论制定了《1978—1985年全国科学技术发展规划纲要（草案）》《科学技术主要研究任务（草案）》和《技术科学规划（草案）》。最终形成了《1978—1985年全国科学技术发展规划纲要》。

作为专家成员之一，郭尚平参加了国家科学技术委员会在北京友谊宾馆召开的全国科学技术规划会议。这次他不仅是力学组的成员，参加制订全国力学学科计划，还同时为地球科学组成员，担任地学组的学术秘书，负责地学组规划的起草工作。地球科学规划组专家共有20余人，中国科学院冰川冻土研究所所长施雅风[①]担任地球科学规划组组长。作为科学技术规划制定的学科组学术秘书和学科规划执笔人，一般情况下由国内该学科具有一定能力的专家担任。郭尚平之所以能够再次参加1977年的规划制定会议并成为地球学科组学术秘书，一是因为他在兰州地质所和冰川所工作期间，积累了丰富的地学专业知识；二是在重庆大学采矿专业学习时学习过普通地质学、构造地质学、石油地质学、岩石学、矿物学、结晶学等地学课程，打下了较扎实的地学基础；三是他在兰州地质所和冰川所工作时，参加了中国科学院各地学研究所组织的多种学术活动，他的知识储备和能力得到了有关领导的认可。

郭尚平担任学术秘书和施雅风的推荐有直接关系。施雅风和郭尚平并肩工作多年，对郭尚平的专业能力十分熟悉并认可。因此，在他推荐下，担任冰川所科技处处长（1975—1980年）的郭尚平

注释

[①] 施雅风（1919—2011），江苏海门人，著名地理学家、冰川学家，中国科学院院士，中国冰川学的奠基人，中国冻土学和泥石流研究的开创者。历任中国科学院冰川冻土研究所所长、中国科学院兰州分院副院长等职。著有《祁连山现代冰川考察报告》《中国冰川目录》。

成为地学组的学术秘书。

在北京友谊宾馆，经过一个多月的紧张讨论和编写，《八年规划》编制完成。《八年规划》包括前言、奋斗目标、重点科学技术研究项目、科学研究队伍和机构、具体措施、关于规划的执行和检查等几部分，确定了8个重点发展领域和108个重点研究项目，提出了"全面安排，突出重点"的方针。

1978年3月，全国科学大会审议通过了《1978—1985年全国科学技术发展规划纲要（草案）》。1982年，又将规划的主要内容调整为38个攻关项目，以"六五"国家科技攻关计划的形式实施。

三、渗流力学研究室的恢复与发展

1978年3月，在京召开的全国科学大会不仅审议通过了《1978—1985年全国科学技术发展规划纲要（草案）》，还有很多的亮点足以照亮中国科技未来的进程，如邓小平提出了"科学技术是第一生产力""科技工作者是工人阶级的一部分"两个著名论断。作为冰川所的科技处处长，郭尚平本应参加这次历史性的会议，但多月的劳累奔波导致身体状况并不好的郭尚平因病没有来京参会。在全国科技大会之后，郭尚平曾经工作过的兰州分院、地质研究所、渗流力学研究室也迎来了新的发展契机。

在此期间，在中国科学院的协调下，渗流力学研究室脱离地震局，调整到中国科学院兰州分院冰川冻土研究所。渗流力学研究室自成立以来，一直归属中国科学院地质研究所。此次调整却没有将其调整到地质所，而是调整到了冰川所，原因很简单，由于渗流力学的学科带头人郭尚平在冰川所担任科技处处长。当初渗流力学研究室是以他为中心建立的，将渗流力学研究室调整到冰川所也就不足为奇了。

渗流力学研究室的回归，让郭尚平和渗流力学久别重逢，他百感交集，热泪涌流。此时的郭尚平已经年近 50，回顾这些年的工作历程，想到很多规划中的科研项目都没有完成，长久地陷入了沉思之中。他知道，失去得越多，前行的脚步就要越快，否则，把失去的时间夺回来就是一句空话。

渗流力学研究室虽然恢复了，但原来的 60 余名精干的科技人员却散失到全国各地。从地震大队回来的科技人员只有刘慈群、闫庆来、何秋轩、马效武等几个人，可以说人才散失殆尽。人才是进行科研工作的基础，渗流力学研究室要想重建，首先要把过去的人才找回来。恰在此时，国家提出了科技人员归队政策，为渗流力学研究室人才队伍重建创造了条件。在这项政策和上级领导的支持下，郭尚平很快就从甘肃省的科技人员中挑选出了学习航空流体专业的杨玠，清华大学流体专业毕业的陈永敏、周娟等人，并设法从天水调回了胡雅礽、吴万娣，渗流力学研究室的科研力量明显加强。自1978 年上半年起，郭尚平组织马效武、杨玠、陈永敏等人开始了具有开创性意义的微观渗流模拟技术的研发。

1978 年 4 月 29 日，经国务院批准，重新恢复中国科学院兰州分院建制。恢复后的兰州分院由董杰担任院长，杨澄中[①]、施雅风

注释

[①] 杨澄中（1913—1987），生于江苏武进，1937 年毕业于中央大学，1950 年获英国利物浦大学哲学博士学位，著名核物理学家，国际上最早研究轻核削裂反应的少数学者之一。曾任中国科学院近代物理研究所所长、中国科学院兰州分院副院长等职。

担任副院长。同时决定地震大队石油地质所回归中国科学院，并恢复原来的名称——中国科学院兰州地质研究所。5月，根据中国科学院的决定，将冰川冻土沙漠研究所分为冰川冻土研究所和沙漠研究所，施雅风担任冰川冻土研究所所长，郭尚平继续担任冰川冻土研究所科技处处长。

渗流力学研究室科技人员回归的脚步也在加快，1978年下半年，郭尚平从兰州乘飞机飞到西峰，转乘汽车赴长庆油田，到会战指挥部干部处和长庆油田勘探开发研究院，说服有关领导同意将黄延章和于大森夫妇调回了兰州渗流力学研究室。此后，渗流力学研究室又接纳了一批年轻学生，补充了新鲜血液。

渗流力学研究室一边调集科研力量，一边开始进行中断已久的科研工作。这时，郭尚平的职务仍然是冰川冻土研究所的科技处处长，但是他大部分时间和精力都已投入渗流研究工作中。

进入20世纪80年代，中国科学院兰州分院及院属各所全面贯彻《中共中央关于科学技术体制改革的决定》和中国科学院一院两种运行机制、结构性调整的方针。顺应改革开放潮流，从学科方向、科研体制、人员结构和分配制度进行了一系列重大改革，走上了既瞄准国际学科前沿，又面向经济建设和社会发展的新路，开创了建院以来事业最兴盛、科研成果最丰硕的新时期。在这种形势下，渗流力学研究室也迎来了发展的契机。1980年8月11日，中国科学院决定将渗流力学研究室从冰川冻土研究所划出，升级为直属中国科学院的研究室，郭尚平也正式卸任冰川冻土研究所科技处处长，再次担任渗流力学研究室主任。

科学的春天来了，渗流力学研究室一下子有多个渗流力学方面的科研项目立项，郭尚平与黄延章、胡雅礽、于大森、马效武、周娟、陈永敏、吴万娣、杨玠等人组成的科研团队，开始进行微观渗流和生物渗流方面的研究。他们的科研工作进展很快，从1980年开始连续发表了多个阶段性成果和论文，1990年出版了专著，开创了微观渗流和生物渗流两个学科分支，丰富了渗流力学理论，发展了渗流力学学科，为提高石油采收率和原油产量提供了新的科学技术基础。他们的微观模拟和测试技术为油气渗流、油层物理、油藏工程及提高采收率等研究提供了深入微观层次的实验研究手段。

四、担任中国科学院兰州分院院长

20世纪80年代中后期，中国科学院兰州分院科研取得累累果实，这不仅是全体兰州分院科技人员共同努力、协同奋斗的结果，而且与曾经担任中国科学院兰州分院院长的郭尚平的努力也是密不可分的。

1983年8月的一天，兰州分院院长董杰将郭尚平找到自己的家中谈话。与董院长共事多年，彼此到家中做客聊天吃茶也不是稀罕事。但是，请他到院长家中主要谈工作却并不多见。

一进董家的客厅，董杰就让郭尚平坐在沙发上，然后亲自倒茶。一头雾水的郭尚平猜测到有什么事情要发生，但也不便问，就安静地等着老院长发话。

董杰倒完了水就在郭尚平对面坐了下来，直截了当地说："今天找你来，确实有件事告诉你，而且有点急，到家里来呢说更方便。"

"院长你有话就说，我去做就是。"郭尚平随口回答。

　　他已经听说了分院的领导班子要进行调整,找自己来有可能是人事调动的事,要征求他这个群众的意见。这么多年来他是一个热爱科研、不喜当官的人,因此对这些事并不上心。他心里打定了主意,老院长不管有什么想法和决定,自己一定支持。

　　"好,有你这句话我就放心了。事情是这样的,组织上经过研究,想让你到兰州分院做一些领导工作。"

　　"您是想让我当分院科技处处长?"郭尚平想到自己有冰川所当科技处处长的经历,就疑惑地猜测着。

　　"不是。"

　　"让我当主管科技业务的副院长?"

　　"也不是。"

　　"我还以为你要我这个天生不是当官料的人当官呢。"郭尚平放心地出了一口气,然后开心地笑了。对于他来说,不当官才是开心的事。

　　"组织上的意思是让你当中国科学院兰州分院的院长。"董杰一字一顿地说。

　　从入党宣誓的那一天起,郭尚平就下定决心一切服从党的需要,还是那句话,党叫干啥就干啥。但现在要他当分院院长,他实在不情愿,既然是征求本人意见,就可以提出不同意见。他想到这儿,就诚恳地回答:"董院长,我政治思想水平低,又没有行政工作的经验,学术水平也不高,实在当不起这个重任;而且,您也是知道的,我适合搞具体的研究工作,也愿意搞具体的研究工作;实在没有能力搞领导工作,也真正地不愿意搞领导工作;请求您让另外的同志来担任院长一职吧。董院长,您想想,我是一个搞科研的技术人员,能力和性格也都不适合当领导。我当院长会把分院的工作搞糟的，耽误分院的工作。另外，从渗流力学研究室主任直接提升到分院当院长，也不合乎干部提拔的常理。有那么多的副院长和所长可选用，为什么要破格选我呢？您这样做我真的很想不通，我不得不请求领导改变这种安排。"

1954年，兰州分院的前身西北分院筹备处建立时董杰就是分院筹备处主任。1959年2月2日，成立中国科学院兰州分院后任实际主持工作的第一副院长。1962年4月，在兰州重新成立中国科学院西北分院后仍担任副院长。1979年，兰州各研究所从地方回归中国科学院后，董杰担任院长，一直到1983年。

董杰想退下来的原因是自己的年龄大了，想让更年轻、更有专业能力的人来接替他。董杰对郭尚平十分了解，认为他专业能力强，务实肯干，为人低调，不争权夺利，不喜沽名钓誉，而且是一名有着30多年党龄的老党员，综合考量很适合当科研单位的领导人。于是，经过向中国科学院党组和甘肃省委请示和汇报，推荐郭尚平继任兰州分院院长。

郭尚平不想当这个院长还有一个重要原因，就是他不想因为行政事务影响刚刚开始的科研工作。当时，中国科学院初步决定以兰州渗流力学研究室为基础，以郭尚平为主要骨干，在成都建立一个现代流体力学研究所。因此，一旦自己担任了兰州分院院长，渗流力学研究室发展扩大为现代流体力学研究所的事业就可能告吹。

渗流力学研究室迁成都建立现代流体力学研究所并不是郭尚平个人的想法，而是当时中国科学院很多领导的意见，尤其是中国科学院数理学部的支持度更高。他们提出要以渗流力学研究室为基础，在成都成立现代流体力学研究所，新的研究所除开展复杂渗流力学研究外，还要开展非牛顿流体力学、多相流体力学等更现代、更具前沿性的科学研究。而当时成都分院院长刘允中曾经是兰州分院的副院长，对渗流力学研究室的情况了如指掌，对其发展前途十分看好，对郭尚平的个人能力也赞赏有加；当时的成都分院副院长廖伯康是重庆解放前后沙磁区和重庆市一带的学生运动领导人，对郭尚平也很了解。

渗流力学研究室迁入成都建立流体力学研究所的报告，已经得到了中国科学院院长卢嘉锡和副院长钱三强、闫东生、周培源等人的签字同意，但由于甘肃省委省政府不同意渗流室外迁，该计划还没能实施。

董杰也深知郭尚平热爱科研工作，对渗流力学研究室正在准备扩展学科并迁入成都一事也心知肚明。因此，他在此次谈话的最后向郭尚平交了底："我今天找你来谈任职分院院长一事，上级已经决定不是征求你本人意见，只是提前给你打个招呼，让你有思想准备。实际上，组织已经做出决定，现在就等中央正式下文，下文后你就得立刻到分院上班。至于渗流力学研究工作，你仍然可以继续进行，继续出成果、出人才，不耽误的。"董杰院长在说最后一段话的时候，态度变得严肃起来。但郭尚平还是侥幸地想，既然需要中央审批，那说明这件事还没有决定，中央领导一看自己没有当过领导的经历，也许就不会同意呢。

谁知没过几天，郭尚平赴京到中国科学院开会，到数理学部报到时不少人就称他为郭院长。郭尚平心想八字没有一撇的事怎么就传开了呢？郭尚平一问，数学力学处处长江文华给郭尚平看了一张复印文件。郭尚平才知道兰州分院院长董杰说的中央任命文件,已经到了中国科学院。

郭尚平没有想到中央文件会这么快下达,虽然董院长提前打了招呼,但心里的思想准备并不充分。办完事回到兰州,就接到通知去分院开会。会上,董杰先是宣读了中共中央组织部的文件和中国科学院党组关于郭尚平等同志任职的通知,中央正式任命郭尚平为中国科学院兰州分院院长,任命延安时期的老公安干部樊占江担任党组书记、李谘为副书记,原院长董杰担任顾问。

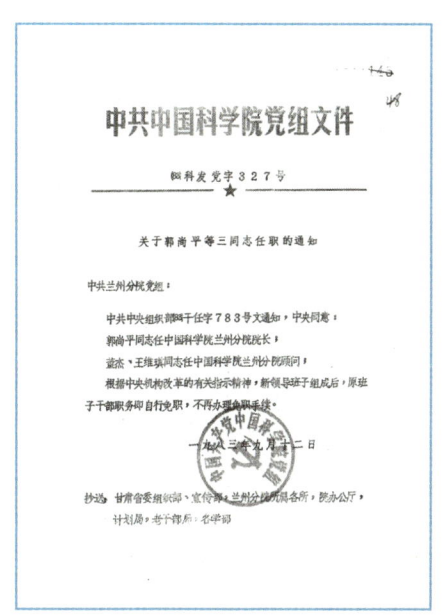

中国科学院党组关于郭尚平等三同志任职的通知

1983年9月至1987年2月,郭尚平担任中国科学院兰州分院院长将近4年。郭尚平上任后,渗流力学研究室迁成都建立现代流体力学研究所的计划宣告流产。

担任院长期间,他仍然兼任渗流力学研究室主任,继续领导渗流力学研究室的科研工作,继续进行微观渗流、生物渗流等项目的研究,并取得了开创性的成果。作为分院院长,他开始对兰州分院各所室的科研工作进行协调与管理。在提倡搞科研、出成果、出人才的郭尚平带动下,各所室均取得了可喜的成就。

但是，担其职就一定要负其责，当了院长的郭尚平知道自己不能只是整天泡在渗流实验室，他还有更大的担子要担、有更多的任务要完成。因此，除了安排好渗流所的科研工作外，他还要抽出相当多的时间放在兰州分院各项科研项目协调管理上。

兰州分院下属科研院所很多，共有近代物理所、化学物理所、地质所、冰川所、沙漠所、高原大气所、青海高原生物所、青海盐湖所、兰州情报所等十个厅局级单位。郭尚平对分院所属的、所址在兰州的大多数研究所都较熟悉。原来郭尚平和渗流室就属于兰州化学物理研究所，近代物理研究所和渗流力学研究室都属于数学物理学部，经常在一起开会，所以他对这两个所的人和事也有一定的了解；他在地质所、冰川所和沙漠所工作过，了解程度更深；高原大气所与渗流力学研究室都曾在地震大队一同度过不景气的那段时光，也比较熟悉。总之，因为他在兰州工作时间较长，对兰州各所室的科研情况和人员构成情况都比较熟悉，为他当好分院院长奠定了基础。

1984年在青海高原生物所香日德实验农场（左2为郭尚平）

相较而言，对于远在西宁、工作条件艰苦异常的青海盐湖所、青海高原生物所还十分陌生。他决定亲自去考察调研，了解实际情况。他先后去了青海高原生物所、盐湖所及其在格尔木附近的察尔汗盐湖,这是中国最大的盐湖。他又去了高原生物所的香日德实验农场等地,还调研了青海湖地区油菜籽生长情况等。这些现场考察使郭尚平感慨万千,认识到高原农业大有可为,受到了很大鼓舞。

在冰川所任科技处长时,由于副所长翟玉同志的好意劝阻,郭尚平考察冻土地区的设想没有完成。现在为了考察冻土地区和冰川雪线变化,1986 年,他与分院科技处和冰川所的几位科技人员和管理人员登上海拔 4837 米的昆仑山垭口;后来有一次,他还乘车去了 5200 米的唐古拉山口。已年过半百的郭尚平身体并不是很好,他在野外考察时面临的考验可想而知。不过,当他们驱车来到这些高海拔地区时,令人惊奇的是他的身体并没有太大的高原反应。有时,坚强的意志可以让很多貌似不可战胜的困难退避三舍。不过同志们说,他高原反应不重的原因可能是人瘦体重轻的缘故。

经过一段时间的野外考察,他对兰州分院下属的研究所室的工作有了初步和感性的了解,这为他在将来更好地领导分院科研工作提供了一定的帮助。不过,郭尚平在分院管理和渗流研究的兼顾方面,虽然可以勉强说科研行政两不误,但实际上还是侧重渗流科研,不管是在时间分配、精力使用和思想侧重上,他还是很大程度上偏向渗流科研工作。他让分院其他领导同志负责诸如人事、财务、物资、后勤等各项行政管理工作;他自己只负责科研业务,而各研究所的科研业务有各研究所的所长们全权管理,他不必过多干预;他是院长,但作为一个科学家,他自己可以用较多时间和精力进行具体的科研工作。这在中国科学院是允许的。

1984年、1986年郭尚平等两次登上青藏高原昆仑山垭口区域
（海拔4837米）进行科学考察

1984年，考察青藏公路西大滩冰舌
（左1王传智，左2郭尚平，左3吴老师，左4李谘，左5徐师傅，
左6刘三明）

"文化大革命"初期,有一些不明真相的人参与过对郭尚平的批斗。在他担任院长后,那些批斗过他的人曾经十分怕郭尚平"报复"。但是,郭尚平在工作中十分宽容,和这些人保持正常的工作和同志关系。在日常生活中,他也从来不提自己在"文化大革命"中受到的迫害。有人问他,那段岁月难堪的景象,真的能都忘记吗?他说,在那个身不由己的年代,大家都是迫不得已,没有什么可计较的。

分院和渗流力学研究室的各项工作排满了他的工作日程表,成果鉴定会、学术报告会和行政性会议也日渐多了起来。时间,时间,郭尚平更加深刻地感受到时间的可贵。郭尚平并不喜欢学术活动以外的一些会议,太耽误科研工作;他也较少出国参加各种活动,他从事的微观渗流和生物渗流是他自主开创的学科分支,当时在国外还无人研究。

难能可贵的是,这个不愿意当院长的院长不仅履行了院长职责,自己负责的科研工作开展得也相当出色,在渗流力学研究方面取得了可喜的成果:向细微处进军,他开创了微观渗流学科分支;向生命科学渗透,又开创了生物渗流学科分支,这些成就让他的科学生涯写就了新的闪光的篇章。

第十二章

微观渗流

郭尚平传

微观渗流指孔隙水平（层次）的渗流研究，主要研究各种类型的孔隙、裂隙、孔隙—裂隙体系内的渗流细节、机理和规律。郭尚平的这种科学思想在20世纪60年代初期产生，但受多种原因的影响，直到1978年"科学的春天"到来后，才从郭尚平的大脑中走进了实验室。随着微观渗流的研究逐步深入，"渗流"二字成为郭尚平生命中最醒目的关键词，贯穿了他一生的追求和热爱。在或细微、或宏大、或澎湃、或寂静的多孔世界里，他执着地凝视着地层下常人无法看到的各类流体渗流的宏观与微观的图景，不断探索着将现代工业的血液——石油，输进当代中国能源大动脉的新方法。

一、渗流力学研究持续深入

在国内，以郭尚平领导建立的中国第一所渗流力学研究室为标志，从20世纪60年代起就开始建立专业机构开展对渗流力学的研究。不久，中国力学学会流体力学专业委员会还建有渗流力学专业组，其办公室曾长期设在渗流力学研究室，为渗流力学研究室进行渗流力学研究创造了条件。经过努力，渗流力学在国内逐步成为认识油气藏、高效开发油气藏、改造油气藏以及非石油的多个生产部门和多种技术工程的科学基础和重要工具。

1963年10月21—26日，中国力学学会在上海举行了我国第一次流体力学大会。大会共分成水动力学和水力学、黏性流体力学和空气动力学，以及渗流理论三个分组，共宣读论文65篇[71]，其中有12篇属于渗流力学的范畴，而这12篇论文中有11篇出自兰州地质所渗流力学研究室，如郭尚平、刘慈群的《非均质油田开发过程的水动力学计算方法》，刘慈群、黄延章的《地层渗透率非均质的定量估计》，在分析地下渗流的流动规律时均考虑了渗透率不均匀的影响；郭尚平、李永善、余永琪等的《行列注水时非均质油田开发过程的水动力学计算方法》，提出了行列注水或面积注水情况下油田开采的水动力学的一种计算方法。此外，用电网模拟和示踪原子的方法研究地下渗流问题也引起了与会人员的注意[71]。

渗流力学研究室有6位科技人员参加会议，郭尚平在会上做了题为《多相渗流研究的近况和展望》的主旨报告，全面总结和介绍了当时国内外渗流力学研究方面取得的进展，论述了多相渗流发展的特点、研究方法和重要性，并对我国多相渗流力学研究的发展提出了建设性的意见：一是当时多相渗流研究的主攻方向首先应是多孔介质内的二相渗流，特别是油、水二相渗流等，其次是物理化学渗流，如混相驱油和土壤改良的渗流问题等，同时应积极开展多相渗流其他问题的研究；二是在研究方法和研究工具上应当多条腿走路，物理模拟、数值模拟、现代计算技术、数理分析及现场试验等研究手段均应同时注意，并应充分发挥它们的作用[72]。

翌年，《中国科学院兰州地质研究所集刊·渗流力学》出版，集中展示了这一时期渗流力学研究室的研究成果。这些成果代表着中国在渗流力学领域研究的最新进展，也说明了当时郭尚平领导的渗流力学研究室学术研究取得了一定的成就。

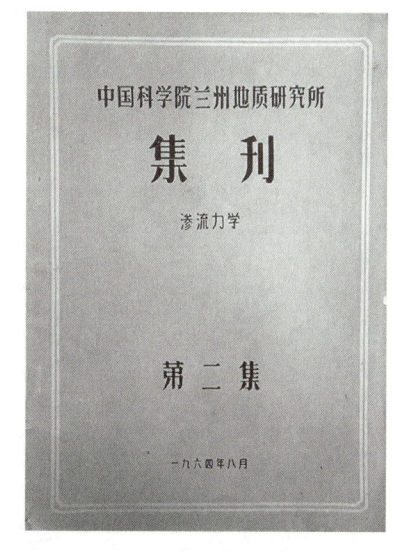

《中国科学院兰州地质研究所集刊·渗流力学》封面

进入20世纪70年代初,郭尚平提出另外一个思想,在多孔介质内不仅发生力学过程,在很多情况下还同时存在其他复杂的物理过程、化学过程和生物学过程,而且这些过程往往是相互影响、互为制约的。因此,为了更好地发展渗流力学,使其更好地为社会进步和经济发展服务,应当把多孔介质中的物理、化学、生物学和力学过程综合考虑、交叉渗透地进行研究。这一思想对推动各种类型的物理化学渗流和生物渗流的研究,促进渗流学科更好地为提高石油采收率、促进地下水化学污染防治和生物污染防治等工程技术进步做出了新的贡献。

1977年,中央领导同志亲切接见了中国科学院与会的代表。作为会议参加者之一,郭尚平受到巨大的鼓舞。尤其是1978年全国科技大会召开后,中国科技界迎来了温暖的科学之春,渗流力学研究室也开始了新阶段的科研之路。1980年春天,兰州渗流力学研究室部分成员及家属在五泉山合影,从他们脸上洋溢的笑容就可以读出在"科学的春天"里他们兴奋的心情。

1980年,兰州渗流力学研究室部分成员及家属合影

第十三章 微观渗流

随着科研人员的回归，渗流力学研究室的研发能力得到提升，郭尚平等人的渗流科学研究进入新的阶段，不断推出新的科研成果，如 1979 年，郭尚平与刘慈群、阎庆来等人编写了关于渗流力学的专著——《渗流力学》，中国力学学会常委会决定将该专著作为中国《力学丛书》之一[①]。

能够查到的国内出版的关于渗流力学的专著中，最早的是刘尉宁所著的《油气田开发进修丛书》中的《渗流力学基础》，于 1983 年石油工业出版社出版。仅从时间上来说，郭尚平等人的著作比其早了近五年。只可惜这本书由于工作耽误没有能够正式出版。也是在这一时期，微观渗流与生物渗流研究正式揭开了序幕。

随着中国经济建设的发展，渗流力学在油田开发设计、油气开采，以及其他工业部门的生产建设工程等方面发挥了越来越大的作用，渗流力学理论日益深化，渗流力学的应用领域日益广泛，渗流力学界的学术活动十分活跃。1980 年 4 月 2 日至 6 日，在江苏油田的支持下，在江苏省扬州市邵伯镇召开了第一届全国渗流力学大会，郭尚平和来自全国 16 个省、市、自治区，34 个单位的 82 名代表共同出席了这次对于中国渗流力学具有划时代意义的盛会。会议共收到论文 71 篇，大会、小会宣读和讨论了其中的 51 篇。全国性的渗流力学年会先是三四年举办一届，后来发展为每两年一届。专家投稿极为踊跃，每届年会都收到论文三四百篇。主动争取主办年会的单位积极性很高，每届申办单位不下五六个，导致渗流力学年会的办会资格都是以竞选方式确定。在竞选过程中，不少院校还是校长、副校长等领导人亲自到会，先发表竞选演说，然后 40～50 位代表

注释
① 引自兰州分院计划处编写的《中国科学院兰州分院主要科技成果汇编（1978—1981）》，1982 年。

无记名投票选举,票数居首者即为下下届渗流力学年会承办单位。每次渗流力学大会分为全体大会和专题分组会,郭尚平一般是大会主题报告或大会邀请报告的第一位报告人。

1982年,第二届全国渗流力学学术会议代表合影
(前排:左1闫庆来,左2李溋,左5刘慈群,左7郭尚平,
左8秦同洛,左10齐宇峰)

不管是渗流力学研究室的研究工作还是全国性的渗流会议,渗流力学研究室都起到了主导作用,而长期担任渗流力学研究室科研领头人的郭尚平,不仅自己投身于渗流力学的研究,发表了诸多具有创新性的成果,还是多次学术活动的组织者,为中国渗流力学的发展奔忙着。

1983年12月,渗流力学研究室编写发行了《渗流力学论文集》(1977—1983年)。该论文集收录了中国科学院渗流力学研究室1977—1983年在国内各类期刊发表的37篇论文,主要内容包括微观渗流、物理化学渗流、多重介质渗流、生物渗流，以及渗流实验测试方法和技术等。这部论文集是"文化大革命"后渗流力学研究室恢复之后学术研究的集大成，全面检阅了中国科学院渗流力学研究室的科研成果。在37篇论文中，郭尚平亲自完成或参与其中的论文达13篇，其他论文也都是不同程度地在郭尚平学术思想的指导下完成的。

《渗流力学论文集》封面

在这部论文集中，可以看到郭尚平等人的物理化学渗流、多重介质渗流、微观渗流、生物渗流等研究思路已经初步成熟。尤其是他对渗流力学的研究日益发展两个崭新的领域：一个是突破了常规的地下渗流领域，开辟了生物渗流学科分支；另一个是将渗流力学引入微观领域，从而建立微观渗流和生物渗流两个学科分支。有的媒体将郭尚平的人生称为"渗流人生"是十分恰切的，因为他一生都在研究渗流科学，并为此付出了自己的全部。

二、"微观渗流"思想的提出与形成

自达西的渗流实验开始，人们对宏观渗流的研究持续了一个多世纪。郭尚平的微观渗流力学理论出现之前，世界渗流力学研究只局限于宏观领域。20世纪70年代末期，郭尚平及其科研团队将渗流力学研究推入一个更为精细的领域，即在微细孔隙、裂隙层次上研究流体的渗流规律，从而在世界上第一次提出了微观渗流概念。

郭尚平的微观渗流是和生物渗流思想同时在1962年他32岁的时候产生的。20世纪60年代，中国科学院渗流力学研究室率先提出微观渗流和生物渗流的思想，并系统地开展多相渗流、非牛顿流体渗流、物理化学渗流、非等温渗流等的研究。20世纪70—80年代，成功地开发出微观渗流的模拟和测试技术，可以较好地模拟天然孔隙、裂缝介质的拓扑结构、孔隙表面粗糙度和润湿性，以及高温高压下的复杂流动，这类研究使人们可以从微观角度更深入地了解渗流运动的微观现象和规律[73]。20世纪60年代是微观渗流力学科学思想的酝酿阶段，真正进入实验和研发阶段是在70年代后期，80年代才走向成熟。

20世纪60年代初，在石油开发领域，渗流力学的应用多半只考虑注水驱油时油水分界面如何运动、油和水在油层中如何分布、油井含水率如何变化、剩余油如何分布以及如何影响采收率等问题。而围绕这些问题进行的实验，如郭尚平团队发明的人工地层大模型模拟技术，以及以各种类型的天然岩心为对象的实验研究都属宏观渗流范畴。宏观实验具有很多优点，但也有本质的不足：在当时的模拟和测试条件下，不能直接观测孔隙、裂隙中流体运动的具体情况，以及流体之间和流体与孔隙表面之间的相互作用等具体细节。通俗地说，在通常条件下的宏观研究中，不能亲眼看见一条、几条或一群孔隙中的流体到底是怎么流动的，流体之间以及各种流体与固体表面之间究竟是怎么相互作用的，更不能了解微观渗流机理和定性定量的微观规律。

这种不足在注水驱油中存在，在注入热能、化学剂、高压气和生物剂等强化采油过程中也同样存在，其流动情况比注水驱油复杂得多。因此，随着石油开采工程的发展和实验、计算、研究工作的逐步深入，对渗流力学的研究提出了更高的要求。显然，渗流力学必须找到深入发展的道路，并为上述问题的解决提供方案。

1962年初的一天，当郭尚平正在考虑非均质油田油水二相渗流的计算方法和人工地层大模型模拟实验如何观测油水分布、油水界面运动问题时，脑子里突然冒出了这样一种想法：我们实验来实验去，计算来计算去，都是研究流体在一块或大或小的多孔介质整体内的宏观运动，不仅无法确切知道每个孔隙、裂隙或一群孔隙、裂隙内流体渗流、流体之间的相互作用，流体与孔隙表面之间的相互作用等细节，更不知道其机理和规律。一句话，我们只研究地层内、模型内、岩心内流体运动的笼统的宏观情况，而不知道一个、几个、一群孔隙内的渗流运动的微观真相。如果能够知道微观细节和规律，就一定能够更深入、更确切地解释和回答许多只进行笼统的宏观研究时无法阐明的问题。渗流力学理论如果向孔隙裂隙深化，了解微观规律计算和实验结果将会更接近生产实际，进而使渗流力学理论在更好地为生产服务的同时，也能够向更深入、更广阔的方向发展。想来想去，他坚决认为有必要研究、发现、阐明在一个、几个或一群孔隙里油气水和工作剂等流体渗流及相互作用的细节及其规律，这种工作必能为涉及多孔介质的各种生产工程的发展（如提高油气产量和采收率）做出实际贡献。

想到这里，郭尚平又自问自答：这里存在一个新概念，自己应当给它一个什么样的术语呢？最后他认为可以将孔隙水平（层次）的渗流研究称为"微观渗流"，那么原来笼统的渗流研究自然而然可以称为"宏观渗流"。就这样，"微观渗流"的思想在郭尚平的头脑中正式形成。

以后，"文化大革命"中，在他每天被关在洗像室里自我反省期间，郭尚平对微观渗流研究的技术路线逐渐有了清晰的认识。他认为有两条技术路线：一是微观渗流实验研究，或称为微观物理模拟；二是微观渗流数学数值研究，或称为微观数值模拟。郭尚平认为，物理模拟实验路线可能更容易发现微观渗流机理和一些定性的规律，不妨先从微观物理模拟入手。这些思想酝酿是一个缓慢的、反复的过程，也需要一个安静的环境。感谢老天，郭尚平每天一人单独关在洗像室里冥思悔过自我反省的环境，正好给他创造了安静思考问题的良好条件。

初步动手开始微观渗流工作是在1977年下半年，最先只有马效武和郭尚平二人做些准备工作，以后增加了杨玠、周娟等人，至此才真正动手开展模型研制，首先是考虑和筛选制作微观模型的材料和制模技术。1978年下半年，黄延章同志调回兰州渗流室，他先是研究地质参数的数理统计问题。郭尚平动员他改变研究方向，一起来开展微观渗流研究，这就加强了微观渗流实验研究工作。

从微观渗流的实验研究出发，首先要突破微观渗流的模拟和测试技术。针对这种情况，郭尚平带领团队首先研制了三种微观物理模型，以微观物理模拟实验为先导，开始微观渗流力学的研究。

1980年4月2日至6日，在江苏油田所在的扬州邵伯镇召开了第一届全国渗流力学大会。会议发表的众多论文中，有一篇篇幅短小，署名是郭尚平、黄延章、马效武、周娟的论文《渗流力学微观模拟实验方法》[74]，这篇论文第一次在国际上提出了"微观渗流"思想微观渗流模型的制作方法，从而拉开了微观渗流力学研究的大幕。

1980年,第一届全国渗流力学大会在江苏油田邵伯召开
(前排左6为郭尚平)

经过几年的钻研,郭尚平团队以石油开发为背景,以物理化学渗流微观机理为重点,先后开展了孔隙、裂隙介质中的多相渗流、泡沫驱油渗流、碱水驱油渗流、多种类型的表面活性剂驱油渗流、高分子聚合物溶液驱油渗流、高温高压下的油气水和扩散剂体系驱油渗流,以及裂隙介质中多相渗流、渗流过程中黏土膨胀运移和黏土矿物吸附等方面的实验研究。

在观测技术的探索上,先后完成了夹珠模型、网络模型和仿真模型技术,并在此基础上,于1987年形成了拥有自主知识产权的由11项技术配套而成的微观渗流模拟和测试技术,以及相应的装备,使渗流力学、储层物理、油藏工程和提高油气采收率等科学实验研究拥有了深入孔隙裂隙层次的条件,还可以将这些微观模拟测试技术应用于石油行业以外的其他各种工程技术的渗流研究和有关的工程研究。

"我国在微观渗流方面研究起步较早，20 世纪 60 年代中国科学院渗流所提出了微观渗流思想，70 年代后半期开始了微观物理模拟研究，80 年代初期率先在国内和国际上发表微观渗流研究成果，80 年代中后期开发成功由 11 项技术配套而成的微观模拟测试技术，1990 年发表微观渗流专著。"[75] 这段文字简单而准确地概括了郭尚平团队在微观渗流领域走过的历程和取得的进展。

关于微观渗流这一术语还有一个小花絮。1982 年春季召开的一次中国科学院学术报告会休息间隙，郭尚平向钱学森先生汇报工作时，钱学森高度评价微观渗流这项研究很有意义，尤其是应用上意义重大。但他认为名称要再斟酌一下，建议称为细观渗流更好。

当时，钱学森先生将宇宙物质的层次划分为宇观、宏观、细观和微观。这里的微观是指物质的分子层次、原子层次和粒子层次，因此，钱学森建议将这项研究称为细观渗流。但是这个术语最终没能采用，因为当时在油气开发和地质学界，微观渗流的术语已经形成行业用语，此时改变有可能造成概念和术语混乱。另外，关于微观的含义，不同行业有所差异。在石油、地质等科学领域，将孔隙尺度称为微观更易于被业内人士理解和接受，因此，微观渗流的名称自然而然地延续下来。

微观渗流研究是郭尚平在渗流力学和油气开采研究领域，从宏观发展到微观，顺理成章、水到渠成的结果。这种水到渠成，包含了郭尚平和他的团队多年的思考和实践，浸透了众多专家的心血和汗水。

三、三种微观模型制作技术

1982 年 7 月，郭尚平在中国科学院数理学部全体学部委员扩大会议上宣读的《多相渗流》论文中这样写道:"迄今所进行的地下渗流研究主要是从宏观角度考虑问题,为了更好地研究和解决生产实际中以及科学实验中已经存在的一些问题,急需进行微观实验研究,并将微观研究与宏观研究有机地结合起来,将实验研究与理论研究有机地结合起来。"[76] 这句话成为郭尚平进行微观渗流研究的指导思想。正是在这种思想指导下,郭尚平团队成功研制了三种微观模型,即单层微珠模型、机械刻蚀模型和光化学刻蚀模型(简称仿真模型,或光刻仿真模型,光刻模型)[76]。从 20 世纪 80 年代至今,在全国范围内正式广为应用的是光刻仿真模型。他们用光刻仿真模型进行了一系列微观实验,在多相渗流、聚合物驱油渗流、表面活性剂驱油渗流、高温高压下热力驱油、黏土矿物在孔隙中的运移堵塞等微观机理研究中取得了开拓性进展。

微观物理模拟实验利用各种透明的孔隙、裂隙模型进行油、气、水驱替渗流实验,研究残余油形成机理,研究注入各种工作剂提高采收率机理;研究高温高压下开采原油的机理等。模型的孔喉大小、孔隙结构、孔隙表面性质等都应尽量接近天然岩石,只有这样,实验结果才有实用意义。这些研究是宏观实验无法办到的。微观模型实验与宏观研究配合进行,两者相互取长补短,可以更有效地解决勘探开发中的诸多问题。

要在微观渗流方面研究取得突破,就必须解决微观渗流模拟技术和测试技术。微观渗流是一个新概念、一种新思想,进行此项研究没有可借鉴的技术和设备,只能白手起家。一个科学思想从初步概念到成功落地,过程复杂、时间漫长,遇到的困难也常常难以想象。要想开创一套前无古人的微观技术,其难度可想而知。郭尚平团队以科技自立自强、自主创新、迎难而上的精神,开始向一个个难关发起冲击。

1977年开始这项研究时，渗流力学研究室还隶属于中国科学院兰州冰川冻土研究所。身为冰川冻土研究所科技处处长的郭尚平必须两手抓，一手抓冰川所的科技管理，一手抓微观渗流研究。他的计划是首先进行微观物理模拟研究，然后进行微观数值模拟研究。

当时由于极缺人手，郭尚平想方设法调集科研人员。先是从地震大队调回了刘慈群、闫庆来、孙敏荣、马效武、何秋轩等，从天水调回了胡雅礽、吴万娣。他又联系甘肃省人事局、科技局，选调科技人员杨玠、陈永敏、周娟、朱谷树等人。郭尚平又在1978年下半年专程去长庆油田，调回了黄延章和于大森夫妇。不久，刚毕业的大学生梁博文、王成等也来到渗流力学研究室。渗流力学研究室的科技人员增加到了20多人，初步具备了开展科技研发的能力。大家共同努力开展渗流科学研究，其中一部分人员投入微观渗流实验和测试技术的研发工作。

1981年，部分科技人员在渗流力学研究室前合影
（左起：黄延章、刘慈群、郭尚平、林平一、闫庆来）

微观渗流研究即是孔隙层次的渗流研究，郭尚平选择微观物理模拟作为突破口。而走好微观物理模拟这条路，首先要研发微观渗流物理模型。采用什么材料？怎样模拟孔隙裂隙？怎么模拟孔隙裂隙的表面性质？如何保证在条件不变的情况下进行重复实验？这一系列问题必须解决。

郭尚平曾在苏联全苏石油天然气科学研究所看到一个很大很长的玻璃箱子，大约是4米长、半米高、半米宽的玻璃水槽，里面堆满玻璃珠、玻璃环。玻璃珠尺寸很大，珠子之间的孔隙直径约有几毫米。该模型当时正处于模型建造初期，属于三维模型，在当时的观测技术条件下，只能勉强观测到靠近玻璃箱墙面流体的运动情况，但由于垂直于玻璃表面方向的玻璃珠、玻璃环多层重叠，流体厚度太厚，各层珠环和各层流体相互干扰，很难进行有效观测，加之孔隙直径太大，很难代表一般的地下渗流情况，因此这类模型不能用于微观渗流研究。

郭尚平团队想方设法研制各类微观模型。由于微观模型必须透明可视，郭尚平建议马效武、杨玠考虑在玻璃片上制作模型。当时渗流室实验条件很差，连一般生物实验或物理化学实验用的载玻片都没有。马效武在废旧器材堆里找来了一般的玻璃片，洗干净后代替载玻片。黄延章、马效武等在玻璃片、载玻片上下功夫，研制成渗流室的第一类微观模型即机械刻蚀微观模型。

他们研发成功的机械刻蚀微观模型技术，主要工艺是先在玻璃板上喷涂防腐剂，刻上孔隙图案，然后用氢氟酸腐蚀，在玻璃面上刻蚀出规则的或随机的网状孔隙系统，上盖玻璃片，经黏结或烧结后即成所需的微观孔隙模型。这种机械刻蚀技术可以制备二维网络模型，在孔隙、裂隙的深度、宽度和网络结构等方面均比较近似岩石孔隙、裂隙情况。其上覆有玻璃盖板，四周封装后形成一个可以承受常压的微观模型。这种模型是郭尚平团队研发成功的第一种模型——机械刻蚀微观模型。该网络模型的孔隙网络可制成理想的几何形状，也可制成随机的各种不规则几何形状，每个孔隙尺寸大小也可以任意设计，还能够制出杂乱分布的裂隙模型或裂隙—孔隙混合模型。

胡雅礽研发成功一种单层夹珠微观模型。他选取一定尺寸的两片玻璃，其间填充一层微细的砂珠（玻璃珠）。砂珠非常微细，其尺寸、大小、表面光滑度以及形成的孔隙尺寸（微米级）均有特殊的要求，极其严格。这是渗流室完成的第二种微观渗流模型。

这两种模型与天然岩石孔隙裂隙介质还有较大的区别，但他们毕竟迈出了研发微观模型的第一步。

上述两种微观物理模型只是微观物理模拟的第一步，距离郭尚平心目中的微观物理模型目标还有距离。随着研究的深入，暴露出单层微珠模型和机械刻蚀模型模拟的岩石孔隙结构等因素与真实的岩石孔隙结构差异较大等问题。在这种情况下，郭尚平提出了第三条技术路线——以天然岩石薄片的真实图像为基础的孔隙裂隙拓扑结构仿真技术。

孔隙裂隙结构仿真技术是一种以天然岩石薄片为基础的微观模型模拟技术，模型的孔隙裂隙体系在结构上与储层岩石的孔隙裂隙系统相同，有相似的几何形状和形态分布。其制备方法是将天然岩石薄片的真实孔隙系统结构光刻到平面玻璃上，然后成型制成仿真微模型。孔隙网络是以岩石薄片图像的孔隙系统为基础制作的，因此具有与岩石薄片完全相同的孔隙结构形态。如果需要分别制作岩石的横向切面和纵向截面孔隙系统模型，或其他特定的孔喉结构模型，应用这种工艺同样可以制作。

在仿真模型研发过程中，胡雅礽发挥了重要作用。1979年的一天，郭尚平在地质楼的一个天平室里，给胡雅礽详细布置了研发仿真模型任务。郭尚平说："我们已经成功研发了机械刻蚀模型，这是很好的进展。但这种模型的孔隙结构与地层岩石孔隙的真实结构还有差别，必须研发在孔隙网络结构上与真实岩石孔隙结构相同的微观模型，可以暂时称为'仿真模型'。当前，世界半导体芯片行业发展很快，正在竞相突破一个微米的水平，你去找半导体研究单位，比如中国科学院半导体研究所，去向他们请教。我估计他们那些不保密的技术已经可以用于我们进行微观模型的研发。你也可以翻阅一下半导体芯片方面国内外公开发表的文献，也可能对我们的微观模型研发有所帮助。"郭尚平强调必须做出仿真孔隙结构，现阶段要实现模拟几微米到几十微米的孔隙、裂隙要求。

不久，胡雅礽不负众望，按照郭尚平提出的思路去半导体研究所等机构求助，细致入微地查阅有关文献，终于研发成功了一种以光刻技术为核心、以真实岩石薄片孔隙结构为基础的微观仿真模型。仿真模型的研发成功为模拟研究真实油藏内部的微观渗流过程提供了可信可用的实验手段。仿真模型孔隙内径小于10微米（这个当时是很难的最高水平；当时的半导体芯片水平是正在竞相突破1微米），外形尺寸长宽各为40毫米，孔隙容积为35~48微升[79]。

利用他们的仿真微模型，进行了二次采油和三次采油驱油机理的实验研究，观察了真实油层复杂孔隙系统中的渗流过程、残余油的形成及分布特征等。实验结果表明，模型具有储油岩孔隙结构的基本特征，孔隙表面粗糙度可控，润湿性可随意调节，模型可再生而多次重复使用，同一模型的润湿性可多次改性。这类仿真模型的研制成功，为模拟真实油藏内的微观渗流过程提供了较为理想的条件。

四、微观模拟系列技术

三种模型技术，主要是光刻仿真模型的制作技术，为微观渗流的实验研究创造了条件。为了更为完善地模拟油层岩石的真实情况和更细致深入的科学实验，郭尚平团队还研发成功一系列配套的仿真和测试技术。

1. 孔隙表面润湿性仿真技术

润湿性是多孔介质的重要物理特征。孔隙表面的润湿性不同，多孔介质内流体运动的规律就不同，与此相应的油水产量、采收率和经济效益都不同[77]。为研究润湿性的影响，他们研发成功孔隙表面润湿性仿真技术。这项技术可以模拟微观模型孔隙表面的润湿性，包括强亲水、中性和强亲油三种典型的润湿性。

2. 孔隙裂隙表面粗糙度仿真技术

孔隙裂隙表面的粗糙度对流体分布和运动有很大影响。孔隙表面粗糙使真正的表面积比表观的表面积大得多，甚至可能大若干倍。由此引起孔隙裂隙内固液界面面积增大，流体运动的阻力也增大。这样的表面粗糙还会引起接触角滞后。在微观仿真技术中考虑孔隙裂隙表面粗糙度和影响是十分重要的。渗流力学研究室成功开发了一种粗糙度仿真技术，可有效地控制孔隙裂隙表面的粗糙度，其中包括光滑、中等粗糙和粗糙三种典型的粗糙度。

3. 模型再生技术

在渗流力学和油气田开采等领域的研究工作中，在物理模拟实验方面存在一些严重的困难。困难之一是一个模型一般只能用一次，很难进行相同条件下的重复性实验。但为了检验实验数据的可靠性，进行重复实验是十分必要的。但是，地层模型在进行一次实验之后，往往由于多孔介质结构的变化或孔隙裂隙表面性质的变化等，使重复性实验困难极大，一般都不可能进行。渗流力学研究室成功开发了一种模型再生技术，可以保证微观模型在任意多次使用后，其孔隙结构不变，并且能恢复其原有的孔隙裂隙表面的润湿性。这项再生技术可以使一个已在实验中应用过的微观模型经过特殊处理后又恢复原状。

4. 模型改性技术

油层模型实验中遇到的第二个困难是很难进行严格的对比性实验。例如，要对比润湿性的影响，就必须保证在地层（模型）其他因素不变的条件下，每次实验只改变润湿性一个因素。在通常的物理模拟实验中，这是很难做到的。渗流室的微观模型改性技术能够保证在其他各项因素不变的前提下，一个模型可以若干次地任意改变其润湿性。

5. 矿物组成仿真技术

油层岩石的矿物组成是很复杂的，其中有些成分，例如，各种类型黏土对油田开采过程有严重影响，在真实的储层砂岩的孔隙间通常都附着黏土矿物，后者遇水后发生膨胀、剥离、运移，还会堵塞孔道，最终表现为严重影响原油产量、原油采收率及经济效益。在微观研究中，非常有必要模拟黏土矿物的影响。渗流力学研究室成功开发的黏土矿物仿真技术，是对孔隙表面和黏土矿物做相应的物理化学处理，将黏土矿物键合在孔隙表面上。他们成功开发的在微观模型孔隙表面存在不同类型的黏土成分的技术，能够考虑黏土成分对渗流过程、油田开采过程的影响。

6. 二相和三相微流量测试技术

渗流室先后成功研发了两套微流量测试技术，与上述微观模拟技术配套使用，可进行微观渗流实验中的微流量等的定量观测。

最先完成的是二相流体微量测试技术。二相微量流体流量测试极其困难。渗流力学研究室成功开发了微量二相流体各相流量的测试技术和装备，保证了渗流微观实验的定量研究。该项技术仪器可自动地、连续地测定和记录流动着的、微量的油水二相流体中各相所占的比率及二相总流量，因而可测定任意瞬间各相的微流量。利用微观模型显微观测和微量测试设备，不仅能直观观测孔隙体系内的流动细

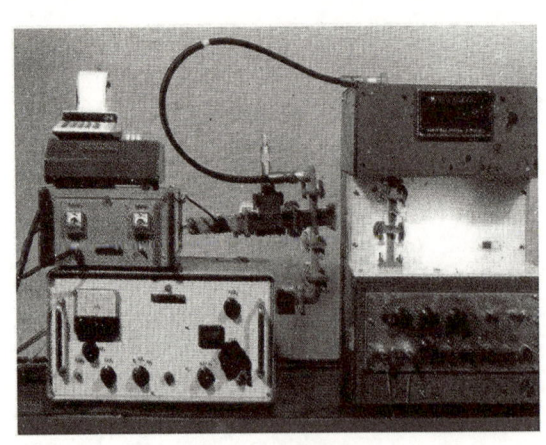

微观二相微流量测试仪

节，而且能测定和计算无水采油期、含水采油时的含水率、无水期采收率、最终采收率和全过程采油速度等。该技术和仪器是针对微量检测研制的，因此检测量小，精度较高，稳定度也较好，没有一般微量检测中的漂移问题。仪器配置了多种检测记录、显示装置，适应性较强，满足实验室多变性测定的要求。

此后又开发成功三相流体微量比率测定技术及装置。该项技术依据光电转换的基本原理研发而成，可用于油、气、水三相流体微量比率的测定。由于测得各相比率和总流量数据，故可知各相的流量。测定对象为多相流的相流量比率，流体在进入测区前必须按相分离。鉴于选用光电探头，故而采用相应直径的玻璃毛细管作为测量通道。相应直径指的是多相流中的最小相滴在一定直径的毛细管中形成段塞流动，以此达到相分离的目的。基于不同相流对光的折射率不同，再通过光电转换，就可以求出相流的状态：多相流相态的变化，转换成光强度变化，再转换成探头输出电位的变化，这种变化与相流变化相对应。通过输出电压的变化幅度即可判别流进检测区的相流的变化。该技术针对微量检测研制，配置了多种记录、显示装置，很好地满足了实验室多变性测定的要求。

三相微流量测试仪

7. 高温高压微观模拟技术

从理论到实践，郭尚平等人的努力换来了巨大的收获。1986年11月，中国科学院授予兰州渗流力学研究室郭尚平、黄延章、周娟、马效武等人完成的"渗流微观模拟技术"成果以科技进步奖一等奖，并推荐申报国家科技进步奖一等奖。该受奖项目未包括最重要的和最主要的光刻仿真微观模型技术和高温高压微观模拟技术。

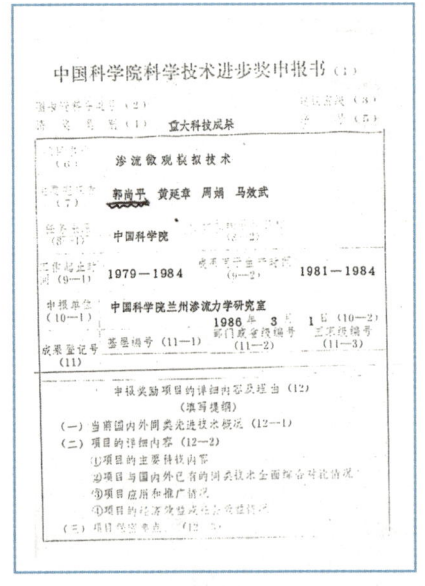

1986年，中国科学院科学技术进步奖一等奖申报书

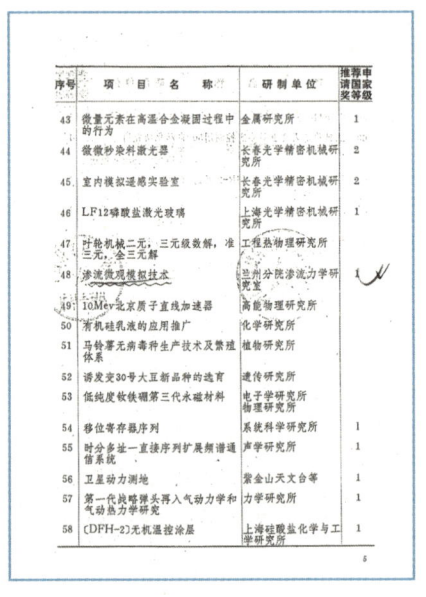

中国科学院科学技术进步奖授奖名录

但是，郭尚平并没有申报国家科技进步奖一等奖。当时的主要原因是另外两项最重要的且研发难度最大的技术——光刻仿真微观模型技术和高温高压微观模拟技术研发成功不久，还未经受多次应用考验。

五、光刻仿真模拟技术与高温高压模拟技术

高温高压（温度 200℃，压力 25~30 兆帕）模拟技术也是他们在研发微观模型与观测技术时碰到的主要难题之一。注化学剂、注水、注气，尤其是稠油热采、火烧油层等都是在高温高压环境下进行的，所以在实验过程中必须解决"双高"问题，才能让实验接近油田生产实际。

高温实验环境技术难度不大，模型耐高温的问题很快就得到了解决。但是，如何解决模型耐高压环境在当时还是一大难题。开始时，他们想用钢板制框，将模型放在钢板框里进行实验操作，但实验结果证明，在他们需要模拟的压强之下，钢板会变形，实验结果无效，此方案只得放弃。后来，郭尚平了解到无锡一个工厂在高温高压设备方面很有经验，就立刻让胡雅礽到无锡这家仪器仪表厂取经，回来后发明了微观渗流实验用高温高压技术和设备，使高温高压微观实验技术和设备研发成功。

高温高压下载热流体渗流是物理化学渗流的一个重要方面。早在 1919 年，使用热水或蒸汽注入油层提高采油量和采收率的方法就已经开始现场试验[78]。20 世纪 60 年代，蒸汽吞吐采油法开始在油田实际应用。向油层注入载热流体，会导致油层内发生一系列复杂的物理化学和热力学变化，这些过程包括原油受热引起的密度、黏度等变化。另外，在蒸汽中还加入了各种化学剂，使得渗流过程更加复杂。80 年代，中国辽河油田和新疆油田相继采用蒸汽吞吐和蒸汽驱油的方法开采稠油，高温高压条件下的载热流体微观渗流实验具有极大的实用意义。

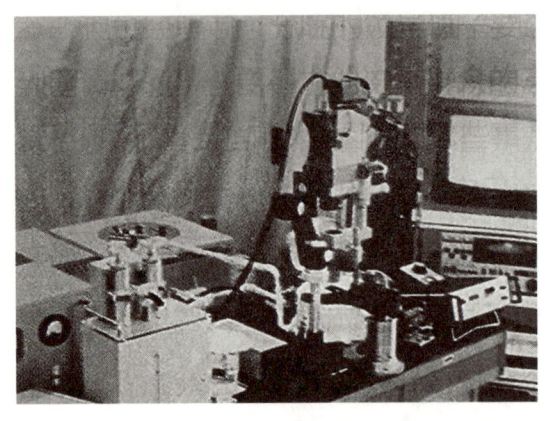

高温高压微观实验装置

高温高压微观模拟系统由高温高压实验装置和光刻仿真微观模型结合而成。高温高压微观观察室是用不锈钢加工的一个组合圆柱体，顶面和底面中部有一个用于照明、观察的观察窗。安装在观察窗上部的显微观测系统由长聚焦显微镜、显微照相、显微录像和彩色监视器等组成，对模型孔隙内发生的驱替动态、物理化学变化和渗流特性等微观机理和细节，可进行直接的显微观测、显微摄影和录像。微观模型安装在观察室内的模型夹具上，模型进出口通过微型管接件与观察室外的管线相连。实验装置还包括油水饱和系统、驱油系统、恒温恒压系统、蒸汽发生系统和化学剂添加系统等。

驱油系统主要用于微观模型的驱油实验，它借助双柱塞微量泵加以实现，流量为 0.002~2 毫升/分。注入蒸汽为干饱和蒸汽。温度由蒸汽发生器的控温装置控制。观察室的温度由精密恒温油浴的循环油温调节，通过温度传感器由温度测控仪进行监测。压力由高压驱动泵和高压调节器控制。这种高温高压微观仿真技术模拟了油藏条件下的高温高压渗流情况，可保证微观实验在温度高达 200℃、压力为 25~30 兆帕条件下进行。

六、在实践中经受考验

高温高压微观模拟技术和光刻仿真微观模拟技术这两项具有很

大难度的仿真模拟技术研发成功后，郭尚平团队共计研发成功11项配套的微观模拟和测试技术。这些技术都是在郭尚平的指导下，由其科研团队共同努力、团结协作、潜心钻研才研发成功的。其中，光化学刻蚀仿真模型技术的主要研发人员为胡雅礽、周娟；机械刻蚀模型技术的主要研发人员为黄延章、马效武、杨玠；单层微珠模型技术的主要研发人员为胡雅礽；孔隙表面润湿性仿真技术、模型改性技术和模型再生技术的主要研发人员是黄延章、于大森；孔隙表面粗糙度仿真技术主要研发人员为胡雅礽；黏土矿物仿真技术主要研发人员为于大森和周炎如；高温高压微观模拟技术主要研发人员是胡雅礽；二相流体微量测试技术和三相流体微量测试技术的主要研发人员是陈永敏。郭尚平对这11项微观渗流模拟和测试技术的研发提出了科学思想、总体思路、技术路线和攻关方向，甚至对具体技术突破点、技术引进途径和具体单位都提出了意见；对各项技术研发过程中的关键点和难点，郭尚平与研发人员一道研究分析、共同攻坚克难，直至研发成功。

　　一项技术的诞生，仅在实验室中得到验证是不够的，还要经受实践的考验。早在1979年春，受玉门油田委托，结合玉门油田L3层的实际情况，进行了混气水驱油机理的微观实验研究。混气水驱油就是按一定比例向油层同时或交替注入水和气，在地下形成水气混合物，驱替残余油，提高采收率。L3层开发程度已经很高，水淹区采出程度已达50%，综合含水率已高达98.9%，因而注入水冲刷程度大，残余油饱和度很低。该油层的物性比较均匀。渗流力学研究所和玉门油田研究院合作进行的微观实验表明，这项技术可

提高采收率 6%~6.5%。1979 年，在 L3 层进行了 3 个月的注入混气水生产现场试验，增产原油 596 吨[77]。

碱水驱油微观模拟实验是针对大港羊三木油田完成的。碱水驱油的优点是碱来源方便，油田实施工艺简单，利用现有油田注水设施略加改造即可应用，有效提高了酸性较高的油藏的采收率。当时，我国这类油田较多，其中一部分含水率为 60%~70%，甚至达到 80%~90%。碱水驱油微观模拟实验是石油工业部和中国科学院联合攻关项目中的一个课题，以大港羊三木油田为研究对象，研究成果已于 1984 年通过石油工业部科技司和中国科学院化学学部的联合鉴定。先后用强亲油、强亲水和中性模型进行微观模拟实验。实验中使用的流体是蒸馏水、不同含盐量的地层水、不同浓度的氢氧化钠水溶液和大港羊三木油田原油，在机械刻蚀微观模型和单层微珠模型上进行了微观模拟实验。从实验中清楚地观察到，碱水驱残余油，有效地提高了采收率[77]。应用该技术研究碱水驱油的成果于 1987 年获中国科学院科技进步一等奖。另外，微乳液驱油的微观渗流模拟实验等项目的科研实验结果也为石油生产做出了贡献。

多项实践证明，微观渗流科学思想和微观模拟测试成套技术的出现，使渗流力学、油气储层等多孔介质物理、油藏工程和提高采收率，以及涉及多孔介质和流体渗流的有关生产领域和工程技术的科学研究得以深入孔隙、裂隙层次，使相关技术获得更好的发展和完善。更为重要的是，该成套技术在当时的科技发展条件下，所需实验测试装备不复杂、操作技术难度不大、投资少、成本低，一般院所和厂矿利用现有的实验室和技术人员，就可以应用这套微观渗流模拟测试技术观测研究微细孔隙裂隙中的许多物理、化学、生物和力学的细节。

郭尚平团队在国际上首先提出微观渗流概念，并应用自己开发成功的由 11 项技术配套的微观模拟测试技术将渗流研究深入孔隙层次，发现和揭示了一系列重要的渗流机理和规律，提出了新的见解和理论，为油田开发提高采收率等提出了促进生产的建议。这些成就对发展渗流理论和促进生产都有重要意义。

长期以来，渗流力学和相关学科的科学研究只局限于宏观研究，即以天然的或人工的岩石样品或土壤样品以及实际油层为研究对象，而对岩石和土壤内的千万个孔隙中的流体运动、流体间的相互作用以及流体与多孔介质表面间的作用等，从未进行微观渗流研究，因此不知道单个、几个、几十个或一群孔隙裂隙内的渗流和相互作用的真实细节、机理和规律。不知道或不确切知道孔隙裂隙内的渗流机理和规律，就会阻碍渗流理论的深化和完善及其在生产上更好地应用。

以这套模拟实验测试技术为主要手段，郭尚平带领研究集体从 15 个方面对复杂的物理化学渗流问题进行了创新性的研究，涉及多相渗流、非牛顿流体渗流、非等温渗流和物理化学渗流等渗流学科的前沿问题，发现和揭示了一些重要的渗流机理和规律，肯定了一些原属分析推测性的认识，完善了一些原来不完善的认识，对一些重要的机理和规律提出了新的或系统化的理论，并对有关的生产工程技术提出了建议和新的科学依据，初步建立起微观渗流理论，并使渗流理论在生产应用上有了更扎实的基础。

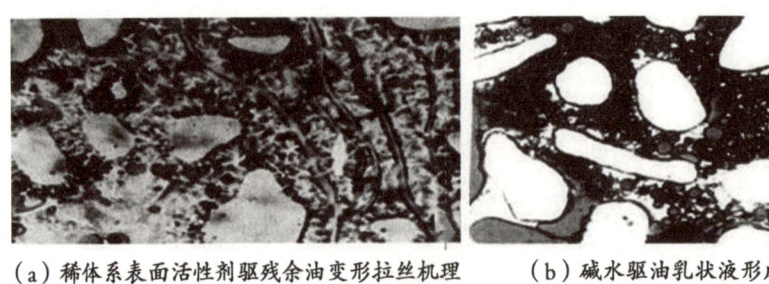

(a) 稀体系表面活性剂驱残余油变形拉丝机理　　(b) 碱水驱油乳状液形成机理

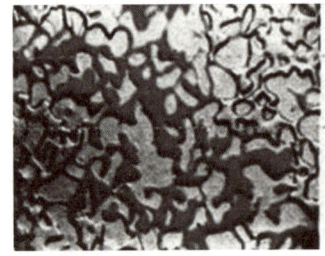 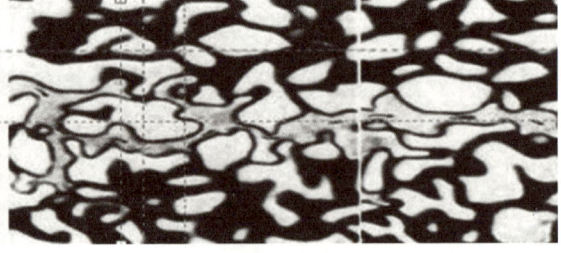

(c) 亲油多孔介质小孔包围大孔机理　　(d) 注入水微观指进导致采收率降低

微观渗流机理示例

　　截至1959年底，郭尚平团队针对复杂的物理化学渗流问题，发现或具体化了54项渗流机理和规律，其中有些新发现的机理在理论上和生产应用上都有非常重要的意义。例如，关于聚合物驱油提高采收率的原因，传统理论认为只是由于聚合物提高了波及系数（波及体积），但聚合物不能提高洗油系数（驱油效率）。渗流力学研究室的微观渗流实验发现：聚合物驱油渗流提高采收率的机理，不只是因为聚合物能提高波及系数，而且因为聚合物还能提高洗油系数（驱油效率）。这是与传统理论不同的新理论，不仅是物理化学渗流微观研究在理论上的新发现，更为重要的是，这一发现为油田采用聚合物驱油提高采收率技术提供了新的有力的科学依据，促进了聚合物驱油和二元、三元复合剂驱油提高采收率技术在我国各油田的推广应用。

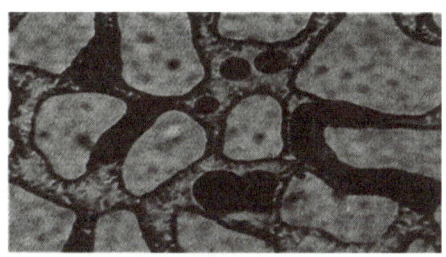
水驱后残余油

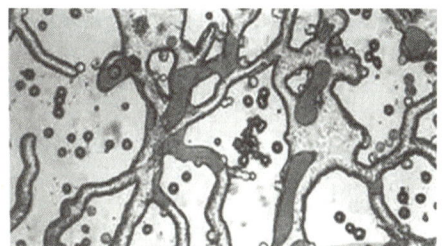
水驱后残余油

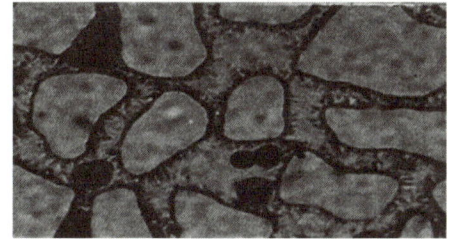
水驱后再聚合物驱后残余油

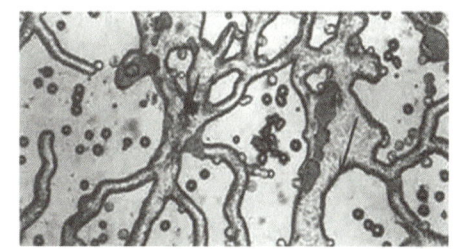
水驱后再聚合物驱后残余油

亲水油层模型水驱后再聚合物驱提高驱油效率机理

亲油油层模型水驱后再聚合物驱提高驱油效率机理

在这些新的发现启发下，大庆油田王德民院士、东北石油学院李惠芬教授以及中国石油大学的教授们进一步的研究还表明，在三元复合驱提高采收率26%中，聚合物驱油提高洗油系数（驱油效率）的比率可高达几个百分点。

七、模拟和观测技术的推广

在微观渗流科学研究和技术开发期间，兰州渗流力学研究室的体制也迎来了大转变。1988年3月23日，石油工业部部长王涛与中国科学院院长周光召在石油工业部大楼签署了协议，协议规定，中国科学院兰州渗流力学研究室体制改革为石油工业部与中国科学院合办的渗流流体力学研究所。实际上，早于1986年9月9日，兰州渗流室的人员和设备已搬迁到石油工业部中国石油勘探开发研究院廊坊万庄分院继续开展科研工作。郭尚平当时是中国科学院兰州分院院长，办完辞职手续和各方面交接事宜后，于1987年9月才携家迁至石油工业部中国石油勘探开发研究院继续领导和参加他一手缔造的渗流所的科技工作。

1986—1987年，中国科学院推荐将微观模拟观测技术申报国家科技进步奖一等奖时，郭尚平并没有申报国家科技进步奖一等奖。当时的主要原因是两项最重要的且研发难度最大的技术——光刻仿真微观模型技术和高温高压微观模拟技术研发成功不久，还未经受多次应用考验。以后，体制改革到了石油工业部后，他们仍然选择放弃报奖的原因与该技术在中国石油工业的推广有直接关系。当时，一位熟悉成果管理的同志说，微观模拟技术是重要发明，大概可授权约10项发明专利，应当申报国家技术发明奖。当时，这11项技术如果申请国家发明专利，不仅对渗流所有好处，对于研究者个人也有一定的回报，出售专利不仅可以获取经济收益，还可以申请国家技术发明奖。

首先要获得授权发明专利才能申报国家技术发明奖。郭尚平团队经过咨询得知，当时发明专利审批授权需要等待3年。郭尚平考虑到申报时间长达3年，就会使微观模拟测试技术为石油工业做技术支撑的时间迟滞3年。郭尚平团队深知当时大干快上的石油工业急需更多的技术支持石油生产一线增储上产。申报和授权发明专利时间这么长，会影响该项技术的快速推广普及，不利于促进石油工业的科研和生产。不行！不能拖石油工业后腿，不报专利就是了！不报专利就不能报发明奖，不报发明奖就是了！正是在这样的情况下，为了使微观模拟技术能尽快为油气科研和生产服务，更好更快地普及该项成套技术，促进我国石油工业的发展，郭尚平决定不追求本单位和个人的利益与荣誉，将成果快速且不求回报地推广到石油行业，进一步为油田生产做好技术支撑工作。最终，郭尚平团队放弃了申报专利和国家技术发明奖，转而申请中国石油天然气总公司举办培训班，无偿地公开推广该配套技术。石油人无私奉献的大庆精神铁人精神在这里得到了很好的体现。

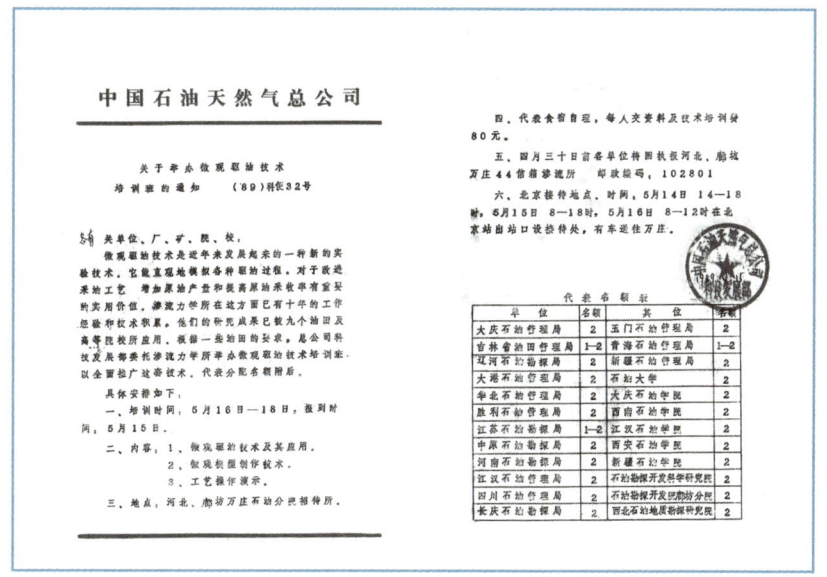

1989年，中国石油天然气总公司举办微观驱油技术培训班的通知

鉴于该套技术对油田开发的重要作用和广阔的应用前景，1989年5月16—18日，中国石油天然气总公司在河北廊坊万庄分院举办微观驱油技术培训班，公开推广渗流所原创的微观渗流物理模拟和测试技术。在这次培训过程中，来自全国各大油田、科研院所和高等院校的代表们学习了这项成套技术，掌握了基本的实验原理和技术。他们回到本单位后，陆续建立了自己的微观模拟实验室，

微观物理模拟测试技术在很大范围内很快得到推广普及,并逐渐形成常规实验技术。

这套微观模拟测试技术不仅可以应用于油气领域,同样适用于涉及多孔介质和渗流过程的非石油科学技术和工程领域。多年来,虽然石油行业内外的众多实验室和科研人员都在应用这项技术进行科学实验,但很多人并不知道其最早的发明人是郭尚平及其团队和渗流力学研究室。

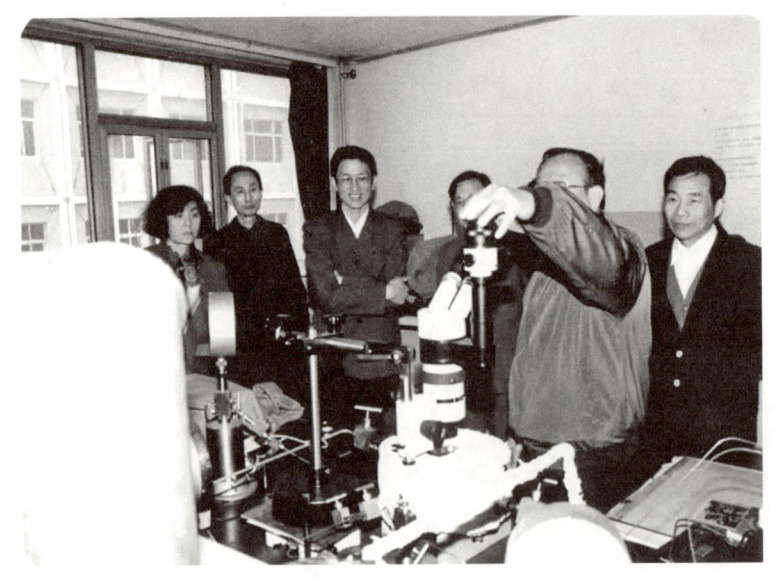

1987年,渗流力学研究所胡雅礽在演示微观渗流实验技术和装备
(左2郭尚平,左4黄延章,左5胡雅礽)

一套由十余项新的实验技术组成的技术系列在短时间内迅速地普及推广,这在中国石油工业发展史上是罕见的。目前,微观模拟实验测试技术已经成为常规实验技术。一项独辟蹊径的发明飞入众多实验室迅速发挥作用,发明创造者"科研为民、为国创新"的爱国情怀起到了决定性作用。如果郭尚平团队不是无私地向社会和

石油行业奉献自己的科研成果，这样的局面是很难形成的。郭尚平团队将千辛万苦研发出来的世界首创微观渗流模拟测试成套技术无私奉献给社会的精神和行动，获得了很多人的称赞，但也有人为他们惋惜，觉得他们个人、团队和所在单位都失去了获得回报的机会。但是郭尚平团队认为，这种行为能够助力中国石油工业的发展，他们无怨无悔。他们的指导思想是：科技创新，为国为民。

中国科学院知名数学专家王元先生认为，"在理论研究方面，渗流力学研究所的物理化学渗流与微观渗流成果是很有创造性的，特别是微观渗流模拟实验，非常直观，非常有启发性。"这是中国科学院在建院 40 年时写的总结文章中，对微观渗流研究做出的评价[62]。

第十四章

生物渗流

一个多世纪以来，世界上很多数学家、物理学家、化学家在推动生命科学发展的过程中做出了重要贡献。孟德尔①创立了遗传学说，但他并不是生物学家，而是一名数学教师；玻尔、德尔布吕克②师生二人为分子生物学的建立和发展做出了不可磨灭的贡献，但他们却是物理学家；第一个找到基因与遗传病之间直接关系，并创立了结构生物学的人，是化学家鲍林③……而在中国，创立了与生物医学工程有关的生物渗流力学的人也不是一位生物学家，而是被石油工业部副部长康世恩称为"地下流体力学专家"的郭尚平。

一、一篇科普文章的启示

人体重量的70%是体液，除血液、淋巴液和细胞液外，细胞间隙之间充满了以水为主的组织液，持续且缓慢地运动着。组织液流动的通道由不规则分布的细胞间隙组成，与地下岩石和土壤中的液体渗流的情况颇有相似之处，但因为组织液和细胞内液体、淋巴液等之间不断进行物质交换，加之细胞是可变形的，组织中的肌肉纤维处于动态伸缩等状态下，涉及一系列生物—物理—化学效应，因而更细微、更复杂。郭尚平等人正是在借鉴对岩石土壤中流体渗

注释

① 孟德尔（Gregor Johann Mendel, 1822—1884），原是一所教会中学的数学教师，后通过豌豆实验发现了遗传学三大基本规律中的两个，分别为分离规律和自由组合规律。

② 德尔布吕克（M. Delbrück, 1906—1981），信息学派的先驱者之一。1926年转学到哥廷根大学，开始把兴趣转移到量子论上，随后提出了量子论的最终形式。

③ 鲍林（Linus Carl Pauling, 1901—1994），美国著名化学家，量子化学和结构生物学的先驱者之一。1954年因在化学键方面的工作获得诺贝尔化学奖，1962年因反对核弹在地面测试的行动获得诺贝尔和平奖。

流规律研究的经验，才开始了对生物渗流的探索。

与"微观渗流"一样，"生物渗流"也是在 1962 年郭尚平的大脑中瞬间产生的崭新的科学思想。很多重大的思想大多是偶然的机会促成的，郭尚平的生物渗流思想的出现也带有一定的偶然性。郭尚平的父亲是著名中医，也许是受父亲影响，郭尚平对医学饶有兴趣。机会和成功总是留给思想有准备的人。郭尚平的学术视野较广，在生活和工作中兴趣广泛，广闻博览，除阅读与自己专业有关的如石油天然气和流体力学书刊、参加相关学术会议之外，他还经常抽出时间参加其他领域的学术活动，阅读各类书刊，多方面汲取知识营养。他认为，随着科技进步速度的加快和学科分支的细化，新的科学思想往往产生在多种学科的交叉点上。科技工作者要拥有渊博的知识，要不断丰富自己的科学知识，找到创新创造的灵感。

1962 年，他偶然读到一篇医学方面的科普文章。文章中写道：毛细血管的直径约 15 微米，其中流动的红细胞直径约 8 微米。人体某一细胞距毛细血管的距离如果超过 20 微米，该细胞就会因得不到血液输送的营养和氧气而死亡。也就是说，人体和动物体内的毛细血管之间的距离是很微小的，毛细血管的分布非常密集，毛细管径又非常微细。毛细血管（和微血管）内有非常特殊的流体进行非常特殊的运动。

这一宝贵的信息给郭尚平很大的启发，当时郭尚平回忆起曾经读过的美国科学家柯林斯（R.E. Collins）写的 *Flow through Porous Materials*[80] 这本著作中，有一条曲线说明砂岩孔隙尺寸一般是几微米、几十微米甚至数百微米。这让郭尚平意识到微细血管—毛细血管系统的管径与砂岩孔隙很类似。他想，毛细血管如此微细，分布又十分密集，人体和动物体的组织和脏器内的众多毛细血管和微细血管构成了与地下岩石和土壤类似的但特殊的多孔介质，多孔介质中的流体运动就是渗流，那么在人体脏器和组织内，毛细血管、微细血管系统内的血液流动应该是一种特殊的渗流，其流动规律可以作为渗流进行研究——郭尚平当时将其称为"血液渗流"。如果能够将血液渗流的规律研究出来，一定会为人的身体健康做出贡献。

由此他又联想到植物是否也存在同样的孔隙组织。他查阅了许多有关植物体结构的文献，结果发现植物的根、茎、叶、花、果实都是由多孔介质组成，其中有空气、糖分和矿物质溶液流动，其孔隙尺寸也大多是几微米到几十微米，与砂岩孔隙尺寸类似。在各类植物，例如树的体内，树根吸收土壤内含有矿物质的水溶液，沿树茎向上流向枝叶；在树叶内，通过叶绿体的帮助和太阳能的作用，水和二氧化碳经光合作用产生的糖分溶液又从上向下向树枝运动，导致开花结果。郭尚平想：这些液体在树根、树茎、枝叶、花果的多孔介质内进行复杂的双向渗流。

植物体内有很多影响植物生长的难题还悬而未决，如果能用渗流力学的方法去研究，对促进植物生长和农业林发展一定大有裨益。澳大利亚有一种桉树，高达 150 余米，其树根从土壤里吸收的水溶液是靠什么力量输送到 150 余米高的树冠上呢？郭尚平阅读这些文献时还没有任何一种理论能够解释这种现象，他希望植物渗流的研究能有助于解决这类问题，从而促进农林事业的发展。多年后，郭尚平团队开展人体和动物体的研究后，发现不只是血液在微细毛细血管内的流动是渗流，脏器内的其他各种微细管道系统内的流体运动以及组织液的流动也是渗流。

既然人体、动物体和植物体内普遍存在各种类型的生物多孔介质和各种类型的生物流体以及它们的运动，那么开展一种新型的渗流研究，即生物流体在生物多孔介质中的渗流研究，从而在岩层和土壤的渗流研究之外，开展一种新的渗流科学研究，一定会对人的健康和疾病防治有帮助，对动物、植物的生长培育和农林业的发展也具有重要意义。思考多日，郭尚平觉得最初定义的血液渗流这个概念并不全面，不妨将这种新型的渗流现象暂时称为"生物渗流"，相应地将生物渗流研究称为生物渗流力学，简称为生物渗流。

20世纪60年代，郭尚平在刚满30岁的一段时间里，科学思想十分活跃，以渗流学科为基础不断向多个领域延伸，但限于当时的政治经济形势和社会环境，他没有条件开展这种基础性较强的科学研究工作，这成了他一生当中最为遗憾的事件之一。

郭尚平在头脑中思考生物渗流力学问题时，世界上还没有人进行生物力学研究。世界生物力学之父美籍华人冯元桢教授，于1966年由空气动力学转行开始研究肺内气血流动，并在微循环领域取得了巨大的成就，从而建立了生物力学学科。很多专家假设说，如果当时中国有条件支持开展生物渗流这类基础研究工作，中国会比美国更早开辟生物力学学科。历史容不得假设，任何假设给出的答案也都没有现实意义。20世纪70年代后期，中国生物力学研究人员面对的形势就是美国的生物力学研究已经取得了很大的进展，并给中国及世界生物力学的研究人员提供了启发和指导。

20世纪70年代后期，郭尚平在经历"文化大革命"政治冲击之时，在恢复了工作和党组织生活之后，对生物渗流的思考一直没有间断。一种伟大思想的诞生，总是伴随着反复的论证与自我批判，

最终经历实践的检验之后,才能判定正确与否。值得庆幸的是,20世纪70年代后期,中国逐渐恢复了正常的政治、经济和社会秩序,科学的春天来了,有了正常进行基础科学和应用基础科学研究的条件。郭尚平和很多科学家一样,有机会重新回到实验室,正式开始生物渗流力学的研究,仅仅两年之后他们就将初步成果公布于世。很多人惊诧于他们在这么短暂的时间内会有如此重大的科技进展,却不知道郭尚平的思维在20世纪六七十年代的近20年时间里,一直在生物渗流的问题上来往穿梭、不断酝酿,已经形成了一定的研究框架;不知道他的30岁、40岁这段最珍贵的时光,都和生物渗流研究紧紧地联系在一起,几近痴迷。

郭尚平的生物渗流科研团队起先是由郭尚平、于大森和吴万娣3人组成。在生物渗流力学领域,创制了一种用国产原料研制的脏器内微细管道系统标本;论证了人及动物体的某些微细管道确属多孔介质;论证了不少种类的生物渗流都遵循非线性渗流率,初步建立起一些生物渗流数学模型,并开始与临床医学相结合来探讨肝病的发病机制[62]。郭尚平的科学思想经过实践的锤炼,促进了渗流力学与生命科学的结合,从而在世界范围内开创了渗流力学和生物力学的一个新分支——生物渗流力学。

在世界范围内,在某个领域中孜孜以求取得显著成就的科学家并不鲜见,但是能够近乎以一己之力在科学实践中创立一个学科分支的科学家,在中国,甚至在世界科学史上都屈指可数。而郭尚平院士能够在渗流力学领域创立生物渗流和微观渗流两个学科分支,并在自己取得巨大成就的同时,带动了一批学者专家投入其中。从某种程度上来说,评价其贡献具有划时代的意义并不为过。

二、医学院里的特殊旁听生

生物渗流研究突破了渗流力学研究岩石土壤多孔介质中流体运动的传统，将渗流学科与生物学科交叉渗透形成了一个新领域。新的领域就会有新的问题，因此，开展生物渗流研究，没有可以借鉴的成功先例，每向前走一步都困难重重。郭尚平决定分两步走：先从人体、动物体内的生物渗流开始研究，然后开展植物渗流研究。

学习并掌握一个学科的知识尚且不易，创立一个学科所要付出的努力更是难以计算，难上加难。难能可贵的是，20世纪70年代末，党的十一届三中全会召开，全国上下重新回到以经济建设为中心的正常轨道上来，改革开放开始起步，尤其是全国科学大会胜利召开了，科学的春天温暖而令人振奋。这为郭尚平践行蛰伏已久的科学思想创造了条件。

1978年，郭尚平补选为中国力学学会第一届理事会理事，并被聘为国家科委力学学科组和石油地质专业组组员。1979年秋，郭尚平作为代表团成员参加了中国力学代表团，受美国邀请对美国、法国有关大学和科研机构进行考察。西方国家在多项科学研究中取得的进展大大触动了郭尚平，让他深深地认识到，如果再不奋起直追，中国科学在各个领域与西方的差距将会越来越大。这让他加快了对微观渗流和生物渗流研究的步伐。

任何科学研究都是承前启后、博采众长而后进行创新创造的过程，生物渗流的研究同样如此。人体、动物体生物渗流研究属于医学生物工程、生物力学范畴，想要开展研究，研究人员不仅要了解渗流力学，还要具备必要的医学生物学知识。俗话说，隔行如隔山，郭尚平是石油开发和渗流力学家，想要跨学科、跨专业地介入生物医学工程、生物力学研究领域，面对的难题林林总总，并非易事。

开展生物渗流研究，首先要具备较为扎实的生理学、病理学等医学方面的知识。多年来，郭尚平为准备进行生物渗流方面的研究自学了一些医学基础知识，应当说当时的郭尚平已经具备了一定的医学理论基础。但是，郭尚平认为自己掌握的这些医学知识并不能满足进行生物渗流研究的需要。于是，他与生物渗流科研团队成员一起走进了医学院的大学课堂。

1979年9月的一天，郭尚平和于大森、吴万娣等人走进兰州医学院，和二年级大学生一起坐在教室里听老师讲授人体生理学。主讲老师是周教授，事先并不知道中国科学院兰州分院的几位专家前来旁听。周教授讲课过程中，看到后排坐着几个四五十岁陌生的中年人在听他讲课，并认真地记笔记。下课后，就走过来礼貌地问："请问你们是谁呀？到这儿来是检查我的教学工作吗？"

"我们是中国科学院兰州分院的科技人员，是来这里拜您为师听您讲课的，想向您学一些医学知识。"已经50岁的郭尚平像个小学生一样站得直直的，先是回答周教授的提问，然后又简单地介绍了自己和其他团队人员。

"请坐请坐！原来是几位专家呀。听我的课对你们这些专家有什么用啊？"

郭尚平等觉得必须向周教授说清自己来听课的原因，以求得他的理解和长期的帮助。于是，他们简单介绍了渗流学科的情况，讲述了自己正在着手进行的生物渗流问题的研究，到这里来学习，是想获得生理学等医学方面的知识，以便和渗流学科结合起来，进行生物体内生物流体运动规律的研究及在医学方面的应用。

周教授一听十分高兴,就表态说你们在课堂上跟着学生一起学,也可以随时找我针对你们要了解的问题单独讲授,只要我工作允许,我随时配合你们。郭尚平等人频频表示感谢。从此,郭尚平等人开始了在兰州医学院的学习生涯。

当时郭尚平等人主要学习了人体生理学等课程。年近 50 岁,重回大学校园学习,虽然不是正式学生,但他仍然感慨良多,深感自己掌握的知识贫乏至极,尤其是"文化大革命"那些年,荒废了太多时光。往日不可谏,来日尚可追。郭尚平只能用潜心学习来填补自己的遗憾。

几个月的旁听生活,他悟出了自己的学习之道,提出了学习的三重境界,一是勤奋能使成绩短时间提升,二是踏实可让人取得阶段性成果,三是恒心方能让人受用一生。一时的勤奋说明你会是个好学生,长期的勤奋你会是个学以致用的好学者、好专家,一生的持之以恒才能让人的生命与科学融为一体,进入忘我的更高境界。这种对学习的理解与感悟,郭尚平一直坚持着,直至现在已过 95 岁,仍然痴学不倦。

在生物渗流研究的过程中,周教授提供了很多指导和帮助,不断地给这几个特殊的学生开小灶、补短板;如遇到自己学科外的问题,他积极介绍其他教授进行解答。多年以后,郭尚平在回忆这段学习生活时,总会充满深情地说,周教授对我们生物渗流研究是有贡献的,不能忘记人家。

除了在课堂听课之外,郭尚平等人还自学了一些医学知识,如组织胚胎学、人脑组织学等。积累了一些医学基础知识后,郭尚平就

开始带领大家开展生物渗流研究。郭尚平头脑中的那些科学思想在温暖的新时代的春风吹拂下,终于到了开花结果的时候。

摆在他们面前的首要问题是,如果想建立生物渗流理论并应用该理论解决相关实际问题,必须首先解决以下几个问题:一是要证明生物体内存在某类多孔介质;二是要研究生物渗流的基本规律;三是要建立生物渗流的数学模型及求解;四是要结合医学临床实际及生理、病理、药理等问题将生物渗流理论进行实际应用。

三、证明生物体内存在多孔介质

证明人体和动物体内存在多孔介质以及阐明多孔介质的类型和特征是第一关。这是因为多孔介质内的流体运动才是渗流,而渗流力学就是研究多孔介质内流体运动规律及其应用的科学。由于多孔介质中的流动才是渗流,因此必须首先论证生物体内多孔介质的存在及多孔介质的特征。这是生物渗流是否客观存在的根本性问题,是建立生物渗流力学的基础,是生物渗流力学能否成立的根本依据。

为此,他们认为第一步工作是必须制备一些生物标本,最重要的是制备各种脏器的宏观和微观标本。这些标本必须满足对生物多孔介质的定性和定量研究。他们自己创新开发成功制备这种特殊标本的技术,应用该技术制备了一系列的生物标本,很好地完成了研究生物多孔介质特征的科研任务。

1979 年,郭尚平和于大森、吴万娣研发成功用国产共聚树脂 ABS 研制生物脏器标本的工艺技术。他们用该技术制备特定脏器的宏观立体标本、微观立体标本和铸型薄片标本,并对这些标本进行宏观观测和常规摄影,应用电子扫描显微技术和光学显微技术进行微观观测和摄影。在此基础上，应用他们自主建立的方法，对脏器管道孔径分布和比面进行定量分析和计算。

1980 年，采用自主研发的工艺方法，研制出猪心、猪肾、兔肝、兔肺血管系统的宏观标本，猪肾小球、兔肺泡、兔肝小叶的微观立体标本，以及四种脏器的微观铸型标本。

多孔介质存在的必要条件有两个，即孔径微细、比面巨大。为了论证生物体内某一组织或脏器内的某种管道是否属于多孔介质，必须对该管道系统的孔径和比面这两项物理特征进行定量计算和分析。这种计算分析的基础主要是生物脏器的实际标本。

他们费了很大的精力，以这些标本为依据，经过仔细测定和计算获得一系列重要的数据。这些数据表明，肾、肺、肝、心的血管系统的孔径绝大部分均极微细，以数微米至百余微米居多，只有为数极少的、长度微不足道的血管的孔径超过了 1000 微米。此外，肾的泌尿管道系统的孔径绝大部分为十余微米到数十微米。集合小管的乳头管最粗，但也不超过两三百微米，且其长度很短。肺泡—微细支气管系统的孔径为数微米至数百微米，只有细支气管以上的管道孔径超过 1000 微米，但其长度也很短。肝脏胆小管系统的大部分孔径只有 1~1.5 微米。以比面而论，上述四种脏器的七类管道系统以及肾的泌尿管道系统和肺泡—微细支气管系统的比面数值，均不低于 1 万[①]，而胆小管系统的比面甚至高达 700 万。

由此得出重要结论：肾、肺、肝、心的微细血管体系，肾的泌尿管道体系，肺的肺泡—支气管体系和肝的胆管体系四类脏器的七

注释　① 计量单位为每一立方米体积脏器内的孔隙表面总面积的平方米数，即 米$^{-1}$。

种管道体系具备孔隙微小、比面巨大的多孔介质的必要特征，确属多孔介质，因此，其中的流动确属渗流，其流动力学可作为渗流力学进行研究。

从现有的生理学、组织学资料分析，这一结论实际上也适用于人和动物体内其他脏器和组织内的管道系统。

猪肾血管体系铸型立体标本宏观照片

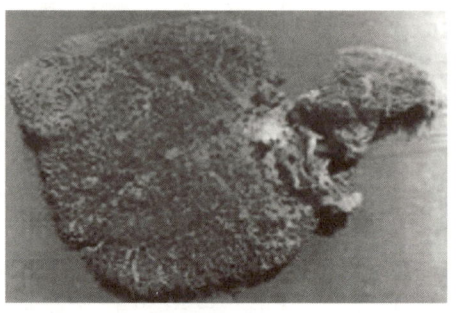
兔肝血管体系铸型立体标本宏观照片

猪肾小球裸露的血管球原位扫描电子显微照片

兔肝小叶的扫描电子显微照片

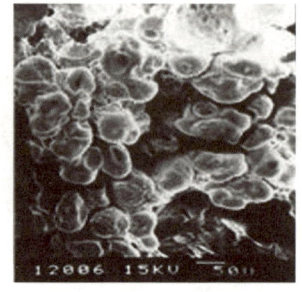
扫描电子显微镜下的兔肺泡系统

这些数据和结论更加坚定了郭尚平团队的科研思想：不能把渗流研究仅仅局限于岩层和土壤内的流动；确有必要开展一种新型的、将对人的健康和疾病防治以及植物生长和农林业发展有帮助的渗流研究，即生物渗流研究。

他最初考虑的只是血管系统。在血液渗流研究真正开展起来后，他们发现不止血液系统，还有淋巴系统、肺泡—微细支气管系统、肾小管—肾小球系统、肝小管系统、胆小管系统、肝血窦系统、窦周间隙系统、肝细胞系统以及组织间隙系统等都属于多孔介质，其中的流动都属于渗流，可作为渗流进行研究。

在初步研究植物体组织的基础上，他们认为，植物的根、茎、枝、叶也是由特殊的多孔介质组成，其中的流动是含有矿物质成分的水溶液从下往上、光合作用生成的糖液由上往下的复杂的特殊类型的双向渗流。由于人体、动物体和植物体内普遍存在多孔介质和渗流，他们就把这类新型渗流称为生物渗流，这是世界上首次提出"生物渗流"概念。

1981年7月20日至23日，由中国力学学会和中国生物医学工程学会联合召开的我国第一届生物力学学术会议在上海举行，参加会议的约有80家单位的156名代表，交流了74篇学术论文。在会议上，郭尚平宣读了题为《脏器渗流多孔介质的物理特征》论文，宣布了对肾的血管系统和泌尿管道系统、肺的血管系统和肺泡—支气管系统、肝的血管系统和胆管系统、心的血管系统的孔径分布和比面数值进行研究的结果，有力地证明了它们均具备多孔介质的特征，其中的流体流动确属渗流，可作为渗流力学进行研究。北京大学力学系主任周光坰教授对郭尚平、于大森、吴万娣的文章《脏器渗流多孔介质的物理特征》极为重视，立刻推荐到《力学学报》1982年第1期正式发表。

从多孔介质的概念出发，从渗流力学角度研究生物微细管道系统内的流动问题，在国内外当时的文献中还未见报道，郭尚平实现了渗流力学研究的横向跨越。但是，证明人体、动物体和植物体内存在多孔介质只是长长的生物渗流研究走完的第一步，还有更多、更难的科研问题在等待他们攻克。

四、生物渗流非达西定律的发现

在证明了人体和动物体内存在多孔介质和生物流体渗流之后，接下来要研究生物渗流的基本规律。生物渗流基本规律是指血液等生物流体渗流时，渗流速度与压力梯度的关系。他们采用模拟实验和动物实验两种技术路线研究生物渗流基本规律。

模拟实验是用模拟的生物多孔介质和真实的生物流体进行的。真实的生物流体是人血、代血液，马血、羊血、肝胆汁。在模拟实验中，他们紧紧抓住包括孔径极微、管长极短、分叉极多、分布极密、流速极小等因素——这是多孔介质内的流动与一般较长、较大的单管内流动的本质区别，使模拟实验最大限度地接近生理实际。经过方案对比，通过筛选、滚选等措施挑选粒径相当一致的玻璃微珠充填玻璃管，并使其尽量紧密堆积。这种玻璃微珠紧密堆积所构成的多孔介质就构成了血管等生物多孔介质的物理模型。这种多孔介质比较接近肝小叶内的肝血窦网和胆小管网，肺内的肺泡隔毛细血管网和肺泡网，以及组织间隙等生物多孔介质的情况。

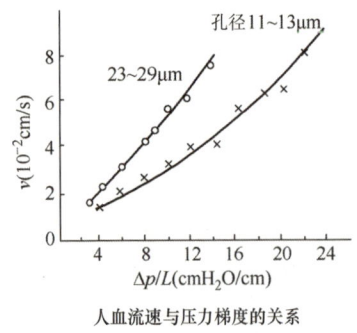

人血流速与压力梯度的关系

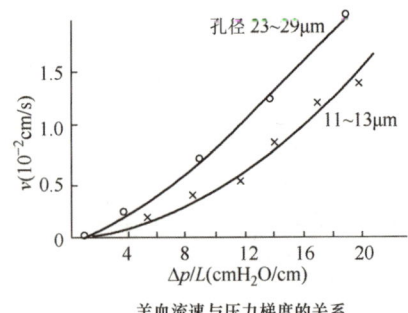

羊血流速与压力梯度的关系

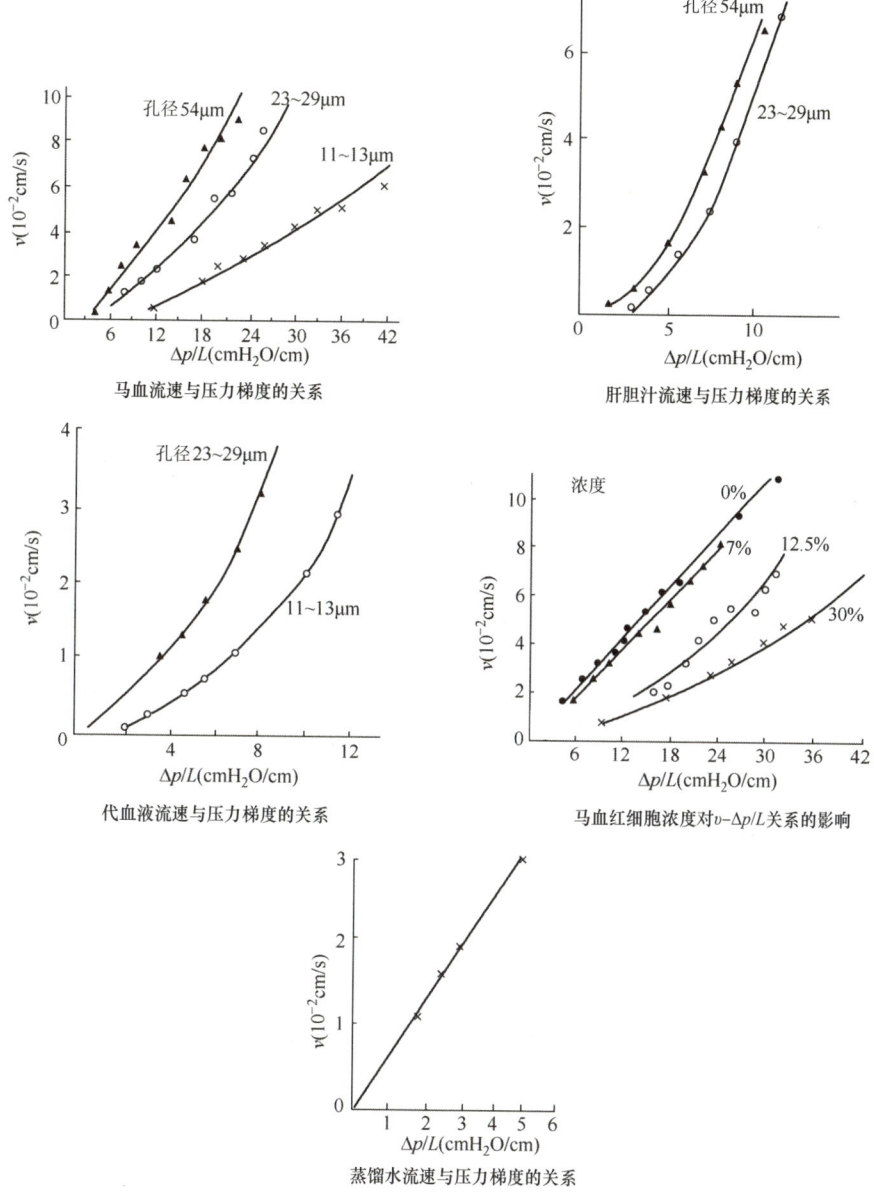

马血流速与压力梯度的关系

肝胆汁流速与压力梯度的关系

代血液流速与压力梯度的关系

马血红细胞浓度对 v-$\Delta p/L$ 关系的影响

蒸馏水流速与压力梯度的关系

为保证实验结果更贴近实际，郭尚平团队与中国医学科学院血液研究所合作，又完成了一系列动物实验的渗流基本规律研究。动物实验采用医用家兔的脑部血管系统进行全血渗流基本规律测试。

脑部血管分布非常复杂，动物实验难度极大。兔脑全血实验共获得5组数据。数据分析表明，该兔脑血管体系内的兔全血渗流基本规律均不遵循达西定律，而是遵循非达西定律。

由此可知，动物实验和模拟实验的结果都表明，血液和肝胆汁等生物流体在生物多孔介质内渗流的基本规律一般不遵循传统的渗流达西定律，而是遵循非达西定律，且多为非线性渗流定律。这是一个重大发现。

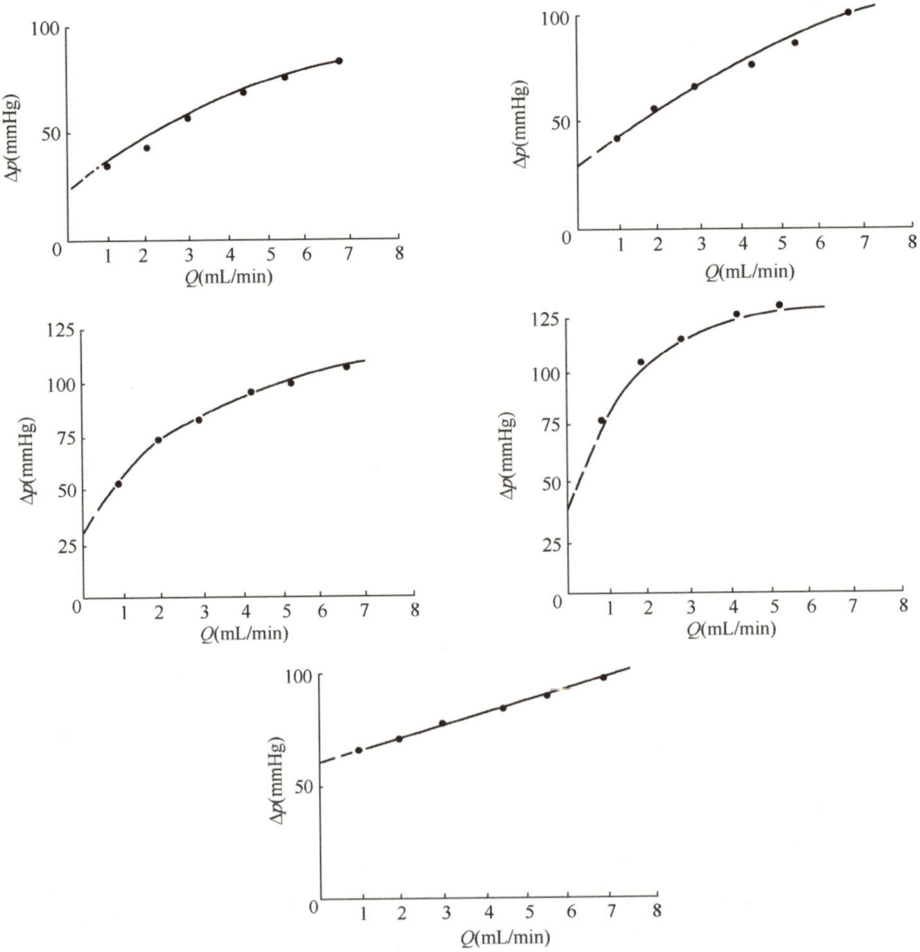

兔脑全血渗流基本规律曲线

郭尚平团队还建立了血管体系多孔介质的孔隙度和渗透率等重要特征的测定和分析方法。这些测定方法可以在医学方面实际应用，测定一些生理病理数据。在对测定结果进行分析的基础上得到很多重要结论。

在上述研究的基础上，郭尚平和于大森、吴万娣等人初步建立起多种典型的生物渗流的数学模型，主要是：肝内"肝血窦网—窦周间隙网—肝细胞网—胆小管网"四重介质渗流数学模型；肺内"肺泡网—毛细血管网"双重介质渗流数学模型和肌肉组织内"毛细血管网—组织间隙网—毛细淋巴管网"三重介质渗流数学模型[76]。

建立生物渗流数学模型的一个难点是如何解决在一个很微小的单元体内，同时存在几种各自独立又相互联系的多孔介质渗流系统。郭尚平等人创新性地引进石油渗流中双重介质渗流的思想和处理方法，成功解决了这个难题。这样，他们完成了第三步工作。

五、在临床医学中的初步应用

接下来他们的工作是将上述生物渗流理论在生理、病理、药理和医学数据测定等方面进行初步应用，其中很重要的方法是用数值方法求解各种条件下的数学模型。当研究对象非常复杂、控制方程非线性、边界条件不规则、利用数学物理方法难以解决时，可以用数值计算求解。建立数学模型方程组，编制计算程序，并通过现代电子计算机运算得出数值计算结果。

郭尚平团队及同行们将前述渗流理论应用于生理、病理、药理等方面，通过生物渗流计算和渗流实验，得到一些有益的认识。

例如，刘庆杰、郭尚平的《肝脏小叶的双重介质渗流模型及渗流模式》[81]等研究中，应用有限元法求解渗流场，分析肝小叶（一个人体肝脏约由50万个肝小叶组成）区域内血液、组织液的流动规律与物质交换，并对相关的生理和病理现象做出了解释。他们的研究计算表明：在肝小叶中，血液的流动是不均匀的；肝血窦中血液由小叶边缘向中央静脉渗流，越靠近中央静脉，血流速度越大。

窦周间隙中组织液的压力变化很大，组织液流动的方向也不是单一的。在有些情况下，组织液在小叶边缘以较高流速流向终末淋巴管；在小叶中心，组织液流向中央静脉区域。在另一些情况下，组织液都流向边缘。数据表明，窦周间隙内组织液流量随肝小叶边缘的终末门静脉压力的升高而增加。由于组织液是腹水的主要来源，因此上述结果揭示了肝小叶内终末门静脉压力升高导致窦周间隙内组织液流量增加，进而促使肝脏总体的组织液流量增加，是肝病腹水量增加的原因之一。

肝血窦与窦周间隙之间的物质交换是极不均匀的，在不同情况下有不同的模式。在肝小叶的边缘部分，血窦以较大流量供给窦周间隙；接近肝小叶中心部位，血窦以较低或低得多的流量供给窦周间隙，甚至供给量为负，即物质从窦周间隙反流入血窦。由此可知，靠近肝小叶边缘部分的细胞组织优先获得营养，代谢活跃，抗病害能力强，细胞的再生能力也比较好；靠近肝小叶中心部位，肝细胞组织接触的组织液中所含的营养较少，易遭受缺氧和中毒性损害，抗病害能力弱。这一计算结果与医学界关于肝小叶区带功能差异的认识完全一致。

他们还应用生物渗流实验，研究了临床治疗和药理等问题并提出了建议。例如，他们应用渗流实验测试渗透系数的方法研究了脑供血问题。

在《生物流体渗流的基本规律和渗透系数》[82]研究中，郭尚平、于大森、俞理、刘泽阳等用医用家兔兔脑做渗流实验，对比分析单侧供血和双侧供血的影响（正常情况下，脑组织的血液由两侧动脉供给；在临床实践中有时可能形成单侧供血情况）。实验结果表明：左侧供血时，根据实验数据计算的渗透系数仅为双侧供血时的68.3%；右侧供血时的渗透系数仅为双侧供血时的61.9%。可见单侧供血时的阻力比双侧供血时大得多。

临床实践中常见单侧颈内肿瘤患者，治疗方法之一是结扎患侧，切除肿瘤。这种单侧结扎的治疗方法对脑供血会带来多大影响，至今未见研究。该文的实验结果初步说明，即使考虑脑血流有自动调节功能，采用单侧结扎的治疗方法也必须慎重。如果必须进行单侧结扎时，建议要采取有效的辅助措施。

他们还应用生物渗流实验测试渗透系数的方法进行药理研究。

刘泽阳、于大森、李贵山等在《类渗透率在药物研究中的应用》[83]研究中用家兔进行渗流实验，测定了药物对血管床的影响，不同药物可以使血管系统收缩或舒张。他们以兔肾血管床为研究对象，使用了去甲肾上腺素、盐酸多巴胺及盐酸山莨菪碱。将三种药物分别注入兔肾血管多孔介质，观察药物对血管床的作用。

实验结果表明：三种药物均引起血管收缩和血管阻力增加；在同一流量情况下，去甲肾上腺素作用最强，药物作用时间也长；盐酸多巴胺次之；山莨菪碱最弱。对同一肾血管床，在第一次注射药物后约半小时，第二次注射同剂量药物，其对血管影响程度仅为第一次影响值的 60%。这一结论可供临床用药时参考。

六、生物渗流学科分支的诞生

研究初期，郭尚平等人并不是以建立一个学科分支为目标，而是想将渗流力学应用到生物领域，为人类的健康做出贡献。而生物渗流最终发展成为一个独立的学科分支则是水到渠成的结果。

进入 20 世纪末，人类科学技术发展的趋势是在学科上越分越多、越分越细的同时，学科之间相互渗透、相互交融、相互综合的现象逐渐增多。生物渗流学科分支就是渗流力学与生命科学相互交融形成的一个新的学科分支。

郭尚平等人用不断发布的科研成果，将生物渗流研究推上了一个新的高度，并使之成为渗流力学和生物力学的一个分支。简单回顾一下生物渗流历程进步的闪光节点，就可以看到郭尚平等人坚持不懈地努力的意义所在。

1981 年 7 月，在上海召开了我国第一届生物力学学术会议，约有 80 个单位的 156 名代表参会，交流了 74 篇学术论文。这次学术会议是这个非常年轻的力学分支学科的第一次全国性盛会。郭尚平团队在会上宣读了《脏器渗流多孔介质的物理特征》一文，这是郭尚平团队公开发表的关于生物渗流研究的第一篇论文。该论文在世界范围内首次提出了生物多孔介质和生物渗流的科学思想，科学地论证了人体和动物体内的 4 类脏器 7 种微细管道系统确属多孔介质，其中的生物流体运动确属渗流，可以作为渗流进行研究。

生物渗流力学的研究一经开始，就得到了广泛的认可。郭尚平领导的渗流室自 1960 年建室以来从未申报过奖励。中国科学院于

1981年在渗流室没有自己申报成果奖励的情况下，授予郭尚平领导的中国科学院兰州渗流室完成的《生物脏器多孔介质物理与生物渗流问题》以中国科学院重大科技成果二等奖。在下级单位未申报奖励的情况下而由上级领导主动颁奖，这在中国科学院的奖项评选历史上并不多见。不过，这项二等奖的成果也仅是郭尚平团队生物渗流研究的最初阶段的部分成果。

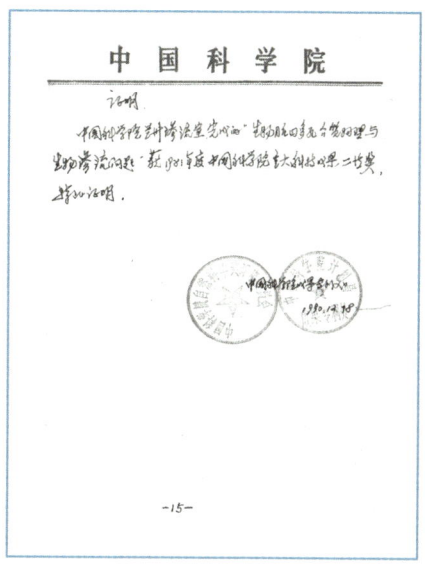

生物渗流最初阶段部分成果由中国科学院下达（渗流所并未申报奖励）1981年度重大科技成果奖二等奖的证明

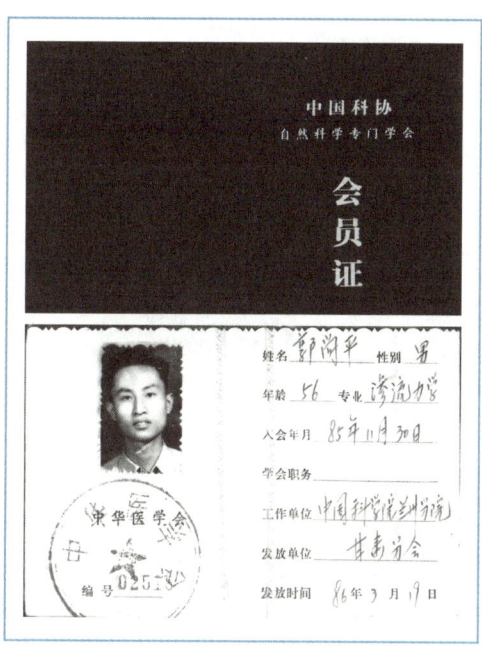

郭尚平中华医学会会员证

1983年5月，在中国武汉东湖宾馆召开第一届中日美生物力学大会。郭尚平团队发表了肺内渗流的论文 Flow through Porous Media in the Lung[76]，该论文在世界上首次公布了生物渗流的基本规律和肺内双重介质渗流数学模型。用实验数据证明了一个重大发现：血液等生物渗流的基本规律不遵循传统的达西定律，而是遵循一种非达西定律，往往是非线性渗流定律。

1986年，中华医学会吸收郭尚平、于大森、吴万娣三位原来研究石油天然气、现在从事生物渗流的科技人员为中华医学会会员。

1987年，在北京召开的第一届国际流体力学大会上，郭尚平在大会邀请报告 On Some New Problems of Porous Flow[84] 中，系统阐述了生物渗流研究取得的主要成果，并与冯元桢教授再次进行了交流。

1987年10月，在日本大阪召开的第二届中日美生物力学大会上，郭尚平团队发表了 Basic Law of Biofluid Flow through Porous Media[76]，公布了用真实的人血、羊血、马血、代血液和模拟的多孔介质进行的实验获得的渗流基本规律系列曲线。

1987年，郭尚平（右2）和冯元桢（右3）等在日本大阪国际生物力学大会上

1995年5月，郭尚平团队在北京召开的第五届全国渗流力学大会上发布《生物流体渗流基本规律和渗流系数》[82]，介绍了用家兔做动物实验研究脑血管体系内兔全血和代血液的渗流基本规律的

结果，并应用渗流系数对比研究兔脑和兔肾血管体系的渗透能力差异，以及对比研究脑单侧、双侧供血的差异，公布了实验获得的渗流基本规律系列数据。

此后，郭尚平团队还发表了众多关于生物渗流的文章，如《动物脏器渗流多孔介质的制备、观测与研究》《生物脏器多孔介质的物理特征》《脏器渗流和间隙渗流问题》《人血液流动规律的研究》《50例老年冠心病患者血液流变学特性的初步探讨》等，这些成果为生物渗流力学的建立和发展奠定了坚实的基础，一次次宣告生物渗流力学研究的重大进展。

2000年，郭尚平在获得何梁何利科学与技术进步奖数学力学奖时，评奖委员会给生物渗流力学研究做出了极高的评价："郭尚平及其集体突破渗流力学研究岩石土壤内流动的传统，将渗流力学与生命科学交叉渗透，提出了生物渗流的思想和理论，开创了生物渗流力学。"

七、与冯元桢的交流

冯元桢，1919年生于江苏，世界生物力学开创者及奠基人，有"生物力学之父"美誉。生前为美国国家科学院院士、美国国家工程院院士、美国国家医学院院士、中国科学院外籍院士。先后任加州理工学院、加州大学圣地亚哥分校教授。他在生物力学、航空工程、连续介质力学等领域都有重要成就。

郭尚平在研究生物渗流的过程中，与冯元桢教授在学术工作上有几次直接的接触。1980年，在上海举行中国第一届生物力学大会，大会分生物流体力学组和生物固体力学组。冯元桢教授本来一

直在参加生物固体力学组,但当郭尚平介绍生物渗流研究成果时,冯教授就马上来到生物流体力学组听郭尚平的报告。郭尚平报告结束后,专家们在相互交流时,冯教授提出一个问题:毛细血管内的流动不但存在管内的流动,还通过毛细管壁上的微孔向壁外组织输送营养和氧气等物质,请问您是否考虑了这个问题?郭尚平已经考虑了这个问题,并决定引进石油多重介质渗流的思想解决这一问题,他如实地谈了自己的思想和解决方案。冯教授听了回答后,表示很满意。

第二次接触是在1983年武汉中日美生物力学大会。出席会议的除中国、日本和美国的代表外,还有荷兰、法国、加拿大和意大利的代表,共100余人,另有特邀代表和列席人员等64人。会议主席是黄家驷(中国)、冯元桢(美国)和深田荣一(日本)。冯教授和郭尚平重点讨论了关于肺内二重介质渗流的问题。

第三次接触是1987年在北京友谊宾馆召开的"国际流体力学大会",至今让郭尚平难以忘怀。大会邀请两个人做主旨报告,一个是张涵信,另一个是郭尚平;前者针对国防,后者针对民用。当时还没有多媒体,只是用一个2米高、1米宽的视频屏幕播放图像、计算式等主要内容,视觉效果很差,前面二三排的观众勉强可以看清,后面的人几乎一无所见,包括冯元桢、林同骥、郑哲敏教授在内的一些老科学家、院士们都挤在前排听郭尚平用英文宣讲他的题为《生物渗流和石油微观渗流》的报告。该报告内容包括石油微观渗流和生物渗流两部分。在讲到生物渗流时,冯元桢听得特别认真。报告结束后,冯元桢向郭尚平提出了一个问题:"你求解的例子有没有?"郭尚平回答说暂时没有。冯元桢问为什么。郭尚平回答说,现在还没有人体渗流系统中的几个重要参数。为了研究可靠,这些参数又不能随意估计或假设。我们正在设法用实验方法测试这些参数，所以现在还没有求解。冯元桢教授满意地点了点头。报告结束后，冯元桢对郭尚平的报告很感兴趣，就问郭尚平可不可以把报告送给他一份。由于论文当时还没有正式发表，按常理还不能送给他人，但郭尚平当时就满口答应了他，当天下午就将报告的油印件送了一份给冯教授，并谦虚地请他指导。

第四次不是两个人见面对话，而是冯元桢教授写来的一封信。1993年，中国医学科学院（天津）血液研究所的刘泽阳教授给郭尚平转来一封信，是"生物力学之父"美国国家科学院和美国工程科学院院士冯元桢教授致刘泽阳信件的复印件。信中冯教授写明了对郭尚平生物渗流理论的评价："郭先生的理论在世界上是突出的。"

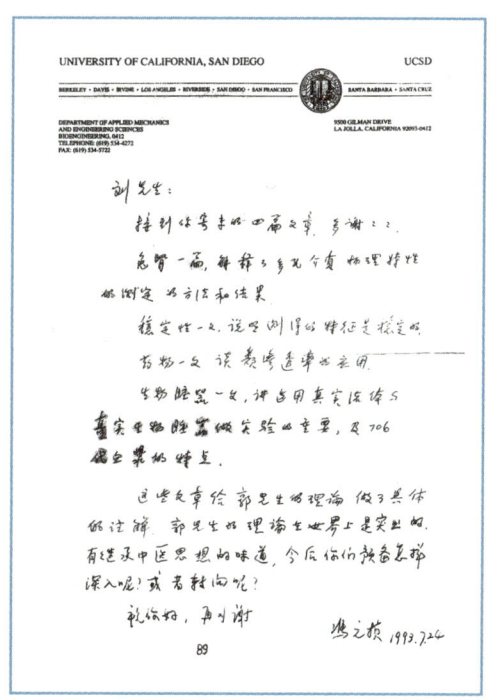

冯元桢教授对生物渗流的评价

第十五章 再续华章

作为国内最早进行渗流力学研究的专家,郭尚平在70余年的科学实践中,带领他的团队从理论到实践,从狭小的实验室到辽阔的大油田,不断地在渗流科学领域探索,取得了一个又一个令业界惊喜的成就。他的主要科技成果可以分为4类8项:第一类是油田开发设计方面,主导或部分主导了克拉玛依油田和大庆油田第一个开发区萨尔图油田中区146平方公里的开发设计;第二类是建立了两项油田开发渗流力学计算方法,即国际领先的非均质油田开发过程水动力计算方法和世界首创的非均质油层二相渗流小层动态分析计算方法;第三类是发明了两项物理模拟和测试技术,即科技水平国际领先的人造地层宏观大模型和测试技术,以及原始创新的微观模拟和测试技术;第四类是突破了常规地下渗流领域的传统,开辟了渗流力学的两个学科分支,即生物渗流和微观渗流。但是,这些成果并非郭尚平科技人生的全部,从中国科学院兰州分院回到中国石油勘探开发研究院后,虽然步入了老年,但他老当益壮,痴心犹在,一直钻研不辍,续写了新的篇章。

一、从正院长到副院长

1982年12月,中国科学院和石油工业部召开了第一次科技合作工作会议,确立了全面科技合作关系。四年以后的1986年1月,两个单位的同志又共聚一堂,召开了中国科学院、石油工业部第二次科技合作工作会议。在这次会议上,国家科委副主任曾宪林评价石油工业部和中国科学院的合作是部院层次上横向合作的典范,是基础研究、应用研究与工业生产相结合的典范[85]。而中国科学院和石油工业部联合主办渗流力学研究所,则是具有代表性的合作案例。

20世纪80年代初,石油工业部就开始建议将中国科学院渗流力学研究室调整到石油工业部。当时国家提倡产、学、研相结合,甘肃省省长是郭尚平留苏时的同学贾志杰[①]，他十分理解渗流力学研究室在中国科学院无油田进行实践，无法发挥更大作用的境况，支持渗流力学研究室到生产部门为国家石油工业发展发挥更大的作用。1986年上半年，石油工业部科技司司长金钟超[②]拿着石油工业部与中国科学院关于调整渗流力学研究室体制的函件与贾省长商谈此事时，贾省长爽快地签字放行。

调整渗流力学研究室为双重领导的函

① 贾志杰（1935—），吉林扶余人，1955年9月赴苏联莫斯科石油学院机械系石油化工机械制造专业学习。回国后先后担任兰州石油化工机器厂厂长、中共甘肃省委副书记、甘肃省省长、中共湖北省委书记等职。

② 金钟超（1930—2002），浙江省平湖县（现平湖市）人，1947年考入清华大学化学工程系，1948年11月参加革命。1951年从清华大学毕业后，先后担任玉门市委副书记、石油工业部科技司司长、中国石油天然气总公司副总经理、中国石油学会理事长等职。

1988年3月23日，石油工业部部长王涛与中国科学院院长周光召在石油工业部大楼签署了中国科学院渗流力学研究室体制改革为由石油工业部和中国科学院双重领导、以石油工业部为主的渗流流体力学研究所（以下简称渗流所）。实际上，渗流力学研究室已于1986年9月从兰州搬迁到石油工业部勘探开发科学研究院廊坊分院，并立即开展科研工作。

搬迁之前，关于渗流力学研究室的负责人，也是中国科学院兰州分院院长的郭尚平是继续担任兰州分院院长还是随自己一手创办的渗流力学研究室回到石油工业部的问题，引起大家的关注。最终，郭尚平不假思索地向领导表达了跟随渗流力学研究室一起搬迁的意愿。他的想法很简单，他不图多大的职位，只是想和渗流所在一起，继续从事渗流研究工作，为国家在油气田开发、渗流力学的科技工作上多做些贡献。

最终，上级领导尊重了郭尚平本人的意见。1987年2月，担任中国科学院兰州分院院长的郭尚平向中国科学院递交辞呈，请求辞去中国科学院兰州分院院长的职务，并获得中国科学院的批准。在谁来接任中国科学院兰州分院院长一职的问题上，中国科学院征求他的意见时，郭尚平经过思考，推荐由兰州近代物理研究所所长、著名核物理学家魏宝文[①]接任，并得到了上级批准。

离开工作生活27年的兰州，郭尚平内心五味杂陈。在这块难忘的西部土地上，他有过研发成功多项国际领先和原始创新的科技成果

---

① 魏宝文，河南禹州人。1957年毕业于北京大学物理系。历任中国科学院近代物理研究所研究员，中国科学院兰州分院院长，兰州重离子加速器国家实验室主任。主要从事核物理和加速器物理的理论与实验研究。1995年当选为中国科学院院士。

的喜悦，也有受到政治冲击难以忍受的苦痛。真正到了挥手离别的那一刻，苦乐年华都化作生命中最深切的留恋，在心里翻涌着无法平息。

很多人对郭尚平的选择表示不解，因为中国科学院兰州分院院长是中共中央书记处会议通过任命的干部，而到石油工业部勘探开发科学研究院担任的是副院长，看起来似乎是降级使用。但郭尚平从没有将自己的官职当成一件重要的事情来看待，他重视的是做好油气田开发和渗流力学科学研究，想在科研方面为人民、为国家做扎实、具体的工作。辞去兰州分院院长的职务回到石油系统工作，仅仅是因为对石油工业的热爱，对渗流研究的不舍。他从来不想"当官"，他甚至认为自己当兰州分院院长是一种美好的"阴差阳错"。事实上，当初被任命为兰州分院院长时，郭尚平曾对找他谈话的领导明确表示希望让更适合的其他人选担任。但任命下达后，作为一名共产党员，郭尚平只能无条件地服从组织安排和革命需要，去践行"党叫干啥就干啥"的诺言。

1987年6月的一天，已经来到石油工业部勘探开发科学研究院万庄分院渗流所工作的郭尚平，正在准备参加国际流体力学大会①的学术报告时，石油工业部有关领导与他进行了谈话，就任命他为石油工业部勘探开发科学研究院副院长的问题征求他的意见。他依旧是多年前的态度：服从组织分配，听从党的安排。同年8月7日，石油工业部正式任命郭尚平为石油工业部勘探开发科学院副院长。当时的院长为翟光明，研究院实行院长负责制，正在推动石油系统科研体系的全面改革。

注释

① 国际流体力学大会：国际流体力学大会是由沈元院士、庄逢甘院士和美国、日本、德国的国际流体力学权威学者共同发起和组织的自成体系的国际例会，先后在北京、上海等地召开，促进了中国学者和世界各国学者的学术交流。

自从苏联留学归来,郭尚平一直在石油工业部和中国科学院之间"双线作战"。这一年,在郭尚平 58 岁之际,又回归到石油工业部。他回归的单位是中国石油勘探开发科学研究院,其前身正是他在 1957—1960 年曾经工作过的、由翁文波负责筹建的石油工业部石油地质开发研究所筹建处。千折百转,以石油工业为中心画了一个大大的圆,最终他又回到了起点。

1988 年 3 月 23 日,周光召代表中国科学院、王涛代表石油工业部在北京六铺炕石油工业部大楼正式签署石油工业部与中国科学院合办渗流流体力学研究所的协议。1988 年 12 月 6 日,中国石油天然气总公司发出通知,将原石油工业部石油勘探开发科学研究院更名为中国石油天然气总公司石油勘探开发科学研究院[33]。渗流所也更名为中国石油天然气总公司/中国科学院渗流流体力学研究所。

1988 年 3 月 23 日,在渗流力学研究室体制改革签字仪式上郭尚平做工作报告

1987 年 9 月,郭尚平就任中国石油天然气总公司石油勘探开发科学研究院副院长,分管万庄分院和渗流所的工作。万庄分院地

址在河北廊坊,郭尚平回到石油工业部后居住在北京海淀区学院路石油大院,从此开始了在北京和廊坊两地奔波的生活。

石油工业部勘探开发科学研究院廊坊分院成立于 1984 年,是当时石油工业部勘探开发业务领域主要的综合性科研机构和技术支持单位之一,其前身是华北石油管理局勘探开发设计院北部地区分院。经过数年的发展,郭尚平来到的廊坊分院已经拥有天然气勘探开发研究所、压裂酸化技术服务中心等科研机构,各类科技人员 400 余人。在这里,郭尚平在完成管理工作的同时,仍然将渗流所的科研作为自己工作的主要内容。对渗流科学的热爱与探索,贯穿着他人生的每一刻。

1992 年 10 月,中国石油天然气总公司石油勘探开发科学研究院领导班子合影(左起:王盛基、孙希文、于炳忠、沈平平、贾金会、翟光明、郭尚平、韩大匡、傅诚德、胡见义、张家茂)

1990 年 11 月 10 日,中国石油天然气总公司决定,郭尚平留任石油勘探开发科学研究院副院长两年。已过 60 岁的郭尚平仍然留任在岗位上,原因只有一个,就是渗流所的研究工作需要他,他也离不开渗流力学。在此期间,他交出的主要成果之一就是在世界渗流科学具有里程碑意义的学术著作——《物理化学渗流 微观机理》。

二、世界首部微观渗流专著出版

多年以来，从科学实践到理论升华，是郭尚平团队进行的另外一项富有科学意义的工作。为了推广和总结微观渗流思想和理论，从 1980 年开始，郭尚平团队在进行实验的同时，和渗流力学研究室的研究人员发表了数十篇关于微观渗流的文章，使微观模拟和测试技术逐渐走向成熟。

1990 年 2 月，由郭尚平等人撰写的世界第一部微观渗流专著——《物理化学渗流 微观机理》由科学出版社出版，将微观渗流理论研究推向了高潮。这部书并不厚，只有两百余页，但却是郭尚平科研团队这些年应用自主研发的成套技术进行微观渗流实验获得的系统性的微观渗流机理研究成果，初步构成了微观渗流力学的系统性理论，证实了渗流力学的一个新分支——微观渗流的诞生。

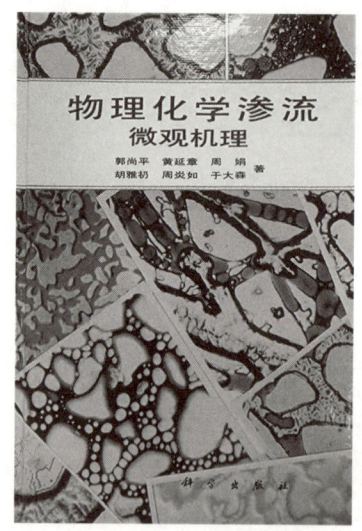
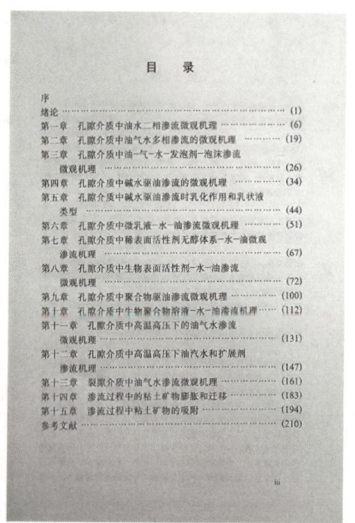

《物理化学渗流 微观机理》封面与目录

该书是在中国科学院数理化学部和中国石油天然气总公司科技发展部的直接领导和支持下完成的，部分内容获得了国家自然科学基金的资助。该书的一部分曾先后在国际理论与应用力学协会大会、亚洲流体力学大会、北京国际流体力学大会等国际学术会议以及《力学学报》《石油学报》等期刊上发表。

该书以石油开采工业为背景，应用渗流力学研究所自主开发成功的 11 项微观渗流模拟和测试技术，结合物理实验和化学分析方面的一些技术，将物理化学渗流的微观机理方面的问题进行了比较系统的实验研究，获得了一批科研成果，该书即是这些成果的一部分。

该书共有 15 章，记录了郭尚平团队在 20 世纪 80 年代进行的 15 个类型的复杂物理化学渗流问题微观机理研究成果，包括孔隙介质中油水二相渗流、油气水三相渗流、泡沫驱油多相渗流、碱水驱油渗流、乳化作用和乳状液类型、微乳液驱油渗流、稀表面活性剂驱油渗流、生物表面活性剂驱油渗流、聚合物溶液驱油渗流、生物聚合物驱油渗流、高温高压下的油气水驱油渗流、高温高压下油气水和扩散剂渗流、渗流过程中黏土矿物的膨胀迁移吸附，以及裂隙介质中的油气水渗流机理等内容。

物理化学渗流研究和微观渗流研究都是为了更深入地发展渗流学科，将其更好地应用于油田开发提高采收率等有利于我国发展生产和经济建设。在渗流研究中考虑本来就存在于自然界和生产过程中的那些化学反应、物理过程和物理化学过程，不仅能使渗流理论更确切、更完善地反映客观实际，同时也能更好地服务于生产，指导生产。该项研究一直处于渗流力学发展的前沿。这种应用性较强的基础研究对渗流学科和相邻学科的发展，以及对石油工业等行业的技术进步都具有重要意义。

郭尚平等作者认为，绝大部分生产过程中的渗流问题都伴有化学反应、复杂的物理过程和物理化学过程，即使用一般的工艺技术开采石油，也需要认真地考虑地下渗流的复杂性：油、气、水渗流的多相性，有些原油在地下条件下的非牛顿性，多孔介质非均质的复杂性和随机性，开采过程中人为因素影响下孔隙介质和地下流体物理性质的可变性等。实际情况下，比一般油气田更为复杂的凝析气田开发以及现行的和即将出现的各种增加产量措施和强化采油提高原油采收率的新工艺，已经对渗流研究提出了更为严格的要求，要求渗流力学必须考虑上述所有化学反应、物理过程和物理化学过程。否则，由于不能较全面地、完善地反映客观实际，渗流学科就不能满足生产工程的需要，更谈不上指导生产了。

作者认为，对渗流学科的这种严格要求不只来自石油开采部门，国民经济和社会发展的其他多个部门同样要求渗流研究必须考虑各种复杂的物理因素、化学因素和生物因素，例如，地下水污染的防治、地热资源的开发、土壤盐渍化防治等部门。

作者指出，在渗流力学的理论分析、实验研究和计算研究方面，国内外专家都注意了宏观研究，却没有意识到微观研究。从渗流实验研究来看，长期以来只注重各种类型的天然岩石或土壤样品，以及各式各样的人造地层模型等为研究对象的宏观研究，对微观领域却少有关注。宏观实验具有很多优点，起着十分重要的作用，但是也有本质的不足，即在当前的实验和测试条件下，不能直接观测多孔体系内多相渗流的复杂渗流细节，包括各相流体之间、液固两相之间、流体与孔隙或裂隙的壁面之间相互作用的机理和细节，孔隙内或裂隙内发生的各种化学反应、物理过程、生物学过程和力学过程的机理和细节。然而，无论从发展渗流学科还是促进生产建设来说，对这些微观机理、动态细节和微观渗流过程的深入、全面的了解都十分重要。微观研究和宏观研究紧密结合、相辅相成，才能使渗流力学向前跨进，为渗流学科的发展和有关工程生产提供科学依据和技术支撑。

通过微观渗流研究实践，作者发现微观模拟研究非常困难，无论是微观物理模拟或微观数值模拟难度都极大。从物理模拟来说，微观物理模拟技术和微观测试技术都非常困难。作者借助渗流所研发成功的微观渗流实验和观测的11项配套技术，结合常规物理实验和化学分析方面的一些技术，对15类复杂的物理化学渗流问题进行了比较系统的实验研究，发现、确证和具体化了54项渗流机理，初步建立起微观渗流理论，深化了渗流理论，并为提高石油采收率等生产措施提供了新的科学依据。

可以说，微观渗流理论使渗流理论在生产应用上有了更扎实的基础，也为复杂的新型的渗流问题数学模型的建立及其数理、数值研究提供了深厚的物理、化学、物理化学和生物学基础。郭尚平等人对石油生产中的二次采油、三次采油和四次采油提高采收率提出了一系列应用性的建议和科学依据。

该书所涉及的微观渗流机理，虽然是以石油开采工业为背景，是石油渗流领域的物理化学渗流微观理论，但其科学思想、技术路线和研究方法，以及模拟实验技术和测试技术，也可以应用于涉及多孔介质和流体渗流的非石油的工程技术，如盐湖、地热等流体资源开发，地下水污染、土壤盐碱化防治和城市地面沉降防治工程等。在国外，与作者类似的工作至今也只有为数不多的零星文章发表，

其实验和测试技术的可靠性和成果涉及的广度、研究的深度和考虑的因素等方面，都与郭尚平等人的成果难以相提并论。

三、获得国家自然科学奖

《物理化学渗流 微观机理》出版后的1990年6月，郭尚平团队破天荒地主动申报了一项国家奖励，即国家自然科学奖。该奖与国家技术发明奖和国家科学技术进步奖并称为中国最重要的三大奖励，先是每两年颁发一次，后改为每年颁发一次。

郭尚平团队科研成果较多，其中不乏国际领先和世界首创的科技成果，但是主动申报奖项的次数很少。《物理化学渗流 微观机理》出版后报奖，是他们第一次主动申报国家奖励。这是为什么呢？细究起来，这与郭尚平的"科研创新、为国为民"的人生态度有着直接的关系。

自从大学毕业参加工作以来，郭尚平埋头苦干、潜心钻研，只想给国家多做工作，出成果出人才，极少考虑过申报奖励。他一直认为自己所取得的科技成果还很少，没有为国家做出什么贡献，不能伸手要奖励。只要能给国家提供创新成果，获奖与否郭尚平团队并不在意，更不觉得遗憾。郭尚平有几句挂在嘴边的话很能说明他的内心境界："生为中国人，科研为人民；身为中国人，为国争创新""少考虑个人，多考虑人民"……概括起来，"科技创新，为国为民"就是郭尚平一辈子搞科研工作的指导思想。

世界上第一本微观渗流专著《物理化学渗流 微观机理》汇集了郭尚平团队多年以来采用微观模拟技术进行实验研究总结出来的微观渗流理论。在上级领导的支持下，郭尚平团队动了申报奖项的念头。申报时,成果管理人员和有过报奖经验的同行建议他们申报国家自然科学奖一等奖。但郭尚平实事求是地说,我们这项成果评选为二等奖是实实在在的,报一等奖就有些抬高了。但那位同行说,报奖授奖是"头戴三尺帽,拦腰砍一刀"。你要是申报二等奖,结果只能评为三等奖、四等奖;要想评二等奖,你必须申报一等奖。这条顺口溜并不准确,但也多少反映了评委们对评奖工作的严格态度。

对郭尚平来说,报奖就要实事求是,自己认为只够评为二等奖就只能报二等奖,如果报一等奖就是故意抬高,就是不实事求是。但是,缺少申报经验的郭尚平等人在申报材料上连最起码的"该项成果是世界首创、原始创新"的表述都没有。评选结果如有些人所料,他们申报的是二等奖,获得的是国家自然科学奖三等奖;与他们同时报奖的另一成果申报的是一等奖,获得的是二等奖。

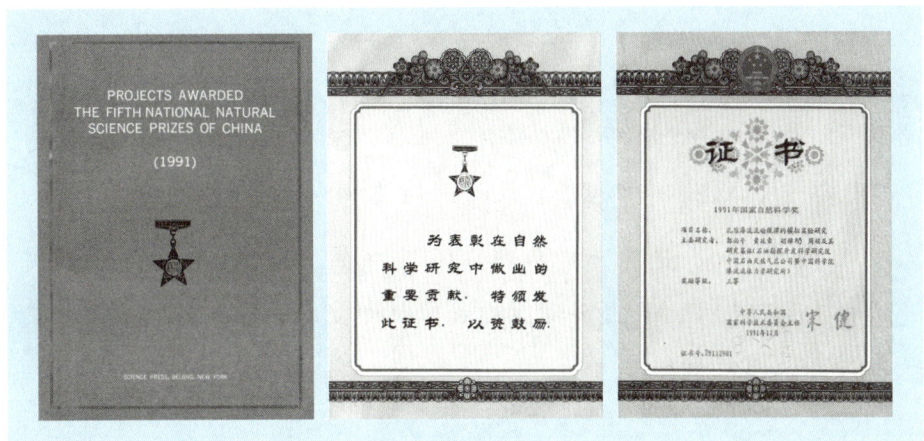

国家自然科学奖三等奖证书

国家自然科学奖授奖词是这样表述他们的科研成果的:

渗流领域的科学研究长期以来局限于宏观研究,即研究的对象是一个岩心或一堆土壤样品。在当前的科学技术条件下,对这样不透明岩石和土壤样品的孔隙裂隙内存在的细节、机理和规律,很难进行观测。然而,不认识和明确这些细节、机理和规律,就不能使渗流理论深化和完善,不能更有效地应用于生产实际。

作者们在微观渗流研究方面的主要成果如下:

(1)研究了15个方面新的复杂渗流问题的微观机理和规律,包括二相和三相渗流,泡沫驱油,碱水驱油,微乳液驱油,化学表面活性剂驱油,生物表面活性剂驱油,化学聚合物驱油,生物聚合物驱油,高温高压下油水汽和扩展剂渗流,流体运动中黏土矿物的膨胀、迁移、堵塞和吸附等。它们涉及孔隙裂隙中的多相渗流、非牛顿流体渗流、物理化学渗流和非等温渗流。总之,作者首次提出了微观渗流方面系统化的成果。

(2)微观渗流研究是用显微镜和微量测定仪在透明的微观模型上进行的。该微观模型的孔隙裂隙结构是真实岩样的仿真结构。各种物理化学过程和力学过程的细节、机理和规律被观测下来。这些过程是:流体各相的运动、流速、流体—流体和流体—固体的界面关系、相态变化、界面特性转化、流体混溶、乳化、泡沫化、相变、蒸发、凝析,以及矿物膨胀、迁移、堵塞和吸附等。

(3)作者提出了微观渗流这一新概念,而且,用他们自主研发的由11项技术配套的微观仿真和微量测定技术系统深入地研究了一系列复杂渗流问题。

(4)发现和揭示了一系列重要的渗流机理和规律:①油—水渗流或油—聚合物渗流时的入孔机理;②小孔包围大孔机理及与此有关的大片残余油形成机理;③油气水渗流时与界面性质有关的原油界面聚集和界面流动机理;④泡沫驱油时的3类地带机理和大泡沫大气柱堵塞大孔道机理;⑤在聚合物(化学聚合物或生物聚合物)

驱油条件下，除提高波及体积系数机理外，还存在提高洗油系数（微观驱油效率）机理以及油丝活动机理；⑥生物聚合物驱油时的固体颗粒迁移机理；⑦高温高压蒸汽驱油条件下的三区带机理；⑧碱水、微乳液、表面活性剂等化学剂驱油时剩余油的启动、运移、聚集机理，以及油墙的形成、发展、消失机理；⑨黏土矿物的膨胀、迁移、堵塞、吸附机理；⑩各类驱油后剩余油的形成和分布机理①。

也是在1991年，郭尚平获得了中国石油天然气总公司"石油工业有突出贡献科技专家"称号，并作为第一批专家享受国务院政府特殊津贴②。奖项设立的第一年，郭尚平就获得了此项荣誉，不仅是对他科研成果的认可，更是对他一直奉行的为国奉献、为民服务的科学精神的表彰。

"石油工业有突出贡献科技专家"纪念章

四、当选中国科学院数学物理学部院士

中国科学院院士③是中华人民共和国设立的科学技术方面的最高学术称号，是终身荣誉。1995年，也就是中国建立院士制度的

注释

① 授奖词原文为英文，由郭尚平先生翻译为中文。

② 1990年，党中央、国务院决定，给做出突出贡献的专家、学者、技术人员发放政府特殊津贴。国务院政府特殊津贴是中华人民共和国国务院对于高层次专业技术人才和高技能人才的一种奖励制度，获得者被称为享受国务院政府特殊津贴专家。

③ 中国科学院院士：1953年2月，以钱三强为团长的中国科学院代表团从苏联考察归来后，中国科学院仿效苏联科学院院士制度，成立了数学物理、化学、生物学和地学四个学部，首批产生了233名学部委员。1994年1月，中国科学院将中国科学院学部委员改称为中国科学院院士。此后的中国科学院学部委员大会亦随之改称中国科学院院士大会。

第二年，郭尚平迎来了他人生当中最为难忘的时刻，经过中国科学院多名院士以及中国科学技术协会和中国石油天然气总公司的推荐，在中国科学院数学物理学部院士大会无记名投票选举的基础上，经过中国科学院学部主席团的审核批准，他光荣当选为中国科学院数学物理学部院士。

最先推荐郭尚平为院士候选人的是在中国力学界有着杰出贡献的空气动力学科学家林同骥先生①。但遗憾的是，当郭尚平当选为院士时，他已经因病离世。

郭尚平与林同骥相识是在中国力学大会和全国流体力学大会等各种学术研讨场所，是通过"以文会友"的方式相识和相互了解的。特别是在20世纪70年代后期，两个人分别代表中国科学院力学研究所和渗流力学研究所（室）多次一起参加会议，对彼此的科学研究、学术思想和道德情操都有进一步的了解，郭尚平关于微观渗流、生物渗流的科学思想、理论和技术也颇受林同骥的赞赏。他曾经多次在中国科学院的工作会议上表示，郭尚平的微观渗流和生物渗流研究的创新性是值得肯定的。

1991年初的一天。林同骥打电话给郭尚平直截了当地说，我要推荐你为学部委员。你准备一下材料，主要是科学研究方面的材料，内容一定要实事求是。听到林同骥的话，为人低调的郭尚平心里也十分高兴，他按照林同骥的要求，起草了一份自己多年以来科研工作情况的汇总材料，送到了林先生的办公室。

注释

① 林同骥（1918—1993），出生于北京，祖籍福建福清，中国著名流体力学家。先后就读于国立中央大学航空工程系、伦敦大学航空工程系、华盛顿大学。1955年秋回国后投入创建中国科学院力学研究所的工作。1980年当选为中国科学院学部委员。林同骥在稀薄气体力学、高超声速、跨声速空气动力学和不可压缩流体动力学等领域都有重要的研究成果。

第十五章 再续华章

林同骥的办公室当时在北京中关村中国科学院力学所空气动力研究室小楼的二层，房间很简朴。事也凑巧，郭尚平送交材料那天，当林同骥正询问郭尚平一些工作和科研上的情况，就有人打来电话，听不到对方说什么，只听到林同骥生气地说："你跟我关系再好我也不愿意推荐你嘛，你的水平不够嘛。你别再给我打电话了！"

坐在一边的郭尚平内心一热，因为自己这么多年从没有和林同骥聊过学部委员的事，也从没有想过自己还会被推荐为学部委员。作为中国力学界的泰斗，慧眼识珠的林同骥将郭尚平的科技水平和成果情况看在眼里，郑重地在《中国科学院院士候选人推荐书》中填写了自己的推荐理由。

林同骥是郭尚平一直敬仰的科学家。1986年6月，作为力学所的正副所长，郑哲敏和林同骥一同到青海盐湖等地考察，郭尚平作为中国科学院兰州分院院长陪同前往。他们先是去了柴达木盆地中南部的格尔木，然后奔赴青藏高原。在西宁格尔木海拔2300米、2600米等地，两位老专家因为海拔较低没有出现明显的高原反应。但是到了海拔接近5000米的昆仑山垭口时，两位老人突然出现了严重的高原反应，一行人急忙撤退。途中他们撤到了一个军队的后勤补给站，进行了短暂的休息，两位老专家高原反应才稍有缓解。继续下撤到海拔2600米的格尔木，两位老先生才缓过来。

这件事给郭尚平很大的触动，当时，1918年出生的林同骥已经68岁，1924年出生的郑哲敏也已经62岁，这样的高龄敢于为了科研挑战高寒和高海拔的昆仑之巅进行科学考察的精神深深地感染了郭尚平，让他深刻认识到，科学研究有时不仅需要独辟蹊径、特立独行的智慧，更需要藐视艰险、敢作敢为的勇气。

1995年10月，中国科学院公布了1995年当选的中国科学院院士名单，共有59名科学家入选。与此同时，郭尚平收到了中国科学院发来的通知，通知他经过中国科学院学部选举并经中国科学院学部主席团审议批准，当选为中国科学院院士。与郭尚平同一年当选为中国科学院院士的另一位石油专业的科学家是中国石油天然气总公司石油勘探开发科学研究院的戴金星。一年双院士，一度成为石油勘探开发科学研究院的大事之一。

当选为中国科学院院士的通知

中国科学院院士证书

1996年6月3日至7日，中国科学院第八次院士大会在北京召开。李鹏、刘华清、温家宝、罗干等党和国家领导人以及中央、国务院各有关部门的领导出席开幕式。李鹏代表党中央、国务院在开幕式上做了重要讲话。朱镕基做了关于当前国家经济形势、国有企业改革与促进科技进步的报告。这是郭尚平以院士身份第一次参加中国科学院院士大会。他感到自己肩上的担子更沉、责任更重了。

1996年，中国科学院数学物理学部部分院士合影
（前排左起：1沈元、2彭桓武、5朱光亚、6钱伟长、7柯召、8马大猷；二排左起：3庄逢甘、6谢家麟、7黄昆、8李大潜、9苏定强、12章综；三排左起：5周恒、6白以龙、7叶叔华、8方守贤、10郭尚平、13王元；四排左起：4甘子钊、5周光召、7刘应明、13王梓坤、15王绶琯、16张恭庆、17魏宝文）

2021年，中国科学院第20次院士大会数理学部部分院士合影
（前排左7郭尚平，二排右3罗广芳）

五、喜获何梁何利奖

如果说当选中国科学院院士是郭尚平人生旅途中获得的最高荣誉，那么5年后获得的何梁何利奖则是对他科研成果的全面肯定。

何梁何利奖由何梁何利基金设立，是香港金融家何善衡、梁銶琚、何添、利国伟先生各捐资1亿港元，于1994年3月30日在香港注册成立的社会公益性慈善基金。何梁何利奖分为何梁何利基金科学与技术成就奖、何梁何利基金科学与技术进步奖、何梁何利基金科学与技术创新奖三个奖项，均为终身成就奖。该奖项的宗旨是通过奖励取得杰出成就的我国科技工作者，倡导尊重知识、尊重人才、崇尚科学的良好社会风尚，激励科技工作者不断攀登科学技术高峰。

何梁何利奖的评选十分严格，获得此奖先是要有获得过此奖项的人推荐才可参选，需有三人做证明推荐资料才可以生效。2000年初，中国科学院数学物理学部的周恒院士向何梁何利基金提出推荐郭尚平为何梁何利奖候选人，后来，崔尔杰院士也推荐郭尚平为候选人。最终，共有2人推荐、6人证明郭尚平资料的真实有效。

资料填写上报完毕，郭尚平并没有把这件事放在心里。于他而言，实验室里的事儿是大事，实验室之外的事经常是过目即忘。2000年夏天，中国石油组织院士学术休假旅行，共计两天行程。在第一天的行程中，一行人还在由成都去九寨沟的车上，导游让郭尚平接电话，原来是中国石油勘探开发科学院办公室来的电话，告诉他说何梁何利基金会准备评选他为受奖人，让他本人立刻写一个科研成果材料，要得很急，请他马上交上去。这个电话一开始打到了四川石油管理局，又转到车上导游手机上，这才找到了郭尚平院士。

当天晚上，郭尚平在旅店按要求写完了材料，在酒店工作人员的协助下，以传真的方式由勘探开发科学院转给了何梁何利基金会办公室。一般情况下，这个奖项不会推荐一次就能获得，往往需要推荐两三次才能通过，但郭尚平被推荐一次就评上了，说明他的科研成果在更为广泛的层面得到了认可。

2000年10月19日，以何梁何利奖数学力学类科学与技术进步奖获得者的身份，郭尚平院士参加了何梁何利基金会在北京钓鱼台国宾馆举行的授奖大会。大会十分隆重，国务委员司马义·艾买提、全国人大常委会副委员长丁石孙、全国政协副主席朱光亚等领导莅临祝贺。国务院有关部门领导、科技界、教育界的代表，基金捐资人代表、基金评选委员、基金信托委员等约300人出席颁奖大会。

这次大会，对每位获奖人的科技创新成就做出了相当中肯的评价。对郭尚平，主要从三个方面对他的科技成就进行了评述。

在谈到微观渗流方面的成果时，评委会认为，郭尚平突破渗流力学宏观研究传统，提出微观渗流思想和理论，开辟了渗流力学的微观研究领域。他带领研究集体成功开发了11项技术配套的微观渗流模拟和测试技术；应用这套技术得以在微观层次对一系列重要而复杂的前沿问题的渗流过程进行观测研究（包括多相渗流、物理化学渗流、非牛顿流体渗流和非等温渗流等），从而发现或明确多项渗流机理和规律，完善、深化、系统化和发展了原有的认识，1990年出版《物理化学渗流　微观机理》专著，初步建立起微观渗流理论，

加强了提高原油采收率的理论基础和科学依据。例如，关于聚合物驱油机理，原来认为聚合物只能提高波及系数，不能提高洗油系数；他们通过20世纪80年代后期完成的微观渗流实验发现，聚合物驱油不仅能提高波及系数，还能提高洗油系数。这一发现为油田大规模推广应用聚合物驱油提高采收率措施提供了新的理论支持。原石油工业部科技司于1990年举办培训班在全国石油单位推广了这项微观实验技术。该技术也适用于地下水污染、海水入侵和地面沉降等方面的渗流和工程技术研究。

在评价生物渗流研究成果时，评委会认为，郭尚平突破渗流力学研究岩石土壤内流动的传统，将渗流力学与生命科学交叉渗透，提出生物渗流思想和理论，开创了生物渗流力学。他带领研究集体首先从实验研究入手，用自己开发的技术制备的生物脏器的宏观立体标本、微观立体标本和铸型薄片标本进行宏观、光学显微和扫描电子显微的观测研究，证实了肾的血管系统和泌尿管道系统、肺的血管系统和肺泡支气管系统、肝的血管系统和胆小管系统以及心的血管系统等脏器的微细管道系统确属多孔介质。由于多孔介质内的流体运动即是渗流，因此他们得出结论：生物流体在上述微细管道系统内的流体运动确属渗流，其流动力学可作为渗流力学进行研究。这就为渗流力学向生命学科渗透，建立生物渗流奠定了科学基础。这一结论实际上适用于多种生物体内多种部位和器官的微细管道系统中的流体运动。然后，他们通过动物实验和模拟实验，研究了人血、代血液、羊血、马血、兔血和肝胆汁等多种生物流体渗流的基本规律，首次获得重要发现，即在很多情况下，有些生物流体，例如血液这样的生物流体的渗流基本规律不符合著名的达西定律,而是遵循各种非达西定律,往往是非线性的渗流律。在上述基础上,他们进一步研究生物渗流的数学模型。这里的难点是如何对两种或多种相邻的生物管道系统之间(例如肺毛细血管与肺泡支气管系统之间)的物质交换进行数学描述。他们创新性地引进石油渗流领域双重介质渗流的思想解决了这一难题,建立了一些典型的生物多重介质渗流数学模型,如肺内二重介质、肝内四重介质和组织间质内三重介质的渗流数学模型。然后,与生理病理结合,通过生物渗流计算,得到了一些有益的认识。

在谈到油田开发方面的成果时,评委会认为,郭尚平不仅从事学术理论研究,而且重视应用。他是中国最先按正规设计开发的两个大油田即新疆克拉玛依油田和大庆萨尔图第一个开发区(大庆油田开发工作组)开发设计中渗流研究计算的第一负责人,是克拉玛依油田开发设计的主要设计人之一。20世纪50年代,他就提出石油井底油层压裂的集群压裂概念(现称整体压裂、总体压裂)并研究了集群压裂的渗流问题和增产效果,获得了很有意义的结论。90年代,他又提出四次采油问题,并用宏观实验和微观实验证明,三次采油后再进行四次采油还有可能较大幅度地继续提高石油采收率,这一结论对大庆油田尤其适用。他建议,当世界油价居高时,特别值得进行四次采油以进一步挖掘我国资源潜力。

可以说,何梁何利奖评委会将郭尚平20世纪近50年的科研成果进行了全面而中肯的总结与评价,充分肯定了他在微观渗流、生物渗流和油田开发设计几个方面所取得的成就,对其科研成果的创新性与开拓性给予较高的评价。

何梁何利奖证书目录

关于郭尚平院士获得的 20 万港元免税奖金还有一个小插曲。何梁何利科学技术进步奖奖金很高,20 万港元,全国人民代表大会批准该项奖金完全免税。奖金要到北京银行领取。郭院士获奖后,却将奖金的事忘记了,这是他一生当中得到的最大的一笔奖金。直到一年后,老伴罗广芳才突然想起何梁何利奖不仅有证书,还有奖金,老两口这才来到东城区雅宝路的北京银行领奖金。当时工作人员问郭院士怎么过了一年才来领取。郭院士说:"工作太忙了,没有空。"银行的人又说:"你这钱放在这里一年,损失不小哦。"郭院士说:"不就是少了一些利息嘛。"那位工作人员有些夸张地说:"不仅仅是利息,去年这笔钱取出来可以在北京五环一带交一套别墅的首付,今年房子又涨价了。不知道您这笔钱想怎么处理呢?是理财还是买房啊?"郭院士笑着说:"就存在您这里吧。"不承想这笔钱存来存去,多年之后在北京城里只能买 4 平方米房屋了。这个小故事让大家看到了郭院士夫妻二人不善理财、金钱观念淡薄的一面。

六、渗流力学研究持续深入

郭尚平院士的科研工作历程，可以大致划分为三个阶段。第一阶段是从苏联留学归来到20世纪70年代初期，这一阶段的科研成果主要包括克拉玛依油田开发设计和大庆油田第一个开发区萨尔图油田"146"开发方案设计，非均质油田开发过程水动力计算方法和非均质油层二相渗流小层动态分析计算方法，以及人造地层大模型和测试技术等。

第二阶段是从20世纪70年代后期到90年代末，这一阶段的主要科研成果是建立微观渗流和生物渗流两个学科分支，以及发明微观模拟和测试成套技术。这些也是郭尚平一生中最为重要的科研成果。随着时间的流逝，其在石油开发提高采收率等方面深入孔隙层次的研究和生物渗流研究等方面的奠基性作用和意义愈加显著。

21世纪初至20年代，这一阶段是郭尚平科研工作的第三阶段。在这一阶段，郭尚平对微观渗流的进一步发展进行了更深入的思考，并提出了诸多富有独创性的观点。

首先，他提出了宏微结合的科学思想和技术路线。为了促进渗流力学理论和应用与石油天然气、地下水、地热、煤和铀等地下资源能源的开采紧密结合，郭尚平院士重点进行了关于微观宏观结合的渗流研究的思考。他认为，通过微观渗流研究能知道孔隙裂隙内的物理、化学、生物学和力学等细节，认识渗流的微观机理和规律，但是不能提供宏观综合数据。宏观渗流研究能提供生产实际应用所必需的综合数据，但仅凭宏观数据，不知道或不能确切地知道孔隙裂隙内的微观机理和规律。只有将微观研究和宏观研究紧密结合，才能使渗流理论更加深化，使渗流分析计算更接近生产实际。更重要的是，微观和宏观结合的渗流研究计算能够在每一瞬间同时提供宏观综合数据及多孔介质内任何空间点的微观细节，这将大大促进渗流理论和计算方法的发展并提高生产应用效果[86]。

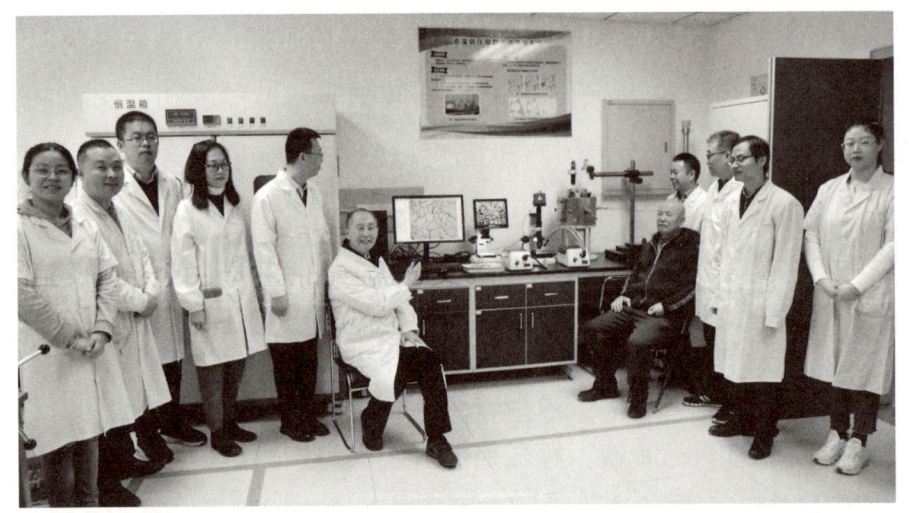

郭尚平与胡雅衻（左7）薛蕙（左4）等渗流所科技人员研讨他们应用自己研发的新技术制备的高清晰度微观模型的渗流实验实况

2007年，他明确地提出宏观微观结合是渗流力学研究的重要发展方向，更加难能可贵的是，他提出了两条实现宏微结合的技术路线。

第一条路线是高水平的三维微观物理模拟技术。实验对象方面，第一步应当做到对岩心进行观测实验，第二步应当做到用更大的岩样或地层模型进行观测实验；岩样尺寸方面，要求的最小岩心尺寸应当在直径大于2厘米、长度大于10厘米；研究设备和技术方面，分辨率要小至几纳米，视野不能太小。

第二条路线为高水平的三维微观数值模拟技术。一是建立描述岩心孔隙结构的微观数值模拟技术，并进一步发展为用数值方法精细描述真实岩心的三维结构和物化参数的微观数值模拟技术；二是用数值方法研究计算虚拟岩心内的流体运动，并进一步研究计算虚拟地层内的多相渗流、物化渗流和各种复杂渗流。

郭尚平认为，当前的巨型计算机和最近的将来即将出现的功能更强的巨型计算机的特别巨大的容量和计算速度，一定能帮助我们实现宏微结合。另外，现代精密测试的各种仪器设备的进步，也一定能帮助我们实现宏微结合。宏观渗流和微观渗流的研究计算相结合，就有可能同时给出宏观和微观的计算结果，即在每一瞬间，既知道宏观结果，例如岩样、岩心或地层的整体或部分的油气水流量、压力分布和剩余油饱和度等，又知道多孔介质中任一孔隙内或任一坐标点的微观细节。这种研究计算结果必将为科学研究、方案设计、动态分析、生产控制、生产管理和决策等提供重要的数据[87]。

关于微观渗流研究，除强调宏微结合的重要性外，他还提出了两点极有价值的建议：

一是渗流微观二维物理模拟已经多年成功地应用于实际的科研技术工作，但需要进一步完善提高。渗流微观三维物理模拟需要加速开发较为简便易用的、视野较大的、分辨率较高的技术和设备，以便研究解决科研、设计和生产中的实际问题。渗流微观物理模拟（二维和三维）除了考虑机理规律的模拟测试方法外，还要特别重视定量化和模拟的孔隙内径纳米化（要细微至几十纳米）以及二维微观物理模型的天然岩样化（岩石薄片），研发高清晰度的天然岩

石薄片的微观物理模型。

二是渗流微观数值模拟需要更精确地模拟实际多孔介质的物理参数、物化性质以及地质和生产条件，开发精确实用的微观数值模拟方法。当然，这就需要巨大的网络节点数，以便初步用于研究解决一些科学问题和实际问题。必须强调，数值模拟一粒一片极为微小的岩样是没有实际应用意义的，模拟稍大或较大的岩样的微观数值模拟技术才能用于研究实际问题。还要强调，在对岩样进行数值模拟的基础上，还必须进行数值岩样内的流体渗流的数值模拟，才有较好的科学意义和实用价值。2012 年，郭尚平在《科技导报》上发表的文章指出：随着渗流力学的应用领域日益广阔，发展速度亦逐步加快，生产实践中渗流问题的复杂程度、计算分析所需的高精确度以及科学研究和技术开发课题的难度都在不断增加，现代渗流力学的理论深度在不断加深，应用方法也更加丰富。郭尚平院士针对油气渗流研究具体地提出了渗流力学发展值得重视的如下几个热点。

一是纳米多孔介质渗流。长期以来，渗流研究计算涉及的多孔介质的孔隙尺寸一般是微米级，其渗透率一般是毫达西级。如今，实际生产中越来越多的储层多孔介质属纳米级多孔介质。其孔隙尺寸小至数十至数百纳米，甚至只有几纳米；其渗透率小至数十至数百微达西，甚至只有几个微达西，例如页岩油气、致密灰岩油、致密砂岩油气的储层以及煤层气储层等。包括物理学、化学、物理化学、生物和力学等过程的纳米级多孔介质内的渗流规律以及相应的计算分析方法等与微米级多孔介质渗流相比，肯定有较大差异，需要认真研究。其中，有些基础问题值得重视，例如，在微细至几纳米、数十纳米的孔隙内，各类油、气、水等物质的运动有什么性质和规律[86]。

二是渗流的精细研究。以石油开采为例，先是基于自然能量的一次采油，再是人工补充能量的二次采油，其三是各种物理的、化学的、生物的人工方法的三次采油，然后再进行三次采油后的四次采油、五次采油。二次采油后，油层内的剩余油饱和度分布非常分散：从宏观角度看，许多剩余油小块在储层各处不规则地随机分布；从微观角度看，无数极小的油膜油滴等在孔隙裂隙内随机分布。必须尽力精细地用渗流力学方法分析计算剩余油饱和度分布，才能在三次采油中经济有效地采出剩余油。三次采油后，剩余油饱和度分布更为分散零乱，要求渗流力学提供更精细的方法计算分析剩余油饱和度分布，以便在四次采油时经济有效地进一步采出剩余油。可见，生产发展要求我们建立非常细致的、精细的剩余油饱和度分布渗流力学理论和方法[86]。

三是复杂多重介质渗流。现今发现的油气储层多重介质比以往所知的双重介质复杂很多。以碳酸盐岩储层为例，同一储层中，存在微细的孔隙裂隙多孔介质，也存在尺寸达数毫米、数十毫米和数百毫米的大缝和大洞，还存在长宽高各为数十米，甚至长达百余米的厅堂形的巨型洞穴。洞穴和裂缝内某处可能基本无充填，某处可能充填各种尺寸、粗细不等的颗粒物。显然，这里的流动既有渗流，还有缝流和洞穴流，而且各类介质和各种流动交相穿插、杂乱衔接。再以生物医学领域的生物渗流为例，其多重介质比油气储层多重介质复杂很多：肝脏多孔介质由四重介质构成，即肝血窦网、窦周间隙网、肝细胞网和胆小管网；组织间隙渗流涉及三重介质，即毛细血管网、组织间隙网和毛细淋巴管网；而肺脏渗流是十分复杂的双重介质渗流，涉及肺泡网和毛细血管网。必须研究揭示诸如此类复杂多重介质的生物体内及地下储层内的复杂流动机理和规律，建立有效的计算方法，促进能源资源开发工业和卫生保健事业的发展[86]。

2013年8月8日，中国力学学会、中国石油学会在山东省青岛市黄岛区中国石油大学（华东）青岛校区主办"第十二届全国渗流力学学术会议暨2013国际渗流力学论坛"。大会邀请国内外渗流力学界知名专家共27人，以及各科研院所、高等院校及相关单位200多名专家、学者参加。

2013年，郭尚平为中国石油大学（华东）油气渗流研究中心成立揭幕

"渗流力学发展60年终身成就奖"授奖仪式

在此次会议上，郭尚平院士做题为《页岩储层多孔介质和物质运移的一些基础问题》的大会主题报告，并为新成立的中国石油大学（华东）油气渗流研究中心揭幕。此次大会将第一次设立的"渗流力学发展 60 年终身成就奖"授予郭尚平院士，可以说这是对他笃行不辍、持续进行渗流力学研究的最大肯定。

七、首次提出四次采油理论

在采油领域，长期以来对一次、二次、三次采油问题的理解并不统一。郭尚平认为，从国内外油田开发历史情况和发表的文献来看，几次采油或某次采油问题，是指油田开发的阶段性问题或程序问题。另外，郭尚平强调，某次采油和具体的强化采油技术或措施是不同的两个概念。某次采油是指油田开发的某个阶段，是开发程序问题；强化采油技术是具体措施或具体方法问题，一般称强化采油方法。不同的开采阶段可以用同一个强化采油方法，某一个具体的强化采油方法可以用于不同的开发阶段，这两个概念不能混淆。例如，注聚合物溶液驱油这一强化采油方法一般用于三次采油或四次采油阶段；但 20 世纪 50—60 年代，曾经将聚合物溶液用于二次采油阶段，当时称为"稠化水"驱油。又如，微生物采油提高采收率这一强化采油技术，可以用于三次采油阶段，也可以用于四次采油阶段。有人曾将化学剂驱油提高采收率称为"三次采油"，把微生物采油提高采收率称为四次采油，这显然是值得商榷的，是把开采程序问题与具体的强化采油措施问题混淆了。

在油田开发的某一阶段，用与当时的科技发展水平相对应的某类技术措施开采油田，已经开采出了相当数量的原油，采收率达到与该阶段相应的最高程度，则该开发阶段即告结束。如果此时还不

进入下一开发阶段，则很难在技术允许和经济有效的条件下继续进行科学合理的开采。例如，利用天然能量开采石油，是效益最高、难度最小的开采方法。人们自然愿意首先采用这种方法，这就是一次采油。此后，当采收率达到一定程度后，靠天然能量就不能采出石油了，这种方法无法继续使用，一次采油这一阶段就结束了。人们不得不考虑进行油田开发的下一程序，其基本路线必然是人工影响油层。怎么影响呢？开始采用注水注气等办法补充油层能量，注水驱油这一难度不大、经济有效的办法应运而生，油田得以继续进行经济有效生产的新阶段，这就是二次采油，油田开发进入第二个阶段。但是，当采收率又提高到一定程度时，油井含水过多，不能继续开采下去，不得不进入油田开发的第三个阶段，即三次采油阶段。在三次采油过程中，人们发明了各种化学剂驱油、热力驱油、微生物驱油等强化采油技术，使地下的剩余油能够继续被开采出来，采收率继续得到提高。但是，三次采油到一定程度时，地下原油又陷入无法经济合理开采的境地，针对这种情况，郭尚平团队就提出了在三次采油后继续进行油田开发的"四次采油"概念。

有了四次采油的科学思想，还要用科学实验证明其可行性。1997年10月，郭尚平、田根林团队发表论文《聚合物驱后进一步提高采收率的四次采油问题》[88]，系统地提出了四次采油的理念。他们认为，当生产实际中逐渐开始工业性地推广应用一些强化采油技术措施进行三次采油时，例如在我国油田已开始大规模应用聚合物驱油、复合剂驱油这些强化采油方法进行三次采油的情况下，有必要及时考虑三次采油这一开发过程结束后怎么办这一重要问题。由于这是在三次采油开发阶段之后进一步提高采收率的新的开发阶段，因此可称为四次采油。在国内公开发表的文献中，这是中国的石油专家第一次系统地提出四次采油的概念,由于这是一种新的概念,有的专家暂时还不能接受,并批评说没有必要提四次采油,还说这是故意标新立异。郭尚平团队认为,三次采油过程结束后进一步提高采收率的四次采油(甚至五次采油)阶段的强化采油措施较多,例如注入单一的或复合的化学剂驱油、各种热法驱油、各种微生物方法驱油和泡沫驱油等,并且在不远的将来还会出现其他全新的强化采油技术。在郭尚平等人的研究中,为了探索研究四次采油的可行性,利用他们的实验室当时仅有的工作条件,他们重点探索了聚合物三次采油后,再用表面活性剂驱油和液晶驱油进行四次采油提高采收率的可能性研究;还对比研究了直接表面活性剂驱油(三次采油)或直接复合剂驱油(三次采油)与先聚合物驱油(三次采油)然后表面活性剂驱油(四次采油)的不同效果。

2021年,郭尚平与渗流所人员讨论微生物提高采收率微观实验技术

实验结果表明,无论是亲水油层还是亲油油层,聚合物驱后再用表面活性剂体系驱,都能再采出相当数量的油。也就是说,在聚

合物三次采油后采用适当的强化采油技术进行四次采油的确可以进一步提高采收率。

在接下来的聚合物驱后表面活性剂驱油的岩心驱替实验中,选用了不同类型的岩心,有不含黏土的人造岩心、黏土含量为20%的人造岩心及大庆油田的天然岩心。使用的原油为模拟的胜利原油和大庆原油。实验结果表明,无论对于大庆原油还是胜利原油,聚合物驱(三次采油)后再用表面活性剂体系驱油(四次采油)均可进一步提高采收率。高黏土含量岩心和天然岩心的驱替实验均说明,在较多情况下,表面活性剂四次采油的采收率增值高于聚合物驱三次采油的采收率增值。特别值得注意的是,大庆天然岩心的实验表明,用表面活性剂体系进行四次采油的采收率增值很高,而且表面活性剂驱四次采油比聚合物驱三次采油的采收率增值更高。这一结果表明,三次采油后进行四次采油进一步提高采收率的前景是光明的。另外,在聚合物驱后液晶体系驱油实验中,通过对聚合物驱后液晶体系驱油的微观机理和聚合物驱后液晶体系驱油的可视宏观模型实验均得出了四次采油可进一步提高采收率的结论。

通过上述实验,郭尚平、田根林团队得出以下几种认识:一是在聚合物驱三次采油后采用适当的强化采油技术,还可以进一步提高采收率,亦即三次采油后再进行四次采油是有效果的,前景是很好的。二是天然岩心和黏土含量为20%的人造岩心实验表明,聚合物驱后再进行表面活性剂驱还能进一步提高采收率。且表面活性剂驱(四次采油)的采收率增值大于或接近聚合物驱(三次采油)的采收率增值。三是在他们的实验条件下,大庆岩心注聚合物三次采油后再注表面活性剂四次采油的采收率增值比注聚合物三次采油的采收率增值还大得多;大庆岩心注表面活性剂驱油(四次采油)

的采收率增值比人造岩心（四次采油）的采收率增值大得多。四是在用同一种表面活性剂体系的条件下，注聚合物（三次采油）及其后再注表面活性剂（四次采油）的采收率总增值大于直接注表面活性剂驱（三次采油）的采收率增值。五是在他们的实验条件下，注聚合物（三次采油）及其后再注表面活性剂（四次采油）的采收率总增值大于由表面活性剂和聚合物互配的二元复合剂驱（三次采油）的采收率增值。他们申明，上述实验以及采用的注入剂只是在他们的实验室当时的具体条件限制下进行和采用的，只是作为例证以便初步说明问题。他们建议有必要继续深入进行各种不同实验条件下类似的实验研究。

郭尚平的四次采油思想对后来的中国石油工业进行的四次采油科学研究和生产实践起到了很大的指导作用。目前，在中国已经形成较为完善的四次采油理论体系和工业措施。在大庆油田，四次采油研究和生产取得了十分可喜的成就，目前四次采油已可在三次采油基础上平均提高采收率 8 个百分点，还将向着更高目标前进[89]。

随着研究的持续进行，四次采油理论不断丰富，并在此基础上实施五次采油。在这个过程中，郭尚平院士最先提出的四次采油理论无疑起到奠基作用。

八、天然气水合物的渗流研究

21 世纪初到 20 年代这一阶段，也就是郭尚平科研工作的第三阶段，除了对微观渗流的研究持续深入之外，他还以渗流力学为重点，对石油勘探开发领域的一些新问题进行了很多思考，提出了诸多富有独创性的观点，例如对页岩气、致密气和天然气水合物开发中的

渗流问题，均提出了极具价值的科学论点。

可燃冰是人们对一类能够燃烧的白色冰状物质的俗称，即天然气水合物，又称为笼形络合物，是在一定环境条件下由水和天然气形成的类冰状的、非固定化学计量的、笼形结晶化合物，其主体分子是水分子，客体分子是气体分子[90]。天然气水合物分布于深海沉积物或陆域永久冻土中，是一种高效、清洁、储量巨大的新能源，燃烧后仅会生成少量的二氧化碳和水，其污染比煤、石油小很多，但能量高出许多倍。此外，全球可燃冰储量巨大，所含有机碳资源总量相当于全球已知煤、石油和天然气总量的两倍，被国际公认为是石油、天然气的接替能源。

中国可燃冰研究与发达国家相比起步较晚，但近年来取得长足进步，已进入天然气水合物调查研究、勘探和试采的世界先进行列。2015年5月，中国地质调查局宣布在我国南海北部神狐海域进行的可燃冰试采获得成功，标志着我国成为全球第一个实现在海域可燃冰试采中获得连续稳定产气时间最长的国家。

早在中国还没有进行可燃冰试采研究的2001年，郭尚平就在上海召开的第六届全国流体力学大会上发表了《渗流力学几个方面的进展和建议》的大会邀请报告[91-92]，在第5章中提出了水合物渗流的问题。他认为，天然气水合物主要分布于两种环境：深海海底的沉积层或沉积物的多孔介质；陆地寒区永久冻土层的地层多孔介质内。他提议要及早开始多孔介质内天然气水合物的渗流研究，认为其中存在很有特色的渗流物理、渗流化学和渗流力学问题。从已经了解的情况分析，水合物渗流研究必须考虑一系列复杂的机理和物理、化学过程。

在加热开发条件下，升温至一定程度后水合物晶体开始分解为水和天然气，水气开始混流，这是很复杂的非等温物理化学渗流；在降压开发条件下，储层压力降至一定程度后，水合物晶体分解成二相流体，开始二相渗流；在化学法开采条件下，复杂的化学、物理过程与水合物的分解和渗流相结合，又形成复杂的物理化学渗流。在这些基本过程中还伴随不少复杂机理，例如，水合物分解为水和天然气的过程中，天然气逐渐膨胀，直至最后膨胀几倍、几十倍甚至几百倍；水气混流时，水气容积比不断变化，水气二相分布结构不断变化；分解过程和渗流过程中温度和压力不断变化，存在传质和传热过程；水合物有自保护效应，即水合物在低温下可在表面形成一层冰膜，后者会阻止水合物进一步分解；水合物分解的滞后效应，即水合物在降压后还能稳定相当一段时间才开始分解等。

其他一些地质条件和工程因素使水合物的分解和渗流过程更加复杂化。例如，一般不会用单纯的一种方法开采生产水合物，而是加热法—降压法—化学法等混合应用，其渗流机理更为复杂；地层孔隙介质是非均质的，因而储层内各处甚至紧邻的一些孔群的地质—物理参数相差很大，这将导致水合物分解和渗流过程差异很大。看来，天然气水合物矿藏内的分解过程和渗流问题是相当复杂同时又是很有意义的问题，值得及早开展研究工作，特别是基础性工作。

郭尚平认为水合物矿藏成藏时的渗流问题也值得重视。气水合物形成矿藏的模式之一是渗流模式，即气和水渗流入储层，当温度、压力达到稳定条件时，渗流中的气水混合物中出现气过饱和状态，逐渐形成水分子包含天然气的气水混合物晶体。这一气水混合物渗流—成藏过程及其主控因素的研究有重要的理论意义和应用价值，将对天然气水合物矿藏的成藏理论以及资源勘探和开发工程有重要意义。

2019年，郭尚平在第十五届全国渗流力学学术会议上做题为《天然气水合物开发渗流研究的地质物理基础及建议》的大会报告

2019年，在大庆召开的第十五届全国渗流力学学术会议上，郭尚平应邀做了题为《天然气水合物开发渗流研究的地质物理基础及建议》的大会特邀报告，介绍了天然气水合物的价值，阐述了天然气水合物开采过程中的渗流机理，并指明了天然气水合物在多孔介质中渗流研究的发展方向。

2020年5月，李淑霞、郭尚平等人在中国力学权威杂志《力学学报》上发表论文《天然气水合物开发多物理场特征及耦合渗流研究进展与建议》[93]。在这篇文章中，根据天然气水合物开发过程中涉及的渗流场、温度场、化学场、力学场等多场耦合特征，重点综述水合物生成/分解对各物理场主要特征参数的影响，包括水合物储层的孔隙度、水合物饱和度、渗透率、相对渗透率等基础物性参数及其动态演变，天然气水合物的导热系数、比热容、热扩散系数以及水合物生成/分解热等热力学参数，天然气水合物生成、分解动力学特征，纯水合物以及含水合物沉积物的力学性质等，最后阐述了天然气水合物开发渗流中的多场耦合关系及相互作用，提出了今后水合物开发多物理场特征及耦合渗流的科学研究、技术开发的有关建议：

一是深入研究含水合物沉积物的孔隙度、渗透率、水合物饱和度等基础物性参数及其动态演化规律，加强各种微观可视化定量研究，厘清水合物微观分布对上述物性参数动态变化的影响；尽快建立不同水合物饱和度下绝对渗透率、气水两相相对渗透率以及毛细管压力等参数统一的测试方法和标准。

二是深入全面研究天然气水合物热物性。热物性是天然气水合物科学研究的基础，是开发和利用水合物的依据。现有研究多局限于单组分气体水合物，而自然界存在的是多组分气体的天然气水合物；前期研究多局限于非多孔介质的高压容器环境，对多孔介质中的水合物热物性研究较少。因此，研究多孔介质中各种多组分天然气水合物的热物性极为必要。与此相应，急需研发更先进的实验设备和测试技术。

三是加强沉积物多孔介质中天然气水合物的生成动力学、分解动力学研究。水合物的生成动力学、分解动力学是天然气水合物成藏和开发研究的基础，是当前研究的热点。沉积物多孔介质中水合

物动力学研究处于初始阶段,许多问题有待重点研究。

四是加强水合物的力学性质定量研究。水合物沉积物的力学性质与水合物的分布模式、饱和度、沉积物颗粒尺寸、矿物成分、孔隙压力等密切相关,目前的研究多集中在相关力学性质的定性分析上,相关力学参数的定量分析模型亟须建立和完善。同时,建议加强原位条件及动载荷条件下的相关力学性质测试。

五是注意水合物成藏渗流的特有复杂性。天然气水合物渗流是非常复杂、极有特色的流动,迄今还经常借用常规油气渗流的概念和方法,必须根据其特有规律,建立天然气水合物渗流理论、方法和技术。

六是加强天然气水合物开发的数值研究,应特别重视考虑天然气水合物相变、传热、渗流、各种复杂效应和地层变形等多因素耦合的数值计算模型。关于天然气水合物储层渗流,他们建议尝试从流变学角度将水—甲烷—水合物组成的复合流体视为一种流变流体进行研究。

这些建议,饱含着老科学家对中国天然气水合物工业实现飞速发展的殷殷期待。

九、页岩气开发与渗流的思考

进入 21 世纪以来,郭尚平还将自己的科学研究延伸到页岩气开发中的渗流力学和地下水微动态渗流等方面。

2016 年,我国累计探明页岩气地质储量达 7643 亿立方米,页岩气产量78.82亿立方米,成为继美国、加拿大之后,页岩气产量排名第三的国家,但面临地质条件复杂、勘探程度低、技术和管理存在短板等诸多难题。在这样的情况下,进一步研究页岩气的成藏机理及其运移规律,成为勘探开发科学研究的重要任务。

2012年,中国的页岩气开发还处于起步阶段,对页岩气勘探开发的研究十分迫切。郭尚平同样以渗流力学为切入点,开展了页岩储层多孔介质的研究和油气运移规律的探索。

2013年,郭尚平(前排左7)参加页岩气"973计划"项目启动会

《页岩储层多孔介质和物质运移的一些基础问题》[94]是郭尚平独立完成的研究文章,也是2013年在青岛召开的第十二届全国渗流力学大会的主要邀请报告之一。在这项研究报告中,郭尚平主要阐述了页岩气开发中关于页岩储层多孔介质及其中物质运移的一些基础问题和紧密相关的工程技术情况。重点涉及四个方面:一是

页岩储层类型和页岩气赋存状态；二是页岩储层多孔介质的物理性质；三是页岩储层多孔介质内的物质运移；四是页岩储层内的缝网介质。

在页岩储层类型和页岩气赋存状态的论述中，郭尚平介绍了页岩气藏、页岩气藏类型、页岩气组成、页岩气赋存状态和有关不同观点之后，他认为，当进行页岩气藏内的气体运移研究、产量和采收率预测以及开发方案编制等工程计算时，必须同时重视游离气和吸附气的存在。忽视吸附气的存在，会导致严重的技术失误和经济损失。

2015 年 7 月，全国渗流力学学术会议暨国际渗流力学论坛大会在成都召开，郭尚平应邀做《页岩气开发渗流研究的一些物理地质基础》[95] 的主题报告。在报告中，郭尚平从页岩气开发渗流研究的需要出发，从工业背景、页岩气地质和地球化学基础、页岩储层物理性质、纳米孔隙介质中的物质运移、缝网系统和缝网监测等几部分进行了论述。最后他建议，在页岩气开发渗流研究和应用以及物理地质基础方面，急需研究解决下列问题：一是页岩储层纳米多孔介质内天然气运移机理和理论；二是页岩储层纳米多孔介质渗透率室内测试的理论、方法和设备；三是页岩气藏试井等现场措施获取储层渗透率等参数及气井产能的理论、方法和设备（要求测试时间短、环境友好、经济合理）；四是页岩储层缝网压裂（体积压裂）形成的缝网分布真实图像获取技术；五是页岩储层缝网压裂后的产能预测方法 六是页岩储层缝网压裂设计所需的裂缝启裂、延伸发展、形成缝网的力学计算预测和优化控制的理论和方法；七是页岩气井第一生产阶段后产量很低，如何提高产量和采收率问题。

2015年,郭尚平在第十三届全国渗流力学学术会议上做页岩气开发和渗流问题的主题报告

2015年,郭尚平观察张家滩页岩地质剖面

十、喜迎渗流科技新发展

前不久,本书笔者采访郭院士,希望他通俗一些地、科普性地

谈谈渗流科技发展概况及趋势。郭院士沉默了好一会，从书柜里取出一些资料放在写字台上，边查资料边思索，然后边想边说，侃侃而谈，像讲故事似地说了起来。

（1）渗流力学的学科性质。

他说："为了便于说明问题，我分成几部分来说。我先谈谈渗流力学的学科性质。我认为，力学学科的性质是应用基础性的学科，力学研究的成果应当为生产和工程服务，应当应用于生产和工程。例如，空气动力学起先是为飞机制造的设计服务的。飞机工业的蓬勃发展离不开空气动力学的长足进步；空气动力学的科学研究成果有效地推动了飞机工业的发展，特别是飞机的优化设计。一百多年来，空气动力学促进和保证了各类飞行器和运载工具的优化设计。作为力学的一个分支学科，渗流力学也是由于生产工程的需要而生长和发展起来的，是为生产和工程服务的应用基础性学科。起先，它为城市供水、地下水勘探开发以及油气田勘探开发工程服务。以后，水力和水利工程、盐碱化防治和土壤改良以及盐碱地合理利用、城市地面沉降和海水入侵防治、地下水污染防治等工程都逐渐发展和应用渗流理论及计算方法。再后，由于一些地上地面工程和生物医学工程的需要，渗流力学发展成为三个方面的生产工程服务的三个分支——地下渗流、工程渗流（地上渗流）和生物渗流。"

（2）渗流学科的主要任务——计算渗流力学和实验渗流力学。

渗流学科的主要任务如下：①为工程设计和设计的调整，通过渗流计算预测主要生产指标，并提供重要参数等数据；②为有效控制和管理生产，通过渗流计算进行生产动态分析；③为提高生产，研究复杂条件下的渗流机理、规律和渗流过程，进行渗流计算和渗流实验，以研发技术经济有效的、生产工程需要的新技术新方法；④通过渗流计算和实验还可以测定一些重要的参数（例如，油气水多相渗流的相渗透率、用试井方法测试计算油层渗透率）。

为完成这些任务，渗流力学领域从一开始就有两条最主要的技术路线，即计算路线和实验路线。由此出现了渗流力学的两大分支学科，即计算渗流力学和实验渗流力学。

（3）计算渗流力学的概况和发展趋势。

一个学科和一项技术的发展都是从简单到复杂，从比较简略到比较完善。渗流学科的发展也不例外。渗流学科的诞生可定为1856年，当年出现了渗流的达西定律。1940—1950年以前，渗流研究计算和工程应用都将多孔介质简化为均质介质，将多孔介质内运动的流体视为单相流体。在此条件下，对不可压缩的多孔介质和流体（即刚性渗流），描述渗流过程的微分方程就是经典的拉普拉斯方程；如果多孔介质和流体是可压缩的（即弹性渗流），描述渗流过程的微分方程就是经典的傅里叶热传导方程。解决实际的工程计算问题时，还要根据该问题的实际情况再建立边界条件、初始条件及其他辅助条件方程，这样就构成该问题的数学模型。所谓数学模型就是用数学语言来描述该问题的全貌。

下一步就应当求解数学模型，求解获得的结果就是解决该问题的答案，答案的内容主要是多孔介质内的压力分布、渗流速度、流量及累积流量等的计算式。用什么方法求解呢？在这种还不算太复杂、太困难的情况下，通常用数学物理方法就能求解。在求解的基础上就可进行大量的工程计算。

为了易于理解,下面就以油气渗流为例继续讨论。20世纪40—60年代,先后出现了油水二相、油气二相渗流理论以及在渗流计算中考虑多孔介质非均质性的方法。油水二相渗流的水驱油非活塞性机理及油层渗透率非均质性受到特别的重视,在实际的工程计算中同时考虑水驱油非活塞性和油层渗透率非均质性。这时的求解方法仍然主要是数学物理方法。应用求解获得的计算式能够计算哪些指标呢?主要是油层内的压力分布、流速、流量、采油井的产量和含水率、注水井的注入量、阶段采收率和最终采收率等。以后还建立了小层动态分析等方法计算小层剩余油饱和度分布、油水边界位置和水淹情况等,但计算工作量很大。

直到此时,单相渗流和二相渗流以及考虑油层非均质性影响的二相渗流的实际工程计算使用的是什么计算工具呢?当时国内很困难,主要是计算尺和算盘,手摇计算机也很少。很困难啊!很可怜啊!国外发达国家主要用电动计算机。当时,现代电子计算机已经出现,但石油企业和有关院校一般还没有应用电子计算机进行渗流工程计算。

20世纪60—70年代,计算渗流力学蓬勃发展,开始进入竞相应用电子计算机进行渗流计算的新时代。油(气)藏计算渗流力学在石油天然气业界称为油(气)藏数值模拟。这时,一方面是油气田的生产、设计和科研都要求渗流计算要更充分考虑更多的地质因素、环境因素、生产因素、人为因素的影响,尽可能提高计算结果的精确度;要计算油气藏开发各时期的剩余油分布和编制调整开发方案等,这就要求计算预测更多的候选方案的油层压力、产油量、产水量、注水量、阶段采收率等指标以便优化对比,而且要快速地、及时地提供计算数据；为有效地控制生产、管理生产、提高效益，也必须不断地进行油层动态分析，提供地层内当前动态和预测动态的精确数据；还希望油藏渗流计算也可用于研究驱油机理，优选矿场试验方案及矿场应用效果预测等。这些计算工作都要求考虑越来越多的影响因素，而且要快速地、及时地提供精确结果数据。

更困难的是，与此同时，开采层系的划分越来越精细，注采系统各式各样，极其复杂，在此条件下的油藏渗流计算自然是非常精细的计算。

如此复杂的、高难的、精确的、精细的、高速的渗流计算远非昔日的渗流计算可比。那么，现在是用什么方法、什么工具完成渗流计算呢？

总的说，现在的计算方法是数学物理方法结合数值计算方法，或者说，应用数学物理方法构建数学模型；应用数值计算方法求解数学模型。构建的数学模型必须正确、全面地反映油层及其中渗流的客观实际，特别是渗流过程的物理、化学、物理化学、生物学和力学过程的各项机理。因此，完善的数学模型是渗流计算的基础。用什么方法构建数学模型呢？数学物理方法。有关渗流机理从何而来？主要是靠渗流实验即实验渗流力学；运用渗流实验阐明有关机理后，再在实验结果的基础上用数学语言描述出有关机理，就能获得该项机理的数学表达式。将该表达式合理地引入数学模型中，则数学模型就反映了油层中发生的该项渗流机理。当然，计算渗流力学也能提供一些渗流机理。

下一步就是求解数学模型。用什么方法求解？由于这样的数学模型极为复杂，经典的数学物理方法在求解上已经无能为力，只能

走数值方法求解的技术路线。但是，用一般的简单的数值方法也不能求解这样复杂的数学模型，必须要研发各种强有力的数值模拟理论、方法和技术。这样，就逐渐形成了一套套的油气藏数值模拟方法和技术。结合各类不同地质条件、油气田开发模式和人工影响油层的技术，迄今已经研发出各类油气藏在各种开发条件下的数值模拟软件。油藏计算渗流力学（油藏数值模拟）发展至今，其理论、方法、技术已经比较成熟，其实际应用的规模已相当巨大，为常规油气藏和非常规油气藏的高效开发做出了重大贡献。

油藏计算渗流力学（油藏数值模拟）的计算工作量非常大，计算速度必须非常快，用什么计算技术和计算工具才能快速完成巨大的计算工作量呢？只能是现代电子计算技术、计算功能及性能极为强大的现代电子计算机。硬件是功能、性能强大的电子计算机；软件是专用的数值模拟软件。二者结合，才能高速度地完成巨大的计算任务。

下面，简略地举例谈谈油气藏数值模拟的具体情况。现在以油气藏开发为例来看看油气藏计算渗流力学（油气藏数值模拟）的软件研发及其应用的情况。

① 先谈谈常规油气藏。目前，数值模拟软件主体包括黑油模拟、组分模拟、热采模拟和化学驱模拟，代表性软件包括中国、美国、俄罗斯的各大石油公司的软件。中国石油的吴淑红团队开发的 HiSim 软件的主体包括黑油模拟、组分模拟和化学驱模拟，其特点之一是考虑了陆相油气田特别复杂的地质条件。黑油模型模拟油气水三相渗流，但只考虑油气两个烃相；组分模型也考虑油气两个烃相，但允许考虑较多的烃组分；热采模型可以模拟蒸汽吞吐和蒸汽

驱油等稠油热采渗流过程；化学驱模型包括聚合物驱、表面活性剂驱和多元复合驱等的渗流数值模型。

从模拟功能看，目前商用油藏数值模拟软件可用于模拟计算低渗透和中高渗透油田的注水开发、注气开发以及水气交替开发等开发模式下的有关开发指标和渗流情况，技术相对比较成熟，性能比较可靠。在机理上主要考虑了多重介质、渗吸和排驱、三相相对渗透率、相平衡、应力敏感、强非均质渗流、低速非线性渗流、高速非达西渗流、大孔道优势渗流、动态裂缝变化、基质与裂缝渗析、多组分传质和相变等机理。

化学驱软件的模拟功能相对弱一些，目前可以模拟注聚合物/表面活性剂、三元复合驱等。基本上是在黑油模拟基础上添加的化学驱模拟功能，对不同化学驱模拟采用不同的化学驱模块，如聚合物驱模块、表面活性剂驱模块等，还没有实现一体化模拟。在渗流机理上主要考虑黏弹性、降黏、乳化、降低界面张力等。

在微生物提高采收率方面，工业化模拟软件还不具备此项功能。西南石油大学等高校做过机理性研究并研发了相应的软件模块，但还未应用于工业化模拟。

从模拟性能看，当前的油藏数值模拟软件可以模拟几百口甚至上千口井的区块，单机模拟可以达到百万或者千万节点以上规模。计算运行所需时间与模拟网格规模、区块非均质性、总井数、生产历史长短以及计算机性能有关，一般为几分钟至几小时，有时需要几天的时间。实际应用中大多数模拟规模在 10 万~100 万节点居多，模拟时间通常为 1~12 小时。中国石油自主研发的软件 HiSim 曾模拟过具有 500 多口井、网格规模 126 万节点、生产 60 余年的高含水区块，在内存为 128G 计算机上只用时 19 小时，而对于同样算例，其他商业软件需用 75 小时。SPE10 标准算例测试结果是：100 万节点规模，中国石油软件计算仅用 1.5 小时，而国外商用软件却用 4~5 小时。

现在谈谈微分方程组和计算方法。

对于普通黑油模型，油气水三相共 3 个微分方程，每个网格需要求解油气水及压力 4 个未知数。对于具有 100 万个网格的算例就共有 400 万个未知量；对于组分模型，未知量还要成倍增加。这还未包括辅助方程，如毛细管压力、相渗透率、密度、黏度、相压力等。可见，即使对于油气水渗流这样最简单的黑油模型，当网格规模还不算太大，仅为 100 万节点时，已经需要计算机有很大的容量和计算速度。

在求解方面，软件主体采用迭代算法。另外，目前的软件大多使用单机并行方式，一般采用小于 48 个线程的并行计算。

② 现在简略地谈谈非常规油气田开发渗流计算的油藏数值模拟。

目前，油藏数值模拟软件主体包括非常规油气田的黑油模型和组分模型，其功能为进行页岩气、页岩油、致密气、致密油等油藏开发渗流的数值模拟，代表软件包括美国软件和中国软件（中国石油的非常规模拟软件 HiSimFrac）。

这些软件可以进行大规模体积压裂的模拟。中国石油的软件在缝网模拟和渗流机理上更为完善，考虑了非常规油气藏的多尺度渗流、吸附/解吸、双重介质、嵌入式裂缝、离散裂缝等。精细刻画天然裂缝和复杂人工裂缝网络的空间展布与沟通情况，精准描述多尺度缝网和多流场耦合情况下的地下流体运移规律。目前，国外商业软件在缝网精细刻画及多尺度渗流描述等方面还较欠缺。

中国石油的新一代油藏数值模拟软件 HiSim 软件是同时包括常规油气藏和非常规油气藏，并充分考虑了陆相油气藏极为复杂的地质条件的多功能的高水平的油气藏数值模拟软件。该软件是以中国石油勘探开发研究院的一个很大很强的科技团队——吴淑红团队为主完成的。

关于天然气水合物藏，目前尚没有专门的模拟软件，只能暂时借用非常规模拟软件。

从模型性能来看，国内外商用软件的模拟计算速度可以应对非常规油气藏模拟的需求；但与常规油气藏模拟相比，因介质增多，渗流机理增多，计算速度相对有所下降。

在模型方程和算法方面，常规油气藏与非常规油气藏的主体方程一致，但非常规油气藏模拟增加了多重介质、离散裂缝、嵌入式裂缝等方程及其与基质方程的耦合，因此方程总数和求解总变量也相应成倍增加。另外，约束方程也增加了关于吸附、解吸等辅助方程以及相应的多介质间的传递耦合方程等。

在算法和并行方面，沿用了常规油气藏黑油模拟、组分模拟的算法和并行技术。

由上可知，油气藏计算渗流力学（油气藏数值模拟）的研发工作及其实际应用，对油气开发工业极为重要。但是，要高效地开展这项工作，必须具备一些条件：相关专业配套的强大的科技团队；

性能强大的现代计算设备和实验装备。

在我国油气藏计算渗流力学领域，有水平很高、人数众多的很强的科技人员团队，他们在发展和应用油气藏计算渗流力学方面做出了重大贡献，如桓冠仁团队、吴淑红团队、康志江团队、周守为团队、李治平团队、朱维耀团队等。

（4）实验渗流力学的概况和发展趋势。

实验渗流力学就是用各种实验手段研究渗流力学。实验渗流力学研究的最初的实例就是1856年法国人达西完成的达西圆管实验。其实验装置很简单，但意义很重大。他在一个圆形管内充填砂粒多孔介质，研究水等流体的渗流规律。这项实验研究的结果就是奠定渗流力学基础的达西定律。

渗流实验一般是模拟实验，主要有数学模拟和物理模拟。数学模拟的原理是模拟者（实验装置主体）与被模拟者（被模拟的对象）在数学上是相似的，亦即描述模拟者与被模拟者的数学模型是同一个或同一组微分方程。数学模拟的实例如电解模型、电网模型、抛物体模型等。物理模拟的原理是模拟者与被模拟者的物质组成、几何形态及温压环境等主要因素是相似的，而且必须满足相应的相似条件。物理模拟的典型的、最简单的实例，如达西的模拟实验。

渗流物理模拟的主要任务是，通过渗流模拟实验研发提高生产的技术及其渗流机理、规律和主控因素等，还可通过渗流实验测定多孔介质的一些物理性质参数。以油气为例，可以通过渗流实验研发提高采收率和油气产量的新方法新技术，测定相渗透率等物理参数。

实验渗流力学的数学模拟技术路线现今应用较少，因为利用电子计算机进行数值计算比数学模拟更为方便有效。现今的实验渗流力学的技术路线主要是物理模拟实验。

下面以油气开发领域为例，谈谈实验渗流力学的物理模拟研发的情况。

随着油气开采工业的发展，很多注水驱油开发的油田已经进入高含水、特高含水阶段；很多油田已进入三次采油、四次采油阶段。通过渗流实验研发各种提高采收率和油气产量的深入挖潜的新技术，就成为油田开采工业的当务之急。当然，提高采收率工作中的化学剂工作剂研发等内容不属于渗流力学范畴。

提高采收率新技术的研发以及对某一具体油藏筛选和完善提高采收率的具体方案等，都需要进行一系列的渗流物理模拟实验。例如，在生产上实际应用某一提高采收率技术之前，一般要先在室内进行一系列渗流实验研究。要研究该技术提高采收率的采收率值、渗流机理和主控因素，要研究某一主控因素的改变对采收率值的影响，要研究工作剂的不同配方和不同的注入工艺等如何影响渗流规律、渗流机理和提高采收率的效果。通过渗流物理模拟实验还可以研究剩余油的分布以及采出这些剩余油的有效技术等。这些渗流实验是研发提高采收率新技术的重要手段；所有上述研究都要通过渗流物理模拟实验来实现。

当前阶段，又出现了极为重要的新情况，即勘探发现的和投入开发的油气藏多为各种类型的非常规油气藏，诸如页岩油藏、页岩气藏、致密砂岩油藏、致密砂岩气藏、致密灰岩油气藏以及天然气水合物藏等。非常规油气藏的地质条件非常复杂、非常特殊，其地

层是由非常特殊的多孔介质组成的。各类非常规油藏有各自的特点，其孔隙结构、渗流机理和开发模式等都各不相同。以前，渗流研究涉及的一般砂岩油藏等的多孔介质的孔隙尺寸一般是微米级，其渗透率一般是毫达西级。而页岩油气藏、致密油气藏等储层多孔介质却属纳米级多孔介质，其孔隙尺寸小至数十至数百纳米，甚至只有几纳米；其渗透率小至数十至数百微达西，甚至只有几微达西。纳米级多孔介质内的物质运移的性质、机理和规律与常规的微米级多孔介质有很大不同，迄今还没有较完善的公认的理论和描述方法。目前有些作者暂时采用的处理方法大多基于稀薄气体动力学关于管道内气体流动流态分区理论，作者们由此通过不同途径研究和描述纳米孔隙效应。

水合物天然气藏有更为不同的特点。天然气水合物是一类笼形络合物，是在一定环境条件下由水和天然气形成的类冰状的、非固定化学计量的笼形结晶化合物，其主体分子是水分子，客体分子是气体分子。天然气水合物藏内的渗流存在很有特色的、十分复杂的机理和物理化学过程。

由上所述可以得到结论，非常规油气藏的渗流实验与常规油气藏相比，有很大的差异。其工作原理、模拟技术、数据获取和处理的难度要大很多。一般来说，针对各种不同的非常规油气藏，其模拟实验技术和实验装置分别具有下列特点：复杂、精细的大中型实验设备；压力和温度变化幅度大；微—纳米级孔隙介质、气水合物介质、从一般孔隙裂隙到厅堂型洞穴的复合介质；要模拟和测试有关物理—化学—物理化学—生物学过程；要模拟多重介质中的多相、多场耦合的物质运移等。

非常规油气藏的渗流实验技术和相应的实验装备近十年来发展很快，不断获得喜人的进展。下面简介一些实例。

我国最先一项提高采收率和产量的渗流物理模拟实验技术及实验装置就是兰州渗流力学室 1963 年研发完成的应用 X 射线观测的人工地层大模型。在此之前只有岩心分析，分析孔隙度、渗透率、饱和度等物理参数，岩心尺寸约 3cm 直径、数厘米长，不能做油田开发实验。做油田开发实验的模型至少必须考虑 2 口井工作的大模型。1964 年，渗流室研发成功的大模型开始实际应用于玉门石油沟油田有断层时制订注水采油优化布井方案，使采收率和产油量显著提高。该技术相继在大庆、胜利、新疆等油田推广应用，引领了研发渗流物理模拟大模型，以研究提高采收率和产油量等科技工作的科学思想和实验技术的大发展。起先的重点是针对常规油田的注水驱油和三次采油，近十余年来的重点是非常规油气田提高采收率和油气产量的各种精密的现代的渗流物理模拟技术。下面简略地介绍近十余年来的概况。

单以中国石油集团和中国科学院合办的渗流所的研发概况为例，已可窥见一斑。

他们在页岩油气、致密油气、微生物采油等方面都已研发完成并成功应用相当先进的渗流物理模拟大模型的模拟和测试技术。

先看杨正明团队 21 世纪初研发完成的岩石露头三维渗流大模型。其模型尺寸是 50 厘米 ×50 厘米 ×5 厘米；耐温 90℃，承压 25 兆帕；渗透率测试可低至 0.1 毫达西；压力和饱和度测试技术是用高精度压力传感器和电阻率方法。已用于致密砂岩油藏、页岩油藏等非常规油藏在不同井型、不同注入介质、不同注入方式条件下的开采机理研究，得到很多生产上急需的创新认识。例如，致密油藏不同井型（特别是分段压裂水平井缝网和直井缝网）如何补充能量，其渗流机理如何；特低渗透油藏实现有效驱动需要什么样的井网等。该模型也可用于致密砂岩气藏、页岩气藏、致密碳酸盐岩油气藏等非常规油气藏的真实大型岩样的提高采收率和产量及其渗流机理和主控因素等研究。

杨正明团队近年又研发完成高温高压多尺度三维渗流大模型。耐温150℃，耐压90兆帕；用超声波测试饱和度；具备压力、压差、饱和度等测试点阵。数据采集频率特高（每秒100万数据），能充分监测渗流过程，能精确地表征气驱前沿、认识剩余油分布及评价驱油效果，其性能指标目前居国际领先水平。该模型已用于CO_2驱油和CO_2吞吐实验等研究，揭示了低渗透/致密油藏及页岩油藏不同井型（分段压裂水平井、直井缝网等）、不同注入介质（水、CO_2和活性水）条件下的驱替/吞吐的渗流机理，并定量给出渗吸和吞吐距离。

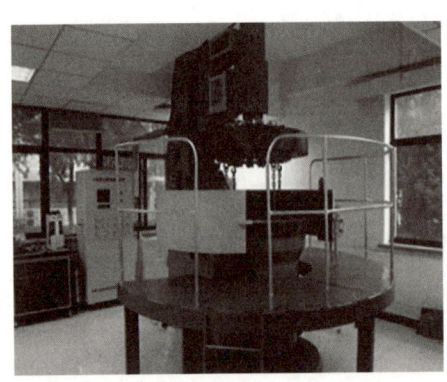

高温高压三维岩石露头大模型

高温高压三维多尺度大模型

杨正明团队还研发成功了高温高压核磁共振岩心渗流在线实验观测技术及设备，可以在线研究和分析原油在低渗透/致密砂岩、页岩、致密碳酸盐岩等油气藏多孔介质中的渗流过程，可以获取驱替或吞吐过程中的黏度、润湿性等的变化特征以及每个孔喉的原油采出情况；可以研究 CO_2 气驱前沿变化情况，分析不同因素对气驱前沿的影响。

以前的物理模拟实验大多情况下只知道注入前和注入结束后的数据，对中间过程很难了解。现在进口的 CT 在线设备只能测试驱替渗流过程中每个截面的压力和饱和度。杨正明团队研发的核磁共振在线模拟设备比 CT 在线模拟设备的功能和性能更胜一筹，不仅知道压力和饱和度，还可以在线研究分析原油在多孔介质中的渗流过程，可以获取驱替或吞吐过程中黏度、润湿性等的变化特征，特别重要的是，还可知道每个孔喉的原油采出情况的准确数据。

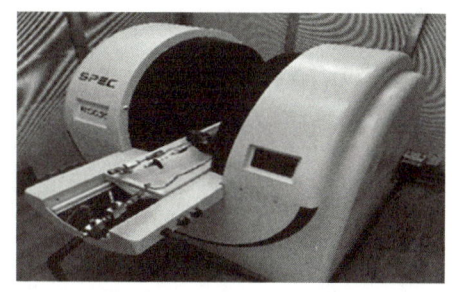

高温高压核磁共振岩心渗流在线实验观测设备

很有意义的是，在高温高压核磁共振在线设备上还可观测微裂缝张开的过程。在注气补充能量增加压力过程中，微裂缝逐渐张开，可成倍地增大渗透能力。

杨正明团队还成功研发了高温高压二维可视填砂宏观模型。承压 20 兆帕，最高实验温度为 100℃；基质渗透率为 1~10000 毫达西；可模拟各种地层类型，多层、裂缝、隔层；用高速摄像机实时监测并记录渗流过程。

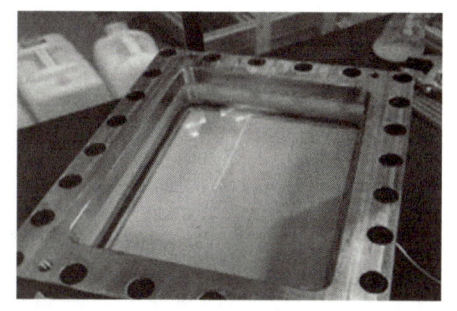

高温高压二维可视填砂宏观模型

可视界面尺寸为 15 厘米 ×20 厘米；如为常压，可视界面尺寸为 50 厘米 ×50 厘米；能观测储层非均质性条件下流体渗流状况，也可以研究井网布局。已用于研究 CO_2 驱油渗流提高采收率过程中界面运移规律，分析不同因素对气驱前缘的影响，以及隔夹层和注采方式对 CO_2 驱油效果的影响等问题。

渗流所刘先贵—胡志明团队自主研发的研究页岩气、致密气等流体渗流的高温高压岩心实验装置很有意义。设备承压大于 30 兆帕；岩心直径 10 厘米，25 厘米；岩心长 45 厘米。他们进行的页岩气藏衰竭开发全生命过程模拟实验很有意思。初始压力为 30 兆帕；实验已历时十年多（3753 天，社会日历真实时间），现在试验还在继续进行中。迄今数据表明，开发初期产量快速递减，中后期产量递减速度缓慢（0~50 天日产量从 300 毫升降至 7 毫升，50~100 天从 7 毫升降至 3 毫升，100~3753 天从 3 毫升降至 0.5 毫升）。目前采出程度为 73.2%，游离气占比为 73.6%，吸附气储量动用率为 37.1%。

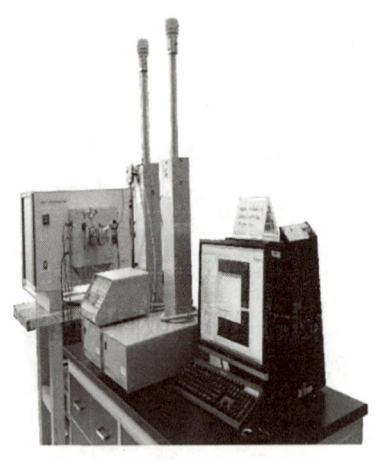
高温高压核磁共振在线监测仪

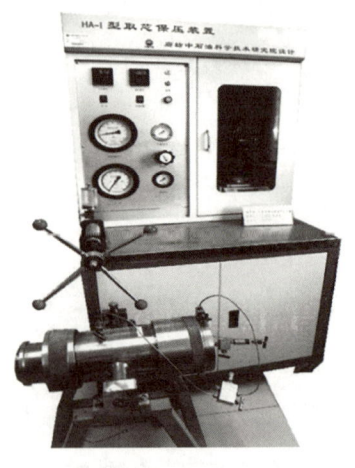
高温高压页岩气致密气大岩心实验装置

他们还用该设备研究页岩气藏衰竭开发时吸附气与游离气动用规律（岩心直径2.5厘米，长度45厘米；初始压力20兆帕），用渗流所自主研发的核磁共振在线监测仪实时量化监测。结果表明，开发初期主要产出游离气，压力降至约12兆帕时，才开始产出吸附气。

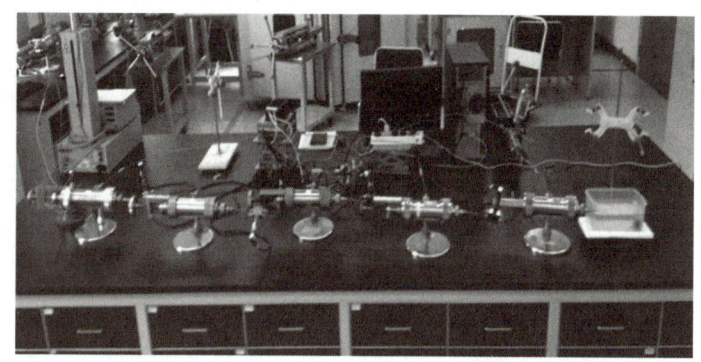

多测点衰竭开发模拟高压实验装置

刘先贵—胡志明团队还研发成功多测点衰竭开发高压模拟实验装置。已用该设备进行岩心串联衰竭开发模拟等实验。两组不同渗透率基质岩心，各组均为5块2.5厘米的基质岩心串联。初始压力均为30兆帕。实验表明，优质储层比低效储层渗透率只高17.5倍，但动用速度比低效储层却高两个数量级。

渗流所的俞理—修建龙团队研发成功微生物采油渗流三维物理模拟实验系统。这是一套大型的实验系统，总质量达10吨。模型本体最大尺寸为50厘米×50厘米×50厘米，承压35兆帕，承温80℃。可以模拟不同渗透率和不同井网等条件；能够实时监测压力、温度和油饱和度。模型尺度大，温压控制稳定。同时还配备了菌种鉴定、荧光定量聚合酶链式反应设备（可以检测群落当中的一些特异性基因，进而定量化测定混合菌群里特定的一些功能菌的数量）及高效液相色谱等生化指标检测设备，能够研究微生物在高压油藏渗流条件下的生长代谢和运移规律，还能够实现空气辅助微生物驱油渗流模拟。目前在国内外还没有见到这类多功能、高性能的高温高压微生物驱油渗流三维物理模拟技术和装备的相关报道。

微生物采油渗流三维模拟实验系统（正面）　　微生物采油渗流三维模拟实验系统（背面）

以上关于计算渗流力学和实验渗流力学方面的新进展均属宏观渗流领域，主要涉及渗流所的工作。其实这只反映了中国在这方面的科学研究技术开发的一小部分成果，由此只能窥见中国宏观渗流计算和宏观渗流实验研究工作之一斑。从全中国来看，各大石油公司的科技研究总院、各大油气田研究院所以及有关院校的研究院所几十年来都普遍开展计算渗流力学和实验渗流力学研发及应用工作，高水平的科技成果比比皆是。举例如下。

中国石化集团的康志江团队研发成功的"巨型洞穴缝洞型碳酸盐岩油藏物理模拟和数值模拟技术"国际领先，已成功应用于新疆塔河油田及顺北油田。

巨型洞穴缝洞型碳酸盐岩储层储集空间类型多、尺度差异大，存在渗流与自由流（大缝流、大孔洞流及洞穴流等）。多尺度、多相、多应力场、多流场的流动问题研究难度极大，需要创建洞穴缝洞型油藏物理模拟和数值模拟技术。

① 物理模拟：洞穴缝洞型碳酸盐岩油藏物理模拟和测试技术。

首先，他们研发成功多尺度洞穴缝洞油藏三维打印水驱油物理模拟技术，实现了不规则、多尺度缝洞地质模型的构建与三维打印。其缝洞尺寸、形状、孔渗可控；裂缝尺寸精度达 16 微米（挪威模型仅 50 微米）。他们完成了国际上首套洞穴缝洞型复合介质高温高压应力敏感流动实验技术及装置，其性能很好：耐压 150 兆帕、耐温 170℃、大尺寸：30 厘米 ×30 厘米 ×30 厘米。首次实现地层条件下应力恢复、衰竭、注水开发全过程的应力敏感流动模拟。

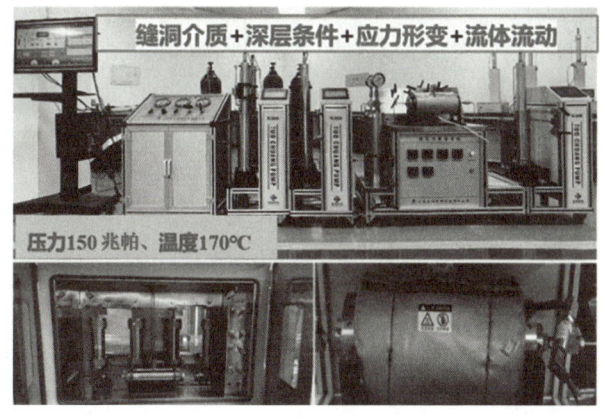

洞穴缝洞复合介质油藏高温高压实验装置

② 数值模拟：新一代缝洞型油藏数值模拟技术与软件。

中国石化石油勘探开发研究院自主研发成功具有洞穴缝洞油藏特色的油藏数值模拟技术以及世界上首套缝洞油藏多尺度油藏数值模拟软件。实现缝洞单元拟合率 87.5%，适用于碳酸盐岩缝洞型油藏和断控型油藏。他们研发成功 4 项关键技术：渗流与自由流耦合数学模型，解决多尺度流动表征问题；嵌入式离散缝洞网络模型，解决大尺度流动精细刻画问题；分区分类变重模拟方法，解决中小尺度流动模拟问题；预条件＋并行数值求解方法，解决千万网格规模模拟问题。

其性能参数很好：洞穴流动精度由47%提高至86%；裂缝流动精度由52%提高至87%；产油量预测符合率由47.6%提高到87.5%；计算规模可达千万网格。

其特色功能有：精准模拟洞缝孔中的自由流、非达西流与达西流等多流态耦合流动；精快模拟裂缝窜流、强非均质储层介质流动问题；分介质剩余油分析与评价；缝洞油藏开发方案优化；油藏大规模数值模拟GPU+CPU并行计算；生产与地下多窗口联动模拟。他们有5项技术国际领先：流动模式（渗流、自由流）；介质类型（变重）；大型溶洞（耦合模拟）；离散裂缝（嵌入式模拟）；自适应隐式（裂缝、井网格自动识别）。

中国海油的数值模拟和物理模拟成果都是高水平的成果。下面列举周守为—孙福街团队的计算渗流和实验渗流的部分科技成果——海上水驱砂岩油藏数值模拟技术和软件。中国海油的海上高／特高含水砂岩油田具有储层胶结情况疏松、原油黏度高、开发井距大、大段合注合采、新型控水工艺、复杂井控条件等难点；开发过程伴随着复杂的渗流运移机理和液固交互作用。针对上述复杂的地质条件和生产条件，中国海油研发完成具有自主知识产权的海上水驱砂岩油藏数值模拟软件平台"海油芯"，包括水驱、化学驱、新型化学驱等数值模拟器。

再如，海上油气大井距高速高效开发渗流实验模拟技术和设备系列。基于海上少井高产的高速高效开发策略，形成了海上大井距高速水驱、化学驱、高强度热采、混相／近混相气驱等提高采收率和产量的渗流物理模拟实验和测试的技术及设备系列。可以开展宏观渗流和微观渗流实验，实现不同尺度的多介质、多相渗流模拟。针对疏松砂岩介质中水驱/化学驱、稠油热采、低渗透气驱、潜山凝析气开采、天然气水合物开采等不同类型油气藏和不同开发方式，中国海油研发完成相应的提高采收率和产量的渗流模拟实验技术和装置系列。例如，长岩心化学驱实验装置、裂缝储层大型物理模型、大型三维火烧油层模拟装置（长度1米，耐温1000℃）、天然气水合物开采模拟装置（模拟水合物开采的大罐容积1695升，承压0~30兆帕，承温-20~200℃；大罐内可模拟水合物的生成和开采中岩石层变化；可模拟实验降压开采、升温开采、化学法开采等）以及三维裂缝型油藏开发渗流模拟装置。

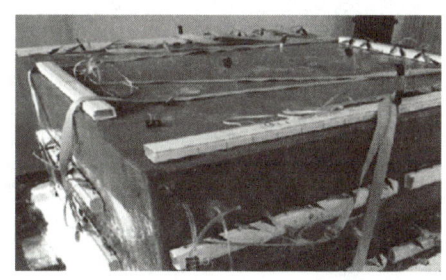

裂缝储层大型物理模型

30兆帕1695升大尺度水合物开采模拟试验系统

三维火烧油层实验装置

延长石油集团油藏数值模拟和渗流物理模拟都获得了高水平的成果。延长油田是典型的裂缝型低渗透/特低渗透油藏。针对开发过程中注水易水窜、基质原油难动用等难题，延长石油集团王香增团队在渗流物理模拟和油藏数值模拟两方面都完成了高水平的成果。他们发明了非均质岩心物理模拟实验测试技术及装置，其主要功能是对裂缝型低渗透/特低渗透油藏注水开发过程中渗吸—驱替双重作用渗流规律的实验研究，实现了基质—裂缝间油水渗吸置换渗流规律的物理模拟，可以定量计算渗吸作用贡献程度、测试影响采收率的主控因素。该实验装置的主要性能参数为：环压50兆帕、驱替压力40兆帕、压力测试精度0.1%FS、流速范围0.001~70毫升/分、工作温度180℃、控温精度±1℃。围绕"裂缝+基质"研发了人造岩板，可以进行渗透率极差的岩板实验。人造岩板尺寸为50厘米×10厘米×2.5厘米。测电阻率转算饱和度。

裂缝—基质双重介质岩心夹持器　　渗吸—驱替渗流物理模拟实验装置

我国的石油院校及其他院校在计算渗流力学和实验渗流力学领域获得很多国际领先和国际先进的科技成果，给我国的石油天然气工业输送了一批批大量的优秀的科技人才。他们的科学研究技术开发工作经常是走在前面，实例不胜枚举。例如，在天然气水合物藏开发的宏观渗流物理模拟实验研究方面，中国石油大学（华东）陈月明、李淑霞等人在21世纪初就研发成功天然气水合物藏的高压低温渗流实验系统，能模拟多孔介质中水合物生成、分解、相平衡、渗流机理、开采动态等。

天然气水合物藏的高压低温渗流模拟实验系统

（5）微观渗流科技情况。

以上谈及的内容主要是宏观渗流发展的一些情况。下面介绍微观渗流和宏微结合问题。鉴于现在的非常规油气藏涉及的多孔介质多属纳米级介质，所以对这类情况的微观渗流、微观模拟也可称为维纳渗流、维纳模拟。

微观渗流的发展也有两条技术路线，即微观物理模拟和微观数值计算（微观数值模拟）。

① 微观物理模拟。20世纪80年代渗流所发明的微观模拟技术是在玻璃上刻蚀孔隙裂隙的仿真技术，迄今广泛应用的仍然是这一仿真模型技术，现已成为常规实验技术。但是现在又有了重要的新发展：其一，渗流所发明了清晰度很高的岩石薄片微观模型；其二，渗流所杨正明团队研发成功了很有意义的"岩石芯片"（"岩心芯片"）。以前（20世纪70—80年代）的玻璃刻蚀微观仿真模型最小孔隙直径约10微米（当时的半导体芯片工艺的最高水平是1微米）；几年前采收率所陈兴隆等人发明的激光刻蚀玻璃微观模型最小孔径为2微米。现在研发成功的"岩石芯片"孔径低至20~40

纳米（现今的半导体芯片工艺的最高水平是 3 纳米）。这种可视化的维纳模型对于模拟研究特低渗透/致密油气藏、页岩油气藏等的纳米级多孔介质内的运移渗流机理细节和提高采收率机理细节以及主控因素等有重要意义。

②微观数值模拟。微观数值模拟方面也有新进展。杨正明团队用数值模拟方法重建微观物理模型的孔喉结构，然后在此种虚拟的数值微观模型上进行微观渗流实验。这样，微观物理模拟结果可以与微观数值模拟结果结合和对比。这类工作在 20 年前被同行们称作"数字岩心"；不少作者长时期停留于岩心模拟，耽误了模拟研究数字岩心内的流体渗流这一主题。由于"数字岩心"的概念只是模拟多孔介质，并无"渗流"的含义，因此，如果是指模拟多孔介质及其中的流动，就最好称为"渗流微观数值模拟"。目前国内一般多使用国外软件，杨正明团队使用的是自主开发的软件。

他们的另一个进展是分子模拟，即分子水平的数值模拟，如水分子、甲烷分子、CO_2 分子等。目前他们进行的是 20 纳米孔径的孔隙介质中的定量研究。

（6）宏微结合问题。

郭尚平在 21 世纪初就提出宏观微观结合是渗流力学研究的重要发展方向。郭尚平提出的"宏微结合"思想的含义是：对一个岩心、一个大型岩石模型，甚至一个井组所在的油层，渗流研究能在每一瞬间同步提供渗流宏观综合数据（例如，注水井和产油井这两个进出口的综合数据）及任何一个孔隙内、任何一个空间点的渗流微观细节和数据。这将显著地提升渗流实验和渗流计算的科学意义和实用价值，必将大大提高渗流研究在生产控制、增产挖潜上的实际效果，更有效地提高采收率、油气产量和经济效益，也会促进渗流理论的深化和实用意义。

他提出了两条实现宏微结合的技术路线。

一是高水平的三维微观（维纳）物理模拟技术。实验对象：第一步应当做到对岩心进行观测实验，要求最小岩心应当直径大于2厘米，长度大于10厘米；实验技术和设备方面，分辨率要小于几微米、几十纳米。

二是高水平的三维微观（维纳）数值模拟技术。用数值计算方法重建，亦即数字化精细描述真实岩心、大型模型，甚至一个井组油层的空间孔隙结构和物化参数；然后用数值方法研究计算数字岩心、大型模型，甚至一个井组油气层内的物质运移。必须同步显示和记录宏观综合数据和维纳孔隙中的数据。

宏微结合需要容量极为巨大、计算速度极快的极高性能的现代计算设备和功能、性能极强的渗流计算软件。现在看来，硬件问题不大，国家超级计算无锡中心的神威·太湖之光的超级计算机现在已经具备巨大的容量和高达10亿亿次/秒的计算速度，今后的提升空间还很大。关键问题还是研发宏微结合渗流计算的数学模型和软件系列。这需要付出很大的努力。

杨正明团队现有的高温高压核磁共振岩心渗流在线实验设备已能在线观测并自动记录垂直于岩心轴向的分层截面的二维实物图像（任一瞬间岩心的每个截面上的压力和原油动用情况，如剩余油饱和度等的图像；孔喉直径为20纳米以上）。郭尚平认为，杨正明团队的这一进展已经为宏微结合打下了一些基础。在现有二维截面

数据的基础上，现在就可以开发一种显示三维数据的软件，为宏微结合打下初步基础。

（7）渗流科技界学术技术交流日益活跃。

自1980年开始，我国渗流学界的学术技术交流活动就有了有组织的、定期的集体交流形式——全国渗流力学学术大会。先是每三四年举行一届大会。由于参会文章和参会人员太多，就确定为每二年举行一届大会。但是要求参加会议的人员和参会文章仍继续增加，越来越多，每届大会参会文章增至300~400篇。于是只得更细分专业领域，增加大会下设置的会议分组的组数。全国渗流力学学术大会本来是中国国内会议，以后又逐渐发展为有外国同行参加的国际会议。

每届全国渗流力学学术大会的主办单位主要是中国力学学会、中国石油学会、中国地质学会、中国岩土学会、中国水利学会等若干个学会联合主办。由谁承办？这也是一个很有意思的问题。起先是由中国力学学会的渗流力学专业组（当时专业组常设在渗流所）邀约某一单位承办。后来，好多单位都主动争取承办，于是从20世纪后期就形成一个民主选举承办单位的竞选制度。在某届大会会期中的一个晚上召开学术委员会扩大会议,选举下下届的承办单位。在扩大会上先由申办单位自由报名（一般都有4~6个单位申报承办）；下一程序是申办单位代表发表竞选演说，要说明怎么保证办好下下届渗流大会，有什么办好这个会议的优势等；下一步是代表们提问和答辩；然后由出席扩大会议的全体代表无记名投票选举；得票数最多的单位即正式成为下下届的承办者。这个竞选活动相当热烈和隆重，竞选承办的单位常常由正副校长、院长亲自到会竞选，投票人的态度很是认真严肃。

依据民主竞选结果，第 18 届全国渗流力学大会承办单位是渗流所。在第 17 届全国渗流力学大会上，中国石油勘探开发研究院副院长、中国科学院渗流流体力学研究所所长、中国科学院院士邹才能教授及渗流所常务副所长吕伟峰教授发表了热情洋溢的视频讲话，热烈欢迎渗流科技界同仁踊跃参加将于 2025 年在海口召开的第 18 届全国渗流力学大会，交流创新性科技成果。

再举一个实例，也可看出渗流学界学术活动十分活跃。在微信上建立了一个渗流群（群名"全国渗流力学专家讨论组"，不成文规定群里只谈学术技术问题）。要求入群的人十分踊跃，不长的时间内入群人数就多达 500 人。这已是一个群的人数上限，但要求入群的渗流同行还陆续提出申请，于是不得已又建立了第二个渗流群。第二个渗流群很快又超过了 400 人。近些年来，渗流领域的科技人员蔡建超、姚军、刘先贵、程林松、杨正明、刘曰武、刘建军等教授在推进渗流科技发展方面起到了重要作用。

上述情况说明，由于多个生产部门和多种工程技术的需要，由于国家的正确领导，由于有关企业、科研院所、高等院校、中国科学院和中国工程院的重视和支持，由于渗流学界同仁们的共同努力，渗流科技及其应用发展形势大好！

（8）新中国成立以来，由于油气开发工业和科技发展的需要，国内石油业界和有关院校普遍开展了计算渗流力学和实验渗流力学的科学研究和技术开发工作，但从事渗流研究的单位的名称并不相同。

一般来说，在大专院校和中国科学院往往命名为渗流力学研究室（所）或渗流研究中心，这些单位的规模较小、科技人员不多，大多同时从事计算渗流力学和实验渗流力学的研究；另外，在强调科研结合生产、服务生产的同时，从国家的全面需要和长远需要考虑，这些单位也适当地从学科发展和基础研究的角度考虑问题。有的渗流研究单位甚至同时进行包括油气渗流在内的地下渗流、地上的各种工程渗流和生物渗流研究。

生产部门所属科研院所，例如在油气工业生产部门直属科研院所，包括各大集团公司的研究总院及各油田的研究院所，一般是规模较大，科技人员较多，专业分工较细，一个研究院内往往设置较多研究所，其科研条件也比较优越。在这种情况下，可以做到每个研究所只从事较小专业范围的科技工作（与此同时，强调完成生产发展急需的科技任务，而不强调或不必考虑有些基础研究）。以渗流专业为例，一个研究所可以分工只研究计算渗流力学，另一个研究所只负责实验渗流力学。至于研究所的名称，一般不会从基础学科角度考虑，多半从应用专业考虑。例如，一般不会命名为计算渗流力学研究所，而是称为油气藏数值模拟研究所或油气田开发软件研究所等；也不会命名实验渗流力学研究所，而会称为采收率研究所或提高采收率研究所等（实验渗流力学的主要任务本来就是通过渗流研究研发增加生产即提高采收率和产油量的新技术；当然，提高采收率的工作剂等研究不属于渗流力学）。郭院士认为以上所述情况都是正常的、合理的、科学的。他还认为，渗流力学领域的科技工作的上述不同组织形式、不同单位名称和协同分工合作已经促进了并将进一步帮助渗流科技的发展，为油气工业及其他有关生产部门和工程技术的发展做出更大更好的贡献。

2023年8月18日，已过94岁高龄的郭尚平在第十七届全国渗流力学大会（北京昌平）上做题为《计算渗流和实验渗流的新进展》的特邀报告

十一、勤为园丁育桃李

郭尚平不仅是苦心钻研渗流力学的科学家，也是培育渗流力学后备人才的导师。

作为我国力学专业的博士生导师，郭尚平在1983年9月担任中国科学院兰州分院院长主持兰州分院工作期间，就将全分院各研究所的研究生培养教育和学位授予当作主要工作亲自主抓。他认为，科技人才的培养是决定一门学科是否能够长期发展的关键，具有深远的战略意义。他严格把控招生关和学位授予关，既大力支持所属各所申报的研究生招生计划，又表现出对科研人才体系建设科学严谨的态度，为中国科学院兰州分院研究生的培养做出了贡献。

1986年9月,中国科学院兰州渗流力学研究室实际上已经改制,改为石油工业部和中国科学院合办的渗流流体力学研究所,并搬迁到河北廊坊石油勘探开发科学研究院万庄分院,研究生的培养又成了郭尚平日常工作的重要内容。不管科研工作多忙,郭尚平在研究生的培养上一直如春风化雨,竭心尽力。当时已经年近六旬的郭尚平感到在人才培养工作方面,时间更紧了,每天的日程更忙了,肩上所担负的责任更重了。

1994年4月的一天,石油勘探开发科学研究院院长邱中建找郭尚平谈话,对他说因年龄的原因院里准备不再让他继续担任副院长一职。闻听此言,郭尚平如释重负,连声表示感谢组织的理解和安排。3个月之后,已经65岁的郭尚平卸任石油勘探开发科学研究院副院长一职,转入研究院专家室任专家。不再担任行政职务后,他便将更多的时间投入对渗流科学的思考和研究生的培养上来。

导师郭尚平(右)、王家禄(左)与博士生杨超(中)讨论论文问题

2008年，研究生获博士学位后与导师合影留念
（左起：刘朝霞、郭尚平、王正波、韩冬）

郭尚平主要在中国石油勘探开发研究院研究生院和中国科学院渗流流体力学研究所研究生部担任研究生的培养工作。在研究生的培养过程中除了强调开拓创新、勇于攀登和踏实诚实求是的良好学风外，郭尚平特别注重向学生进行爱党爱国爱人民的思想教育。每当研究生入学时，郭尚平一如既往地给他们讲话，讲述钱学森、郭永怀、华罗庚等老一辈科学家学成归来、精诚报国的故事，介绍他们钻研学术、爱岗敬业的科学精神。随着国家改革开放的深入和国际科技人才交流形势的变化，郭尚平围绕爱国主义教育长期进行的"研究生第一课"，具有深刻的现实意义。

多年以来，郭尚平一直通过"研究生第一课"等多种形式向学生们传授"科研创新、为国为民"的科学精神和爱国情怀。这八个

简朴的汉字正是郭尚平在 70 余年的科研活动中一直践行的座右铭，是照耀他在科学之路上不断创新的思想之光。古人云，师者，传道授业解惑也。郭尚平不仅讲授科学知识，还教育学生如何爱国、如何报国、如何造福于民，解其所惑，破其迷津，解决好"为谁科研为谁忙"这一基本问题。

科研创新，为国为民，不仅要放在案头，更要深深刻在心里。在给研究生做报告或交谈时，郭尚平一次次殷殷告诫学生们，"科研创新，为国为民"是一个中国科学家的崇高品质，更是在复杂的国际形势下每一位中国科学家应该坚守的底线。他一次次说："开拓创新是科学研究技术开发之灵魂；百折不挠、勇攀高峰精神是成功之保证；踏实、诚实、求是乃科技道德之要领；爱党爱国为人民是科学家精神之根本。将党、国家和人民永远放在第一位，'少考虑自己，多考虑人民'，自然就会潜心科研，淡泊名利，就一定会在科研中出成果、出人才。"

在郭尚平的言传身教之下，他带出来的学生大多能够在政治上要求进步，在工作中将国家和人民的利益放在首位，相继成长为中国石油行业科学研究、技术开发、院校教学和生产管理等方面的骨干。截至 2021 年底，40 年来郭尚平共培养博士和博士后 40 余名。部分学生光荣地加入了中国共产党，正以昂扬的姿态为中国的社会主义建设努力工作着。郭尚平也因在培养科技人才方面的突出贡献，于 2014 年 9 月荣获中国石油勘探开发研究院"优秀博士生导师"称号。

2021 年 3 月，郭尚平、罗广芳伉俪与在京部分原博士生合影（前排左起：罗凯、刘庆杰、叶继根、刘福海、罗广芳、郭尚平、朱维耀、窦洪恩、谢海兵、吴淑红；后排左起：李宁、张延玲、王志平、刘朝霞、童敏、叶正荣、田中元、王勋杰、王正波、高建、杨超）

多年以来，郭尚平除了在自己的工作岗位指导研究生外，还曾在国内多所大学和研究所担任兼职教授，讲授专业知识，担任研究生导师。他先后在重庆大学、长江大学和中国科学院力学研究所等单位担任兼职教授和博士生导师，指导研究生，并为学校老师、学生和当地的科技人员做科技报告。

近年来，受邀到中国科技大学、石油大学等院校讲学后，学校热情地邀请他担任客座教授，都被他婉言谢绝了。他说，现在年龄大了，精力不行了，不想做挂名的大学教授，那样会对不起学校和学生。不做事就不挂名更不能要回报，这是他多年以来一贯的工作风格。

2019年渗流年会，郭尚平培养的研究生们已成科研中坚力量

2021年3月21日，郭尚平与在北京工作的部分原研究生在中国石油勘探开发研究院欢聚一堂。到会有19人，是他所带学生的一小部分。但是当听到这些学生在各自的岗位上取得的成就时，郭尚平无比欣慰。原来的研究生、现在的博士们都已经身担重任，大多已成长为教授、总工程师，有的已经在中国石油担任了重要领导职务。更为重要的是，对于中国渗流力学和石油开发事业来说，他们是郭尚平眼中的另外一种成就，是他能够看到的不断延续的光明未来。

郭尚平传

第十六章

世纪之恋

1952年，在重庆大学当助教的郭尚平，在一次青年团团日活动中偶遇罗广芳，双方一见钟情，互定终身。不久，离开重庆到北京留苏预备部学习，然后又赴莫斯科石油学院留学。在分别了近5年后，留学归来的郭尚平与一直等待他的罗广芳终于牵手步入婚姻的殿堂。时至今日，他们已经相爱相依70年。他们的家庭被邻里赞誉为模范家庭，他们的爱情被同事们传为旷世佳话。他们和共和国一同经历了太多的坎坷与磨难，但一直相濡以沫，相呴以湿，不离不弃。他们的爱情虽然没有浸透着战争年代的血与火，但却洋溢着新中国建设年代的纯真、热情与坚贞；他们携手留下的每一帧画面，都让一段段激情燃烧的岁月充满亮色。

一、相逢在火红的年代

1952年6月，为了迎接中国共产党诞生31周年，中国新民主主义青年团重庆市沙坪坝区小学教师团组织准备开展团日活动。当时的团日活动经常是多个学校的团组织联合进行，规模、影响都比较大。在团日活动中，团委想找一个思想先进、工作优秀的青年教师去给他们做思想政治报告，激发团员教师的革命热情。经过开会讨论，团委决定向具有优良革命传统的重庆大学寻求帮助，而与重庆大学联系并落实报告人的任务落在了宣传委员罗广芳的身上。

罗广芳当时是重庆儒英小学的教务主任，同时兼任校少年先锋队总辅导员。总辅导员领导着20个小学教师组成的辅导员队伍，每个辅导员负责辅导约100个学生，指导孩子们的学习与思想政治教育。1953年，总辅导员罗广芳带领沙坪坝区数千名红领巾，在重庆大学团结广场欢迎抗美援朝特级战斗英雄易才学①仪式，场面十分壮观。

小学教师团委和重庆大学距离不远，办事利落的罗广芳向重庆大学跑去。她还不知道此次重庆大学之行，不仅找到了一位合适的做政治报告的人，还会找到自己的终身伴侣。

罗广芳来到松林坡，找到当时重庆大学党支部书记胡新。听了罗广芳的情况说明和要求后，

1953年，总辅导员罗广芳带领数千少先队员欢迎志愿军英雄易才学。

胡新将重庆大学党支部的18个党员快速地分析了一下，然后对罗广芳说："让小平儿去吧。他是一名党员，思想先进，对政策的理解也很深刻，读书的时候是一名学业优秀的学生、模范团员，现在当了助教，是一名优秀的共产党员，也是我们支部的宣传员，我看没有人比他更合适了。"

也不等罗广芳回答，胡书记就让人去找被他称为"小平儿"的郭尚平。不多时，正往松林坡走来的郭尚平被叫到了书记办公室。

注释

① 易才学（1930—2005），贵州省金沙县花底乡人。因其在抗美援朝中参加上甘岭战斗身负重伤，被评为二等乙级伤残军人，军中誉称他为"智勇双全的战士"，志愿军总部给记特等功。1953年元月10日，中央军委授予易才学"特等二级战斗英雄"称号，朝鲜民主主义人民共和国授予"一级国旗勋章"。

胡新先是给两人做了介绍,然后简单地交代了情况,就对他们二人说:"这件事就这样定了,具体如何去做、讲什么内容,你们再互相商量着办。总归一句话,把报告做好,把思想政治宣传工作搞好。"

一进支部办公室,郭尚平就看到面前的女孩似曾相识,眼神有瞬间的凝滞;而罗广芳看到走进来的郭尚平也有些发怔,感觉在哪儿见过。两个学校这么近,见过面并不稀奇,罗广芳心想。好在这种相互凝望只在一瞬间就过去了,彼此都将心思放在眼前的任务上。

胡书记介绍之后两个人才算正式相识。明确了工作任务,罗广芳不想多耽误忙碌的胡书记的时间,就向胡书记告辞。和郭尚平走出办公室,一边走罗广芳一边详细介绍所做报告的背景、听众情况、主题和要求,以及想要达到的效果。交谈期间,郭尚平将注意力集中在报告的策划上来,听完了罗广芳的介绍,也询问了几个问题,如听报告的教师人数等,然后简单地说了自己的想法。罗广芳表示同意,言罢分手,各自分头准备。

两个人一分手,郭尚平还没有走到宿舍,就恍然大悟般地一拍脑袋自语道,原来是她呀。

在此次见面之前,郭尚平和罗广芳曾有三次相遇,但三次相见不相识。早在1950年1月,重庆大学党支部派郭尚平参加西南团工委和重庆市团工委联合组织的青年团干部训练班,当时在重庆川东师范上学的罗广芳也被派参加该训练班学习。郭尚平在大学组,罗广芳在中学组,学习时他们应当有过打照面的机会,但学习太忙了,并没有留下印象。

1950年3月6日,训练班举行入团宣誓和毕业典礼,典礼后是全体学员联欢会。罗广芳等四个女生表演了一个苏联舞蹈《美丽的春天》，郭尚平和另外一个男生临时被拉去吹口琴为她们伴奏。一曲终了，舞步骤停，郭尚平和另外一个伴奏的男生立刻走开了。这是他俩的第一次真正意义上的打个"照面"，但双方都没有留下印象。他们只是在多年以后回忆干训班的学习时，才偶然想起了这段"奇遇"。

儒英小学校址在重庆大学工学院附近，当助教的郭尚平工作区域在工学院，宿舍在松林坡，重庆大学党支部办公室也在松林坡。1952年3月的一天，郭尚平从沙坪坝男生第一宿舍出来，正走在通向柏树林学生宿舍区的石板小路和通向儒英小学的石板小路的丁字路口前，忽然看到前面有一个系着丝质红领巾的女生正从柏树林方向走来。女生看了对面走来的郭尚平一眼，便转弯走到通向儒英小学的支路上去了。郭尚平看到这个似乎有些熟悉的少女的身姿，心里突然有些怦怦跳，但还是故作镇静地径直向柏树林走去。大概走了十几步后才猛地回头，想再看看这个女孩子；巧得很，女孩也在这一刻蓦然回眸。两人相互对视一瞬，都感到有些不好意思，就转过头各自走开了。这是他们第二次相遇，这次相遇时彼此都看得比较清楚，双方都留下了一些印象。

重庆大学的柏树林学生宿舍区当时有一个被称为"学生公社"的地方，各个学校的青年团组织经常在这里开展活动。1952年4月的一天，郭尚平到这里参加重庆大学组织的团员活动。活动开始前，郭尚平正在和另外三个团干部站在"学生公社"大门前谈话，看到两个面貌相似的女孩飘然而来，恰巧与郭尚平打了个照面。两个女孩都穿着白衬衣和蓝色裙裤，脖子上系着红领巾，头上扎着两个红绸蝴蝶结。其中一位的脖颈上系的是丝绸红领巾。当时规定，辅导员和老师戴的红领巾是丝绸制的,学生戴的红领巾则用布料制成。那红领巾飘起的火焰让这位19岁女孩漂亮的脸庞显得青春焕发、朝气蓬勃——这个女孩正是罗广芳,另外一个是她的妹妹罗广芬。

这一次,他们相互认出了对方,但都没敢说话,只是对视了一眼后再次擦肩而过。不过这次注视的距离近了很多,他们都看清了对方的脸庞,捕捉到写在脸上的细微信息。这一次,少女的面容印在了郭尚平的脑海之中。这个女孩真好,他在心里不住地说。

作为一名共产党员和重庆大学的助教,郭尚平此时的工作十分忙碌,他没有时间或者说他内心还没有做好准备进行一场不负青春的恋爱。罗广芳当时也只有19岁,从来没有考虑过恋爱之事,但爱情和事业不一样,她不是留给有准备的人,更多的时候是青睐于怦然心动的那一瞬。因此,当重庆沙坪坝区小学教师团委的团日活动为他们打开情感交流的大门时,他们开始在革命事业的大爱史册之中,书写属于自己的小爱之诗。

1952年6月29日傍晚,沙坪坝区小学教师团委组织的团日活动如期举行,地点就在松林坡郭尚平宿舍下面的篮球场上。球场边插满红旗,一条长桌摆在前面,成了大会的临时主席台。小学教师团委书记曹志远等教师参加了团日活动,罗广芳担任这次团日活动的主持人。

领导讲话结束后,郭尚平开始做报告。他结合自己参加学生运动和入团、入党的经历,但主要是结合一些英雄人物的故事讲解青年团作为中国共产党的助手和后备军的作用。他的报告穿插着很多英雄人物事迹,以讲故事的方式宣传政治思想和理念,教师们听得十分用心,不断鼓掌。当然,掌声最热烈的是罗广芳。

第十六章 世纪之恋

按照当时举行团日活动的习惯，报告会后举行舞会。这种跳交谊舞的风尚从延安一直传播到后来相继解放的很多地区。舞会进行了一个多小时，郭尚平与罗广芳跳了一曲又一曲，他们成了舞会的最佳舞伴。郭尚平是团日活动请来的嘉宾，很多想请罗广芳跳舞的青年团员看到他俩兴致很高，就善解人意地打消了念头。

舞会结束，曲终人散，郭尚平却没有走，而是主动地帮着罗广芳收拾会场上的红旗等物品。会场上最后只剩下了罗广芳、郭尚平和曹志远书记三人，站在一起又聊了一会儿。天色渐晚，应当话别了。在握手告别之际，郭尚平和罗广芳两人也不知道哪来的勇气，两只手紧紧地握着再也没有松开。他们就这样握着手、侧着身子慢慢地往前走，看似话别却毫无分别的意思。郭尚平没有意识到有什么不得体之处，罗广芳也没有感觉到刚刚正式相识的男女这样拉着手有什么不妥。就这样走过篮球场，走过林荫路，一直走向团结广场，两个人依然边走边说，毫无分开的意思。走在旁边的曹书记是一位年龄稍长的已婚老大姐，看着两个人紧握着手依依不舍地聊着不着边际的话，立刻看出两个人的情感端倪，就告别他俩向另外一条路走去。郭尚平与罗广芳相互握着手又走了20多分钟，最后走到团结广场靠近工学院一边的石栏杆前，还是罗广芳率先打破了"僵局"，主动地松了手。郭尚平这才想起这是在话别，只好依依不舍地挥起了手。回到宿舍，郭尚平嗅着手上留下的少女罗广芳的气息，这才知道自己恋爱了。罗广芳回到宿舍躺在床上，也是心情激荡，很久很久才进入梦乡。

1952年7月1日早上上班。教研室召开例会时，有色金属冶金学副教授刘老师的夫人来教研室办事。郭尚平知道她也在儒英小学工作，与罗广芳同校，就问刘夫人可不可以给罗广芳捎一封信。

刘夫人说当然可以。郭尚平就迅速地写了一个纸条交给刘夫人,内容是请罗广芳帮助收集一下群众对团日报告的反应。当时,干部出去做报告后大多要搜集群众反响,以便改进和完善报告内容,因此,郭尚平的信并没有引起刘老师等人的注意。

当天,罗广芳一到学校,刘夫人就将纸条交给了她。她打开一看,只见上面写着一行字:

罗广芳同志:请你帮助我搜集一下群众对团日活动中我做报告的反应,有什么意见、建议和问题请告诉我。

郭尚平
1952 年 7 月 1 日

罗广芳看了信后很高兴,提笔就写了回信,交给刘夫人,说麻烦她明天上班捎给郭尚平。刘夫人是一位三十多岁、有一个孩子的过来人,她见罗广芳表情有些异样,感觉到这对年轻人的关系非比寻常,肯定有一点美好的"问题",因此,热情的刘夫人第二天并没有麻烦自己的丈夫,而是亲自担起了信使的角色。郭尚平一上班,她就来到了郭尚平的办公室,笑着对他说:"郭老师,你的信。"

在刘夫人的注视下,郭尚平打开纸条一看,上面写着:

郭尚平同志,明天中午午休时在儒英小学我的办公室见面,我向你当面汇报群众的反应。

罗广芳
1952 年 7 月 1 日

第二天,郭尚平吃完午饭,急急忙忙走向儒英小学。进了校门,走到罗广芳的办公室前。先是隔着玻璃窗看到了罗广芳瘦小的身形,她正坐在办公桌前,伏在桌子上边休息边等他。大概是等的时间有些长,在炎热的办公室里有些困,似乎在打盹。郭尚平敲门进去,罗广芳就站起来笑意盈盈地看着他。双方都有些局促不安,不知说什么好。过了一会儿,罗广芳大大方方地提议说我们出去走走吧,办公室里太热了。

他们先是来到团结广场,聊了一会儿,又走向工学院、理学院大楼旁边的鸳鸯路——那是重庆大学学生谈恋爱的林荫路,陡峭的崖壁下,嘉陵江水正像某种奔腾不息的情感在向东奔流。他们在路上走过来又走过去,先是聊了会儿报告会的精彩之处和大家的反响,又说了各自的工作与学习,最后又聊到党团工作、革命理想和人生目标。夏天的重庆十分炎热,人们都在午休,这对年轻情侣在没有他人打扰的林荫路上畅谈不止,越谈越不想分离。他们没有海誓山盟,没有卿卿我我,他们的爱情一开始就和革命理想联系在一起。

翌日傍晚,罗广芳来到郭尚平的宿舍找他出去散步。这一晚的话题属于他们自己,他们互诉衷肠,表白内心,表达了一生相随、不离不弃的情感。此后,二人经常相约到外面散步,时间大都是在中午。中午极热,外面人少,是他们谈恋爱的好时光。他们不嫌天气热,因为他们的心里比外面的天气还炽热。

不久,重庆大学不少人都听闻了两人相爱的消息。当时,团员和青年们经常是在老图书馆的几个大阅览室里活动,郭尚平和罗广芳便买了一些糖果,两人牵着手走进图书馆,把糖果撒在阅览室的几张大桌子上,请大家分享他们的甜蜜,算是公开了二人的恋爱关系。学生和教师们抢着吃糖,热烈地鼓掌,兴奋地祝福他们二人的幸福。

曹志远书记听说两个人的事后,就对罗广芳说:"你俩的感情发展得也太快了嘛!刚认识就抓着手不放开。啥子意思嘛!那天晚上散会后,我们三个一起往回走,我冷眼旁观,当时就知道你们会很快走到今天!"

二、"根正苗红"的罗广芳

在重庆大学,郭尚平从毕业留校任教的那一天起,党组织就对他的工作和生活十分关注,一直将他作为后备干部来培养,郭尚平的个人感情生活自然也是组织关心的事情之一。郭尚平与罗广芳确定恋爱关系后的一个夜晚,恰巧轮到他和党支部书记胡新一起背枪上岗巡夜护校。他们一前一后走在民主湖的石板路和土路上,郭尚平鼓足了勇气,汇报说自己爱上了罗广芳,希望组织能够批准。胡书记就问是不是相互表白了,是不是双方都决定了。当得到郭尚平肯定的回答后,他说:"你们也太快了嘛,这才认识多久哦!小罗'根正苗红',组织上不会有意见,我也没有意见。"胡新的回答让郭尚平的心踏实了,两个人的恋爱关系从组织到个人算是确定下来了。

2019年,郭尚平夫妇与胡新(右1)夫妇合影

第十六章 世纪之恋

胡书记能够痛快地同意两个人谈恋爱,主要原因就是胡书记说的罗广芳"根正苗红"。

罗广芳,1932年12月10日出生于四川省巴县(现重庆市郊区石桥铺),比郭尚平小3年零9个月。1953年5月1日加入中国共产党。两人都是四川人,除了共同的政治信仰、人生理想外,生活习俗、脾气禀性等方面的共同点也很快拉近了他们的距离。

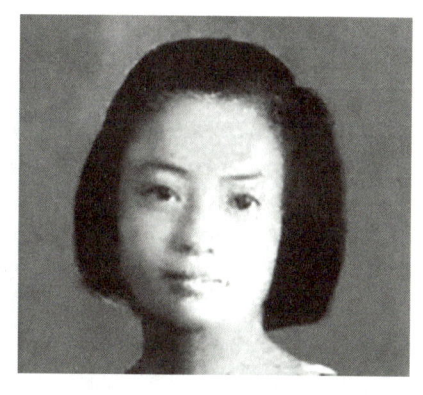

小学时期的罗广芳(1943年)

在四川,罗氏家族并非无名之辈,远房堂兄罗广斌是重庆著名的地下党员、重庆渣滓洞惨案幸存者之一、著名革命著作《红岩》的作者。但同为罗氏家族,与罗广斌家一支的富足、显赫相比,罗广芳家贫寒至极。罗广芳父亲30多岁早亡,留下三女一子。罗广芳的母亲每日在石桥铺街的人行道上摆地摊替人鞔鞋为生,每日只能赚得半升(约合4市斤)左右的粮食,养活自己和子女。后来迫于生计,又将小女儿送给别人家当丫鬟。罗广芳长兄在重庆一家药店当学徒,勉强自己可以混口饭吃。

罗家在重庆住的是那种被称为"蓬蓬屋"的破砖块垒砌成的低矮阴暗的土房子,比贫民窟还要贫民窟。罗广芳7岁时就开始帮家中做家务,拾荒种菜,担粪挑水,打野草喂猪,样样拿得起放得下。罗家生活虽然艰难,但是在母亲和当学徒的大哥的支持以及一位好心老师的帮助下,罗广芳还是读完了小学和初中,这为她日后改变命运创造了条件。

解放前罗广芳家住的"蓬蓬屋"（新中国成立后摄）

初中时代的罗广芳
（1946 年）

1946—1948 年，上初中的罗广芳在一位热心的刘老师的帮助下才得以读完初中。这是一位单身女老师，她从罗广芳的题为《我的母亲》的作文里知道了这个女学生家庭贫苦，就每个月给罗家一点钱，解决罗广芳上初中期间的伙食费问题。重庆解放后，罗广芳任川东师范学校团总支书记后，曾经回到初级中学去看望刘老师。但遗憾的是，善良的刘老师已经不在学校任教，多方打听，也没有打听到刘老师的去向。后来罗广芳从刘老师的言行分析，她极有可能是一位地下党员或地下社员，解放后大概调到了其他地区工作。

1949 年 2 月，罗广芳入读重庆川东师范学校普师科 46 班。这所学校历史悠久，1906 年 4 月 18 日，为实施新学制，培养师资，清政府在重庆正式创办第一所正规的师范学校——官立川东师范学堂。1914年,改名为川东联合县立师范学校。辛亥革命后,由于战乱频仍,川东师范学堂常被军队占驻,学校不得不多次往返迁徙。1930年末迁至石马岗,即今重庆文化宫。1931年1月,又改名为川东公立师范学校。1939年5月,日本侵略者对重庆狂轰滥炸期间,川东师范学校迁至江津白沙镇东海沱古坟湾,1946年5月又迁回石马岗。1949年11月30日,重庆解放后,中国人民解放军军代表毛雍如代表人民政府接管四川省立川东师范学校。

罗广芳入校时正值重庆教育界师生员工开展"反饥饿、反独裁、反内战,争温饱、要民主、要和平"的轰轰烈烈的群众运动,出身贫苦的她迅速成为运动的积极分子。重庆解放后,她参加了中国新民主主义青年团西南工作委员会和重庆工作委员会举办的干部训练班,并和郭尚平同时在1950年3月6日宣誓加入中国新民主主义青年团,但是他俩互不相识。学习结束后返回学校,立刻成立共有六名团员的青年团川东师范学校支部,罗广芳、周祖训和刘以慧当选为支部委员,罗广芳任第一任支部书记。

2019年,罗广芳、郭尚平和部分川东师范学校首届团总支委员合影

1950年暑假，新民主主义青年团西南工委和重庆市工委在重庆大学联合主办青年暑期学园，川东师范团支部组织全校学生参加暑期学园学习，学习期间同学们纷纷申请入团，学习结束时川东师范师生中团员达40余名。经上级批准成立川东师范学校团总支部，下设两个分支部。罗广芳、戴开礼、李崇根、佘时伟和刘以惠当选总支委员，罗广芳任川东师范团总支部书记。由于川东师范青年团工作成绩突出，罗广芳先后被选为重庆市第一届妇联代表、重庆市第一届人民代表大会代表和西南学生联合会代表。此后，她又被重庆市委组织部列为重点培养的后备干部之一。比郭尚平小约四岁的罗广芳，在团建方面所做的工作并不逊色于郭尚平。

新中国成立后，罗家发生了很大的变化，当丫鬟的小妹妹罗广群获得了解放，回到自己的家里，中学毕业后被送进大学中文系读书；三妹罗广芬从重庆市农业职业学校毕业后，成为重庆市沙坪坝区人事局的干部。新中国成立前在医药店当学徒的大哥成长为一名合格的医生。母亲参加了沙坪坝妇联举办的扫盲班，学习了一段时间后，写字读书已经不成问题。不但每天读报纸，而且认真学习毛主席著作。在她98岁去世前，已经通读了四遍五卷本的《毛泽东选集》。罗家命运的改变都是缘于新中国和共产党，因此，全家上下都是坚定的共产主义信仰者和中国共产党的拥护者。正是因为有这样的背景和经历，胡新认定罗广芳"根正苗红"，毫不犹豫地支持郭尚平在爱情上的选择。

川东师范四六班欢送参军同学合影（2 排左 5 为罗广芳）

1952 年那个火热的夏天，郭尚平和罗广芳一直利用中午休息时间，在重庆大学的鸳鸯路上、团结广场和公园里谈论党团工作、革命理想、抗美援朝和他们的未来。两人的牵手也许有一定偶然性，但他们的长相厮守则有着很多必然性。他们都是党团工作的积极分子，都是体验过旧中国的黑暗、认识到新中国伟大的共产党员，他们的爱情不仅建立在彼此的相知与相守上，更是与火红的年代和伟大的祖国息息相通。因此，在更多的时间里，他们憧憬的并不只是两个人生活的缠绵与美好，更是国家建设事业的壮美如画。

只是这样美好而甜蜜的日子太过短暂，距离他们第一次牵手还不到 3 个月，也就是 1952 年 9 月初，郭尚平的生活面临着巨大的改变——他接到了去苏联留学前进行体检和笔试的通知。如果成行，他们将要长时间地分开，他们的爱情将面临巨大考验。

三、依依惜别之后

郭尚平先是去西南军政委员会人事部指定的医院进行体检，然后进行语文、政治考试。体检和考试结果显示，郭尚平的身体很棒、笔试成绩优秀，他顺利地通过初步考核。1952年9月24日，重庆大学党支部书记胡新找到郭尚平，通知他准备一下马上去北京，到北京俄文专修学校留苏预备部学习，为留学苏联做准备。重庆大学有五名本科学生和两名助教共计七人入选，郭尚平是两名助教之一。

接到通知后，郭尚平这才从准备留学的兴奋中猛然清醒过来，突然意识到自己要离开重庆，要离开罗广芳，要去很远的地方读书，而且要很多年才能回来。心中既有对罗广芳的恋恋不舍，也有服从国家需要、听从党的安排的坚定。罗广芳表现出的态度更为理性，她坚决支持郭尚平去苏联留学，说这是难得的学习本领、建设祖国的机会，没有理由不珍惜。听了罗广芳的话郭尚平不住地点头。

临走的那几天，罗广芳一边帮他准备物品，一边尽量多陪伴他，表现得十分淡然，似乎他只是去北京出差几天不久就会归来一样。但郭尚平看得出来，罗广芳淡然的外表下是对他的依依不舍。郭尚平笑着安慰她说："你要给你带领的那些少先队员做个好榜样，分手的时候不要哭鼻子哦。"

1952年9月26日，还有5天就要过国庆节了。这一天下午，郭尚平等七人带着简单的行李来到重庆朝天门码头，他们要在这里坐船到武汉，再从武汉坐火车赴北京。罗广芳一直微笑着把他送到朝天门码头，送上了轮船。又待了一小会儿，罗广芳不得不含泪忍痛在郭尚平的目送下下船上岸。罗广芳站在岸上转身含情脉脉地注

第十六章 世纪之恋

视着郭尚平，郭尚平也手扶船舷一直默默地盯着岸上的罗广芳。相互凝眸目光交汇，把他们的约定深深镌刻在彼此的心底。

轮船要在重庆朝天门码头停靠到半夜时分才能起航，罗广芳一直站在岸边没有离开。天渐渐地黑了下来，夜幕笼罩了大地，罗广芳只能看见轮船的轮廓和船上稀疏的灯火，看不见郭尚平的身影。但罗广芳一直注视着影影绰绰的轮船，相信有一粒灯火一定是郭尚平注视她的眼眸。她一直在那儿站着，一直站到半夜，船才在鸣笛之后缓缓离开。就在那一刻，她泪如雨下。

哭了一会儿，有一个年纪很大的男同志走过来，他大概也是来送自己的亲人吧。他问罗广芳是不是在送自己的哥哥。她没有回答在送谁，只是说他要去苏联留学，不知道得等多久才能回来。那位老同志说："这是好事，孩子你不要哭，你要高兴才对。"但是罗广芳依然哭泣不止，多日积存下来的喜悦与离愁一起涌上心头，她已经无法控制自己情感的闸门。

"孩子，都这么晚了，往回走吧，送别的人都走了，你也走吧。再晚就赶不上公共汽车了。"在好心的老同志劝说下，罗广芳缓缓地一步一步地爬上朝天门的石梯，往回走。

从码头往回走，首先要爬上一道很长很陡的石梯高坡，才能来到大街。长时间站立的劳累和内心的悲伤让她的身体几乎失去了最后的支撑，罗广芳抬腿想一步步地往台阶上迈，但是突然感觉自己双腿麻木，每一步都抬得万分艰难。多亏了这位老同志的搀扶，她才勉强地爬完朝天门的大石阶，来到大街上。这也许是她一生当中走得最艰难的一段路。

老同志将她送上公车，罗广芳才回到了沙坪坝宿舍。此后，她又投入繁忙的工作之中，并以此来冲淡自己的思念。从 6 月底到 9 月下旬，他们在一起度过了不到 3 个月的美好时光，却让他们彼此做出了相守一生的承诺：彼此相守，不离不弃。3 个月的时光，在一个人的生命当中也许很短，短得可以忽略不计；而在他们的爱情生活中却很长很长，长得足以去衡量全部人生的意义。

分别前，她们约好了每周末互写一封信，讲述彼此的工作、学习和生活情况，以免挂念。就这样，等待和阅读郭尚平的来信，给郭尚平写回信，成了罗广芳生活的主要内容之一。等待信件的过程，不仅是在等待心上人的生活与学习的消息，更是在体味心上人对爱情的坚持与承诺。她自己也一样，按时回信，倾诉衷肠，也是她对爱的回赠与信守。

罗广芳就这样用自己的思念陪伴郭尚平度过了一年的北京留苏预备部的学习生活。当他以优异的成绩毕业时，本来是可以与罗广芳团聚的，甚至可以结婚，但他俩却放弃了探亲和结婚，选择了一次更为漫长的等待。

郭尚平离开北京赴苏联时，抗美援朝保家卫国的战争刚刚结束，国家经济非常困难，但对留苏学生的待遇非常优厚。为保证学生们能安心学习，国家还采取了一些保障措施，例如为留学生家庭提供困难补助等。留苏学生离京赴苏前，每个学生都有约两个月的假期，可以回家探亲或亲人到北京看望，一切费用全由国家支付。最为重要的是，研究生可以结婚。有家庭的研究生可以在出国期间保留原工资的 40%～60%，以维持家庭生活所需。也就是说，郭尚平可以将罗广芳接到北京结婚，也可以回到重庆结婚，而且一切费用全由国家报销；结婚后出国，家境困难的罗广芳还可以得到一笔可观的津贴。罗广芳当时的月工资只有20元人民币，需要供母亲、两个妹妹和自己共四人的生活所需，经济情况非常拮据。如果二人结婚，罗广芳可以领取生活津贴，家庭困难会大大缓解。不管是为了确保双方感情的需要，还是为了获得一定的经济补贴，双方的同学、老师和家人都认为感情深笃的他俩应该立刻选择结婚。

北京俄专留苏预备部研究生班的同学们，尤其是女同学们都热情地动员他回重庆结婚。她们说："你现在不跟小罗结婚，出国多年长期分离，别人会把小罗抓走，你和她的爱情会吹掉的。"罗广芳的同事也劝罗广芳马上和郭尚平完婚，然后再让他出国，以免节外生枝。她们说："你现在不跟他结婚，他会从苏联讨个洋婆子回来，到时候就没有你的位置了。"

在出国前是否结婚这个问题上，郭尚平与未婚妻罗广芳进行了多次书信讨论。他们也知道结婚可以保证家庭的稳定，同时还可以让妻子获得稳定的收入。就在大家都坚信他们会操办婚礼的时候，他俩却出人意料地决定等待郭尚平留苏归国后再结婚。

当时罗广芳刚满20岁，郭尚平认为，她刚参加工作不久，这么年轻，正是学习奋斗的时候，如果结婚再有了孩子会耽误她很多精力，影响罗广芳的工作、学习和成长。因此，两个人都认为在如此年轻的时候应该认真工作、努力学习，相信他们的感情牢不可破，彼此会忠贞不贰。退一步说，万一出现意外，感情出现裂痕，他们认为那也没有什么了不起，因为这正说明两人的爱情经受不住考验，出国前不结婚比结婚要好，避免了麻烦，减少了很多痛苦。

对于结婚后可获得部分生活补贴这个问题，一开始对他们也有一定的吸引力。但他们经过商量后认为，自家的困难是小困难，国

1952年，少先队总辅导员罗广芳

家的困难才是大困难。当前国家百废待兴，不能给国家增添负担。不结婚，不要国家的补助，咬着牙挺过去。在这件事情上，罗广芳表现出了一个贫困家庭出身的女子少有的坚定。她说，国家刚结束抗美援朝，困难太多了，哪有钱让我们去改善家庭生活？我家再穷也扛得过去，现在再困难也比新中国成立前的日子好过得多。正是基于这种信念，他们放弃了在郭尚平出国前结婚的机会。

不结婚也罢，给国家省点钱也好，但让大家难以理解的是，在两个月的探亲假的安排上，他们又做出了一个让人瞠目结舌的决定：不探亲，出国前郭尚平不回重庆探亲，罗广芳也不来北京探亲。原因很简单，探亲的费用也是全部由国家报销。互不探亲，可以为国家又节省一笔经费。另外，罗广芳认为，相聚很短的时间再离别，内心会更加难受，她怕自己受不了这样的情感折磨，选择了不探亲、不见面。就这样，放假期间，郭尚平在北京温习功课，罗广芳仍然在重庆每天上班；二人仍然每周写信、读信，没有任何变化。

多年以后，有一位叫舒婷的诗人写了一首诗，题目是《致橡树》，其中有这样几句："这才是伟大的爱情，坚贞就在这里：爱——不仅爱你伟岸的身躯，也爱你坚持的位置，足下的土地。"对于郭尚平与罗广芳来说，他们的"根，紧握在地下；叶，相触在云里"，他们深爱着彼此脚下的土地，那是他们共有的土地，是刚刚从灾难中解救出来的华夏大地。对于他们来说，共产党员的爱情也许不会轰轰烈烈，但一定大公无私，一定忠于信仰。

四、从莫斯科到重庆

假期结束后，1953年9月下旬，郭尚平乘坐火车来到莫斯科，开始了近4年的留学生活。从重庆、北京再到莫斯科，相距万余公里，两人互守承诺，相互忠贞，心一直紧紧相拥在一起。从1952年到1957年，在分别的五年时间里，每到周末双方都各写一封信，靠鸿雁传书联系爱情，多年来一直如此，坚持不懈。唯一可惜的是，这些原本保存完好的700余封信件在"文化大革命"期间被销毁了。

在这5年时间里，一个是学识渊博的帅哥，一个是多才多艺的靓女，注定在他们身边不会缺少调剂情感的佐料。但是，两个人虽然相距遥远，却心心相印，坚贞相守，共同期待着属于他们的重聚之期。你和祖国安好，便是天下太平，郭尚平此时的心愿是如此的简单和纯洁。

20世纪50年代的苏联，刚刚走出第二次世界大战的阴影，众多的苏联男儿战死沙场，苏联人口呈现出男少女多的局面，莫斯科市的男女比例达到了惊人的1:4，想嫁给中国留学生到中国来生活的苏联妙龄少女不在少数。从中国来的留学生仪表优雅、性格温和、品德高尚、勤于学习，自然成了很多苏联女孩追求的理想目标。

郭尚平也不例外，在研究生院三年级时，有一个苏联研究生同学，家住莫斯科城内。有一天，他邀请郭尚平到他家做客。在苏期间，到苏联同学家做客是常有的事。郭尚平接到邀请后也没有多想，就愉快地答应了。

那是一个仲夏之夜，这位同学陪着郭尚平来到了家中。郭尚平还以为会有很多同学在这里，但当他走进房间时却没有看到一个学校

的老师和同学，只有这位研究生同学的家人，有爷爷奶奶、父亲母亲和研究生同学的妻子，还有一个年轻漂亮的女孩，名叫吉娜，是他的妹妹。晚餐十分丰盛，桌上摆满了杯盘。一个中国式的八仙桌摆在房间当中，上方端坐着爷爷奶奶，正下方坐着父亲母亲，左侧坐着研究生和他的夫人。他们客气地邀请郭尚平同他的妹妹坐在爷爷的右侧。

这显然是一次家庭聚餐，自己像是他们的家人一样被请到这里，郭尚平十分高兴，他和他们愉快地吃饭、交谈，十分惬意。与郭尚平坐在一起的妹妹吉娜没有说多少话，却总是害羞地拿异样的眼光看着他。郭尚平敏感地觉得这样的安排可能会出现什么情况。果然饭毕告辞时，同学并没有送他，而是推说身体有些不舒服，让妹妹吉娜代她送行。

两人走出门来到大街上，吉娜的话语却突然多了起来，学习、工作、生活等问题问了个遍。边走边谈，到了公交站时，郭尚平刚想道谢告别，吉娜却提出不要上车，陪着她再走一站，这样他们就又向前走了一站。郭尚平再要上车时，吉娜提出再走一站，郭尚平只好继续陪着她往前走。这时，吉娜开始挽着郭尚平的手臂往前走。走了一站，郭尚平委婉地说不能再走了，已经太晚了，坚持让吉娜回家去，吉娜这才挥手告别，两个人各自坐车向不同的方向驶去。

几天后，又接到这位同学让他去家中聚餐的邀请，郭尚平推说中国学生会有活动必须参加，没有赴约。吉娜的心思郭尚平已经知晓，他不能接受这份感情，他的心里只有罗广芳。

郭尚平在全苏油田开发研究所的计算机房里工作过几个月。这里的计算员都是20岁左右的年轻女孩，在3个多月的工作时间里，郭尚平和她们建立了十分纯洁的友情。其中有几个女孩十分信任郭尚平，对他很真诚，把感情上的各种问题讲给他听。主任是一位40多岁的已婚女士，很喜欢郭尚平。有一天，她当着十多位姑娘的面对郭尚平说，我这里全是年轻漂亮且工作出色的女孩子，你随便选，选中哪个都可以带回中国去。您任选一个我都会同意。郭尚平真诚地回答：我在中国有未婚妻，现在不能再谈恋爱。

这些俄罗斯女孩都这么年轻漂亮，她们不相信，都认为郭尚平没有说出真实情况。于是郭尚平立刻从西服上衣口袋里掏出一个皮夹，展开后出现左右两张照片，罗广芳的一张半身照、一张全身照展现在大家面前。他举在手中大声而礼貌地说："这里的姑娘全是好姑娘，但我已经有了未婚妻，她还在中国等着我。"姑娘们挤过来抢过皮夹，盯着照片上的中国姑娘看着，叽叽喳喳地议论着，这才相信了郭尚平的话。当郭尚平把照片重新收回皮夹时，室内一下子安静了下来，姑娘们陷入了沉思，她们被中国小伙子的真情打动了。类似的这种情况郭尚平遇到多次，但他总是以这样的话语婉言谢绝了那些女孩的美意。

罗广芳 1954 年留影
（这就是郭尚平给俄罗斯姑娘们展示的未婚妻照片）

就在莫斯科的吉娜追求郭尚平的时候，远在重庆的罗广芳也面临着同样的困扰。郭尚平远赴异国，可以与罗广芳结婚而不结婚，在很多人的心中已经认为他俩的关系结束了，他们有追求罗广芳的权利。这些追求者中有大学老师，有解放军军官，还有市党委团委的干部，但都被罗广芳一一回绝了。她总是淡淡地说，我已经订婚了，我男友出国留学，过几年就会回来，回来后我们就结婚。说完了就回家写信，向郭尚平倾诉生活的点点滴滴、酸甜苦辣、相思与爱恋，以及革命工作的经验和收获。

生活注定不会让罗广芳的等待波澜不惊。在追求她的人之中，有一个坚定而真诚的坚持不懈的战斗英雄，他是刚刚从抗美援朝战场上归来不久的志愿军某部的一位团长。他们的相识与郭尚平和罗广芳的相识如出一辙，也是被罗广芳请来给红领巾们做报告。报告做完后这位年龄比罗广芳大10岁的英雄团长再也无法忘记罗广芳。

几天之后，这位军官又来到学校，正式向罗广芳表达了自己的爱意。罗广芳只得告诉他自己已经订婚，男朋友在苏联留学，学成归国后会回来与她结婚。但这位军官说什么也不相信，对罗广芳展开了百折不挠的追求。

罗广芳的态度始终不变，这位军官就找到重庆市沙坪坝小学校长来做工作。罗广芳向校长说明了自己的想法，坚定地说自己心中只有郭尚平，已经装不下别的人了。校长说人家是战斗英雄，是为了你才留在重庆工作的，你考虑一下嘛。而且郭尚平已经留学苏联，回国后是不是独自一人都无法保证，你何必把大好时光浪费在长期的等待上呢？

校长的一番工作过后，罗广芳等待郭尚平的态度仍十分坚决，毫无变化。校长只好回头再去劝这位团长罢手。但是团长倔强地认为，罗广芳没有结婚他就有追求的权利，而且凭他各方面的条件也有优势获得爱情竞争的胜利。因此，在郭尚平没有回来的这几年，这位团长一直没有放弃对罗广芳的追求。

好在英雄团长的追求十分绅士，并没有表现出任何的鲁莽，除了经常找借口登门拜访之外，并没有给罗广芳的工作和生活造成不便。罗广芳总是以各种借口推脱不见，但这位军官被拒绝多次后却不改初心。罗广芳见他无休止地一厢情愿追求自己，有些于心不忍，就让校长转告他：不要再空耗下去了，你的年龄越来越大，何必这样无谓地耽误时间呢？这样下去等不到任何结果。团长却坚定地说，只要她没有结婚，我就会默默地等。直到有一天她说的留学生回来了，他们结婚了，我啥话不说转身离开。罗广芳知道任何话语都说不动这位痴迷的男人，最终也只能听之任之。

在等待郭尚平归来的日子里，罗广芳也在党和政府的培养下不断成长。毕业于川东师范学院的罗广芳先是在儒英小学和沙坪坝小学任教，后又于1954年调干到贵阳师范学院攻读地理专业，当时称为"调干学生"。一年后，也就是1955年，贵阳师范学院又将罗广芳调到校团委工作。1956年夏，国家再次抽调干部罗广芳上大学，调至西南俄语学院（校址在重庆）学习俄文。当时中苏关系正值蜜月期，国家需要大量熟练使用俄语的干部。作为"根正苗红"的工人阶级后代，国家全力培养罗广芳，使她从一个花季少女逐渐成长为一名成熟睿智的中国共产党党员。1953年5月1日，罗广芳庄严地宣誓加入中国共产党。

1957年4月16日，郭尚平完成了论文答辩，获得了苏联副博士学位。1957年6月3日，郭尚平乘莫斯科—北京直达列车离开莫斯科，6月11日抵达北京。在他的工作分配明确后，组织上给了他两个月的假期，去看望自己的家人和处理个人问题。

　　自从 1952 年 9 月离开重庆赴京后，郭尚平一直没有回过重庆。在将近 5 年时间里，不仅国内形势发生了翻天覆地的变化，郭尚平的家人情况也发生了不同程度的改变，自己日思夜想的恋人也在翘首以待中忍受着思念的煎熬。从莫斯科回到北京是归心似箭，从北京回到重庆亦是如此。

五、从重庆到北京

　　世界上有很多美妙的巧合都是为心中有爱的人准备的。郭尚平与罗广芳相识并定情之日是 1952 年的 6 月 29 日，而他从北京返抵重庆之日，正是 1957 年 6 月 29 日，恰值他与罗广芳定情五周年。

　　火车抵达重庆站时是清晨，郭尚平下了火车，急三火四地坐着公车来到沙坪坝。先是到区人事局找到了罗广芳的三妹罗广芬，她是这里的干部。一听说是找罗广芬的，就有人指引着他往办公大楼里走。郭尚平来到罗广芬的办公室前，敲了敲门上的小玻璃窗子。罗广芬一抬头见是未来的姐夫，高兴得跳了起来，二话不说，推开对面的窗子就冲外面大喊了起来："二——姐，我九哥回来喽！"罗家一直按照郭尚平在家的排行称呼他为"九哥"。

　　区政府办公楼坐落在一座小山坡上，前面是熙熙攘攘的大街，后面是一条弯弯曲曲的小路通向山下的一块平地，这平地上就是工人村一排排的职工宿舍，罗家就住在那里。从山顶往下走需要拐好几个弯才能到达工人村，但是大声喊话就可以马上将消息传递下去。

　　"二姐，二姐你快来呀，九哥回来了！"罗广芬拉着郭尚平冲出了办公室，站在山顶上的小广场上继续喊着。郭尚平则向下张望着，寻找着那个熟悉而又分别太久的身影。

第十六章 世纪之恋

还在西南俄语学院攻读俄文的罗广芳这一天正好来妹妹家帮着妹妹照看孩子。听到妹妹的喊声先是愣了一下，旋即看到了山顶上一个熟悉的身影，就把孩子往旁边一丢，撒腿就往山上跑。

"二姐，二姐你快来呀，九哥在这里！"罗广芬的声音尖利响亮，在空旷的天空下回荡，山顶上区政府大楼里的公务人员、山下工人村宿舍里的大妈大叔和小孩子们，以及行路的、做工的、上学的人都听见了这响亮的声音，都知道罗广芳的男朋友从苏联回来了，于是纷纷停下脚步或打开窗子或推开门跑到户外，向发出声音的地方张望。在众人惊奇和喜悦的注视之下，罗广芳一口气跑上山坡，登上了平时要在中途休息一次才能登上去的山顶。当她看见一个瘦瘦高高的并没有多大变化的身影立在面前时，她有些头晕，但却真切地知道她等了5年的爱人回来了，一下子扑进了郭尚平的怀里，双手吊着他的脖颈喜极而泣。

在他们拥抱的时候，山上山下一片掌声、喝彩声，云彩变得柔软了许多，花儿加快了开放的速度，很多人的心中都充满了一丝暖意。多年以来，罗广芳的等待已经被这一带的邻居和区政府的职工们所熟知，今天目睹了这样美好的场面令他们兴奋异常，都为这对年轻人的团圆感到高兴，并在心里默默地祝福。

过了好一会儿，在三妹催促下，罗广芳的心情才平息下来，擦干眼泪与郭尚平携手下山，向工人村中的罗家走去。走到罗家时，罗广芳的妈妈愣愣地看着女儿等了5年的郭尚平，她难以相信会有这一天。郭尚平回来了，母亲悬了多年的一颗心终于安放下来。

当天，三妹罗广芬就带着他们去沙坪坝区政府民政科办理了结婚手续，领到了结婚证。那是一个爱情和祖国命运紧紧相连的时代，但也是一个爱情纯洁得只是爱情的年代。他们的新房是临时借用三妹夫妇的卧室，起居用品也都是三妹的；他们没有办酒席，只是买了两包普通糖果和两盒廉价的香烟，贺婚的人是两位三妹在区政府的同事代表。当时的婚礼就是如此地简单，但却让亲友们都感受到了他们的甜蜜和幸福。

1957年6月29日，
罗广芳与郭尚平结婚照

结婚证照片

郭尚平在重庆只待了3天，就去北碚看望罗广芳的大哥。也许是事有凑巧，也许是命运总得给痴情人安排一个结局，他们在北碚的两天里，有一天夫妻二人正走进一家露天餐馆准备吃饭，巧遇了也在这里吃饭的那位英雄团长。餐桌相距虽然较远，但罗广芳和那位团长都发现了对方，相互注视了一会儿，都没有打招呼。团长看到罗广芳与一位男青年在一起亲热的样子，便知道了这是她从苏联回来的留学生丈夫。团长打量了郭尚平一会儿，然后饭也没有吃完就起身而去。此后,英雄团长的身影在罗广芳的生活中彻底消失了。

离开北碚,郭尚平就带着罗广芳去泸州、隆昌圣灯山气矿和隆昌县城等地看望已经还俗的姑姑、在麻业合作社工作的大哥,以及三姐、八嫂、七姐等亲人。多年未见,说不尽的离愁别绪,道不尽的惦记以及对父母的想念,好在此时兄弟姐妹均有各自稳定的工作和生活,大家总算宽慰了不少。

看望了亲人之后,郭尚平和罗广芳又回到了重庆,待了几天后就从重庆出发回到北京。当时,石油工业部在六铺炕办公区附近建有职工宿舍,但床位紧张,回京的新婚宴尔小夫妻只能暂时住在离六铺炕石油工业部大楼较远的建筑工棚里。过了一段时间,才在朋友们的帮助下,在集体宿舍中给夫妻二人找到了床位。

1957年冬,罗广芳与郭尚平的老同学在北京六铺炕石油工业部大楼附近留影(左起:张静文、隆俊超、黄明登、罗广芳。郭尚平摄影)

这张照片是郭尚平于1957年冬在六铺炕石油工业部大楼附近拍摄的,照片左起依次为大学同班同学张静文、隆俊超和比郭尚平低一个年级的大学校友黄明登,以及已经在北京外国语学院学习的妻子罗广芳。从这张照片可以清晰地看出,当年石油工业部周边的生活环境是十分艰苦的。

郭尚平与罗广芳都是新中国成立初期就入党的中国共产党党

员。在那个革命加拼命的创业年代,所有党员与普通工人、技术专家、各级领导等工作者一样,不管走到哪里,不管干什么工作,都不愿意因为个人的困难去找组织。况且当时夫妻二人也没有感觉到没有夫妻用房算什么困难。

但集体宿舍的同志们认为,她俩分离这么多年能够走到一起不容易,况且是新婚宴尔,总得给他们创造一些生活条件。经过商量,大家决定在集体宿舍中尽可能地安排好二人的住宿问题。集体宿舍走廊尽头有个男卫生间,是个里外间,里面是厕所,外面是打水洗漱的洗手间。洗手间面积很小,本来就放了一个上下铺的双人床和一个洗手盆。上下铺住着两个男同志,其中一人长期出差,几个月也不回来一次。整层宿舍只有这个位置稍稍私密一些。大家就跟住在下铺的那位同志协商,说:"郭博士他们刚刚结婚回来,你呢照顾他一下,搬到我们的房间去住,让他们两个住在这儿,你看行不?"那个小伙子一听这话,什么也没有说,抱着行李就搬到了一间大宿舍的床位上去了。

足足用了一个多小时的时间,罗广芳才打扫完这个被一众男子汉弄得脏兮兮的房间,安置好了行李,终于算有了一个属于自己的"家"。

郭尚平在留学前是大学助教,相当于技术员级别。留学归来后的级别是中国科学院助理研究员,相当于生产部门工程师。当时工程师很少,大多数同事都是大学本科毕业的技术员。按当时国家的政策,他具备分配单独住房条件。但是和很多留学苏联归来的年轻人一样,郭尚平认为自己是党和人民培养出来的学生,这些年在苏联,国家已经为他花了太多太多的钱,现在国家经济极为困难,他没有任何理由讲条件。但是组织上对郭尚平的住房问题并没有忽视。夫妇俩在洗手间住了将近两个月后,1958年元旦前一天,郭尚平所在单位——石油工业部地质开发研究所筹建处行政科的一位干部通知郭尚平,组织上分给他一间住房,地点在六铺炕10号楼中间单元的三层。这是组织上给这位小夫妻的新年礼物,二人这才结束了在洗手间的生活,乔迁新居。

罗广芳随郭尚平到京前,还在重庆西南俄语学院学习俄文,到北京后,如何继续完成学业成了一个必须解决的问题。一定要让罗广芳完成学业,是郭尚平坚持要做的事。在离开重庆前,罗广芳已经到西南俄语学院办理了一张转学证明。入京后,当时的石油工业部人事局也出具了商请直属外交部的北京俄语学院准许罗广芳转学的公函。

北京俄语学院前身是1941年成立于延安的中国抗日军政大学三分校俄文大队,后发展为延安外国语学校。新中国成立后,成立了北京俄文专修学校,隶属中共中央编译局,师哲、张锡俦兼任正副院长,校址在北京西城区鲍家街,主要任务是培养俄文翻译干部。1952年2月,成立了北京俄专二部,即留苏预备部,也就是郭尚平留苏前学习培训的学校。1955年6月,北京俄专改名为北京俄语学院,张锡俦任院长。1959年2月,北京俄语学院与北京外国语学院合并组建了新的北京外国语学院,隶属于中国外交部领导。

1958年,北京外国语学院学生罗广芳

1980年后划归教育部领导，1994年正式更名为北京外国语大学，人们简称为"北京一外"。

当时中国各大学并没有转学制度。因此，两个人第一次去魏公村北京俄语学院办理转学事宜时，虽然说明了全部情况，却并没有被学校接收。又过了几天，他们第二次去的时候，事情出现了转机，不知是学校认为罗广芳这名学生各方面的条件都很优秀，还是有关部门政策上进行了倾斜，破例让罗广芳转入北京俄语学院学习。就这样，在北京，郭尚平开始在石油工业部工作，而罗广芳则在北京俄语学院继续她的学业。

六、从北京到兰州

在北京工作近4年时间里，作为石油地质开发研究所筹建处的工程师和石油工业部石油科学研究院油田开发室地下水动力学组的负责人，年轻的郭尚平在完成了克拉玛依油田开发设计这一重要任务的同时，还以高昂的工作热情投身到定向井、水平井和多底井的生产效率室内实验中，将平生所学全部贡献给了自己热爱的祖国。

1958年，罗广芳和郭尚平在北京

罗广芳在北京外国语学院就读和工作期间，学校归属外交部领导，经常和外交部共同开展一些活动。罗广芳作为一名共产党员积极参加，表现突出，给学校领导留下了极为深刻的印象，加之在工作中勤奋努力，深受同志们的好评。和当初在重庆西南俄语学院读书时一样，罗广芳再次被学校列入培养后备干部的计划之中。读完三年级后，1959年夏，北京外国语学院让罗广芳提前毕业，并将其分配到北京外国语学院校团委担任团委宣传部部长。

就在郭尚平与罗广芳在北京全身心地投入工作之中时，郭尚平所属的中国科学院也在部署重大的机构调整。为配合开发大西北、建设大西北，1959年2月2日中国科学院正式成立兰州分院。1960年，中国科学院在兰州成立了中国科学院兰州地质所、兰州石油分所（后改为兰州化学物理所）等科研机构。中国科学院将成立油田开发（地下水动力学）研究室纳入正式日程，并向石油工业部提出调回郭尚平去兰州筹建研究室的请求。中国科学院和石油工业部高层经过沟通后，将郭尚平调回了中国科学院。

临去兰州前，在罗广芳是否跟随郭尚平一同去兰州的问题上有过一些不同意见。当时，罗广芳已经是北京外国语学院团委宣传部部长，院领导十分关心罗广芳的成长，已将她作为后备干部悉心培养，准备将团委书记的重任交付给她。另外，罗广芳有孕在身已经9个月，一个新的生命即将诞生。当时的党支部书记张淑筠找她谈话时对她说："小罗，你是否和郭尚平一起去兰州，这个事情你要三思而行啊。我个人的意见是你不要去。一是学校对你的工作十分认可，你在这里的未来一定很有成长空间，放弃了实在可惜；二是你已经怀有身孕，很快就要生产了。我也是个女人，我知道你的难处，我劝你不要去。那里的医院、教育等条件都不太好，对孩子的培养都不利。"

领导的劝导苦口婆心，但打定了主意的罗广芳只有一句话："我和老郭相爱这么多年没有怎么在一起；现在好不容易能够生活在一起了，以后不想再两地分居了。他要离开北京，我也离开；他要去建设大西北，我就随他一起去建设大西北。再苦再难我也能挺得过去，我本来就是一个穷人家的孩子，没有那么娇气。"

张书记又好心对她说："如果你一定要去的话，我也不能强迫你留下，但我给你一个建议，你俩不要把户口迁走。这样呢，将来想回北京就可以回来，很多生活事宜很容易解决。"罗广芳坚定地说："我和老郭商量好了，国家哪里需要我们，我们就到哪里去。在北京是干革命，到兰州建设大西北同样也是干革命；要去就干干脆脆地去，户口、粮食等各种关系全都转到兰州，不留后路，不留尾巴，不拖泥带水。"看到罗广芳去意已决，张书记没有再说什么，只是长叹一声，祝他们一路顺风。

1959年，罗广芳和郭尚平在北京

张书记如此掏心掏肺地和罗广芳说了这么多实在话，是因为她不仅是学校的党支部书记，还是罗广芳的闺蜜。在北京外国语学院工作期间，张罗二人革命感情加姐妹情谊，两家也保持着亲密往来。2021年张淑筠因病去世，享年98岁。

当时，他们已经从西城区六铺炕搬到了海淀区学院路石油科学研究院生活区五号楼三单元居住。为了工作方便，北京外

1959年，北京外国语学院团委宣传部部长罗广芳

国语学院还在学院宿舍给罗广芳分配了一个单间。由于女儿即将临产，罗广芳的母亲从重庆来到北京和他们一起生活，照顾她的生活起居。在是否去兰州的事情上，罗广芳也和母亲进行过交流。母女二人衡量了当时的家庭情况和罗广芳即将分娩的现状，也觉得此时不宜离开北京。但是，小局服从大局，小家服从大家，母女二人经过商量，最终还是选择了与郭尚平同赴兰州。

1960年11月11日，党叫干啥就干啥、党叫去哪儿就去哪儿的郭尚平偕同已经怀孕9个月、即将临产的妻子罗广芳离开北京。去兰州的路上，即将临产的罗广芳一路上可谓是如履薄冰，寝食难安。经过两天的奔波，总算安全到达了目的地。到兰州9天之后，罗广芳在甘肃省人民医院顺利地生下了大女儿郭小芳。

1960年12月，中国科学院在兰州石油分所建立了中国第一个渗流力学研究室，新建时称为油田开发（地下水动力学）研究室。不久后，渗流力学研究室划归兰州地质研究所。该所还设有石油地质研究室，这样，中国科学院兰州地区就有了石油地质、石油开发、石油化工方面的配套研究单位。郭尚平到兰州后，被任命为渗流力学研究室主任。当时国家经济十分困难，想建立一个新的科学研究室并不容易。但年轻的郭尚平不仅出色地完成了这项工作，还同时参与了大庆油田第一个开发区（萨尔图油田中区）开发方案设计，创新完成了"非均质油田开发过程的水动力学计算方法"等一系列科研成果。

罗广芳到兰州后，分配到中国科学院兰州石油分所任俄文、英文翻译。一边照顾孩子，一边工作，年轻的罗广芳的辛苦可想而知。好在那两年母亲一直和她在一起生活，为她减轻了不少负担。生活虽然辛苦，但一家人能够团团圆圆地在一起，也许这就是一位普通母亲最大的幸福。罗广芳对生活和工作感到心满意足，她以为这样的日子会一直伴随着她们。但是，"文化大革命"开始了。随着郭尚平政治生活出现的重大波折，罗广芳也注定要在那个纷繁复杂的年代走过一段不平凡的历程。

七、在灰色的日子里歌唱

时至今日，郭尚平与罗广芳在家中有一个沿袭了几十年的习惯，那就是唱歌。罗广芳能歌善舞，自上中学时起就是青年文体活动的积极分子。而郭尚平小时候从自贡到重庆，就经常学唱抗日歌曲和革命歌曲，对音乐也是情有独钟。天下喜欢唱歌的人不计其数，但是能养成一种坚持一生的经常唱歌的习惯，却是少之又少。

1962年，罗广芳、郭尚平在重庆留影

在全家团聚的时候唱歌，在亲人相互思念的时候唱歌，在苦恼、悲伤，甚至绝望的时候也要唱歌。歌唱，是夫妻二人表达内心情感的一种方式，也是他们面对生活时展现出的一种达观而睿智的态度。而这种态度的养成，则来源于20世纪60年代那个特殊的历史阶段。

1966年3月，郭尚平被派到甘肃省临夏州关家川公社何家大队搞社会主义教育运动，任何家大队工作组组长。1966年7月16日，当郭尚平正在村边的树林里给全体村民讲解"农业六十条"时，突然被造反派带回兰州。此后,郭尚平先后被扣上了九顶"反革命"帽子,不允许他再开展科学研究工作,更不能参加党组织生活。

1968年冬天,兰州地质所百余名职工开赴中卫县参加劳动锻炼,主要任务是将沙丘推平后改造为良田。郭尚平等三个"反革命分子"随队前往,但不是劳动锻炼,而是"劳动改造"。在这段时间,兰州分院军管会组织群众排演了一个忆苦思甜的小歌剧,指派罗广芳担任女主角,饰演一个贫下中农的小孙女。排练成功后,先后到中国科学院兰州分院、甘肃省军区等地演出,大获成功。巡演了很多地方,罗广芳演一次哭一次,十分入戏,大受欢迎。在甘肃省军区演出时,有些观众在演出结束后聚在一处问演小孙女的那个演员是谁。罗广芳演出时总是带着二女儿郭漫。听了问话,郭漫就大声说,那个演员是我妈妈。大家这才知道,歌剧的主角、那个小孙女是两个孩子的妈妈、已经36岁的罗广芳。

演出大获成功,罗广芳就对负责演出的军管会领导说:"演多少场、跑多少地方我都不嫌累。我只是有一个小小的请求,希望你们能答应。"军管会领导说:"你说吧。"罗广芳就说:"我们能不能到宁夏中卫县地质所改造沙漠的地方去演一次。"军管会的领导说可以。哪知,这事儿却不是军管会一个单位能确定的,还要跟兰州地质所和化学物理所革命委员会商量,革委会有些同志坚决反对罗广芳去中卫县演出,他们说:"罗广芳演得那么入戏,不是在为贫下中农忆苦思甜,而是在为郭尚平悲痛伤心!"就这样,革委会不同意,军管会也无可奈何。因此,罗广芳演出了很多场次,跑了很多兰州的单位,却一直没能去郭尚平正"劳动改造"的临夏中卫县演出。

1966年,郭尚平从关家川何家大队被带回兰州接受批判,一

连串的审查、批斗，尤其是"反革命分子"的"罪名"，让他的内心几近崩溃。他开始怀疑自己是不是真的做错了什么，自己真的是"反革命分子"了？但是，经过一次次的反思，入党宣誓的誓言声犹在耳，自己每天努力工作的情景历历在目，自己是一名合格的共产党员，怎么会突然变成了"反革命分子"？是不是"革命"和"反革命"的定义改变了，按新的定义自己就成"反革命"了？他想不明白，他痛苦不堪。这时，妻子罗广芳不断地给出他想要的答案，帮助他树立向前走的信心。她斩钉截铁地对他大声喊道："你是共产党员！是一个忠于人民忠于党的真正的共产党员！你以前是，现在是，将来永远都是一个真正的共产党员！你不是'反革命'！最为重要的是，你现在要清醒过来，不能越想越糊涂。我们党也一定会拨乱反正。你要相信党，相信自己，才能度过眼下的难关。不管出现什么情况，我一直相信你，也会支持你！"

妻子的大喊无异于当头棒喝，让郭尚平头脑清醒了很多。"根正苗红"的罗广芳不仅在工作单位一直受到同志们的信任，在家中也成了那段时期郭尚平思想的指路人。这时候的妻子罗广芳，不仅是他内心强大的精神支柱，更是时刻激励、警醒他的动力之源。

多年以来，郭尚平从苏联到北京再到兰州，一直生活在油田开发和渗流力学的研究之中，对国内外社会形势的变化缺少足够的洞察力。他是科学家，不是政治家，不知道这个时期国家出了什么样的问题。但有着较强洞察力的罗广芳相信，党和国家终究会拨乱反正，会真相大白，让老百姓过上正常的生活。于是，她把自己的思考讲给郭尚平，鼓励他坚持下去，生活总会好起来，社会总会安定下来，党组织和党的生活也总会重新接纳他。

第十六章 世纪之恋

妻子的思想启发和心理安慰可以让他从绝望中清醒过来，却无法治愈他的失眠症。那段时间，在苏联留学时患上的失眠症加剧了，让他的身体更加瘦弱。在这种情况下，罗广芳提议临睡前唱一些歌曲，以便帮助尽快入睡。她说："平平，我们一起唱歌吧，你不是喜欢唱歌吗？那就唱吧，轻声地慢慢地唱歌可以帮助人尽快入睡。"郭尚平听从了妻子的建议，每天晚间临睡前，二人开始采用唱歌的方式排解苦闷和催眠。他们躺在床上轻声地唱，歌声持续地低下去，低下去，低成催眠曲，直到郭尚平入睡才悄然而止。

在那个时代，饱受冤屈的人比比皆是，在他们蜗居在家以泪洗面时，罗广芳带动自己的丈夫轻声低唱，表达内心的坚定与执着。久而久之，唱歌从迎接睡眠的习惯发展成为对抗痛苦的方法之一。不仅在入睡前唱，平常休息时也唱，生活中有了喜怒哀乐也会用歌声表达。他们唱的都是一些积极向上、健康的可以让人心胸开阔的歌曲，有当时流行的歌唱毛主席和解放军的红歌，也有《红灯记》《沙家浜》《智取威虎山》等现代京剧选段。有一天，郭尚平忽然想起学生运动时经常唱的歌颂延安和解放区的一首歌曲，便对罗广芳说，我们一起唱那首《山那边哟好地方》吧。罗广芳看他兴致极高，就说可以呀，我们一起唱。

那是一个阴霾满天的夏日，夫妻二人的心情却异常晴朗。他们开始唱新中国成立前参加学生运动时最喜欢的那首革命歌曲：

"山那边哟好地方，

一片麦田黄又黄。

大家唱歌来耕地哟，

万担谷子堆满仓。

大鲤鱼呀满池塘,

织青布呀做衣裳

年年不会闹饥荒。

山那边哟好地方,

穷人富人都一样。

你要吃饭得做工哟,

没人给你当牛羊。

老百姓呀管村庄,

讲民主呀爱地方,

大家快活喜洋洋。"

他们先是小声地哼唱,后来慢慢地声音大了起来,变成了放声歌唱。这是真正的歌颂解放区的革命歌曲。他们用歌声尽情地表达对未来的期望和坚定的信仰。后来,他们推开了窗户纵情歌唱,歌声穿透了兰州分院家属区上空的尘埃,一直与高远的蓝空融汇在一起,化成了一串串飞翔的音符,经久不散。一曲唱罢,他们的心情是如此的酣畅淋漓,也感觉到了未来是那么地值得期待。

就这样,在罗广芳的抚慰鼓励和歌声的陪伴下,郭尚平度过了那段艰难的时光。他多次对人说,如果没有妻子的理解和支持,他真的有可能会走上一条想不开的路。没有想到的是,这一唱就是50

余年，一直到现在，他们已经 90 多岁，仍然每晚入睡前都要唱一会儿歌。

他们的合唱也常常有中断的时候。在"文化大革命"期间，郭尚平经常下放参加劳动，而罗广芳也经常去其他地区参加军管会组织的宣传活动，每次分开都是几个月，甚至半年多。这时，他们就不约而同地在临睡前小声哼唱着一些相互都熟悉的歌曲。

每次外出、归来，罗广芳总是领着孩子去车站送他、接他。这个时候，比她大 3 岁多的郭尚平似乎更像一个孩子，在激烈的政治风雨中感受着一份独属于他的等待与温暖。因为常常是上班时间接人，罗广芳需要请假。领导就会问："小罗，郭尚平回来总是两手空空的，没有什么行李，一定得接吗？"罗广芳说："我不是帮他拿东西，我是接他回家，一定要接。"

1969 年 5 月，郭尚平正在宁夏中卫沙漠地区参加"劳动改造"，队长突然通知他带好行李，一个人返回兰州。这位工人队长悄悄地告诉他说："你回去是参加整党。"郭尚平听后意识到可能是自己的事情有了转机，就急匆匆地收拾好行李，背上背着一个大大的铺盖卷，手里提着一个大大的杂物包，在沙漠附近一个小站赶上了一趟开往兰州的火车。抵达兰州站后，却意外地在车站站台上没有看到妻子来接他。于是就自己一个人背着大行李往家走。到了家门口一看，家门紧锁，等了一会儿看见妻子和大女儿一人扛一根大扁担、一人拿一串绳子快步往回赶。原来，组织上决定让郭尚平回来参加整党，要立刻恢复他的党组织生活。因此罗广芳、郭小芳母女俩十分高兴地去火车站接郭尚平，谁知双方走岔了路，没有碰到面。郭尚平说："我以为你没有去接我呢。"罗广芳逗他说："我一辈子都

会接你的,不管你走到哪里,不管你从哪里回来,不管你以什么身份回来,我都会来接你的。"

当年9月,郭尚平正式恢复了工作和党组织生活。听到这个消息,罗广芳露出了一丝淡淡的微笑,眼中泛着薄薄的泪光。

白云苍狗,世事云泥。在那个"文化大革命"风雨晦暗的年代,罗广芳难能可贵地一直保持着清醒的头脑和一颗宽容的心,并和郭尚平相携着不断前行。

八、牺牲最多的女人

郭尚平回到了兰州,工作和党组织生活虽然恢复了,但他一手创办的渗流力学研究室却没有了,只保留了一个渗流组放在兰州地震大队石油地质室下面。半年之后,也就是1970年2月,郭尚平又奉命参加石油工业部、中国科学院和地质部三大单位联合进行的四川天然气勘探开发大会战。但只在四川待了9个多月就被地震大队革命委员会于1970年12月撤回兰州。几个月后,上级领导又突然通知郭尚平等十余人正式调入长庆油田,参加陕甘宁石油会战。这次离开兰州与临时参加四川天然气会战不同,属于正式工作调动,郭尚平的人事关系全部转入长庆油田。

此时,罗广芳已经是两个孩子的母亲,在是否跟随郭尚平赴长庆油田的问题上,夫妻二人没有过多的考虑和讨论,因为兰州军区干部部没有要求郭尚平带家属前往;罗广芳所在的五机部五所的领导也需要罗广芳留所工作。另外,长庆油田离兰州不远,夫妻二人相互照顾并非难事,因此,罗广芳和孩子留在了兰州。

郭尚平到长庆后，先是担任地质研究所的副所长，后来担任主管油田开发的副院长。不管在哪个工作岗位上，他都一心一意地工作，只有回兰州开会、办公事和入党校学习时才会回到家中探望妻子女儿。罗广芳不仅没有抱怨，反而十分支持他，因为历经挫折重新获得工作机会的人，对工作有着常人无法理解的执着。在此期间，郭尚平还因肺结核病复发住进了省军区医院，罗广芳需要照顾丈夫和两个孩子，压力让她的头上开始出现一根根白发，用疲于奔命来形容她那段时间的生活状态虽不贴切，但却十分真实。

1974年8月，中国科学院决定重建渗流力学研究室，与兰州军区干部部协商将郭尚平调回兰州。因当时渗流力学研究室已改为一个研究组由地震大队代管，郭尚平暂时分配在冰川冻土沙漠所工作。但是不久后冰川冻土沙漠研究所任命他为科技处处长。1980年，建立中国科学院直属的渗流所后，1983年又任命他为中国科学院兰州分院院长。郭尚平的担子越来越重，工作越来越忙，罗广芳渐渐地将自己的生活重心向家庭转移。对于她来说，让郭尚平安心工作，多出成果、多做贡献就是她最大的安慰。而她很少考虑自己的工作前途，她愿意为了国家、为了家庭牺牲自己的事业。

对于有红色背景、有工作能力、有政治觉悟的罗广芳来说，机会并没有因为她的长时间"牺牲"而忘记她。进入20世纪70年代末期，就在郭尚平忙于生物渗流和微观渗流两个分支学科的科学研究的时候，罗广芳的命运迎来了一次新的机遇。1979年秋，中国外交部拟选调几名政治立场坚定、思想觉悟高、外语能力强的老党员到外交部驻美国大使馆工作，主要负责留美学生的思想政治教育。外交部在北京外国语学院等单位选人的过程中，老领导推荐北京外国语学院毕业并曾任校团委宣传部部长的罗广芳出任此职。

接到北京外国语学院的电报后,罗广芳来到北京。当她知晓上级领导的意图后十分高兴。当领导征求她本人的意见时,她立即表示同意。但是在乘车返回兰州的路上,她却陷入了矛盾之中。想来想去,感觉事情并不那么简单,自己经历了这么多,怎么当时想都没有想就答应得那么痛快!自己一个人去美国工作,丈夫郭尚平和孩子怎么办?郭尚平身体不好,工作又忙,谁来管这个家?此时,郭尚平还担任着兰州冰川冻土沙漠研究所科技处处长,同时还主持渗流力学研究室的科研工作,根本没有时间照顾家庭。而三个孩子,大女儿郭小芳正面临高考;二女儿郭漫读初中,刚进入青春期;老三郭雪是个男孩,刚上小学。自己是这个家庭的核心,自己一个人走了,家不就散了吗?自己能抛开他们去开创自己的事业吗?她陷入了犹豫之中。

罗广芳坐在从北京回兰州的火车上,一天两夜几乎一直没有睡觉,满脑子全是去美国和不去美国两种意见在打架。到大使馆重新开始自己新的工作,是一项多么诱人的事业。这是她喜欢的也是她擅长的工作。做少先队辅导员时她有一颗童贞的心,而现在做留美青年的思想工作,她仍然有一颗青春的心。1979年的秋天,中国正在步入一个改革开放的新时代,她渴望和这个时代一起开始新的生活。在火车上她拿不定主意,决定回家后和郭尚平商量一下,看看究竟怎么办。

想到和郭尚平商量,她就站在郭尚平的角度来思考这个问题。她太了解自己的爱人了,拿人心比自心,他一定不会反对自己去美国工作,但他的心里又一定会感到非常为难,难就难在这个家庭怎么办,难就难在他一定不愿意让自己离开他。想着想着,罗广芳流下泪来。旁边坐着一位解放军军官,看到罗广芳泪流不止就关心地问："同志，你怎么了？你有什么难过的事需要帮助吗？"罗广芳就把自己面临的两难抉择对他简单地讲述了一下。解放军同志说，确实是一件难事，还是和家人好好商量一下吧，不能一个人做决定。

半睡半醒一夜过去，清晨的太阳升起来，照耀在向西部飞驰的车窗上。看到那笑脸一样的日出，罗广芳这才知道这一路的辗转反侧和左思右想都是徒劳，她不可能抛开家庭、丈夫和孩子，单独一个人远赴美国去工作，这里存在好多实际困难。这次出国工作正是发挥自己的专长为国家贡献力量的时机，她不想放弃，但她必须放弃。下了火车，她没有回家去和郭尚平商量，而是直接去了电报局给北京外国语学院的领导打长途电话，说明自己因家庭原因无法赴美工作，恳请老领导原谅。

回到家中，她一如既往地做饭、接孩子，平静得仿佛一切都没有发生。郭尚平下班回来后，她先让孩子们在外屋做作业，温习功课。然后才把郭尚平拉到内室平静地说了组织上征求她的意见，要调她到美国工作的事；告诉他自己在火车上反复考虑之后，决定不去美国工作，并已电告领导请予理解。听完罗广芳的话，郭尚平满怀歉意地望着妻子，慢慢地、深情地说："芳芳，去驻美使馆工作，对你的事业发展十分重要，但你却去不成，这是家庭、是我和儿女拉你的后腿，我实在对不起你。这一生，凭你的条件本应该干出一番事业来，但由于我和家庭的拖累，你不能发挥自己的才干，我内心感到十分愧疚。今天我要向你说，我万分地感谢你对我工作的支持和对全家的关怀。就是因为有你这个贤内助关心我、帮助我，担起了全家的重担，我才有可能潜心科研。我的全部成绩也有你的一份。我非常感谢你！"

对于一个经历了太多人世风雨的拥有三个孩子的母亲来说，最大的幸福不是自己多么风光地干一番事业，而是能够和家人团团圆圆、平平安安地在一起。罗广芳虽然自小就帮母亲做家务，但主要是种菜养猪等活计居多，做饭等家务事一直是外行，全依仗母亲帮衬她。结婚后，从北京到兰州，母亲前两年跟她们在一起生活，一直照顾这个只会革命不会做家务的女儿。后来母亲年纪大了，思念家乡，就回了四川。郭尚平除了渗流力学研究室主任一职外，还相继担任冰川所科技处处长、兰州分院院长等行政职务，忙完了行政工作还要忙科研，几乎天天加班加点。罗广芳就对郭尚平说，以后做饭我来，你不用管了，你安心上班就成。罗广芳每天上班8个小时，同时还要负责全家的生活和儿女们的学习教育，十分辛苦。但秉性聪明的罗广芳没有多久，就能够熟练地做出一手地道的川菜。时至今日，年近90岁的罗广芳仍然时常下厨做饭，一展身手，享受着人间的烟火气息。

在照顾郭尚平的生活上罗广芳十分细心。1990年，她从一位老中医那里得到了一个养生秘方。老中医说，按此方熬粥，每天早上吃一碗，长期坚持必有奇效。该粥可提高免疫力，延年益寿。罗广芳回家后按照配方试做，郭尚平吃后大加赞赏。此后，罗广芳一直坚持做给他吃，一做就是30余年。只要在家吃饭，天天都有这碗粥。现在，夫妻二人均已经年过90，罗广芳认为此药粥一定起到了一些效果。因此，一有机会，就向亲友推荐此药粥配方。郭尚平还喜欢吃四川面条，但孩子们不爱吃，罗广芳经常单独给他做，还放一个荷包蛋、豌豆尖等，味道鲜美、营养丰富，是一碗郭尚平百吃不厌的美味。

郭尚平在1995年被评为院士后，中国石油在1996年颁布了一项政策，为每位院士配备一名秘书或助手，选秘书助手的条件之一是职称要副教授以上。院士每年学术休假10天，每月给1000元院士津贴。但是郭院士一直不同意配备秘书，一是因为自己年龄已高，按规定不能申请大型项目，配备一个副教授级的秘书会耽误人家的前程。二是自己身体还可以，科研工作中的辅助工作，如查阅资料、绘图计算、打印扫描、PPT制作等，自己都能熟练完成。在多年的领导工作过程中，包括在兰州分院担任院长期间，他一直有一个习惯，工作中的讲话、报告都是自己完成，从不用秘书协助；出差时也总是自己提着箱子上火车、下飞机，从不需要其他人的帮助。各项琐事都自己做，从来不需要秘书。

在这种情况下，罗广芳慢慢地转变成郭尚平的生活秘书。出差时，罗广芳不离左右；写讲话稿时，罗广芳也常常是第一个听众。尤其是在生活上，晚年的郭尚平体弱多病，罗广芳这个妻子兼秘书照料郭尚平更是细致入微。1997年，郭尚平因罹患癌症住院手术，时间长达3个月。住院的病人都请了护工或是本单位的人来帮助照料，唯独罗广芳在65岁的高龄还坚持自己一个人照料丈夫3个多月。2018年春节前，郭尚平突患感冒，一开始没有在意，后来十多天不退烧，只能去挂急诊，到了医院医生诊断是流感并发肺炎，必须立刻住院治疗。流感合并肺炎具有很强的传染性，86岁的罗广芳一旦感染，后果将很严重，但罗广芳坚持住进了北京301医院挂有"传染病"标志牌的病房照看郭尚平。3天后，郭尚平的病情有所好转，在医院的坚持下她才同意让一位年轻护工接替她。罗广芳冒着被传染的风险陪伴郭尚平，她觉得这是夫妻之间应当做的，不值得大惊小怪。她的想法也很简单，简单得就像当初和他一起从北京搬迁到兰州一样，夫妻只求在一起不分离而已。

2000年,罗广芳在中国科学院院士春节联谊会上代表数理学部表演长穗剑舞获第一名

2007年,罗广芳和郭尚平迎来了金婚大喜;2017年,两位老人又一起迎来了钻石婚喜庆日。中国石油集团老干部局局长特意给他俩颁发了钻石婚证书。这是幸福的时刻,是属于他们两个人的幸福时刻。但只有他们自己知道,为了这一刻,他们一起走过了难以计数的坎坷岁月。

中国石油集团老干部局局长给郭尚平、罗广芳颁发钻石婚证书

2017年，郭尚平罗广芳钻石婚家庭联欢会

孩子们总是说："母亲您真有福气啊，嫁给一位咱们国家的院士！这是嫁给了国宝啊！"但郭院士总是立刻纠正孩子们的说法，他说："你们说反了，是我郭尚平太有福气，娶到了你们妈妈这样一个珍贵的'珍宝'。你妈妈不仅在生活上照料我，在工作上支持我，而且还在我人生中最艰难的时候陪我挺过来了，我们这一家才有今天的幸福时光"。

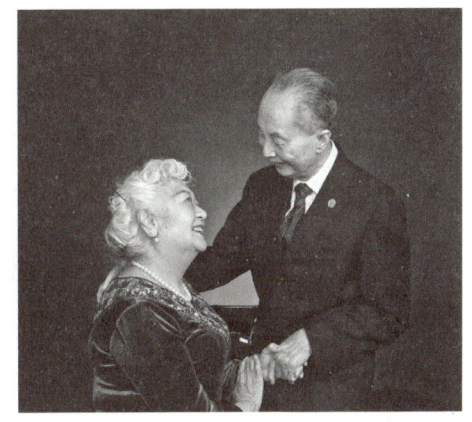

2021年，郭尚平（92岁）、罗广芳（89岁）在北京

九、父母爱情的结晶

郭尚平、罗广芳共有三个子女。长女郭小芳，1960年11月22日出生；次女郭漫，1967年5月13日出生；小儿子郭雪，1972年12月21日出生。三个孩子都出生于甘肃省兰州市省人民医院。三个孩子是他们爱情的结晶，更是他们美好爱情的见证者。

长女郭小芳是见证罗广芳和郭尚平爱情的第一个孩子。1960年11月11日，已经怀有9个多月身孕的罗广芳随丈夫奔赴兰州，如果晚走12天，郭小芳就在北京降生了。她睁开双眼，本应该最先看到北京天安门上空的蔚蓝，但命运让她看到了大西北的风沙。这个孕在北京、生在兰州、长在红旗下的大女儿，在此后的日子里，和他们一起经历了生活的波峰浪谷，感受了"文化大革命"那个特殊年代的苦辣酸甜。为了表达对妻子的爱，郭尚平为她取名郭小芳，希望她长大后像母亲一样勇敢地面对生活。

这一时期，渗流力学研究室正在初创时期，郭尚平没有时间照顾女儿，全身心扑在工作岗位上。郭小芳3岁前，母亲罗广芳在中国科学院化学物理所工作，1964年又被派往甘肃省张掖市高台县参加农村地区社会主义教育运动，整整一年不在家。婴儿时期的郭小芳是在外婆的照看下认识这个世界的。三岁时外婆回了重庆，郭小芳一时处于无人照看的状态。这时，渗流力学研究室的研究人员、郭尚平的好友刘慈群说，实在不行就送省保育院吧，平时也不用往回接，想孩子时去看看就行。就这样，在省政府当秘书长的刘慈群哥哥的协调下，郭小芳被送进了甘肃省保育院。

郭小芳被父母寄放在这里，父母不忙时周末就能和他们见一次面；如果忙起来或是出差，几个月见不到父母是经常的事情。对于她来说，从小就习惯了父母忙忙碌碌的工作，来去匆匆地团圆。每逢周末，保育院的孩子大部分都回家了，经常是郭小芳等几个孩子还留在院里。长期无人来接，见到父母时她也会哭闹，让罗广芳心疼不已。

郭小芳是一个懂事而聪明的孩子，长大上学后就开始学习着帮助母亲做家务。当父亲被当成"反革命"受到冲击时，就自己一个人背着书包上学放学，回家后自己到厨房去弄东西吃。后来，郭尚平去长庆油田工作，母亲每次去车站接送郭尚平时，大女儿都拉着妹妹郭漫跟在后面一同前去。此时，她已经领悟到去接送父亲的特殊含义。

郭小芳高中毕业后正逢国家恢复高考，她顺利考入兰州师专英语系学习，毕业后分配到甘肃省科学院苦咸水淡化研究所工作。1987年，郭尚平调回北京担任中国石油勘探开发研究院副院长，郭小芳被分配到中国石油勘探开发研究院外事处工作。不管在哪个岗位，她都是一个朴实勤奋的员工。郭小芳从小喜好厨艺，特别酷爱糕点糖果制作工艺，在一段时间里，她干脆选任糕点设计师。现在，在接受专业培训后，又成为她的儿子裴松经营的公司的一名财务人员。

郭小芳与电气工程师裴达士结婚并有一子，姓名裴松。裴松聪明勤奋，大学和研究生阶段都攻读工商管理专业，目前独立经营一家会计簿记咨询公司。裴松娶妻张苔娜，夫妻育有二子一女。至此，郭尚平、罗广芳这个温馨家庭已是四世同堂。

二女儿郭漫是罗广芳夫妇在兰州生活期间最为艰苦的日子里出生的。1967年5月13日，这个女孩出生于"文化大革命"那个年代，一生下来就注定命运多舛。当时,郭尚平体弱多病,正在四处接受批判;罗广芳在完成繁多的政治活动、繁忙的工作任务的同时,还要照料丈夫和两个女儿,已经力不从心。万般无奈,夫妻经过商量,决定将一岁大的小女儿郭漫寄养到中国科学院兰州化学物理所的一名木工陈师傅家中,由陈师傅的妻子代为照料。作为回报,郭尚平每月给陈师傅妻子30元钱的生活补助,算是给二女儿找到了寄身之所。

郭漫被寄养到陈师傅家的第二年春天,得了急性重感冒,高烧不止。姐姐郭小芳放学后去看望妹妹,发现妹妹面色通红,喘气急促,立刻跑回家中告诉母亲。罗广芳急忙跑到陈师傅家,抱起二女儿就往省人民医院跑。由于治疗不及时,郭漫气管发炎肿胀,病情十分危重。如果不能设法迅速消炎去肿,呼吸道很快会被封堵而危及生命。医院儿科经验丰富的金大夫和王大夫立刻组织进行抢救。医生说:"先要喷射麻黄素消炎,如果有效就好,如果无效就要进行手术,切开气管帮助呼吸,但存在很大的风险。"郭尚平夫妻一听顿时吓得脸色苍白。好在喷射麻黄素后,孩子恢复了正常呼吸,苏醒过来。又经过几天治疗,孩子平安康复。

经历过此次事件之后,郭尚平夫妇一度想将孩子带回家中自己抚养。但无论是时间、精力还是社会环境,他们都无法给孩子提供基本的生活条件,加之陈氏夫妻照看孩子虽然缺少科学方法,但也算尽心尽力。思来想去,最终只得继续将孩子放在陈师傅家中。直到二女儿两岁半时,郭尚平已回到兰州,恢复了党组织生活和工作,政治活动也明显减少的罗广芳才把郭漫领回自己家中抚养教育。

郭小芳此时在科学院小学读书,每天放学后就和几个同学一道在家里做作业。郭漫非常聪明，而且记忆力超强。姐姐们学什么郭漫就跟着学什么，姐姐看什么书她也跟着看什么书。很多女孩子一上学就有当老师的欲望和天赋，郭小芳也一样，每天放学回来，就将自己学到的东西讲解给郭漫听，识字算题，郭漫悉数一一消化。因此，郭漫很早就识字多多，四岁时就阅读完长篇小说《高玉宝》，五六岁时就可以写短小的文章，让周围的阿姨们啧啧称奇。

上学后，二女儿的学习成绩一直十分优异，名列前茅。读小学期间，正值程林教授在中央电视台每天下午5时讲授英语课程。一次偶然的机会，郭漫听了一次，就产生了浓厚的兴趣，每天下午放学后就跑回家，坐在九英寸的黑白电视机前学习。小学毕业后，考上了兰州市最好的初中——兰州市一中，一年后又转学到教学水平更好的甘肃省师范大学附属中学初中部。初中毕业后考上了最好的高级中学——甘肃省师范大学附属中学高中部。郭漫的中文水平出类拔萃，她的英语成绩也一直超过同龄人，高二时就被一个在兰州举办的国际展览会邀请做展览大厅的口语翻译。1985年考大学时，北京大学到兰州招生的老师主动要收她进入北京大学外语系，但郭尚平却希望她学理工科，郭漫最终被浙江大学信息电子工程系录取。1989年大学毕业后，郭漫被分配到中国石油勘探开发研究院遥感技术研究所工作。一段时间后，又攻读加拿大卡尔加里大学地理信息工程专业研究生。现在的职业是公共安全系统设计师。

郭漫与中国石油勘探开发研究院的研究生付凯军恋爱结婚。付凯军清华大学计算机系毕业，中国石油勘探开发研究院油藏工程专业研究生毕业，加拿大卡尔加里大学计算机软件工程研究生毕业，现在工作职务为高级软件工程师。夫妻生有二子，均在大学读书。两个男孩十分崇拜他们的外公，也极其敬爱富有爱心的外婆。

1969年重庆，郭尚平与岳母全家合影
（前排：左1郭漫，左2何东东，左3蒋蓓蓓；二排左起：罗广芳、岳母李显英、四妹罗广群、郭小芳；三排：左1罗丽丽，左3三妹罗广芬，左4蒋蒙蒙；后排左起：大哥罗广安、郭尚平、何开宇、蒋述武）（郭雪幼儿期间全靠罗丽丽、蒋蒙蒙看护照顾）

1973年，郭小芳、郭漫、郭雪姐弟合影

第三个孩子郭雪是个男孩，他出生的年代郭尚平正在长庆油田研究院参加陕甘宁石油会战，罗广芳胞妹罗广芬的女儿蒋蒙蒙和大哥的女儿罗丽先后来到兰州帮助罗广芳照料郭雪。后来，已经调到五机部的罗广芳上班时就把他放在本单位幼儿园，下班就接出来一起回家。有两个姐姐的疼爱，有母亲的日日陪伴，郭雪无疑是郭家三姐弟中最幸福的人。

第十六章 世纪之恋

2024年北京，郭小芳（右1）、郭漫（左1）、郭雪姐弟合影

1974年，郭尚平从长庆调回兰州，进入兰州冰川冻土沙漠研究所工作。在郭尚平家的相册里，保存着一张1975年罗广芳拍摄的照片，画面上郭尚平骑着自行车，车上带着自己的三个子女在黄河边的滨河大道上慢行。大女儿郭小芳坐在后座，二女儿郭漫和儿子郭雪坐在前面，父子四人全部都露出了甜蜜的笑容。此时的郭尚平已经从"文化大革命"的政治旋涡中解脱出来，进入正常的生活和工作氛围之中。

1975年，郭尚平和子女四人同乘一车（罗广芳摄）

1981年，郭尚平五口之家在兰州五泉山公园合影

2007年，郭尚平五口之家在北京庆贺郭尚平罗广芳金婚

2024年北京，郭尚平罗广芳的五口之家
（后排左1长女郭小芳，右1次女郭漫，中为儿子郭雪）

1987年，郭家搬到北京后，郭雪进入石油附中初中三年级学习，第二年考入了石油附中高中部。高中毕业后顺利考入北京信息工程学院（现为北京信息科技大学），学习互联网专业。毕业后长期在联想系统集成公司和神州数码信息公司工作，现担任渠道及采购部产品总监。郭雪遗传了父亲的禀性，喜好技术研究，他进入联想集团是一个很有趣的过程，1996年，想进入联想的求职者众多。面试时，先是几百人在一个大厅中笔试，后来只有三个人通过笔试进入实际操作考核。三个人中，另外两人都是清华大学的硕士生，只有郭雪是本科学士。考官给了三个人同一个软件,让他们找出软件存在的问题和错误。交卷时,郭雪找出的问题写满了六页A4纸,最终只有郭雪被录用。

郭雪妻子杨林毕业于北京外国语大学英语系,先在新浪网任娱乐频道总监,现任小米公司商务部总监。杨林聪明过人,精明能干,是一位出色的女强人。现在,郭雪和杨林与郭尚平夫妻一起生活,在忙碌工作的同时共同细心照料父母的起居。她们十分孝顺父母,新冠疫情肆虐期间出门不便,儿子郭雪学会了打针和理疗,儿媳杨林学会了理发,疫情断断续续三年多来,父母注射针剂、理疗和理发都由儿子、儿媳包办。

2009年,郭尚平三代人全家福(第1、2、3代)
前排左起:郭尚平、付笑辰、付笑宇、罗广芳、裴松;后排左起:郭雪、杨林、郭小芳、郭漫、付凯军(郭小芳丈夫、裴松之父裴达士缺席)

第十六章 世纪之恋

2023年，郭尚平的外孙裴松及其妻张苔娜伉俪（第3代）怀抱儿女（第4代）五口之家合影

郭尚平夫妇的相亲相爱和开朗睿智，奠定了这个幸福之家和合美好的基础。而他们的健康长寿之源，就是夫妻和谐、儿女孝顺、家庭团结。两个女儿虽然年纪也大了，但会定期回家陪伴老父老母，对父母充满依恋。在郭尚平夫妇逢十生日和金婚、钻石婚纪念日时，他们都要举办家庭庆祝活动，子一辈、孙一辈的孩子们都倾心表演文艺节目，衷心祝愿两位老人幸福安康。

两位老人早年经历过雨雪风霜，晚年总算风雨过后见彩虹，享受着人世间的桑榆之乐。郭尚平在迎来90岁生日时，写下了一首题为《九十岁生日》的打油诗：

忆昔云顶一顽童，俄儿愧为九秩翁。

似与芳芳初爱恋，转瞬四代喜相逢。

这四句诗，在感叹时光飞逝的同时，跨越了90年的世事纷纭，回眸了一生的情感历程和人生感悟，一个愧字一个喜字，道出了

郭尚平院士复杂的心路历程。在这种喜悦背后,郭尚平又写了第二首诗:

尚平欣喜度九旬,亲友儿孙齐欢庆。

国泰民安时代好,始得家和万事兴。

他在告诉大家,一家之好是时代之好带来的,每个人的幸福与欢乐都是在中国共产党的领导下,成功进行改革开放这个大时代的背景下洋溢出来的生命之泉。

2024年4月3日,郭尚平—罗广芳喜抱长孙,儿子郭雪—儿媳杨林之长子出生。全家欢欣相庆,给长孙取名郭天霖。其意一为全家久望长孙,长孙之诞,如久旱后天降甘霖;其二示意长孙一生将如旱后喜雨,想人民所想,急人民所急,全心全意为人民服务;其三重在一个"霖"字,取长孙之父郭雪大名上半部之"雨"及其母杨林大名之"林",合而为"霖",意即雪林伉俪之儿子也。

2024年4月3日,郭尚平—罗广芳的长孙、郭雪—杨林的长子郭天霖出生留影

第十七章

大爱凡心

如今，已过 95 岁高龄的郭尚平院士仍在继续工作，在我国石油工业重大战略咨询、重点项目鉴定评审和重大科技项目研究等领域提供技术支持，发挥智囊、参谋、领军和创新作用；仍然不断出席科技报告会议，呕心沥血，著书立说，发布自己的见解与思想。2023 年 8 月 18 日，郭尚平年近 95 岁还出席第 17 届全国渗流力学大会，并站立半小时做题为《计算渗流和实验渗流的新进展》的大会特邀报告。郭尚平没有要助理或秘书，他的科技报告和论文等的材料准备、论文写作打字及屏幕展示的 PPT 制作等工作全由他自己亲手独自完成。他常常说，一个人幸福不幸福，关键要看晚年时生活得是否舒心快乐，而非年轻时经受了多少苦难。而这种舒心与快乐就是一直忙碌地工作，平凡地做人。

郭尚平在他的母校、家乡、工作单位的很多人心目中，是众多国际一流和世界首创科技成果的创新者，是一个留下了宝贵科学财富和精神财富的不平凡的科学家。但郭尚平却不这样认为，他总是说："我是一个平凡的人，千万不要把我捧起来，这样我会摔得很重。"

自视平凡，体现在工作细节之中，也体现在日常生活中的待人接物上。在兰州工作时经常到野外工作，单位给他配了一部苏联产的小吉普车嘎斯 69。汽车一旦"烧锅"了，他就立刻下车来，提着铁皮桶去路边取水；一旦轮胎没气了，他就赶快帮着司机给轮胎打气。早上他早早起床，先去打扫公共厕所；晚上，就教司机学文化。因此，在"文化大革命"中，工人和司机这些基层职工大多对郭尚平充满善意；当造反派批判他为"反革命"时，他们都坚信他是好人，成了郭尚平的"保皇派"。

从兰州回到中国石油勘探开发研究院担任副院长后，每天早上上班时，经常和一位清扫工作区的上了年纪的女工相遇。冬天很冷，郭尚平遇到女工时常常问寒问暖，叮嘱她干活时要多穿些衣服。这位女工不知道这个说话和气的人是谁，以为是一个普通的技术人员，遇见时随意地和郭尚平攀谈几句，并称他为"大哥"。日子稍长，郭尚平与这位女工熟络起来，见面就亲切地打招呼，郭尚平经常向她了解一些基层员工的情况。有一天在他们交谈时，有人从旁边路过，喊郭尚平为郭院长，这位女工才知道面前站着的这位大哥是一位大领导。后来，她对同事说，这个人就是郭院长，怎么这么和气、这么普通！

郭尚平常说："别人可以认为你了不起，但自己一定要知道自己很平凡。"几年前，他的母校隆昌一中的领导到郭尚平家中来看望他，对他说："隆昌一中准备在校园里树立一座郭尚平的塑像，让学生们向郭尚平院士学习，报效国家。"郭尚平立刻拒绝了这个提议。他说："我不是一位大科学家，也没有为国家做出巨大的贡献，弄个塑像放在校园里我实在不敢当，不行不行，一定不行！我坚决不同意！"

2019年，刚好是郭尚平90岁寿辰，也是中华人民共和国70年华诞、大庆油田发现和开发60周年。2019年7月，由中国力学学会、中国石油学会、中国岩石力学与工程学会主办召开了第十五届全国渗流力学术大会，400余名国内外渗流力学专家齐聚大庆，畅谈、交流渗流力学的进展和面临的挑战。早在此次大会召开前一年，会议承办单位的领导人提议，要在2019年渗流大会上进行"三纪念"庆祝活动，即同时庆祝国庆70周年、大庆油田发现60周年和郭尚平院士90周年诞辰。郭尚平当时就坚定明确地否定了这种

做法，并特别强调说："怎么能把我个人和大庆、国家放在一起相提并论呢？这是错误的，绝对不行！一定不要把我的生日和这次会议联系在一起！"

也许一个人经历得越多，就会活得越云淡风轻。曾经有一位记者问郭尚平院士，您这一生最深的记忆是什么？郭尚平深有感触地说："我这一生最受感动的、最深的记忆是两次得到中央领导的握手接见、亲切谈话和鼓励。一次是朱德总司令，1958年在克拉玛依；另一次是周恩来总理，1962年在大庆。"如此热爱工作的一个人，在工作中做出重大成就的一个人，最难忘的记忆并不是获了什么奖，不是在人头攒动的盛会上发表演讲，而是自己受到国家领导人接见时的情景。这种记忆，流露着他对党和国家深深的敬意和感激。

他一直告诉自己的学生，进行科学研究的指导思想应当是"科研创新，为国为民"。这种思想也是他在困境中能坚强面对挫折和打击，在取得科研成果后不求名利，只求奉献社会、造福人民的精神力量。他说，搞科研的人，最首要的问题就是要解决为谁科研的问题，这是一个根本问题。他指出，毛主席在1942年延安文艺座谈会上对文艺工作者重点强调了文艺要为工农兵服务。现在，我们要提倡科学研究和技术开发必须为党、为祖国、为人民服务。他用数十年的科研活动践行着这种思想。20世纪60年代，他带领团队研制成功科技水平国际领先的"一次成型"人工地层大模型和测试技术时，大庆派人来渗流室学习全套模拟和测试技术。当实验室人员吕耀明请示郭尚平应该如何办时，他说："共产主义风格，全国一盘棋，把工艺技术全部告诉大庆油田来学习的同志，一丝一毫不保密。"他们在 1961—1964 年研究完成并在大庆、玉门等油田成功应用的小层动态分析方法（科技水平国际领先、原始创新）和非均质油田开发过程的水动力学计算方法（科技水平国际领先）以及上述地层大模型和测试技术等科技成果均从未报奖。80 年代，他们研制成功科技水平国际首创、原始创新的微观渗流模拟测试成套技术时，为了让这项技术早日在国内推广开来，他们放弃了发明专利申请和国家发明奖申报，转而以举办培训班的方式向全国有关单位技术人员无偿传授技术成果。他们原始创新建立的"生物渗流"一套完整成果，至今未作为一项单项成果申报奖励。每次科研成果出来后，他考虑的不是如何报奖，完全没把心思和注意力放在受奖上，总是考虑如何尽快推广应用，为国家做出实实在在的贡献。

在 20 世纪的"文化大革命"中，郭尚平受到了多年的不公平待遇，从心理到身体上都经受了折磨。但是，每当有媒体采访他或是在日常生活中有人提起这些往事时，郭尚平总是淡然地说："我受这点折磨不算什么，与先烈们为革命牺牲生命相比实在是不值一提。我们一定要正确对待这一问题。在我们党和国家的革命、建设长途中，不可避免地要走些弯路、会有不足。但是，最重要的是我们党有实事求是、批评与自我批评的传统，有自我发现错误、自我改正错误的自觉和能力，所以我们党总是能勇往直前，克服困难，取得胜利。我们每个共产党人要少考虑不考虑个人得失，多考虑党和人民的利益。不纠结、向前看是最重要的。"作为一个受过迫害的人，能够宽容地度量过去，能够抬头向往着国家的未来，主要原因是他深爱着这个伟大的祖国、伟大的党和伟大的人民。

点点滴滴的往事，丝丝缕缕的真情，或春雷激荡，或寂静无声，或婉转低回，在岁月的长河中不时泛起片羽粼光。这足够让后来人在郭尚平院士行经的道路上得到这样的启示：这是一个自视平凡的人，这是一个甘愿奉献的人，但他内心却深藏着坦荡无私的大爱，虽不汹涌澎湃，但却涓涓渗流，如丝如缕，百转千回，源远流长。

参考文献

[1] 吴文娟. 论抗战时期四川自贡设市与盐业发展[D]. 成都：四川师范大学，2016.

[2] 自贡市档案馆，北京经济学院，四川大学. 自贡盐业契约档案选辑（1732—1949）[M]. 北京：中国社会科学出版社，1985.

[3] 曾小萍. 自贡商人——近代早期中国的企业家[M]. 董建中译. 南京：江苏人民出版社，2014.

[4] 肖波，马宣伟. 四川军阀混战[M]. 成都：四川省社会科学院出版社，1984.

[5] 高勇. 四川历史上疫病灾害及其防治[J]. 四川档案，2020（1）：42-45.

[6] 黄健. 自贡盐场的抗战文化活动[J]. 盐业史研究，2005（3）：25-31.

[7] 胡昭奎. 我亲身经历的抗日宣传活动[G]//政协四川省自贡市委员会文史委. 自贡文史资料选辑第二十五辑纪念抗日战争胜利50周年专辑：抗战时的自贡，1995.

[8] 四川省隆昌县志编纂委员会. 隆昌县志[M]. 成都：巴蜀书社，1995.

[9] 郑文波. 日机轰炸自贡纪要[G]//政协四川省自贡市委员会文史委. 自贡文史资料选辑第二十五辑纪念抗日战争胜利50周年专辑：抗战时的自贡，1995.

[10] 李路. 三民主义青年团的创立与消亡[J]. 党史研究与教学，1989（2）：48-54.

[11] 伍子玉. 迎接黎明的战斗——重庆大学的护校斗争[G]//政协重庆市委员会文史资料委员会. 重庆文史资料第三十二辑：回忆重庆解放专辑. 重庆：西南师范大学出版社，1989.

[12] 重庆大学校史编辑委员会. 重庆大学校史（下册）[M]. 重庆：重庆大学出版社，1994.

[13] 中共重庆市委党史工作委员会. 重庆的解放[M]. 重庆：重庆出版社，1989.

[14] 王玉生，谢世明，张军，等. 解放战争时期四川青年运动史稿[M]. 重庆：重庆大学出版社，1987.

[15] 刘明辉. 治乱是山城的主要任务[G]//政协重庆市委员会文史资料委员会. 重庆文史资料第三十二辑：回忆重庆解放专辑[M]. 重庆：西南师范大学出版社，1989.

[16] 李彦一. 陈锡联主政重庆回忆[J]. 红岩春秋，2019（3）：60-63.

[17] 徐开礼. 春风化雨忆恩师——纪念李承三教授百岁诞辰[J]. 成都理工学院学报，1998，25（2）：129-130.

[18] 童崇光. 怀念吾师李承三教授[J]. 成都理工学院学报，1998（2）：3-4.

[19] 中华人民共和国教育部. 共和国教育50年[M]. 北京：北京师范大学出版社，2000.

[20] 单刚，王英辉. 岁月无痕：中国留苏群体纪实[M]. 北京：中央编译出版社，2007.

[21] 郝淑霞. 二十世纪五十年代留苏热潮与中国俄语教育[J]. 中国俄语教学，2011，30（2）：9-13.

[22] 陈先玉. 忆留苏岁月·我们是时代儿女[M]. 北京：中国青年出版社，1997.

[23] 《中国教育年鉴》编辑部. 中国教育年鉴（1949—1981）[M]. 北京：中国大百科全书出版社，1984.

[24] 白冰. 中国学生赴苏学习问题的历史考察（1951—1965）[J]. 中共党史研究，2017（12）：80-92.

[25] 月光. 李滔：共和国第一任留学生"管家"[J]. 国际人才交流，2002（1）.

[26] 鲁卫平. 剑指苍穹：陈士橹传[M]. 北京：中国科学技术出版社. 上海：上海交通大学出版社，2013.

[27] 单刚，王英辉. 岁月无痕：中国留苏群体纪实[M]. 北京：中央编译出版社，2007.

[28] 西安市政协文史委员会. 祖国在我身边——老留学生忆留学专辑 [Z]. 西安: 陕西出版社, 1990.

[29] 李鹏. 新中国留苏学生的"洋"婚 [J]. 档案春秋, 2016 (11): 9-12.

[30] 刘长武, 郭永峰, 姚精明. 采矿相似模拟试验技术的发展与问题——论发展三维采矿物理模拟试验的意义 [J]. 中国矿业, 2003, 12 (8): 6-8.

[31] А.П.克雷洛夫, П.М.别拉什, Ю.П.包利索夫. 油田开发设计 [M]. 王福松译. 北京: 中国工业出版社, 1964.

[32] 余纪诚. 石油大学校史 [M]. 北京: 春秋出版社, 1989.

[33] 中国石油勘探开发研究院. 中国石油勘探开发研究院五十年发展史（1958—2008）[M]. 北京: 石油工业出版社, 2008.

[34] 何长工. 何长工回忆录 [M]. 北京: 解放军出版社, 1987.

[35] 余秋里. 余秋里回忆录 [M]. 北京: 人民出版社, 2011.

[36] 张琦. 浅谈水平井钻井技术现状及发展方向 [J]. 中国井矿盐, 2015, 46 (4): 28-30.

[37] 安飞. 水平井技术发展的历程 [J]. 石油知识, 2019 (5): 8-9.

[38] 杨学勤. 水平井多级压裂 [N]. 中曼石油报, 2016-12-19 (4).

[39] 安庆选. 我国第一口水平井 [J]. 天然气技术与经济, 1995 (2): 60.

[40] М., Рф. 油田开发设计: 贯穿于油田开发过程的始终 [J]. 张宏逵译. 国外石油地质, 1995 (4): 41-47.

[41] 宫柯. 苏联专家为玉门和克拉玛依油田编制开发方案 [J]. 石油知识, 2018 (3): 31-33.

[42] 石宝珩. 闵豫与油田开发 [M]. 北京: 石油工业出版社, 2000.

[43] 方宏长, 阎存章, 周继涛. 油田开发设计方法 [J]. 石油勘探与开发, 1996 (5): 40-43, 83.

[44]《中国油气田开发志》总编纂委员会. 中国石油气开发志（卷七）: 新疆油气区卷 [M]. 北京: 石油工业出版社, 2011.

[45] 傅诚德, 李希文. "一五"—"七五" 石油科技要览 [M]. 北京: 石油工业出版社, 2017.

[46] 刘宝宏.情满天山——缅怀康世恩对新疆石油的丰功伟绩[J].新疆地方志,2006(3):50-56.

[47] 张文昭.中国大油田勘探开发实践[M].北京:石油工业出版社,2002.

[48] 施淑文.关于环境设计问题的探讨——中国科学院兰州分院规划设计[J].建筑学报,1988(7):25-28.

[49] 中国力学学会.中国力学学科史[M].北京:中国科学技术出版社,2012.

[50] 刘俊丽,刘日武,黄延章.渗流力学的回顾与展望[J].力学与实践,2008(1):94-97.

[51] 阿拉文,努美罗夫.滤流理论[M].王仁东译.北京:高等教育出版社,1958.

[52] 卡佳霍夫.油层物理基础[M].张朝琛译.北京:石油工业出版社,1958.

[53]《康世恩传》编写组.康世恩传[M].北京:当代中国出版社,1991.

[54]《中国油气田开发志》总编纂委员会.中国油气田开发志·大庆油气区油气田卷[M].北京:石油工业出版社,2011.

[55] 大庆油田有限责任公司.大庆油田企业文化辞典[M].北京:石油工业出版社,2009.

[56] 宫柯.大脚印[M].北京:石油工业出版社,2014.

[57]《中国油气田开发志》总编纂委员会.中国油气田开发志·综合卷(上)[M].北京:石油工业出版社,2011.

[58] 郭尚平,刘慈群.非均质油田开发过程的水动力学计算方法[J].力学学报,1964,7(2):124-138.

[59]《中国油气田开发志》总编纂委员会.中国油气田开发志·大庆油气区油气田卷[J].北京:石油工业出版社,2011.

[60] 中共大庆市党史研究室.大庆油田史[M].北京:中国党史出版社,2009.

[61]《中国油气田开发志》总编纂委员会.中国油气田开发志(卷十一)·玉门油气区卷[M].北京:石油工业出版社,2011.

[62] 王元,王绶琯,郑哲敏.中科院数学、天文学和力学四十年[J].中科院院刊,1989(4):283-296.

[63] 王仰之. 中国石油编年史[M]. 北京：石油工业出版社，1996.

[64] 李玉琪，惠荣，赵梓蓉. 从石油天然气勘探的历史经验重新认识四川盆地[J]. 西安石油大学学报（社会科学版），2014，23(5):55-61.

[65]《四川石油气田发展简史》编写组. 四川石油气田发展简史（1958—2008）[M]. 成都：四川科学技术出版社，2008.

[66]"从无到有"的第一次石油大会战 战在川中[N]. 遂宁日报，2016-10-17.

[67] 樊春良. 新中国70年科技规划的创立与发展——不同时期科技规划的比较[J]. 科技导报，2019，37（18）：31-42.

[68] 中共中央文献研究室. 关于一九六一、一九六二年科学技术工作安排的汇报提纲[A]//建国以来重要文献选编[G]. 北京：中央文献出版社，1997.

[69] 中共中央文献研究室. 中央科学小组、国家科委党组关于一九六三—一九七二年科学技术发展规划的报告[A]//建国以来重要文献选编[G]. 北京：中央文献出版社，1997.

[70] 胡维佳. 中国科技政策资料选辑（中）（1945—1995）[M]. 济南：山东教育出版社，2006.

[71] 李毓昌. 流体力学学术讨论会[J]. 科学通报，1964（3）：273.

[72] 郭尚平，刘慈群，李永善，等. 多相渗流研究的近况和展望[J]. 科学通报，1964（5）：420-425.

[73] 周济福. 渗流力学研究的现状和发展趋势[J]. 力学与实践，2007（3）：1-6.

[74] 郭尚平，黄延章，马效武，等. 渗流力学微观模拟实验方法[G]. 渗流力学论文集，1983：108.

[75] 李明川，姚军，葛家理. 渗流力学进展与前沿[J]. 力学季刊，2012，33（1）：74-80.

[76] 郭尚平. 郭尚平院士文集：渗流力学[G]. 北京：石油工业出版社，2016.

[77] 郭尚平，黄延章. 渗流微观模拟测试技术及其在油田开采中的应用[C]//一九八七年石油工业油田开发建设工作会议文集. 北京：石油工业出版社，1987.

［78］Lewis J O.Methods for increasing the recovery from oil Sand［J］.Bureau of Mines Bulletin, 1917（148）.

［79］郭尚平, 黄延章, 胡雅礽.仿真微模型及其在油藏工程中的应用［J］.石油学报, 1990, 11（1）: 49-54.

［80］Collins R E. Flow through porous materials［M］. New York: Reinhold Publishing Corporation, 1961.

［81］刘庆杰, 郭尚平.肝脏小叶的双重介质渗流模型及渗流模式［J］.重庆大学学报（自然科学版）, 2000, 23（增刊）: 178-180.

［82］郭尚平, 刘泽扬.生物流体渗流的基本规律和渗透系数［C］//渗流力学进展（第五届全国渗流力学学术讨论会论文集）, 1996.

［83］刘泽扬, 于大森, 李贵山.类渗透率在药物研究中的应用［C］.第四届全国生物力学会议, 1993.

［84］Guo Shangping, et al. On some new problems of porous flow [R]//Proceedings of the International Conference on Fluid Mechanics［C］. Beijing: Beking University Press, 1987.

［85］石油工业部科技司, 中国科学院政策研究室, 中国科学院合同局.横向合作, 前景广阔: 对石油工业部、中国科学院全面科技合作四年的回顾和讨论［J］.中国科学院院刊, 1987（1）: 57-61.

［86］郭尚平.渗流力学发展值得重视的几个方面［J］.科技导报, 2012, 30（35）.

［87］郭尚平.微观渗流科学技术概况和建议［C］.西安: 第9届全国渗流力学学术大会, 2007.

［88］郭尚平, 田根林, 王芳, 等.聚合物驱后进一步提高采收率的四次采油问题［J］.石油学报, 1997, 10（18）: 4.

［89］管建涛, 闫睿."为了保障国家能源安全"——探访大庆油田"四次采油"实验［N］.新华社, 2019-04-30.

［90］李建中.能源天地［M］.北京: 中国科学技术出版社.郑州: 河南科学技术出版社, 2013.

[91] 李家春. 自然、工业与流动: 2001年第六届全国流体力学会议论文集 [C]. 北京: 气象出版社, 2001.

[92] 郭尚平. 渗流力学研究和应用的一些动态 [R]. 全国流体力学大会邀请报告, 2001.

[93] 李淑霞, 郭尚平, 陈月明, 等. 天然气水合物开发多物理场特征及耦合渗流研究进展与建议 [J]. 力学学报, 2020, 52 (3).

[94] 郭尚平. 页岩储层多孔介质和物质运移的一些基础问题 [R]. 第12届全国渗流力学大会邀请报告, 2013.

[95] 郭尚平. 页岩气开发渗流研究的一些物理地质基础 [R]. 全国渗流力学学术会议暨国际渗流力学论坛大会主题报告, 2015.

[96] 郭尚平. 我的留苏岁月 [J]. 石油知识, 2021 (2): 40-42.

[97] 郭尚平. 勤学苦练 踏实学问 [G] // 院士怎样读书与做学问 [M]. 上海: 上海科学文献出版社, 2017.

[98] 欧美同学会留前苏联与独联体分会. 学子之路: 新中国留苏学生奋斗足迹 [M]. 北京: 中国青年出版社, 2000.

附录一　郭尚平年表

1929 年
3 月 17 日（农历二月初七），生于四川省荣县吕仙寨，为郭孟四第 21 代孙，郭运南第四子。祖籍四川省内江市隆昌（现隆昌市）县云顶寨。
5 月，郭家由荣县迁入富顺县自流井区（现自贡市），投资天然气井盐开采。

1931 年
3 月，郭运南井盐开采投资失败，从自流井区正街迁往沙湾。

1933 年
4 月，郭家日益败落，再迁家至自流井新街外的双牌坊李家住宅。

1934 年
3 月，郭家迁至自贡边缘地带的高山井街 18 号。

1936 年
3 月，郭尚平进入玉皇庙女子小学一年级学习。

1937 年
3 月，跳级至小学三年级上学期学习。
7 月 7 日，"卢沟桥事变"爆发，抗日战争开始，郭尚平开始参加抗日救亡宣传运动。
9 月，跳级至小学四年级学习。

1938 年

9 月，考入自贡井神庙男子小学读小学五年级上学期。

1939 年

1 月，因日军轰炸，形势非常紧张，加之郭家经济拮据，无法维持生活，遂举家迁回祖居——隆昌县（现隆昌市）云顶寨。

3 月，转学至隆昌县云顶寨私立秀毓小学。

1940 年

9 月，考入隆昌县县立初级中学 33 班。时值抗日战争时期，校址在云顶寨山下金墨湾。

1943 年

7 月，在隆昌县县立初级中学毕业后赴自贡报考蜀光高级中学，因未赶上考期，在家休学半年。

1944 年

2 月，考入成都清华中学（高中部）第 10 班。

1946 年

7 月，民主爱国人士闻一多、李公朴相继被国民党特务杀害，郭尚平开始接触民主进步思想。

12 月，郭尚平以优异的成绩从成都清华中学毕业。

1947 年

1 月到 6 月，因处于大学非招生期，在家休学半年。

7月，赴重庆参加大学招生考试，郭尚平报考的重庆大学（矿冶系）、四川大学（化工系）、华西大学（数学物理系）均予录取。

9月1日，郭尚平选择进入重庆大学工学院矿冶系学习。

1948年

年初，开始参加多种形式的爱国学生运动。

11月，加入进步学生组织"求是社"。

1949年

上半年，以"四·二一"运动为高潮的反内战、要和平，反独裁、要民主，反饥饿、争温饱的重庆学生运动爆发，郭尚平成为学生运动中的积极分子。

10—12月，参加地下党领导的护校组织——护校队，担任松林坡三宿舍护舍队长并守护中渡口。

11月23日，"重庆大学冬防委员会"在理学院大楼正式成立。

11月30日，人民解放军强渡长江，解放重庆。

12月2日，郭尚平与张静文同去第二野战军十一军要求参军并被录取，但根据上级指示高年级学生必须继续学业为由，不准许郭尚平、张静文离校，故参军未成。

12月，母亲李新娴因病去世。

1950年

年初，矿冶系正式成立石油开采组和煤田开采组，不久又接受燃料工业部委托，在地质系开办石油地质专修科，郭尚平选修了石油开采专业。

1月初至3月6日，重庆大学党支部选派郭尚平进入中国新民主主义青年团西南工作委员会和重庆工作委员会合办的团干部训练班学习。

3月6日，团干部训练班举行毕业典礼和入团宣誓，郭尚平光荣加入中国新民主主义青年团，介绍人为重庆女子师范学院学生地下党员罗玉清。

3月，郭尚平当选为重庆大学工学院第 2 团支部（矿冶系、化工系、机械系）书记；稍后被选为工学院（矿冶系、化工系、机械系、电机系、土木系、建筑系）团总支副书记、书记。

4月，郭尚平提出加入中国共产党的申请书。

5月，中共重庆市第三区区委正式成立。重庆大学党支部进行改选，杨长全担任党支部书记。

7月1日，中国共产党成立 29 周年之际，西南军区举行盛大的庆祝活动。郭尚平有幸参加此次活动并聆听邓小平同志的政治报告。

7月10日，中国人民反对美国侵略台湾朝鲜运动委员会成立。

9月，郭尚平升入大学四年级。

10月，刘伯承来到重庆大学团结广场给万余群众做时事政治报告，郭尚平和电机系梅遂生担任讲台上正式记录员。

10月25日，抗美援朝保家卫国运动开始，郭尚平报名参加志愿军，因属高年级学生再次未获批准。

1951 年

1月31日，经过党组织严格考察和考验，郭尚平被批准加入中国共产党，当日进行入党宣誓。入党培养、教育、考察负责人为党支部组织委员、地下党员文国荣，入党介绍人为支部书记杨长全和支部委员徐友乾。

3月，杨长全等人因工作调动离校，党支部进行改选，由胡新担任重庆大学党支部书记。部分党员因工作需要纷纷调离学校，重庆大学党支部此时只有党员 18 人。

5月1日，石油开采组 11 名学生乘坐重庆石油办事处卡车去隆昌圣灯山气矿实习。

7月，从重庆大学矿冶系毕业，留校担任油气田开采专业助教。

是月，卸任重庆大学工学院团总支书记，担任校党支部的宣传员。

1952 年

5月，被评选为重庆市模范团员。

6月29日，郭尚平与罗广芳恋爱。

9月中旬，按照组织通知要求，参加留学苏联体检和笔试。

9月下旬，接到西南军政委员会人事部通知，赴北京俄文专修学校留苏预备部学习。

9月26日，郭尚平等重庆大学留苏预备生共7人（2名助教，5名本科生）从重庆朝天门码头乘轮船到汉口转乘火车赴京，于9月30日抵达北京宣武门内石驸马大街的留苏预备部宿舍。

10月3日，到留苏预备部研究生班39班报到入学，校址在北京宣武门内鲍家街。

10月，3个研究生班建立一个党支部，郭尚平以学员的身份担任宣传委员。

1953年

7月25日，与即将出国的500余名留学生一同到中南海怀仁堂，受到周总理的亲切接见。

8月4日，与准备出国的留学生一起在北京俄文专修学校大礼堂聆听刘少奇同志近四个小时的出国前思想政治报告。

9月2日，由北京乘专列出发奔赴莫斯科，280名留学生被编成一个大队，郭尚平担任副大队长，宋健和刘莎任大队翻译。

9月中旬，进入莫斯科石油学院研究生院学习，师从油田开发专家、该院院长 И.М. 穆拉维耶夫教授。

9月下旬，莫斯科石油学院中国留学生党支部进行改选，郭尚平担任组织委员。

1954年

5月1日，参加在莫斯科红场举行的五一国际劳动节庆祝活动。

7月，参加莫斯科市共青团委组织的沿伏尔加河从莫斯科到敖德萨乘船旅游观光活动，并在斯大林格勒烈士墓前举行悼念仪式。

8月，赴当时苏联产量最大的油田——杜依马兹油田实习。

9月，自主选定创新性很强的学位论文题目《油层水力压裂的效率》，受到导师支持。

11月7日，参加莫斯科红场十月革命节游行。

1955 年

5月1日，参加在莫斯科红场举行的五一国际劳动节庆祝活动。

5月，随全苏油田开发研究所地层水力压裂研究队赴罗马什金油田参加水力压裂设计施工和观测实践。

1956 年

8月，赴巴库收集地层水力压裂资料。

11月7日，参加在莫斯科红场举行的十月革命节庆祝游行。

是年，郭尚平之父郭运南去世。

1957 年

4月16日，在莫斯科石油学院论文评委会全票通过论文答辩，被授予苏联副博士学位。

4月20日至5月30日，考察苏联石油工业部和苏联科学院有关研究所的科研新进展。

6月3日，乘火车离开莫斯科回国。

6月11日，抵达北京，当日被高等教育部分配到中国科学院石油研究所（后改名化学物理研究所）任助理研究员。是月，经石油工业部商请，借调郭尚平到石油工业部工作。

6月29日，返抵重庆探亲，当日与罗广芳完婚。

7月，偕罗广芳赴隆昌、泸州等地探望兄姐。

8月5日，偕罗广芳返京。

8月6日，到位于北京六铺炕的石油工业部地质开发研究所筹建处工作，担任

开发室工程师。

9月1日,妻子罗广芳转学进入北京俄语学院(后并入北京外国语学院)学习。

1958年

年初,郭尚平带领陈焕章、李世栋开始进行中国最早的多底井、水平井开发效果研究,后因1960年全部科技人员投身大庆石油会战而中断。

3月,郭尚平带领工作组赴新疆克拉玛依油田,开始编制克拉玛依油田开发设计方案。

9月,中共中央副主席、中华人民共和国副主席朱德偕夫人康克清等一行视察克拉玛依油田,郭尚平受到朱德副主席接见。

是月,根据石油工业部决定,北京石油炼制研究所和北京石油地质开发研究所筹建处合并,成立石油科学研究院,郭尚平任油田开发室地下水动力学组组长、工程师。

是月,郭尚平家从北京六铺炕宿舍区迁居至学院路石油科学研究院生活区。

12月,完成克拉玛依油田初步开发设计方案(草案)。

1959年

3月,郭尚平、陆勇、张瑞年三人组成的中方工作组赴莫斯科与苏方工作组共同审核克拉玛依初步开发设计方案(草案)。

6月,苏联科学院院士、苏联石油工业部总地质师米尔钦科来中国帮助工作,郭尚平随石油工业部地质司司长唐克等陪同。

9月下旬,石油工业部部长余秋里听取郭尚平关于克拉玛依油田开发设计工作情况的单独汇报,并做重要指示。

12月上旬,以侯祥麟为团长,郭尚平、干志坚为团员的中国代表团以观察员身份参加苏联领导的社会主义国家经济互助委员会石油会议。按石油科学研究院院长张俊的电话指示,会后郭尚平留在莫斯科考察全苏油田开发研究所、苏联科学院石油研究所和力学研究所等单位的科学技术新进展。

1960 年

3月，完成克拉玛依油田的正式设计（修正设计）。

是月，郭尚平等三人组成的中方工作组再次飞往苏联，与苏方三人工作组一起对克拉玛依油田正式开发方案进行审核。

9—10月，随石油工业部部长余秋里到克拉玛依油田和卞门油田视察。

11月13日，郭尚平到中国科学院兰州分院工作，一家迁居兰州。

11月22日，郭尚平的大女儿郭小芳在兰州甘肃省人民医院出生。

11月，中国科学院在兰州石油分所内成立渗流力学研究室，任命郭尚平为室主任。

1961 年

1月，渗流力学研究室由兰州石油分所划归兰州地质所建制。

3月，石油工业部通知郭尚平赴大庆油田开发工作组，参加大庆第一个开发区萨尔图油田146平方公里面积的开发方案设计，并担任渗流研究计算组组长。

8月，提出科技水平国际领先的"非均质油田开发过程的水动力学计算方法"，并在大庆油田得到应用。

1962 年

5月，大庆油田开发工作组提出初步开发设计方案后，全体转战至萨尔图，郭尚平赴大庆继续完成萨尔图油田开发方案设计。

7月，完成《萨尔图油田146平方公里面积的开发方案报告》。

是月，应邀到大庆研究站作地下水动力学报告。

8月，周恩来总理到大庆油田视察，并在"二号院"接见部分干部和专家，郭尚平受到周总理的接见和鼓励。

是月，郭尚平离开大庆油田赴京参加全国《1963—1972年科学技术规划纲要》编制。

8—9月，郭尚平头脑中出现微观渗流和生物渗流的科学思想，并开始考虑实现科学思想的技术路线。

1963 年

4月,石油工业部党组正式批准《萨尔图油田146平方公里面积的开发方案》。

10月21—26日,中国力学学会在上海召开第一次全国流体力学大会,郭尚平做大会邀请报告《多相渗流研究的近况和展望》。会后,国内有关日报报道大会消息,重点报道了兰州渗流所的成果。

10月25日,按照郭永怀先生的通知,郭尚平赴京向兼任中国科学院副秘书长的钱学森先生汇报渗流力学发展情况,钱学森决定建立中国科学院渗流力学研究所。

12月,郭尚平参与编制的《1963—1972年科学技术规划纲要》经中共中央、国务院批准,由国家科委下达,并会同各有关部委组织实施。

是年,兰州渗流力学研究室用3年时间研发成功国内首创、国际领先的一次成型人工地层大模型及X射线观测二相流体运动规律的成套技术,在大庆油田、玉门油田和胜利油田等单位得到应用,并引领国内油层大模型模拟实验不断发展。

1964 年

2月,《非均质油田开发过程的水动力学计算方法》论文在《力学学报》上发表,并被列为国家科委《科学技术研究报告》第0134号。

3月,玉门油田派人到兰州渗流力学研究室合作,应用一次成型地层大模型实验研究有断裂的石油沟油层内油水二相渗流,以及合理注水开发提高产量及采收率等问题。

8月,郭尚平、刘慈群、李永善等人带领的641队与玉门研究所合作,研发成功世界首创、原始创新的小层动态分析方法(包括油水线位置、水淹情况及剩余油饱和度分布等小层动态分析和预测),在玉门研究所礼堂由郭尚平向大会报告,并公开散发"小层动态分析方法"书面报告。

是年,渗流力学研究室被评选为中国科学院12个先进集体之一。

1965 年

3 月，兰州地质所渗流力学研究室向新疆派出 652 队，与新疆生产建设兵团合作，进行地下水渗流、储量计算、低成本效益开发和合理灌溉的研究和应用。

9 月，王震将军通过甘肃省委在兰州饭店约见郭尚平，对渗流力学研究室 652 队的科技人员在新疆生产建设兵团的科技工作给予表扬和感谢，并要求长期支持兵团科技生产工作。

1966 年

3 月，郭尚平到甘肃省临夏回族自治州关家川公社参加"社教"工作，并担任何家大队"社教"工作组组长。

7 月 16 日起，郭尚平因"文化大革命"而被停止党组织生活和研究工作，并被扣上九顶"反革命"帽子。

1967 年

5 月 13 日，郭尚平二女儿郭漫在兰州甘肃省人民医院出生。

1968 年

上半年，"文化大革命"中因造反派派性斗争，未经上级批准，兰州地质所革委会撤销了渗流力学室。

11 月，郭尚平到宁夏中卫县沙漠地区"劳动改造"。

1969 年

5 月，接到通知返回兰州参加整党。

9 月，宣布恢复郭尚平党员组织生活和科研工作。

1970 年

2 月，郭尚平参加石油工业部、中国科学院和地质部三个单位联合组织的四川天然气勘探开发会战，并担任气田开发连连长。

2—12月，先后在邓一井、威四井、自一井等井口值班。其间曾回访曾经在小学阶段居住的高山井街18号。

12月，兰州地震大队革命委员会命令郭尚平等人不再参加天然气会战，全体人员撤回兰州。

1971年

5月1日，调离中国科学院兰州分院，参加长庆油田会战。

5月31日，郭尚平与兰州军区干部穆文生赴江汉油田，整建制调动一个研究营到长庆油田，组建长庆油田指挥部研究所，郭尚平任副所长。

1972年

3月，郭尚平因肺结核病复发返回兰州省军区医院治疗。

5月，长庆油田地质研究所扩大为研究院，郭尚平任分管油田开发的副院长。

7月，长庆油田派郭尚平赴兰州参加著名数学家华罗庚开办的学习班，学习优选法和统筹法。学部委员会华罗庚教授在陆军医院住院，带病接见郭尚平并回答和讲解了一系列问题。郭尚平返回油田后宣讲并应用了优选法和统筹法。

12月21日，郭尚平长子郭雪在兰州出生。

1973年

7月，郭尚平被派往中共甘肃省委党校学习一个月。

1974年

8月，中国科学院准备重建渗流力学研究室，与兰州军区政治部协商后将郭尚平调回兰州，暂时安排在冰川冻土沙漠研究所科技处工作。

12月，被任命为兰州冰川冻土沙漠研究所科技处处长。

1975年

6月，赴祁连山冰川野外队考察调研，登上海拔5100米的七一冰川峰顶。

7月，赴沙坡头实验站考察调研沙漠治理。
8月，赴乌兰布和沙漠实验站考察调研。
9月，赴云南东川蒋家沟国内最大泥石流地区考察调研。

1976 年

10月，带领杨素冰、文子祥起草《冰川冻土沙漠研究所第五个科技发展五年计划》。

是年，"文化大革命"结束。

1977 年

3月，在冰川所科技处工作期间，开始进行渗流力学研究室的恢复建室工作。

12月，在北京友谊宾馆召开全国科学技术规划会议，郭尚平担任地学组的学术秘书和力学组成员，执笔起草《中国地球学科科学发展十年规划草案》，参加制定《中国力学学科科学发展十年规划》。

1978 年

上半年，补选为中国力学学会第一届理事会理事。

上半年，郭尚平带领马效武等人正式开始微观渗流模拟技术研发工作。

下半年，被选聘为国家科委力学学科组员。

1979 年

3月，正式恢复渗流力学研究室，暂属冰川冻土沙漠所领导。经全室人员无记名投票，选举郭尚平为研究室主任。

8月，被选为中国石油学会第一届理事会理事，后曾连任多届理事、常务理事，并兼任学术委员会主任。

9月，作为中国力学代表团成员考察法国有关大学和科研机构。

9—10月，作为中国力学代表团成员应邀访美，考察参观美国二十余所大学、科研机构和海上石油平台。

11月9—16日,出席在无锡举行的中国力学学会第二届全国流体力学大会,并应邀做大会报告《渗流力学研究的现状和展望》。

下半年,被聘为国家科学技术委员会石油地质专业组组员。

1980年

3月,被聘为《中国大百科全书·力学卷》编委。

4月2—6日,出席在江苏邵泊召开的第一届全国渗流力学大会,并做大会报告《渗流力学的研究和展望》,发表《渗流力学微观模拟实验方法》。

8月11日,中国科学院决定将渗流力学研究室从兰州冰川冻土沙漠研究所划出,建立中国科学院直属的兰州渗流力学研究室。

1981年

7月20—23日,参加在上海召开的我国第一届生物力学学术会议,发表《脏器渗流多孔介质的物理特征》,在世界上首次提出"生物渗流"科学思想,引起较大反响。

下半年,中国科学院给渗流室的生物渗流研究初期阶段部分进展《生物脏器多孔介质物理与生物渗流问题》下达重大科技成果奖(渗流室并未报奖)。

1982年

1月,郭尚平的《脏器渗流多孔介质的物理特征》在《力学学报》发表,引起较大反响。

5月,当选为中国力学学会第二届理事会理事。

7月,在中国科学院数学物理学部全体学部委员扩大会议上,做题为《生物渗流和石油微观渗流》的学术报告。

9月20日,出席并主持在兰州召开的第二届全国渗流力学大会。

9月,被选为甘肃省力学学会第一届理事长。

1983 年

2 月，被评审批准为中国科学院研究员（教授）。

3 月，发表论文《关于计算渗流力学问题》。

5 月 9—12 日，参加武汉中日美生物力学大会，发表关于肺内多重介质渗流的研究成果，首次在世界上提出生物渗流的非达西定律，首次提出构建生物多重介质渗流数学模型的思想和方法，具体提出肺内二重介质渗流数学模型。

9 月 12 日，中共中央任命郭尚平为中国科学院兰州分院院长。

10 月，被聘为中共甘肃省委科技领导小组成员。

是月，在北京举行的第二届亚洲流体力学会议上宣读论文《多相渗流的微观和宏观研究》（*Microscopic and Macroscopic Research on Multiphase Flow through Porous Media*）。

下半年，被聘为国务院学位委员会力学学科组成员。

1984 年

6 月，调研中国科学院高原生物所和盐湖研究所及其在青海省等地的野外试验场。

是月，赴青藏高原昆仑山垭口（海拔 4878 米）区域考察。

9 月，作为中国科学院代表团成员考察日本科研机构和日本科学技术新进展。

1985 年

6 月 1 日，被中国力学学会聘为《力学学报》第四届编委，此后担任多届常务编委。

10 月 17 日，被聘为重庆大学校友会第二届理事会理事。

10 月 25 日，被甘肃省科学技术委员会聘为甘肃省科学技术进步奖评审委员会副主任委员。

10 月，参加全国第二届生物力学学术会议，并在大会上宣读论文《代血液流动规律的研究》。

11月，中华医学会因郭尚平在生物渗流方面的突出贡献，吸收他为会员。

1986 年

2月16日，被国务院学位委员会聘为第二届学科评议组（力学组）成员。

4月17日，郭尚平的长外孙裴松出生。

6月，郭尚平与林同骥、郑哲敏院士登上青藏高原昆仑山垭口进行野外考察。

7月30日，被甘肃省职称改革工作领导小组聘为自然科学研究人员高级职务评审委员会副主任委员。

8月，当选为中国力学学会第三届理事会理事和常务理事。

9月，郭尚平被聘为国家自然科学基金会第一届力学组组员。

是月，渗流力学研究室因体制改革为石油工业部与中国科学院合办的渗流流体力学研究所，搬迁至中国石油勘探开发研究院万庄分院继续开展科研工作。

11月，郭尚平等人完成的"渗流微观模拟技术"部分成果获得中国科学院科技进步奖一等奖，并推荐申报国家科技进步奖一等奖。

是年，郭尚平团队研发完成由11项技术配套的微观模拟和测试技术。

1987 年

1月，被中国石油天然气总公司聘为油藏工程、工程力学专业教授级高级工程师。

7月，中国科学院批准郭尚平辞去中国科学院兰州分院院长职务。

8月，在（北京）国际流体力学大会上做大会邀请报告 On some New Problems of Porous Flow（《渗流的一些新问题》），展示了生物渗流和微观渗流研究的部分成果。

是月，石油工业部任命郭尚平为中国石油勘探开发研究院副院长。

9月，郭尚平全家迁居北京。

10月2—3日，赴日本名古屋参加日中美国际生物力学大会，发表了用家兔动物实验及用人和动物真实血液、肝胆汁等生物流体模拟实验的渗流基本规律与系列结果。

是年，郭尚平等人正式在世界学术界建立了生物渗流理论，创立了生物渗流学科分支。

1988 年
3月23日，周光召代表中国科学院、王涛代表石油工业部在北京六铺炕石油工业部大楼正式签署双方合办渗流流体力学研究所的协议。
12月，被中国科学院聘为数学、力学、天文学专家委员会委员。

1989 年
5月，中国石油天然气总公司在河北廊坊万庄分院举办培训班，公开推广渗流所原始创新的微观模拟和测试全套技术，使该技术快速普及并逐渐成为常规实验项目。

1990 年
2月，世界第一部微观渗流专著《物理化学渗流 微观机理》由科学出版社出版，开创微观渗流学科分支。
9月，当选为中国石油学会第四届理事会常务理事兼学术委员会主任。

1991 年
3月，被选任为第四次国际石油工程师协会（SPE）年会学术委员会中方主任。
7月，被批准为第一批享受国务院政府特殊津贴者，并荣获中国石油天然气总公司"石油工业有突出贡献科技专家"称号。
12月，"孔隙渗流流动规律的模拟实验研究"获国家自然科学奖。

1992 年
10月，随李虞庚任团长的中国石油代表团赴美国华盛顿出席国际石油工程师协会（SPE）年会和展览会。

是年，被聘为中国科学院力学研究所博士研究生导师。

1993 年

9月，美国国家科学院、美国国家工程院、美国国家医学科学院院士、被誉为世界"生物力学之父"的冯元桢教授在给中国医学科学院刘泽扬教授的信中，评价郭尚平的生物渗流理论时称："郭先生的理论在世界上是突出的"。
12月30日，被中国《力学学报》聘为第六届常务编委。

1994 年

3月，因高龄退居二线，成为中国石油勘探开发科学研究院专家。

1995 年

10月16日，经中国科学院学部选举并经中国科学院学部主席团审议批准，被评选为中国科学院（数学物理学部）院士。

1996 年

6月，出席在北京举行的中国科学院第八次院士大会。
9月，出席在北戴河举行的第五届全国渗流力学大会，并发表大会邀请报告《渗流研究和应用的一些动态》。

1997 年

1月2日，被长江大学聘为"双聘院士"。
1月9日，被中国力学学会特聘为"周培源力学奖"评委会委员。
7月8日，偕夫人罗广芳参加中组部组织的院士专家学术休假活动，对浙江省科技和教育事业提出建议。
9月，《中国石油天然气总公司院士文集——中国科学院院士郭尚平集》由中国大百科全书出版社出版。

10月，在《石油学报》发表论文《聚合物驱后进一步提高采收率的四次采油问题》，提出四次采油思想。

1999 年
10月1日，应邀参加北京天安门建国50周年庆典观礼活动。

10月12日，出席重庆大学成立70周年庆祝大会，代表10万校友致贺词。

2000 年
10月19日，何梁何利基金颁奖大会（第七届）在北京钓鱼台国宾馆举行，郭尚平被授予何梁何利科学与技术进步奖——数学力学奖。

2001 年
4月，中国力学学会在上海举办第六届全国流体力学学术大会，在会上做《渗流力学研究和应用的一些动态》邀请报告。

2001—2015年，任国家"973计划"基础研究天然气项目跟踪专家。

2002 年
9月4日，与沈忠厚院士一同组织召开在北京石油大院举行的重庆大学矿冶系1951级（1947届）同班同学聚会（最后一次聚会）。

2004 年
9月，受聘为长江大学地球科学学院"双聘院士"。

10月，重庆大学75周年校庆，受聘为重庆大学名誉教授。

2005 年
5月，在北京昌平参加第八届全国渗流力学大会，并应邀做大会报告。

是月，与贾承造、许厚泽、戴金星共同受聘担任长江大学兼职教授，4人共

同助力长江大学"油气资源与勘探技术"教育部重点实验室建设。

是年,任国家"973计划"项目"化学驱和微生物驱提高石油采收率""二氧化碳减排、储存和资源化利用的基础研究"跟踪专家。

2005—2015年,被聘为国家"973计划"项目"中国煤层气成藏机制及经济开采基础研究"跟踪专家。

2007 年

1月,被聘为中国力学学会第八届理事会名誉理事。

4月3日,在长江大学做题为《采油工程的现状及提高采收率主要技术问题》的报告。

5月,在西安第九届全国渗流力学学术讨论大会上做题为《微观渗流科学技术情况和建议》的大会邀请报告。

2008 年

8月8日,应邀参加北京奥林匹克运动会开幕式。

是年,10月开始,连续十余年任有关碳酸盐岩缝洞型油藏开采机理及提高采收率研究方面的"973计划"项目及国家重大专项跟踪专家。

2009 年

4月24—26日,应邀出席在武汉召开的由中国力学学会、中国石油学会、中国岩石力学与工程学会主办的第十届全国渗流力学学术大会暨2009渗流力学应用国际论坛,并做题为《与渗流有关的一些理论的新进展》的大会邀请报告。

9月22日,偕夫人罗广芳出席在大庆举行的大庆油田发现50周年庆祝大会。

10月1日,应邀参加北京天安门新中国成立60周年观礼活动。

10月12日,偕夫人罗广芳参加重庆大学80周年校庆,代表20万校友在庆典上致贺词,并做学术报告。

10月31日,钱学森逝世,郭尚平与中国科学院力学组崔尔杰等八位院士一起到小灵堂沉痛悼念。

2011 年

4 月 28—30 日，出席在重庆召开的第十一届全国渗流力学学术大会，并做题为《渗流研究的一些新进展》的主题报告。

2012 年

6 月 11 日，在北京人民大会堂出席两院院士大会。接见时，郭尚平坐前排第一位，胡锦涛总书记、温家宝总理等中央领导出场时握手谈话的第一人就是郭尚平。

2013 年

8 月 8 日，在青岛参加由中国力学学会等单位主办、中国石油大学（华东）承办的第十二届全国渗流力学大会，郭尚平在会上发表题为《页岩储层多孔介质和物质运移的一些基础问题》的邀请报告；中国力学学会渗流力学专业组为郭尚平院士颁发了"渗流力学发展 60 年终身成就奖"。

8 月 14—16 日，应邀参加在中国石油大学（华东）举办的国际稠油开采技术交流会并用英语致闭幕词。

2014 年

6 月 9 日，出席在北京举行的中国科学院第十七次 / 中国工程院第十二次院士大会，并聆听李克强总理的重要讲话。

9 月，荣获中国石油勘探开发研究院"优秀博士生导师"称号。

2015 年

1 月，被聘为国家能源致密油气研发中心学术委员会委员。

7 月 10—13 日，出席第十三届全国渗流力学学术会议暨国际渗流力学国际论坛，并做题为《页岩气开发渗流研究的一些物理地质基础》的报告。

11月25日，应邀出席延长石油创立110周年庆祝大会。

2016年
6月，《郭尚平院士文集——渗流力学》由石油工业出版社出版。

2017年
8月24日，出席在杭州召开的第十四届全国渗流力学大会，并做关于致密油气藏开发渗流研究的物理地质基础方面的大会邀请报告。

2018年
8月，中国科学院渗流流体力学研究所举办研究生录取前的夏令营活动，郭尚平院士给学生们做《爱国和做学问》的主旨报告。

2019年
7月25日，出席在大庆召开的第十五届全国渗流力学大会，并做题为《天然气水合物开采渗流研究的一些理论基础技术信息及建议》的大会特邀报告。

2021年
1月，偕夫人罗广芳赴贵州息烽集中营旧址悼念革命烈士，并重温入党誓词。

6月30日，在中国共产党建党100周年纪念日前夕，郭尚平、罗广芳荣获"光荣在党50年"纪念章。

12月，"科学中国人"拍摄的《郭尚平：科研创新，为国为民》视频在《人民日报》新媒体平台"人民号"、中宣部"学习强国"平台及百度网等媒体上线。

2022年
1月，《郭尚平画传》由石油工业出版社出版。

12月中旬，一家四人同时罹患新冠，儿子及儿媳负责医护，居家治疗6天即愈。郭尚平近94岁、罗广芳91岁高龄均有惊无险，平安抗疫。

2023年

8月18日，年近95岁的郭尚平还出席第17届全国渗流力学大会，并做题为《计算渗流和实验渗流的新进展》的大会特邀报告。

2024年

4月3日，郭尚平—罗广芳的长孙、郭雪—杨林的长子出生，取名郭天霖。

附录二　郭尚平部分著作目录

［1］Го Шан-пин. Расчет дебита скважины с трещиной в призабойной зоне пласта. Тр. МНИ вып. 22, гостоптехиздат, 1958.

［2］И. М. Муравьев, Го Шан-пин. Об эффективности массового проведения гидравлического разрыва пласта［J］. Нефтяное хозяйсгво, гостоптехиздат, 1958.

［3］И. М. Муравьев, В.И.Щуров, Го Шан-пин. Об эффективности-гидравлического разрыва пласта［J］. Нефтяное хозяйсгво, гостоптехиздат, 1957（12）.

［4］郭尚平, 刘慈群, 李永善, 等. 多相渗流研究的近况和展望［J］. 科学通报, 1964,（5）: 420-425.

［5］郭尚平, 刘慈群. 非均质油田开发过程的水动力学计算方法［J］. 力学学报, 1964, 7（2）: 124-138.

［6］郭尚平, 余永祺. 关于非均质地层内油水渗流过程的计算问题［J］. 中科院兰州地质研究所集刊·渗流力学第二集, 1964（8）: 1-8.

［7］郭尚平, 于大森, 吴万娣. 动物脏器渗流多孔介质的制备、观测与研究［R］. 全国实验流体力学学术会议, 1981.

［8］郭尚平, 于大森, 吴万娣. 生物脏器多孔介质的物理特征［J］. 固体力学学报, 1983（2）.

［9］郭尚平. 生物渗流和石油微观渗流［C］. 中国科学院数学物理学部全体委员扩大会议资料之十四, 1982.

［10］郭尚平. 脏器渗流和间隙渗流问题［R］. 中国科学院数学物理学部全体委员资料之十四, 1982.

［11］郭尚平, 于大森, 吴万娣. 肝内胆汁渗流基本规律［R］// 中国科学院兰州渗流力学研究室渗流力学论文集, 1983.

［12］郭尚平，刘慈群，阎庆来，等.渗流力学的近况和展望［J］.力学与实践，1981（3）：11-16.

［13］郭尚平，于大森，吴万娣.生物脏器的孔隙率［C］//全国第一届生物力学学术会议论文汇编·中国体育科学学会运动生物力学分会会议论文集，1981.

［14］郭尚平，于大森，吴万娣.生物脏器多孔介质的孔径分布和比面［C］//全国第一届生物力学学术会议论文汇编·中国体育科学学会运动生物力学分会会议论文集，1981.

［15］郭尚平，于大森，吴万娣.脏器渗流多孔介质的物理特征［J］.力学学报，1982（1）：26-33.

［16］刘慈群，郭尚平.多重介质渗流研究进展［J］.力学进展，1982（4）：360-364.

［17］郭尚平，黄延章，马效武，等.多相系统渗流的微观和宏观研究［C］.中国科学院数理学部全体委员会扩大会议资料之十四，1982.

［18］Gou Shangping, Huang Yanzhang, Ma Xiaowu, et al. Microscopic and macroscopic researches on multiphase flow through porous media［C］// Proceedings of the Second Asian Congress of Fluid Mechanics. Beijing: Science Press, 1983.

［19］Guo Shangping, Yu Dasen, Wu Wanti.Flow through porous media in the lung［C］. The First China-Japan-USA Conference on Biomechanics, May 9-12, 1983.

［20］郭尚平，于大森，吴万娣.血液渗流基本规律和脏器内渗问题［R］//中国科学院兰州渗流力学研究室渗流力学论文集，1983.

［21］刘慈群，郭尚平.关于计算渗流力学问题［J］.力学进展，1983（1）：63-67.

［22］郭尚平，黄延章，马效武，等.多相系统渗流的微观实验研究［J］.石油学报，1984（1）：59-66.

［23］郭尚平，于大森，吴万娣，等.代血液流动规律的研究［C］.全国第二届生物力学学术会议，1985.

［24］郭尚平，刘慈群，黄延章，等.渗流力学的新发展［J］.力学进展，1986（4）：441-454.

［25］郭尚平，刘慈群，黄延章.西北开发和能源问题［J］.兰州学刊，1986（6）：33.

［26］Guo Shangping, Huang Yanzhang, Zhou Juan, et al. Microscopic research on the flow of physico-chemical fluid through porous media［J］. Acta Mechanica Sinica, 1986, 2（1）.

［27］李希，郭尚平.浓度前沿在驱替过程中的发展和演变［J］.石油学报，1986（4）：53-60.

［28］郭尚平，于大森，王学定，等.50例老年冠心病患者血液流变学特性的初步探讨［J］.甘肃医药，1987，6（6）.

［29］郭尚平，黄延章，周娟，等.物理化学渗流的微观研究［J］.力学学报，1986（S1）：45-50.

［30］李希，郭尚平.用摄动法求解非牛顿流体的两相驱替问题［C］.第一届全国青年计算力学学术研讨会，1986.

［31］Guo Shangping, Liu Ciqun, Huang Yanzhang, et al. On some new problems of porous flow［R］//Proceedings of the Second International Conference on Fluid Mechanics. Beijing: Peking University Press, 1987.

［32］李希，郭尚平.非牛顿流体两相渗流问题的摄动解［J］.力学学报，1987（4）：305-314.

［33］Li Xi, Guo Shangping. A perturbation solution for non-newtonian fluid two-phase flow through porous media［J］. Acta Mechanica Sinica, 1987, 3（1）.

［34］郭尚平，黄延章.渗流微观模型测试技术及其在油田开采研究中的应用［C］//一九八七年石油工业部油田开发建设工作会议文集.北京：石油工业出版社，1987.

［35］Li Xi, Guo Shangping. A theory of mixture on flows through porous media［J］. Scientia Sinica（Series A），1988，31（11）：1341-1353.

［36］李希，郭尚平.渗流过程的混合物理论［J］.中国科学（A辑），1988（3）：265-274.

［37］Liu Qingjie，Guo Shangping，Liang Naigang. A double-porosity model for the biofluid flow in the liver and the relatingship between the hepatic venous pressure and lymph flow［C］// Proceedings of 3rd. International Conference on Fluid Mechanics. Beijing:Berjing Institute of Technology Press，1998.

［38］郭尚平，于大森，刘泽扬.生物脏器渗流基本特性的研究［C］//第四届全国渗流力学学术会议交流材料论文集，1989.

［39］胡雅礽，郭尚平，黄延章.真实岩石孔隙系统中石油的捕集机理［C］//第17届国际理论与应用力学大会中国学者论文集锦.北京：北京大学出版社，1989.

［40］郭尚平，黄延章，胡雅礽.仿真微模型及其在油藏工程中的应用［J］.石油学报，1990，11（1）：49-54.

［41］郭尚平，黄延章，等.物理化学渗流微观机理［M］.北京：科学出版社，1990.

［42］Guo Shangping, Yu Dasen, Wang Xueding, et al. Basic Law of Biofluid Flow through Porous Media［C］//The Second Japan-USA-China Conference on Biomechanics. Beijing:Peking University Press，1993.

［43］郭尚平，于大森，刘泽扬，等.生物孔隙介质流动稳定性及弹性研究［C］//生物力学进展（第四届全国生物力学会议论文集）北京：科学出版社，1994.

［44］郭尚平.渗流力学近况和发展设想［C］.21世纪中国力学研讨会论文摘要汇编，1994.

［45］郭尚平.与石油渗流有关的科技发展的几个方面［R］.中国石油勘探开发研究院的综述报告，1994.

[46] 郭尚平,刘泽扬,于大森,等.生物流体渗流的基本规律和渗透系数[C]//渗流力学进展(第五届全国渗流力学学术讨论会论文集).北京:石油工业出版社,1996.

[47] 郭尚平,于大森.生物渗流的多重介质模型[C]//渗流力学进展(第五届全国渗流力学学术讨论会论文集).北京:石油工业出版社,1996.

[48] 郭尚平,张盛宗,桓冠仁,等.渗流研究和应用的一些动态[C]//渗流力学进展(第五届全国渗流力学学术讨论会论文集).北京:石油工业出版社,1996.

[49] 郭尚平,张盛宗,黄延章,等.高含水期改善注水和强化采油提高采收率问题[C].中国石油天然气总公司油气田开发工作会议,1996.

[50] 郭尚平.微观模拟和测试技术及其应用[G]//中国石油天然气总公司石油勘探开发科学研究院科技论文集.北京:石油工业出版社,1996.

[51] 郭尚平,田根林,王芳,等.聚合物驱后进一步提高采收率的四次采油问题[J].石油学报,1997,18(4):49-53.

[52] 郭尚平,刘泽扬.生物流体渗流的基本规律和渗透系数[C]//现代力学与科技进步论文集(1、2、3卷),1997.

[53] 刘庆杰,郭尚平.肝脏小叶的双重介质渗流模型及渗流模式[J].重庆大学学报(自然科学版),2000,23(S1):177-180.

[54] 郭尚平.渗流力学几个方面的进展和建议[C]//自然、工业与流动——第六届全国流体力学学术会议论文集,2001.

[55] 郭尚平.高含水期改善注水提高采收率渗流机理[C]//中国石油天然气股份有限公司油气田提高采收率技术座谈会论文集,2001.

[56] 郭尚平.渗流力学研究和应用的一些动态[R].第六届全国流体力学学术大会报告,2001.

[57] 景贵成,郭尚平,俞理.一株 *Pseudomonas* sp.菌局部富集提高原油采收率机理[J].石油与天然气化工,2004,33(4):270-273.

[58] 景贵成,郭尚平,俞理.一株以原油为碳源的 *Pseudomenes* sp.菌化学趋向

[59] 景贵成，郭尚平，俞理.原油碳源微生物自动寻的提高原油采收率机理[J].石油学报，2006，27（6）：84-88，92.

[60] 郭尚平，陈月明.微观渗流科学技术概况和建议[R].第九届全国渗流力学学术大会学术报告，2007.

[61] 郭尚平.与渗流有关的一些理论的新进展[R].第十届全国渗流力学学术大会邀请报告，2009.

[62] 彭昱强，郭尚平，韩冬.表面活性剂对中性砂岩渗吸的影响[J].油气地质与采收率，2010，17（4）：48-51.

[63] 郭尚平.渗流研究的一些新进展[R].第十一届全国渗流力学学术大会邀请报告，2011.

[64] 郭尚平.渗流力学发展值得重视的几个方面[J].科技导报.2012，30（35）：3.

[65] 郭尚平.页岩储层多孔介质和物质运移的一些基础问题[R].第十二届全国渗流力学大会邀请报告，2013.

[66] 郭尚平.页岩气开发渗流研究的一些物理地质基础[R].全国渗流力学学术会议暨国际渗流力学论坛大会主题报告，2015.

[67] 郭尚平.郭尚平院士文集：渗流力学[M].北京：石油工业出版社，2016.

[68] 李淑霞，郭尚平，陈月明，等.天然气水合物开发多物理场特征及耦合渗流研究进展与建议[J].力学学报，2020，52（3）：828-842.

[69] 郭尚平.计算渗流和实验渗流的新进展[R].第17届全国渗流力学大会邀请报告，北京，2023.